Report on the Development of West Coast Economic Zone of Taiwan Strait 2013

海峡西岸经济区发展报告

2013

洪永淼　主编
郑　鸣　郑若娟　戴淑庚　张兴祥　副主编

北京大学出版社
PEKING UNIVERSITY PRESS

图书在版编目(CIP)数据

海峡西岸经济区发展报告.2013/洪永淼主编.—北京:北京大学出版社,2013.10
ISBN 978-7-301-23270-5

Ⅰ.①海… Ⅱ.①洪… Ⅲ.①区域经济发展-研究报告-福建省—2013
Ⅳ.①F127.57

中国版本图书馆CIP数据核字(2013)第228583号

书 名:海峡西岸经济区发展报告2013
著作责任者:洪永淼 主编 郑 鸣 郑若娟 戴淑庚 张兴祥 副主编
策划编辑:贾米娜
责任编辑:姚大悦
标准书号:ISBN 978-7-301-23270-5/F·3757
出版发行:北京大学出版社
地 址:北京市海淀区成府路205号 100871
网 址:http://www.pup.cn
电子信箱:em@pup.cn QQ:552063295
新浪微博:@北京大学出版社 @北京大学出版社经管图书
电 话:邮购部62752015 发行部62750672 编辑部62752926 出版部62754962
印 刷 者:北京鑫海金澳胶印有限公司
经 销 者:新华书店
965毫米×1300毫米 16开本 24.75印张 431千字
2013年10月第1版 2013年10月第1次印刷
定 价:68.00元

前 言

海峡西岸经济区（以下简称“海西区”）发展战略经历了一个从地方发展战略上升为国家发展战略的演变过程。最早当追溯到 1995 年，是年福建省提出了“以厦门经济特区为龙头，加快闽东南开放与开发，内地山区迅速崛起，山海协作联动发展，建设海峡西岸繁荣带，积极参与全国分工，加快与国际经济接轨”的发展战略。2004 年年初，福建省委、省政府提出了“建设对外开放、协调发展、全面繁荣的海峡西岸经济区”的战略思路和构想。2006 年 3 月 17 日颁布的《中华人民共和国国民经济和社会发展第十一个五年规划纲要》明确提出支持“海峡西岸和其他台商投资相对集中地区的经济发展”。2009 年 5 月，国务院颁布了《关于支持福建省加快海峡西岸经济区的若干意见》，自此，海西区发展战略上升为国家发展战略。由此演变过程来看，从 1995 年提出“海峡西岸繁荣带”发展战略到 2009 年“海峡西岸经济区”发展战略的确定，历经了 15 年。此后，海西区的发展愈来愈受到国家的高度重视。国家发展和改革委员会于 2011 年 3 月正式批准《海峡西岸经济区发展规划》；2011 年 3 月 17 颁布的《中华人民共和国国民经济和社会发展第十二个五年规划纲要》则旗帜鲜明地提出“重点推进海峡西岸经济区发展”。由此表明，海西区在全国发展大局中的战略地位日益凸显，海西区在与台湾经济合作中的独特优势和特殊区位日益凸显。

正因为如此，许多具有预见性、战略眼光的专家学者和政府部门工作人员从 1995 年起甚至此前就已开始对海西区的经济发展进行理论方面和实践方面的探索，虽然早期尚未提出“海峡西岸经济区”这个概念。兹举其中比较典型的研究活动及其成果以证之。1998 年 7 月，中共福建省委统战部组织厦门大学、福建省社会科学院的有关专家就“建设海峡西岸繁荣带”课题进行调研，最终形成专著——《福建建设海峡西岸繁荣带若干战略问题研究》。2006 年，国家哲学社会科学规划办将“海峡西岸和其他台商投资相对集中地区的经济发展”这个题目确定为该年度的社会科学基金项目之一。本研究报告副主编之一戴淑庚教授申请到该项目，最终形成了 46.7 万字的报告——《海峡西岸和其他台商投资相对集中地区的经济发展——基于两岸经济整合的视角》。该报告被国家哲学社会科学规划办鉴定为优秀成果。尤值得一提的是，自 2006 年起一直到 2011 年，张志南、李闽榕两位政府官员每年主编一本《海峡西岸经济区发展报告》，前后共出了 5 本；此后，则由福建省人民政府发展研究中心担任主编。上述年度报告获得了社会好评。更可喜的是，由厦门大学经济学院洪永淼教授主持的“海峡西岸经济区发展报告”作为哲学社会科学发展报告培育项目（项目批准号：11JBGP006）于 2011 年 10 月获得教育部立项。该项目要求对“海西区经济发展”这个重大问题进行长期跟踪研究，并及时向党和各级政府部门提供对策性、前瞻性研究成果。课题组全体成员积极响应教育部的号召，经过近一年的不懈努力，2012 年 9 月出版了第一本研究报告——《海峡西岸经济区发展报告 2012》（北京大学出版社 2012 年 9 月出版）。该报告出版后，社会反响显著，获得厦门市第九次社会科学优秀成果奖。总的来说，在海西区研究方面，已形成以政府部门官员为主编、长于决策的“官派报告”，以及以厦门大学经济学院洪永淼教授为主编、长于理论和实证研究的“学院派报告”。应该说，两份报告取长补短，交相辉映。

2012 年年底以来，海西区建设面临两大新的机遇：其一，2012 年年底国务院批复《泉州金融服务实体经济改革综合实验区的总体方案》。其二，2013 年 7 月，海峡股权交易中心正式开业运营，由此揭开了福建省区域性股权交易市场的新篇章。新形势、新机遇，给全体课题组成员带来新问题、新挑战。各位成员经过近一年时间，对“海西区发展评价指标体系及综合评价预测模型，海西区基础设施，海西区现代制造业，海西区农村制度与农村现代化，海西区旅游业发展实证研究，海西区贸易与投资，海西区金融服务，福建海洋经济，海西区文化产业，海西区生态文明，FDI 技术溢出、人力资本与经济增长，泉州金融改革研究，福建区域性股权交易市场建设和发展对策，陆资入台产业分布状况及其发展趋势研究，福建省港口与城市经济发展协调度评价及互动关系实证研究，福建省文化产业关联效应分析，海西区文化产业财政支持政策研究”等十七个大问题进行了深入研究。内容涵盖十章和七个专题。各章主要内容简述如下：

第一章是海西区发展评价指标体系及综合评价预测模型。本章立足于海西区经济、政治、文化社会等方面的发展，首先从全面性角度出发，兼顾海西区发展的共性和特性，构建了一套涵盖经济、资源、社会和生态环境等四个方面的三级评价指标体系，并在此基础上，运用主成分分析法建立综合评价及预测模型，计算海西区各城市各年的综合发展指数，分析了海西区各城市综合发展指数的排名变化，最后针对海西区发展中存在的一些问题提出建议。

第二章是海西区基础设施。随着中央明确将“海峡西岸经济区”的经济构想提升为国家发展战略，对于以福建省为主体的海西区而言，无疑会产生重大的经济社会效应。作为承载社会经济发展的框架骨干的基础设施，肩负着战略任务成败的重要使命，因此，思考如何强化海西区基础设施的现代化建设，加快海西区基础设施的构建速度，乃为至关重大的当务之急。我们相信，随着交通运输体系和能源基地建设的加快推进，海峡的东西两岸终将相互促进、共同繁荣。

第三章是海西区现代制造业。制造业作为一个国家的国民支柱，是一个地区经济增长的主导部门和经济转型的基础，是城镇就业的主要渠道和国际竞争力的主要体现。加快打造东部沿海先进制造业基地是海西区建设的重要内容，对于海西区经济社会的发展具有战略性意义。改革开放以来，海西区经济社会持续发展，正日益成为继长三角经济区、珠三角经济区以及环渤海经济区之后中国又一个重要的工业基地。目前，海西区工业经济稳健增长，工业经济效益不断提升，就业水平稳步提高，重工业化特征明显，主导产业格局形成，产业集群初具规模。在此基础上，本章选取2005—2011年海西区制造业相关数据，采用Moran's I、空间基尼系数以及区位商等指标对该区域经济联系程度、制造业的地理集聚程度和地方专业化水平进行实证分析，重点关注海西区产业集聚程度的变化特点和部分制造业集聚的时空演变规律，试图为海西区建设特色鲜明的现代产业体系、打造东部沿海地区先进制造业重要基地提供重要的参考。

第四章是海西区农村制度与农村现代化。党的十八大提出要在2020年实现我国的全面小康，而海西区规划要在2017年实现全面小康，其重点和难点都在于农业和农村的现代化。而建立现代农村制度，是实现海西区农业和农村现代化的前提与关键。本章分析海西区农村制度存在的问题，提出了建立海西区现代农村制度的具体思路和对策。

第五章是海西区旅游业发展实证研究。本章在考虑空间距离的情况下，基于2005—2011年海西区旅游产业数据，采用静态面板数据模型，从市场规模的角度阐释了海西区旅游产业聚集及地区差距的形成机制，并从旅游经济活动密度角度分析了海西区旅游产业聚集效应对旅游产业发展的作用。研究表明：产业聚集密度和市场潜能对海西区各市的旅游收入有显著的促进作用，而劳动力、资本等要素密度对旅游产业空间聚集有明显的促进作用。海西区政府应正确认识和高度重视旅游产业聚集发展问题，提升旅游产业聚集密度，提高旅游产业集群的竞争优势，同时注重市场潜能对旅游产业的作用。

第六章是海西区贸易与投资。目前，海西区各市贸易额持续增长，但以数量扩张和低成本取胜的增长导致了一些问题，主要表现为：出口商品技术含量不高，自主品牌少，出口市场集中，贸易摩擦持续不断，出口仍以劳动密集型产品为主，加工贸易档次低等。为此提出如下政策建议：创建自主品牌，从贴牌生产向自有品牌发展；加快服务贸易发展，提高服务贸易在对外贸易中的比重；支持有条件的企业“走出去”；完善加工贸易政策，推动加工贸易转型升级；进一步优化商品进出口结构；拓展国外市场，分散出口风险。

就海西区投资发展而言，目前整体投资发展情况仍保持良好势头，但出现了固定资产投资增速趋缓、产业投资结构不合理、外资来源单一等主要问题。因此，需要从改善投资环境、优化投资结构、丰富资金来源等方面为整个海西区经济发展注入活力。

本章专题“FDI 技术溢出、人力资本与经济增长——基于海西区 20 个城市的数据”立足于当前国内外经济发展背景和海西区发展现状，从人力资本、开放度等角度分析海西区外商直接投资的技术溢出效应和技术溢出渠道。研究发现，海西区外商直接投资存在正向技术溢出效应，而关键溢出因子是人力资本存量，即人力资本投资与利用外资效率息息相关。在此基础上，本专题提出，加强海西区吸收外资能力不能单一关注招商引资，而是要同时关注自身人力资本投资建设，提升区域外资吸收和扩大溢出效应。

第七章是海西区金融服务。本章首先研究了海西区主要城市的金融业概况，选择福州、厦门、泉州、温州、汕头等海西区五大龙头城市为研究样本，从整体概况和银行业、证券期货业、保险业等方面分别分析金融业的运行特征。为重点探究海西区与台湾的金融业合作进展，本章将平潭、温州以及泉州金融改革等新要素纳入分析框架，提出了两岸金融合作机制长期化、厦门两岸金融中心建设项目的合作、货币清算兑换加快、其他金融领域的交流等见解。

客观地讲，2011 年海西区各项金融发展指标的增速在下滑，包括金融业增加值、人均金融业增加值、银行存贷款余额等指标，证券交易额、保险深度等指标甚至出现了绝对值下降的态势。

对此,除了继续优化海西区整体金融生态环境外,还应当采取以下对策:① 促进地方金融机构的发展和区域外金融机构的引进;② 提升海西区金融机构创新能力,提高海西区内金融资源空间流动的活跃程度;③ 加快金融集聚,扩大中心城市金融辐射能力;④ 理顺地方财政与区域金融发展的关系;⑤ 支持草根金融发展;⑥ 拓展海西区对台金融合作市场空间。经过持续不断地完善海西区金融服务业,我们可以预期,在未来较长的一段时期内,海西区金融服务业在对台合作、区域内金融机构的整合和壮大以及区域金融风险预警和防范方面将迎来长足的进步和更大的突破。

本章专题一"泉州金融改革研究"的主要观点是:泉州金融服务实体经济改革实验区得到国务院批复,正式成为第三个国家级金融改革试验区,旨在探索金融支持实体经济发展的渠道创新和制度改革。泉州结合当地实体经济和金融市场发展状况,应采取"市场主导 + 政府引导"的方式,建立健全银行、证券和保险行业市场,并据此连通资本市场和信贷市场支持实体经济的各类渠道。充分运用先行先试政策和台港澳侨合作优势,积极创新金融服务产品,引导地方民间资本合理进入金融市场,实现民间资本服务实体经济"阳光化"。泉州金融改革区建设将成为我国金融改革过程中的重要范本,为其他地区的金融服务实体经济提供宝贵经验。

本章专题二"福建区域性股权交易市场建设和发展对策"认为:随着 2012 年区域性股权交易市场在政策层面上得到正名,各地掀起了区域性股权交易市场的建设大潮。作为最早获准探索建立区域性股权交易市场的省份之一,福建区域性股权交易市场建设虽然取得积极进展,但是与发展较好的省份相比还存在一定差距,同时在发展上也面临一些困难和问题。因此,为推动福建区域性股权交易市场健康、快速发展,本专题提出了以下发展策略:做好顶层设计,加大政府支持和政策扶持力度,充分发挥券商专业优势,加快推动两岸股权柜台交易市场建设。

本章专题三"陆资入台产业分布状况及其发展趋势研究"的观点是:陆资入台于 2009 年正式起步,2012 年大陆企业对台投资金额出现大幅上涨,但是陆资入台的产业布局却存在诸多问题。本专题首先总结分析台湾当局陆资入台政策的阶段性进程,接着分析陆资入台产业业别结构和区域结构现状,指出其中所存在的问题。在明确大陆企业对台投资产业分布现状的基础上,通过探讨对台投资产业分布的影响因素,以及通过分析台湾产业结构和海峡两岸对于陆资入台的政策因素,对陆资入台的产业发展趋势进行了分析和预测。

第八章是福建海洋经济。其主要内容为:在发展海西区已成为国家发展战略、发展海洋经济已成为世界潮流两大背景下，福建省既是海西区的核心省份，又是海洋大省，所以福建省海洋经济具有重大的经济战略地位。本章采用定性和定量的分析方法，分析了福建省发展海洋经济的禀赋优势和发展现状，并与沿海11个省市的海洋经济进行对比分析；深入分析福建省在发展海洋经济中存在的机遇与挑战，并提出相应的政策建议。本研究对福建省由海洋大省发展成海洋强省具有一定的借鉴意义，从而使福建省的海洋经济不仅服务于福建省经济，更是服务于海西区发展战略的大局。

本章专题“福建省港口与城市经济发展协调度评价及互动关系实证研究——以厦门、福州、泉州为例”认为：近几年，在国务院支持和推动福建省加快建设海西区、国家发展和改革委员会规划海西区发展的政策形势下，海西区港口群日益成为牵动、辐射区域经济快速发展的重要力量。本专题根据相关数据，先采用主成分分析法分别计算厦门、福州、泉州三大港口与城市两个子系统的综合发展值，再根据两个子系统的综合发展值计算二者的协调系数，以评价其协调水平。为考察三大港口与城市两个子系统的互动作用，本专题采用单整性检验、协整关系检验和格兰杰因果关系检验进行实证研究，并对检验结果进行了回归分析。

第九章是海西区文化产业。本章的主要内容为：海西区内文化资源丰富，品类多样。借助本区域经济发展、文化需求增长和对外引进交流，凭借中央给予先行先试的政策机遇，加之地方政府的积极扶持，海西区文化产业持续快速发展，已经呈现出日渐兴盛、前景光明的态势，在社会经济发展中的地位和作用不断提升。有数据表明，福建省文化产业在全省经济中所占的比重越来越大。此外，区域内各地非常重视经营性文化单位转企改制。同时，公益性文化事业单位内部改革也不断深化。在文化产业投融资体制改革方面也有重大举措。与此同时，也要看到，海西区文化产业发展总体水平还不高，文化产品与服务的“有效供给”相对不足，与人民群众日益增长的精神文化生活需求还不相适应。主要表现是：文化产业发展意识尚未深入人心，文化产业投融资问题还需研究解决，文化资源的开发和保护尚无法兼顾，文化产业经营管理人才依然相对缺乏。为此，相应的对策包括借助两岸合作，加强区域内部交流，构筑统一的公共平台，重视对传统文化的保护和传承。展望海西区文化产业发展前景，突出的印象是：文化产业将成为海西区经济发展转型升级的一大引擎，区域内尤其是福建省文化产业结构酝酿着重大的调整，高新技术将对海西区文化产业的发展继续起促进作用。

本章专题一“福建省文化产业关联效应分析”运用2012年公布的最新的福

建省投入产出表,采用投入产出法,从产业关联、产业波及来反映福建省文化产业的关联效应。结果表明,文化产业在福建省还处于起步阶段,文化消费在总消费中的比重还比较小,但是文化产业具有较强的辐射效应,可以带动相关产业的发展。

本章专题二"海西区文化产业财政支持政策研究:台湾的经验借鉴"基于文化产业对海西区经济发展具有重要意义,探讨如何更好地发挥财政支持政策作用,促进海西区文化产业发展。本专题以海峡两岸文化产业的基本概况作为分析的出发点,从财政投入支持和税收政策两个方面详细比较分析海峡两岸的财政支持政策。之后,在借鉴台湾经验的基础上,本专题提出海西区应强化财政支持效果、完善文化产业税收政策和建立完善文化产业投融资体系。

第十章是海西区生态文明。本章的主要观点为:海西区生态文明发展是经济发展、社会支撑、环境保护和资源利用四位一体的和谐发展。通过综合评价法对海西区 20 个城市进行了研究,提出以下建议:厦门、泉州等全面发展型城市应在海西区生态文明建设中发挥领头羊的作用,继续推进生态文明发展;抚州、鹰潭等经济薄弱型城市保持良好生态环境并有效利用资源,积极提升本地区经济竞争力;温州、丽水等环境薄弱型城市应保证经济稳定发展,加大环境保护的力度;三明、梅州等经济优势型城市应加快经济发展,考虑资源的利用水平和环境的承载能力;赣州等资源优势型城市应通过承接产业转移和推进城市化进程等积极提升经济发展水平;宁德、漳州等环境优势型城市应努力将环境优势转化为经济效益;汕头、揭阳需要努力推进经济和生态共同发展。此外,还应实行海西区各城市之间地区信息交流合作、促进区域投融资机制建立、促进跨流域治理合作机制形成,以提高海西区整体生态文明水平。

总体而言,本年度研究报告与上一年度的研究报告既一脉相承,又有不少创新和突破。其连续性体现在时间的延续、总体研究框架的延续上。其创新性包括了内容的创新:一是从实证角度探讨海西区发展评价指标体系并构建了综合评价预测模型,从而增加了结论的可信度。二是对 2013 年出现的泉州金融改革问题、福建省区域性股权交易市场建设和发展问题等新问题进行了探讨,从而赋予本报告以清新的时代特色。三是强化了海洋经济方面的研究。在第八章的专题中,专门就"福建省港口与城市经济发展协调度评价及互动关系问题"进行实证研究,从而突出福建省作为海洋大省的地域特色,也是贯彻国家所强调的要加强海洋经济方面的研究的具体体现。四是深化了海西区文化产业的研究。第九章用了两个专题研究文化产业,一是从关联效应的视角,二是从财政政策支持以及台湾经验的视角,分别探讨海西区文化产业,视角新颖。一言以蔽之,本研究报告既体现了连贯性,又体现了创新性;既强调理论性,又重视应用性和可操作性。报告所引用的资料完整,将定性研究与定量研究方法结合起来对海西区经济问题进行全方位的研究,既注重点面结合,又突出重点;既有对老问题的深化研究,又有对新问题的跟踪研究。因此,本研究报告对于关注海西区发展的研究者、决策者具有重要的参考价值和指导作用。

目　录
Contents

第一章

海西区发展评价指标体系及综合评价预测模型

第一节　海西区发展评价指标体系的构建

海西区战略是在经济全球化和区域经济一体化大环境下提出的，以福建省为主体，涵盖福建省、广东省、浙江省和江西省四个省共20个城市。它东与台湾地区一水相隔，北承长江三角洲，南接珠江三角洲，是我国沿海经济带的重要组成部分，在全国区域经济发展布局中处于重要位置。海西区的发展不仅是本区域发展的需要，也是开展与台湾地区合作的需要。本章通过构建一套全面的经济社会发展评估体系，以科学、系统地评估海西区的发展情况，为其全面发展提供了一个参照视角。

一、"全面性"是指标体系建设的基本思路

海西区战略是在福建省原有发展战略上提出的，它既是原有战略的继续，又是原有战略的延伸和升华。海西区本身是一个涵盖经济、政治、文化、社会等各个领域的综合性概念。它的发展涵盖经济、政治、文化、社会等各个层面，其总的目标任务是"对外开放、协调发展、全面繁荣"，基本要求是经济一体化、投资贸易自由化、宏观政策统一化、产业高级化、区域城镇化、社会文明化。可以看出，海西区建立的目标是全经济区的全面协调发展，因此，海西区经济社会发

展评价指标应该体现其全面性发展的基本特征。[①] 这一"全面性"的要求,可以从两个方面进行考察。

(一)综合性发展——发展内容的全面性,即全面反映海西区的综合实力和竞争力

海西区建设指导思想明确提出,将"海峡西岸经济区建设成为经济持续发展、文化更加繁荣、综合竞争力不断增强、人民安居乐业的和谐区域"。因此,海西区经济社会的发展,应该是全面繁荣的发展,它不仅是经济方面的繁荣发展,而且是海西区经济、政治、文化、社会等各个层面的全面繁荣发展。而这一发展内容,既符合国际,也符合国内对一个国家或地区发展战略的要求。

早在1995年,世界银行就向全世界公布了题为《世界银行制定新的国家财富的计算法》的报告。该报告从衡量经济发展可持续的角度,提出衡量财富的新方法,认为应该从自然资本、生产资本、人力资本和社会资本四个方面来评估国家与地区的实际财富。"这一新体制在确定国家发展战略时,不只是用'收入'而是用'财富'作为出发点。它使得财富的概念超越了货币和投资的范畴。"这一提法表明一个国家或地区的发展,不仅仅是经济的发展,而是包含经济、政治、文化、社会和生态环境的全面发展。

2012年11月,党的十八大报告中明确指出:"必须更加自觉地把全面协调可持续作为深入贯彻落实科学发展观的基本要求,全面落实经济建设、政治建设、文化建设、社会建设、生态文明建设五位一体总体布局,促进现代化建设各方面相协调,促进生产关系与生产力、上层建筑与经济基础相协调,不断开拓生产发展、生活富裕、生态良好的文明发展道路。"这一表述不仅体现了经济、政治、文化、社会、生态环境各方面的全面发展,也体现了可持续发展的思想。

因此,反映海西区发展的指标体系应该体现其涵盖内容的全面性。在具体指标的设置中,我们反复考察思考,并不断研究相关理论与政策,根据海西区发展战略的要求,采用三级分层指标体系。第一级指标从经济、资源、社会、人口与生态环境方面反映海西区的全面发展,然后再分层次设置第二级和第三级指标,将经济、文化、政治、社会和生态环境因素涵盖其中,以期全面反映海西区的综合竞争力和综合实力的发展。

---

① "全面性"实质上是全面性发展,本章设置的是发展指标体系,就是围绕如何设置这些发展指标体系展开讨论。

（二）协调性发展——发展主体的全面性，即各组成部分的共同协调发展，真正建立区域一体化

从经济效应看，海西区是一个不同于行政区域划分的、具有地缘经济利益的区域经济共同体。国务院常务会议特别提出，建设海西区要统筹区域内协调发展，推动跨省区域合作，加快形成区域、城乡经济社会一体化发展新格局。

因此，海西区的建立目标，不仅是海西区内各个组成部分的发展，而且是以中心城市为支撑点，实现整个经济区的协调平衡发展，加快区域经济一体化进程，发挥全区优势以及对台合作优势，实现国家区域经济发展规划战略目标。因此，海西区发展的全面性体现在其发展主体的全面发展上。而要实现海西区的共同发展，必须做到以下两点：

首先，海西区的发展离不开各个城市或地区自身的发展。海西区的建设与发展，离不开区域内各地区的建设与发展，只有各个地区保持持续健康发展，海西区才能实现全区的发展与繁荣。针对这一方面的内容，在设置指标体系时应该结合前面的全面性内容，反映各地区的发展。我们不仅用总量指标反映各地区经济、社会等各方面的发展规模，还运用相对指标反映各地区结构方面的增长与发展。

其次，海西区的发展是其各部分协调共同发展，真正实现区域一体化。我们认为，海西区的发展，不仅是区域内各个构成地区的发展，而且是海西区以各城市为点，全经济区为面，以点带面，全面协调地发展。如果将各部分的发展看作纵向发展，那么还应注重各组成部分间的横向协调发展；如果将海西区各部分的发展看作动态发展，那么各组成部分间的协调平衡则是静态的平衡；在这一层面，指标体系则应该全面考虑海西区各地区的发展以及海西区作为一个整体的发展，纵横交叉，动静结合，建立系统的海西区经济社会评价指标体系。因此，我们的指标体系不仅在指标内容上要考虑其全面性，还应考虑全区一体化性质，设置反映协调与平衡的指标，并注重使用可比性指标。

综上，从“全面性”的角度，海西区的发展既包括主体各部分的协调发展，也包括客体各方面内容的综合发展，这样才能真正反映海西区经济社会的全面繁荣、共同进步。

二、体现区域发展的共性与特性是建立指标体系的重要内容

海西区各地区在地理上连为一体，在自然、文化上具有相似性，地区间的经济发展、市场体系内在联系紧密，这一优势为建立区域经济一体化提供了机遇。区域发展既有共性，也有其特性。海西区作为一个经济区，也和其他区域经济

一样有着相同的发展内容。这一内容是区域经济发展的共性,从内容上讲包括经济、政治、社会、文化和生态环境等内容。这一共性前文已述及,这里不再赘述。

海西区因其地理位置的特殊性而与其他区域有着明显不同的发展意义。它"与我国台湾地区一水相隔,与台湾地区地缘相近,血缘相亲,文缘相承,商缘相化,法缘相循,具有对台交往的独特优势"①;它在全国发展大局中的战略地位是"两岸人民交流合作的先行区域,发挥海峡西岸经济区独特的对台优势和工作基础,努力构筑两岸交流合作的平台,实施先行先试政策,加强海峡西岸经济区与台湾地区的经济全面对接,推动两岸交流合作向更广范围、更大规模、更高层次迈进"②。可以看出,海西区是在两岸关系出现重大积极变化时期,发挥对台优势,多层次、多方位、多领域开展对台交流合作,以构筑两岸全面合作的前沿平台地位,对于推进祖国和平统一大业起到积极重要作用。从这个意义上说,海西区的特性就是对外交流,尤其是对台交流。

在建立海西区经济社会发展指标体系时,应该充分考虑海西区的区域特色,将区域发展的共性与特性相结合。特性指标要体现海西区对外交流、对台交流、区域合作等方面的全面发展。因此,我们充分考虑到两岸经济交流比较密切的因素,从而增加了对台和对外交流的相关经济指标,体现海西区发展的重要特色。所以,海西区的经济社会发展评价指标体系,既要突出特性,又要结合共性,要能全面反映两岸在经济、贸易、产业、文化等方面的综合交流状况,构成具有海西区特色的经济社会发展评价指标体系。

三、海西区经济社会发展评价指标体系的构建

综上所述,建立海西区经济社会发展评价指标体系应当把握三大重要内容:

(1) 把握发展主体的全面性,注重点面结合,动静结合,纵横交叉,在发展中,以区域内各个组成部分的发展为点,以点带面,从而带动区域整体的发展;在考察各个组成部分的纵向动态发展中,兼顾区域经济的协调发展,实现区域经济一体化的综合全面发展。

(2) 把握发展客体的全面性,注重包括经济、资源、社会、人口与生态环境因素在内的综合实力的发展,既体现海西区作为区域经济发展应该包括的共性

---

① 国务院,《国务院关于支持福建省加快海峡西岸经济区的若干意见》,2009 年 5 月。

② 国家发展和改革委员会,《海峡西岸经济区发展规划》,2011 年 3 月。

内容,也兼顾海西区区别于其他区域经济的特色,共性与特性相结合,提升海西区的综合竞争力。

（3）把握发展主客体的统一与融合,在设置指标时,既重发展,又兼顾指标的可比性。具体表现是将总量指标与相对指标和平均指标结合运用,将动态指标与静态指标相结合。

在以上三个原则的基础上,建立如下海西区经济社会发展指标体系(见表1-1)。

表1-1　海西区经济社会发展指标体系

一级指标	二级指标	三级指标
经济水平	经济增长	1. GDP和人均GDP 2. 财政收入 3. 居民储蓄款 4. 固定资产投资额 5. 社会消费品零售额
	经济效益	1. GDP年增长率 2. 全员劳动生产率
	经济结构	三次产业所占比重
	居民生活水平	1. 城镇居民人均可支配收入 (和农村居民人均纯收入) 2. 人均住房建筑面积 3. 人均消费支出 4. 恩格尔系数 5. 居民教育娱乐健康支出比重 6. 居民消费价格指数 7. 住宅销售价格与收入比 8. 基尼系数
	对外交流	1. 对外贸易额及其差额 2. 对外直接投资额 3. 经常项目差额 4. 对外贸易依存度 5. 入境旅游人数 6. 对台贸易额及差额 7. 台商投资额 8. 两岸校际合作比重 9. 对台交通 10. 来自台湾的旅游人数

（续表）

一级指标	二级指标	三级指标
资源要素	自然资源	1. 能源利用率 2. 矿产储量动态指标 3. 土地耕植率 4. 森林覆盖率 5. 人均土地面积 6. 人均水资源 7. 人均拥有资产资源数 8. 城市建设用地 9. 园林绿地面积
	人力资源	1. 劳动力资源总量 2. 从业人员占 15—64 岁人口比重 3. 高中教育普及率 4. 每万人在校大学生数 5. 国民平均受教育程度（劳动力受教育水平） 6. 公共教育经费占 GDP 比重
	金融资本	1. 人均各项存款（贷款） 2. 信贷增长率 3. 金融资产占 GDP 比重 4. 存贷比率 5. 资本使用效率 6. 资本充足率 7. 不良贷款率（呆账占全部贷款比率）
	技术资源	1. 万人科技活动人员 2. 万人专利授权数 3. 科技经费支出额（R&D 经费支出）及其占 GDP 比重
社会发展	基础设施	1. 万人公共图书馆藏书量 2. 万人公园使用面积 3. 中心城区线网覆盖率及车站密度 4. 高速公路网密度 5. 铁路网密度 6. 人均道路面积 7. 电话普及率（移动通信普及率） 8. 互联网普及率 9. 人均生活用电、用水、燃气量

（续表）

一级指标	二级指标	三级指标
社会发展	社会稳定	1. 失业率 2. 犯罪率或刑事案件立案率 3. 贪污腐败立案率 4. 重大生产事故数 5. 贫困人口比例（城镇/农村贫困指数）
	社会保障	1. 社会保障支出总额占 GDP 比重 2. 五险一金覆盖率 （或医疗、失业保险和养老保险等人数占劳动力比重） 3. 医疗机构个数及床位数 4. 每千人拥有医生数
	制度建设	1. 知识产权保护力度 2. 地方政府服务质量 3. 民主指数
人口与生态环境发展	生态环境	1. 空气质量（城市空气污染指数良以上比率） 2. 声音环境质量 3. 辐射环境质量 4. 污水集中处理率 5. 生活垃圾无害化处理率 6. 工业固体废物处理利用率 7. 环境投资占 GDP 比重 8. 单位 GDP 能耗 9. 人均公共绿地面积
	人口	1. 人口自然增长率（人口出生率） 2. 人口年龄构成 3. 人口平均预期寿命 4. 老龄化程度 5. 社会负担系数 6. 城镇人口占比

注：本指标中的人力资源主要包括劳动力、教育等人力资源内容，不包含人口要素。

对海西区经济全面发展评估体系的设定，有利于政府、组织机构更好地衡量区域的经济发展情况，更有效地促进区域发展。需要说明的是，表 1-1 中的相关指标，每一部分又各成体系，可以单独用来研究相应的一级或二级指标项目。此外，还可以进行相关组合，研究与经济社会发展相关的内容。我们利用上述指标体系，全面分析海西区的经济社会发展现状，并尝试建立指标模型对海西区综合实力和竞争力进行综合评价。

第二节 海西区综合发展趋势分析

海西区建设以“四谋发展”为实践主题,以“四个重在”实践要领和“四个关键”为工作要求,着力调整和优化经济结构,发展壮大产业集群,更加注重改善民生,推进经济社会全面发展。根据总体发展规划,到 2020 年综合实力将显著增强,文化更加繁荣,社会更加和谐,成为我国新的经济增长极。本节结合海西区发展的数据资料,根据上一节指标体系中的相关指标,对海西区经济社会发展现状及趋势进行综合分析。

一、海西区经济与生产要素发展现状

近年来海西区的经济发展较快,综合实力明显提升,主要表现在以下几个方面:

(一)经济持续、快速增长,固定资产投资不断扩大,劳动生产率得到较大提高,财政收入增长显著,总量与规模增长幅度和速度不断提高

海西区各城市 GDP 维持较快的增长势头,从 2005 年到 2011 年,年均增长速度均在 12% 以上(见表 1-2),最快者为鹰潭,年均增长速度达到 23%。三明、揭阳的年均增速也达到 20% 以上。扣除价格因素,海西区各市 GDP 增长速度均在 9% 以上。从全区来看,海西区 GDP 总量从 2005 年的 11 752. 29 亿元上升到 2011 年的 30 252. 29 亿元,年均增长速度为 14. 5%(见表 1-2)。以泉州为例,2011 年泉州 GDP 总量为 4 270. 9 亿元,2007 年以来,泉州 GDP 一直位于海西区第一位,比 2008 年的 2 795. 63 亿元增加了 1 475. 17 亿元。

经济的快速增长促进了财政收入和固定资产投资的增加。全区 2005 年固定资产投资额 4 366. 23 亿元,2011 年达到 16 506. 93 亿元,年均增长幅度达到 20. 9%。从 2005 年到 2011 年,全区社会商品零售额与财政收入分别从 4 450. 41 亿元、660. 56 亿元增加到 12 173. 12 亿元、2 282. 28 亿元,年均增长率分别为 15. 5%、19. 4%,均高于 GDP 增长幅度。

表 1-2　2008—2010 年海西区各城市 GDP 总量与人均 GDP

城市	GDP 总量(亿元)					人均 GDP(元)			
	2008	2009	2010	2011	增长率(%)	2008	2009	2010	2011
泉州	2 795. 63	3 069. 50	3 564. 76	4 270. 89	13. 5(17. 5)	39 917. 00	45 083. 00	52 023. 00	61 941. 00
福州	2 355. 67	2 604. 00	3 123. 41	3 736. 38	13. 0(16. 8)	35 918. 00	40 820. 00	48 357. 00	57 535. 00
温州	2 424. 29	2 527. 88	2 925. 05	3 418. 53	9. 5(13. 5)	31 403. 00	32 438. 00	37 176. 00	42 819. 00
厦门	1 610. 71	1 737. 20	2 060. 07	2 539. 31	15. 1(16. 7)	89 826. 00	98 147. 00	114 317. 00	137 067. 00
漳州	1 002. 39	1 178. 00	1 430. 71	1 768. 20	14. 7(17. 8)	21 387. 00	24 970. 00	30 034. 00	36 897. 00
汕头	951. 81	1 035. 70	1 208. 97	1 275. 74	12. 0(12. 3)	18 490. 00	19 844. 00	22 405. 00	23 550. 00
赣州	840. 85	940. 63	1 119. 74	1 335. 98	12. 5(18. 0)	9 391. 40	10 486. 50	12 341. 42	15 852. 30
揭阳	724. 23	816. 09	1 009. 51	1 225. 86	14. 6(20. 0)	12 520. 20	140 425. 00	17 159. 60	20 723. 90
龙岩	734. 06	824. 88	990. 90	1 242. 15	13. 0(21. 5)	23 098. 20	28 119. 30	31 520. 20	42 097. 10
三明	723. 01	800. 24	975. 10	1 211. 81	14. 1(20. 7)	24 687. 00	29 523. 00	35 753. 00	44 331. 00
上饶	628. 34	728. 50	901. 00	1 110. 58	13. 1(19. 2)	8 771. 00	10 003. 00	12 170. 00	16 768. 00
莆田	609. 96	691. 42	850. 33	1 050. 62	14. 3(19. 5)	19 264. 00	21 633. 00	26 282. 00	32 178. 00
衢州	580. 05	617. 50	752. 48	919. 62	11. 4(18. 7)	23 309. 00	25 076. 00	30 070. 00	36 413. 00
宁德	542. 98	612. 28	738. 61	930. 12	15. 2(18. 0)	16 198. 00	18 225. 00	21 764. 00	27 354. 00
南平	559. 20	621. 65	728. 65	894. 31	12. 2(17. 0)	18 146. 00	20 047. 00	23 213. 00	28 536. 00
丽水	515. 06	546. 55	663. 29	798. 22	11. 5(17. 3)	19 797. 00	21 234. 00	25 545. 50	31 760. 00
抚州	439. 63	502. 91	630. 01	742. 51	12. 5(19. 0)	11 194. 00	12 600. 00	15 596. 00	18 856. 00
梅州	479. 61	519. 29	612. 29	707. 54	13. 6(14. 5)	11 521. 10	12 431. 50	14 438. 30	16 577. 40
潮州	438. 08	480. 18	559. 24	647. 22	13. 0(14. 8)	16 863. 50	18 278. 70	20 928. 90	24 116. 70
鹰潭	256. 81	256. 80	344. 89	426. 70	12. 3(23. 0)	22 101. 00	21 432. 00	28 288. 00	37 706. 00
合计	19 212. 80	21 111. 50	25 190. 60	30 252. 30	13. 0(14. 5)	21 850. 15	24 242. 80	28 490. 82	34 794. 82

注:本表数据以 2010 年 GDP 总量降序排列。增长率是 2011 年以 2010 年为基期的增长率,后面括号里的数字是自 2005 年到 2011 年各年的年平均增长率。

资料来源:根据 2008—2012 年各城市统计年鉴相关数据汇总计算。

（二）在结构方面，各城市产业结构以经济起步时间和发展程度的不同体现出两种不同的趋势

第一种城市经济起步早、发展程度较高，以福州和温州为代表（见表1-3）。这类城市第一产业和第二产业所占比重略有下降，而第三产业所占比重明显提高。福州的第一产业比重和第二产业比重分别从2005年的11.84%和47.00%下降至2011年的8.70%和45.80%，第三产业所占比重则从2005年的41.16%上升到2011年的45.50%；温州的两项指标分别从2005年的4.07%和54.30%下降至2011年的3.16%和51.51%，第三产业所占比重从2005年的41.63%上升到2011年的45.34%，分别增长了3.71个百分点。

表1-3　福州、温州2005—2011年各产业增加值占GDP比重 单位：%

城市	产业结构	2005	2006	2007	2008	2009	2010	2011
福州	第一产业占GDP比重	11.84	11.20	10.34	10.28	9.28	9.05	8.70
	第二产业占GDP比重	47.00	46.06	46.48	47.45	42.56	44.88	45.80
	第三产业占GDP比重	41.16	42.13	43.17	42.16	48.15	46.06	45.50
温州	第一产业占GDP比重	4.07	3.57	3.16	3.16	3.17	3.20	3.16
	第二产业占GDP比重	54.30	54.78	54.21	53.08	52.00	52.43	51.51
	第三产业占GDP比重	41.63	41.66	42.63	43.76	44.82	44.37	45.34

资料来源：根据2005—2012年《福州统计年鉴》和2005—2012年《温州统计年鉴》相关数据计算。

第二种城市起步晚、发展程度不高，以抚州为代表（见表1-4）。该市第一产业所占比重迅速下降，从2005年的26.79%下降到2011年的18.44%，第二产业所占比重迅速提高，从2005年的40.40%上升到2011年的53.28%，而第三产业所占比重不变或者略有下降，从2005年的32.81%下降至2011年的28.28%。这类城市的共同点是：工业迅速发展，逐渐替代农业为GDP做出主要贡献。

表1-4　抚州2005—2011年各产业增加值占GDP比重 单位：%

各产业所占比重	2005	2006	2007	2008	2009	2010	2011
第一产业占GDP比重	26.79	23.82	21.77	21.92	21.72	19.02	18.44
第二产业占GDP比重	40.40	44.30	46.73	47.45	47.28	49.91	53.28
第三产业占GDP比重	32.81	31.88	31.50	30.64	31.00	31.06	28.28

资料来源：根据2005—2012年《抚州统计年鉴》相关数据计算。

（三）居民生活水平显著提高，居民收入和消费水平不断提高，消费结构不断升级

海西区各城市的居民收入，无论是城镇还是农村都在显著增加。以城镇居民的人均可支配收入为例，2005—2011 年，其增长率约为 8.00%—13.00%，2007 年以后，增长速度有所减缓。扣除价格因素，各城市年平均增长率均保持在 8% 以上（见表 1-5）。从表 1-5 中可以看出，海西区各城市人均可支配收入也存在一定的差距。2011 年人均可支配收入最高的是厦门，城镇居民人均可支配收入约为 33 565 元，而人均可支配收入最低的潮州，城镇居民人均可支配收入只有 15 664 元，仅为厦门城镇居民人均可支配收入的 47%。这说明城市之间的人民生活水平差距较大，发展存在一定的不平衡性。

表 1-5　2005—2011 年海西区各市城镇人均可支配收入　单位：元

城市	2005	2006	2007	2008	2009	2010	2011	年均增长率(%)
厦门	16 403.00	18 513.00	21 503.00	23 948.00	26 131.00	29 253.00	33 565.00	12.67
温州	19 805.00	21 716.00	24 002.00	26 172.00	28 021.00	31 201.00	31 749.00	8.18
泉州	14 209.00	15 972.00	18 097.00	20 420.00	22 913.00	25 155.00	28 703.00	12.45
福州	12 661.00	14 206.00	16 642.00	19 009.00	20 289.00	22 723.00	26 050.00	12.78
衢州	13 006.00	14 541.00	16 388.00	18 069.00	19 535.90	21 881.10	24 900.00	11.43
丽水	12 846.00	13 958.00	15 910.00	17 710.00	19 018.00	21 093.00	23 391.00	10.50
莆田	11 026.00	12 274.00	14 351.00	16 495.00	17 308.00	19 068.00	21 843.00	12.07
漳州	11 241.00	12 511.00	14 153.00	16 023.00	16 616.00	18 482.00	21 137.00	11.10
龙岩	10 596.00	11 717.70	14 128.00	15 689.00	16 572.00	18 406.00	21 085.00	12.15
三明	11 397.00	12 627.40	14 246.20	16 012.70	16 499.90	18 194.00	20 778.00	10.53
南平	9 859.00	11 242.00	13 616.00	15 098.00	15 827.00	17 332.00	19 735.00	12.26
宁德	9 784.70	10 741.10	12 504.40	13 936.30	15 147.30	16 814.60	19 314.50	12.00
上饶	8 628.50	9 832.00	11 341.00	12 676.00	13 989.00	15 535.00	17 698.10	12.72
鹰潭	8 843.00	9 648.00	11 290.00	12 808.00	14 140.00	15 618.00	17 518.00	12.07
汕头	10 630.00	10 949.00	11 716.00	12 542.00	13 651.00	15 178.60	17 473.90	8.64
揭阳	—	9 847.00	10 751.00	11 757.00	13 169.00	14 907.00	16 879.00	10.66
梅州	8 649.00	9 259.00	10 802.00	12 109.00	13 113.00	14 727.70	16 761.00	11.66
抚州	8 402.00	9 432.00	11 101.20	12 293.00	12 293.40	14 445.00	16 633.00	12.06
赣州	—	9 147.00	10 540.00	11 834.00	12 901.00	14 203.00	16 058.00	11.86
潮州	8 946.00	9 575.00	10 391.00	11 320.00	12 398.20	13 669.10	15 664.00	9.79

注：表中数据以 2011 年城镇居民人均可支配收入降序排列。表中数据均以当年价格计算。

资料来源：根据 2006—2012 年《漳州统计年鉴》相关数据计算。

收入差距不仅存在于各地区之间,也存在于城乡之间,不过,尽管城乡绝对差距在增加,但相对差距却有缩小趋势。从城乡收入比来看,2008—2011 年,仅赣州和泉州两地城乡收入比呈现扩大趋势,其他城市均呈不同程度的下降。而且从收入比来看,2011 年仅赣州和丽水的收入比超过 3,其他均低于全国平均水平 3.13(见表 1-6)。

表 1-6 2008—2011 年海西区部分城市城乡收入比

单位:倍

城市	2008	2009	2010	2011	城市	2008	2009	2010	2011
赣州	3.35	3.40	3.43	3.35	南平	2.64	2.59	2.56	2.51
泉州	2.56	2.68	2.71	2.71	宁德	2.58	2.59	2.57	2.49
丽水	3.51	3.33	3.44	3.00	揭阳	2.39	2.42	2.43	2.41
上饶	2.91	2.98	2.92	2.89	温州	2.41	2.42	2.73	2.40
厦门	2.83	2.85	2.92	2.81	抚州	2.61	2.56	2.47	2.36
福州	2.66	2.65	2.66	2.58	漳州	2.46	2.36	2.35	2.32
衢州	2.64	2.66	2.64	2.58	汕头	2.57	2.60	2.33	2.21
龙岩	2.72	2.65	2.66	2.56	梅州	2.40	2.43	2.31	2.14
三明	2.74	2.61	2.62	2.53	潮州	2.27	2.26	2.14	2.01

注:表中数据除赣州和泉州因其收入比上升排在前面,其他城市以 2011 年收入比降序排列。

资料来源:根据海西区各城市统计公报相关数据计算。

此外,海西区消费水平不断提高,消费结构也不断升级。无论从城镇还是从农村来看,恩格尔系数均呈现下降趋势。2005 年福州城镇居民的恩格尔系数为 44%,2011 年则为 37.7%,下降了 6 个百分点;而农村恩格尔系数也同样在递减,从 2005 年的 47% 下降到了 2011 年的 45.00%,下降了 2 个百分点。从消费结构来看,海西区各城市消费结构也在不断改善。人均住房面积有不同程度的提高,居民用于教育健康娱乐方面的支出,无论从总量还是从比重来看都呈现递增趋势。这表明,随着居民收入的增长,海西区的消费水平也不断提高,消费结构逐步升级。值得一提的是,价格总水平有所上涨,这反映了近年来持续的通货膨胀现象,价格的增长势必在一定程度上拉低了居民实际可支配收入。

(四)对台交流继续发展,对台贸易仍然是其对外贸易的重要构成

海西区在对外交流中,对台优势明显,对台贸易和对台交流是其对外贸易

与对外交往的重要构成内容。以漳州和厦门为例，2005—2011 年，漳州出口商品贸易额以年均 16.5% 的速度增长，其中对台出口商品贸易额年均增长率为 37%。而进口方面，台湾则是漳州进口商品贸易额最多的地区。此外，外商直接投资合同数方面，台湾也是对漳州直接投资合同数最多的地区，并且其台商直接投资占其外商直接投资合同数的比重也呈现上升趋势，到 2011 年，该比重增加到 48.3%，比 2005 年增长了 10.3 个百分点。厦门也呈现出相似的变动趋势：自 2008 年起，从台湾进口的商品贸易额占厦门进口总额第一位，这一比重从 2008 年的 19.5% 上升到 2011 年的 21%；在出口方面，厦门对台湾出口额所占比重也稳定上升，从 2008 年的 2.42% 上升到 2011 年的 3.43%；自 2008 年以来，外商直接投资中，来自台湾的投资比重（以合同数计算）也稳居第一。

二、海西区资源要素发展现状

1. 继续保持自然资源优势

海西区在海洋和森林方面有一定优势。海西区各城市的总耕地面积呈现稳定增长的态势，人均日常生活用水量却呈现整体下降的趋势。以龙岩为例，从 2007 年至 2010 年，3 年内人均生活用水量减少了约 27.00%。

2. 对人力资源的投资呈现较为显著的增长态势，政府每年的公共教育经费支出不断增加，国民受教育水平相应提高

海西区公共教育经费年增长率普遍超过 14%，多数城市的教育支出超过 GDP 增长率，因而公共教育支出占 GDP 比重呈现增长趋势（见表 1-7）。分地区来看，江西省的上饶、赣州、抚州几个城市教育财政支出所占比重普遍较高，除鹰潭外，教育财政支出比重均达 4% 以上，从 2007 年到 2011 年均呈现不同程度的上升趋势。福建省各城市教育财政支出所占比重较低，均在 3% 以下，但近年来呈现出较快的增长趋势，说明福建省加大了对教育的投入。浙江省的教育财政支出相对较稳定，所占比重在 3% 左右。广东省的几个城市除汕头外，梅州、潮州和揭阳的教育财政支出所占比重也呈现不同程度的下降趋势——尽管这些城市教育财政支出总额增加了，但其增长幅度小于 GDP 增长幅度，导致其比重有所下降。此外，海西区教育水平相应提高，教育规模也有所扩大，大学生人数不断增加，其所占比重、净入学率等也呈上升趋势。

表 1-7 2008—2011 年海西区教育财政支出占 GDP 比重 单位:%

城市	2007	2008	2009	2010	2011	城市	2007	2008	2009	2010	2011
上饶	3.95	3.96	4.34	4.00	4.68	丽水	3.67	3.80	3.95	3.62	3.54
赣州	3.12	3.36	3.93	3.64	4.62	衢州	2.84	2.68	2.90	2.87	2.95
抚州	3.00	3.20	3.72	3.23	4.24	温州	2.18	2.38	2.71	2.71	2.74
鹰潭	1.67	1.75	2.18	1.69	2.37	梅州	3.95	3.91	4.17	4.15	3.91
宁德	2.17	2.37	2.65	2.61	2.96	潮州	2.26	2.03	2.06	2.02	1.93
莆田	2.33	2.61	2.97	3.29	2.79	揭阳	2.80	2.71	2.71	2.45	2.15
三明	2.14	2.03	2.30	2.12	2.36	汕头	2.12	2.22	2.37	2.51	2.73
南平	2.09	2.31	2.56	2.44	2.35	福州	1.59	1.72	1.76	1.79	1.91
厦门	1.95	2.18	2.17	2.11	2.30	漳州	1.49	1.68	1.96	2.00	1.89
龙岩	2.41	2.45	2.57	2.30	2.30	泉州	1.54	1.56	1.55	1.69	1.64

资料来源:根据 2005—2012 年海西区各城市统计年鉴及统计公报汇总计算。

3. 金融资产方面,存款增势良好,信贷结构继续调整,金融态势保持稳定

海西区各城市金融机构本外币各项存款余额平稳增长,年增长率均保持在 20.00% 左右。2011 年,温州和福州的本外币存款已超过 6 000 亿元,福州在 2012 年达到 7 909.63 亿元,比上年年末增长 14.46%。其他各城市的该项值为 600 亿元到 1 000 亿元不等。各城市金融机构本外币各项贷款余额的增长率在 18.00% 到 30.00% 之间,温州和福州仍处于领先位置,该项值突破 5 000 亿元,其余各城市为 300 亿元到 5 000 亿元不等(见表 1-8)。

表 1-8 2007—2011 年海西区各市存贷款总额 单位:百万元

城市	年末本外币存款总额					贷款总额				
	2007	2008	2009	2010	2011	2007	2008	2009	2010	2011
温州	337 617	412 179	535 244	649 759	754 560	272 117	330 508	448 668	551 668	639 496
福州	329 011	385 876	477 799	596 107	677 144	264 045	307 822	408 957	500 553	589 581
厦门	246 697	272 714	348 044	444 060	469 640	214 831	236 944	298 965	362 172	403 575
泉州	185 128	220 011	271 837	327 623	377 967	137 327	163 618	216 024	260 056	302 097
汕头	116 164	136 586	162 306	187 303	198 965	44 883	42 674	57 047	66 152	72 818
赣州	72 604	88 219	112 309	150 608	185 550	35 889	42 535	63 471	84 637	104 289
丽水	52 774	63 236	93 703	112 823	129 356	40 941	47 053	67 230	82 146	95 899
漳州	60 315	71 962	86 812	110 734	124 783	41 356	49 588	65 580	83 620	96 171
上饶	51 590	61 077	78 182	97 645	116 869	34 340	36 515	49 976	57 722	69 606
衢州	48 946	57 453	75 509	95 312	115 723	40 631	47 370	62 698	78 822	93 451

（续表）

城市	年末本外币存款总额					贷款总额				
	2007	2008	2009	2010	2011	2007	2008	2009	2010	2011
揭阳	57 267	72 687	81 618	96 703	113 077	21 760	23 503	33 518	40 706	50 233
梅州	48 995	60 171	70 569	83 963	94 624	21 562	20 652	27 426	33 110	38 997
龙岩	41 070	52 375	68 675	78 476	90 843	34 343	39 422	57 840	72 339	87 455
三明	42 551	51 861	63 724	76 285	90 329	34 709	40 835	55 701	69 766	82 672
南平	42 330	50 221	62 671	75 691	86 493	33 046	39 061	49 382	61 760	71 847
莆田	39 881	47 417	59 496	71 627	85 933	29 441	34 628	49 215	61 671	73 007
抚州	35 887	43 209	53 913	65 607	78 891	19 077	19 193	25 262	32 529	38 083
宁德	29 203	36 461	48 563	66 968	78 691	31 685	39 791	57 015	71 856	85 058
潮州	39 374	47 678	55 631	65 327	74 318	16 012	16 008	19 271	21 941	25 664
鹰潭	17 788	22 696	25 974	36 470	36 877	14 960	13 013	18 552	22 003	23 808

注：表中数据按 2011 年本外币存款总额降序排列。

资料来源：根据 2005—2012 年海西区各城市统计年鉴及统计公报汇总计算。

从表 1-8 可以看出，海西区年末本外币存款余额呈现不同程度的增长。2005—2011 年，宁德本外币存款余额增长速度最快，年均增长率达 23.8%，其次是赣州、丽水和温州，年均增长率分别为 23.7%、23% 和 22.2%。在海西区 20 个城市中，存款增速较慢的分别是汕头、梅州和潮州，年均增长率分别为 12.2%、13.7%、14.5%。2005—2011 年，海西区贷款增长率最快的是宁德，年均增长率为 27.4%，其次为赣州、龙岩和厦门，年均增长率分别为 27.2%、26.7%、26.4%；贷款增长速度较慢的依次是汕头、潮州和梅州，年均增长率分别为 9.5%、11.0%、11.2%。

根据贷款总额除以本外币存款余额所得的存贷比看，潮州、汕头、梅州存贷比较低，2011 年分别为 34.5%、36.6%、41.2%。汕头、潮州、丽水、上饶、衢州和鹰潭的存贷比均呈下降趋势；抚州、梅州呈现先降后升的趋势，其他城市均呈现上升趋势。2011 年，宁德、龙岩、三明三市的存贷比已经超过 90%，福州（87.1%）、厦门（85.9%）、莆田（85.0%）、温州（84.8%）、南平（83.1%）、衢州（80.8%）、泉州（79.9%）和漳州（77.1%），均已超出 75% 的风险控制线，应该密切关注其金融风险，加强金融监管。

4. 文化、技术资源的增长也呈现出喜人的态势，科技进步明显

海西区申请科技成果和专利的数量持续增多，有继续增长的趋势。海西区申请专利数和授权专利数都在不断增多（见表 1-9）。

表 1-9 2007—2011 年海西区各市年授权专利数

单位:份

城市	2007	2008	2009	2010	2011	城市	2007	2008	2009	2010	2011
温州	5 309	5 159	7 214	10 533	11 184	龙岩	189	197	350	780	1 005
福州	3 255	3 794	4 708	6 134	7 402	梅州	141	207	277	531	692
泉州	2 030	2 045	3 014	4 786	6 391	赣州	157	174	218	387	659
厦门	2 402	2 330	2 986	5 040	5 484	宁德	267	246	289	520	636
汕头	1 388	1 398	2 061	3 273	4 371	莆田	188	221	278	426	612
丽水	652	692	991	1 573	1 967	南平	238	219	258	464	596
潮州	1 090	914	1 652	2 065	1 877	三明	199	184	180	307	507
漳州	497	430	789	1 520	1 858	鹰潭	110	240	166	210	273
衢州	358	574	1 102	1 296	1 522	上饶	131	94	137	306	242
揭阳	495	372	561	697	1 213	抚州	50	84	140	180	215

注:表中数据按 2011 年降序排列。

资料来源:根据 2005—2012 年海西区各城市统计年鉴及统计公报汇总计算。

从表 1-9 可以看出,温州、福州和泉州年授权专利数排名位列前三位。从增长率来看,2007—2011 年,龙岩、梅州和抚州三市年均增长率较高,年均增长率分别为 51.9%、48.8% 和 44.0%。

研发投资额也逐年增长,增幅显著。从总量上看,厦门研发投资额最高,2011 年达到 688 565 万元,其次是福州、泉州和温州,分别为 621 922 万元、340 429 万元、335 085 万元,梅州的研发投资额总量较小,2011 年为 15 036.3 万元,但其年平均增长率达到 30.1%。福建省年平均增长率除南平外,都超过 20%,远远超过 GDP 增长速度,尤其是龙岩,年均增长率达到 53%。

不过,海西区年均科学技术人员增长却较为缓慢,个别城市的科研人员数量还出现下降现象,这应引起政府部门的重视。

三、海西区社会要素发展现状

近年来,海西区在社会发展方面也取得了较大进步。不仅基础设施建设不断完善,市政基础设施建设也在不断完善,道路绿化普及率逐年提高,而且社会保障、社会民主和法制建设也获得了长足发展。

1. 市政基础和交通基础设施不断完善,尤其是重点基础设施建设取得较大进展

近年来,海西区公路交通、铁路交通得到较大改善,高速公路、港口、物流基地等建设力度加大,交通网络体系日臻完善,各种交通运输的客货运输量都有所增长。海西区年末城市道路总里程和道路面积都在不断增长,公路里程总数

从2005年的120 173.7千米增加到2011年的221 236.3千米，增加了101 062.6千米。

在用水和燃气及电力设施上，海西区配套设施也不断完善。多数城市用水普及率、燃气普及率、生活垃圾处理率均达到90%以上。海西区电力负荷能力也不断增强，电力消费用电量也均呈现不同程度的增长。

与此同时，市政设施也在不断完善，邮政电信也快速发展。金融类、快递物流类、邮电类三大板块业务收入基本上呈现“三足鼎立”的态势，收入结构趋于合理。固定电话和移动手机及宽带用户数的发展趋势虽不尽相同，但均呈现增长趋势。2005—2009年，海西区各城市年末固定电话处于稳步上升阶段，但自2009年开始有所下降，不过年末移动电话用户数却一直呈现上升趋势，2009年以来年增长率达15%。分城市来看，莆田在2007—2010年的3年间固定电话年均增加量为10.87万户，年增长率为15.30%；然而，抚州、揭阳等市用户数却不断减少，揭阳年均减少15.48万户固定电话和小灵通用户，年增长率为-4.80%。与此同时，海西区各市的移动手机用户数均有增加，增速较为均衡，平均在10.00%以上。网络信息技术普及面不断扩大，覆盖面广，2011年，海西区各市互联网用户数均有显著增加，但各市之间的增值和增长率差距加大，并不平衡。

到2011年，全区有线电视普及率基本在98%以上。居民休闲场地建设不断扩大。2007—2011年间，海西区各市总公园使用面积增速显著。海西区各城市扎实推进文化强市建设，充分发挥其文化特色。各市各类教育健康发展，全民教育均衡发展水平稳步提高，文化教育氛围浓厚，全民学习条件进一步改善。

2. 社会稳定方面，公共安全程度逐步加强，重大安全事故数呈现下降趋势

海西区城镇登记失业率稳中有降。2005—2008年，汕头的城镇登记失业率均为3.1%，2009年略有回升，失业率为3.2%，随后又呈现下降趋势，2011年年末城镇失业率为2.4%（见图1-1）。从图中可以看出，宁德城镇登记失业率相对其他城市较高，2005年年末为4.2%，但下降趋势明显，尽管到2009年也略有回升，但之后大幅度降低，到2011年年末城镇登记失业率和汕头相同，均为2.4%；2005—2011年，漳州城镇登记失业率持续降低，从3.96%下降到2.02%；莆田城镇登记失业率2005年为2.46%，2005—2007年略有下降，然后略有回升，但2009年后又明显下降，到2011年年末城镇登记失业率为2.35%；温州城镇登失业率总体较低，2011年年末为2.18%。

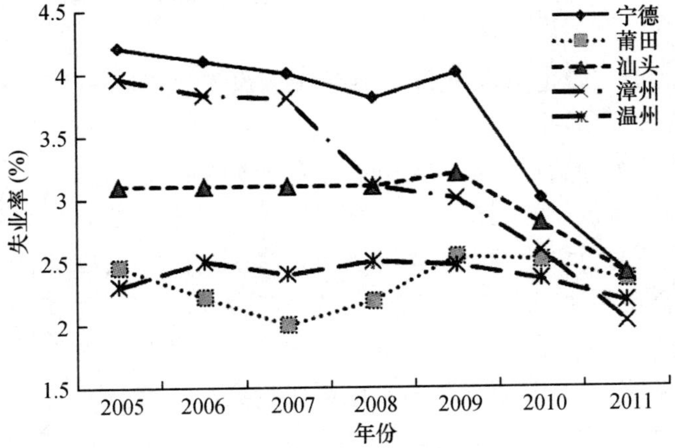

图 1-1　2005—2011 年海西区部分城市城镇登记失业率

资料来源:2012 年各城市统计年鉴及各城市统计公报。

3. 社会保障、医疗和社会救济方面,海西区也得到了一定的发展

政府不断加大对社会保障和就业、医疗卫生事业的支出,社会保障工作继续加强,社会保障、失业的覆盖面和受益面进一步拓展。

首先,医疗卫生事业不断进步。卫生服务体系逐步完善,城区卫生服务覆盖面不断拓广,农村初级卫生保健工作继续加强,逐渐形成了覆盖海西区各市城乡的各级卫生医疗网。初步建立了疾病预防控制体系、突发公共卫生事件医疗救治体系、重大疫情信息网络体系和卫生执法监督体系。

近年来,海西区各城市医疗服务体系逐步完善,基本公共卫生服务人均经费标准进一步提高,医疗机构数量和医院卫生院病床数都有很大增长。从海西区整体来看,海西区卫生机构个数从 2005 年到 2011 年增加了 10 479 个,增加了近一倍,医疗机构床位数也增加了近 50%(见表 1-10)。从各城市数据看,海西区各城市 2005 年、2006 年两年医疗配套相对较差,2007 年之后以上 3 个指标数据都显著增加,如赣州卫生机构个数在 2006 年是 477 个,但 2007 年则上升到 1 954 个(我们通过考察这一现象之后发现,之所以有如此显著的增长是因为个体诊所数量的增加,因此表 1-10 中的数据是扣除个体诊所和村卫生室之后的数据)。2009 年,这一上升趋势稍有缓和,结合相关政策分析,是由于各级政府大力整治医疗机构、规范医疗服务的行为发挥了作用。这些政策也说明海西区医疗服务体系不仅注重数量的增加,还注重提高服务质量。

表 1-10 海西区各地区卫生机构和医院卫生院床位按省份汇总数

年份	卫生机构数(个)					医院卫生院床位数(张)				
	广东	福建	江西	浙江	合计	广东	福建	江西	浙江	合计
2005	2 744	5 256	1 149	1 756	10 905	23 118	83 430	29 714	28 383	164 645
2006	2 828	5 611	1 170	1 718	11 327	25 285	80 056	30 987	30 332	166 660
2007	2 367	5 949	5 154	2 124	15 594	26 205	83 755	33 548	30 996	174 504
2008	2 337	6 282	4 293	1 967	14 879	26 241	92 487	37 595	32 154	188 477
2009	2 510	6 858	2 977	1 813	14 158	28 338	97 367	42 643	33 512	201 860
2010	5 657	7 430	3 263	2 053	18 403	34 014	105 779	46 143	35 722	221 658
2011	5 798	8 091	5 342	2 153	21 384	38 228	117 106	48 378	37 939	241 651

注:(1) 卫生机构数不包括个体诊所和村卫生室个数。(2) 按省份汇总的数据省份之间不具备可比性——各省除福建省之外,只包括海西区范围内的城市。

资料来源:根据 2005—2012 年海西区各城市统计年鉴及各城市统计公报调整、汇总计算。

其次,从社会保障和社会救济看,海西区注重改善民生,建立健全各种社会保障制度,如养老保险制度、医疗保险制度和新农合制度等,使得社会保障水平进一步提高。城乡居民参保规模都有不同程度的增加。最低生活保障标准、受保障人数及社会保障和就业补助额在各地都有所增加。以社会保障和就业补助额为例,2005 年,全海西区这一指标数值为 22. 31 亿元,到了 2011 年已经增加到 429. 29 亿元,总量增加了近 407 亿元,平均以每年 63. 7% 的速度增长。当然,这一指标出现显著增长是在 2007 年,与 2006 年相比,2007 年社会保障和就业补助额为 2006 年的 5. 29 倍,增加了 4 倍多(见表 1-11)。主要原因是党的十七大后国家加大了对社会保障方面的投入。其他年度基本以超过 20% 的速度增长。

表 1-11 海西区各地区社会保障和就业补助额按省份汇总额 单位:百万元

年份	广东省	福建省	江西省	浙江省	合计
2005	239. 21	683. 10	890. 69	418. 14	2 231. 14
2006	380. 98	916. 56	1 288. 10	517. 77	3 103. 41
2007	2 637. 00	7 580. 00	4 414. 00	1 776. 00	16 407. 00
2008	3 512. 88	9 703. 11	5 850. 00	2 212. 28	21 278. 27
2009	4 215. 45	11 811. 08	7 307. 00	2 626. 89	25 960. 43
2010	5 113. 34	14 326. 84	8 710. 27	3 186. 42	31 336. 88
2011	7 281. 49	20 401. 68	10 707. 86	4 537. 52	42 928. 55

注:按省份汇总的数据省份之间不具备可比性——各省除福建省之外,只包括海西区范围内的城市。

资料来源:根据 2005—2012 年海西区各城市统计年鉴及各城市统计公报汇总计算。

最后,海西区养老、医疗、失业、工伤、生育等社会保险覆盖面不断延伸拓展,从城镇扩展到农村,基本医疗保障覆盖城乡居民,医疗保险支付率也有不同程度的增加。统计资料显示,海西区"五险一金"的覆盖率逐渐扩大。特别是自2008年推进城镇居民基本医疗保险试点以来,海西区各地区年末城镇基本医疗保险人数迅速提高。如广东揭阳市,2008年年末城镇基本医疗保险人数有35万人,2010年增加到70.79万人,增加了1倍多,2011年增加到540.57万人,与2010年相比增加了6.6倍;2011年年末参加失业保险17.84万人,与2008年相比增长了26.1%,年增长率为8%;2011年年末参加工伤保险15.67万人,与2008年相比增长了45.5%,年增长率为13.3%。其他城市也有不同程度的增长,比如,与2008年比,2011年厦门医疗保险人数增加了1.12倍,年平均增长率为28.4%,温州增加了57%,福州和龙岩分别增加了2.22倍和2.5倍,上饶、宁德、三明分别增加了1.5倍、1.22倍和1.28倍。

到2011年,海西区各城市基本养老保险制度实现全覆盖,新型农村合作医疗参合率达到99%以上(见表1-12)。以2008年为基期,增长较快的依次为梅州、汕头、揭阳、泉州和丽水,年平均增长率都超过了20%,其中梅州达到31.2%。养老保险制度不仅覆盖企业职工、退休人员,还扩展到了农民工,而且农民参保人数也在逐年递增。

表1-12 2008—2011年海西区部分城市养老保险人数和新型农村合作医疗参合率

城市	年末全市参加城镇基本养老保险人数(万人)					新型农村合作医疗参合率(%)		
	2008	2009	2010	2011	平均增长速度(%)	2009	2010	2011
梅州	29.81	29.93	63.52	67.35	31.20	90.40	98.40	99.90
汕头	35.52	37.55	46.92	77.88	29.90	—	—	—
泉州	58.74	106.77	107.43	121.41	27.40	96.60	98.30	99.30
丽水	22.24	20.39	34.08	41.93	23.50	—	—	—
南平	25.45	26.84	—	29.79	5.39	96.33	98.20	100.00
赣州	52.86	56.63	59.62	65.44	7.37	—	—	—

资料来源:根据2005—2012年海西区各城市统计年鉴及各城市统计公报汇总计算。

社会保障和社会养老、医疗保险制度从城镇扩展到农村。到2012年,海西区各乡镇已经基本建立了社会保障网络。2003年,中共中央提出建立新型农村合作医疗制度,到2010年逐步实现基本覆盖全国农村居民。到2010年,海西区新型农村合作医疗参合率达到98%以上,基本实现了这一目标,2011年多数城市达到99%以上,其中南平参合率达到100%。

由上可见,各地方政府不断加大基础设施投入,逐步完善社会养老、医疗、社会救济等社会保障制度，努力提高政府服务质量和公信力，民生建设方面有显著的改善。

四、海西区人口与环境要素发展现状

（一）人口总量有所增长，劳动力资源较丰富，人口结构也随着经济和社会的发展发生改变，人口老龄趋势开始显现

从人口方面来看，海西区继续贯彻落实计划生育政策，在一定程度上减缓了人口的增长速率。2007—2011 年间，一些城市人口自然增长率开始下降，如揭阳、莆田、龙岩的自然增长率分别从 12.13‰、9.77‰、7.9‰下降至 5.98‰、6.2‰、6‰；泉州、梅州、潮州、漳州等人口自然增长率则有所上升；其他城市基本是稳中略有下降。也有一些城市的人口自然增长率呈现出较大变动，如福州的人口自然增长率由 2007 年的 6.5‰提高至 2010 年的 14.59‰，到 2011 年增长率又下降到 5.32‰，且每年的人口自然增长率呈现出增减交替的现象。温州在 2007 年的人口自然增长率为 10.2‰，2008 年、2009 年保持可观的 8‰后又于 2010 年回增至 10.1‰。但是，通过对比我们还应看到，尽管总体而言，海西区的人口自然增长率呈现下降趋势，但相对全国人口自然增长率（4.8‰），海西区的人口自然增长率仍较高，只有汕头和衢州低于全国人口自然增长率。

表 1-13　海西区各市 2007—2011 年人口自然增长率　　单位：‰

城市	2007	2008	2009	2010	2011	城市	2007	2008	2009	2010	2011
赣州	14.65	13.89	9.30	11.11	—	三明	5.70	5.60	5.80	6.67	6.00
温州	10.20	8.50	8.00	10.10	—	揭阳	12.13	9.50	10.38	17.40	5.98
上饶	8.02	7.76	7.90	7.71	7.50	潮州	4.78	5.33	4.94	5.46	5.73
抚州	7.83	7.82	7.82	7.68	—	梅州	4.98	5.05	5.44	5.64	5.64
厦门	8.45	10.22	8.31	4.26	7.50	丽水	6.38	5.10	5.75	7.58	5.40
鹰潭	7.70	7.80	7.79	7.55	7.46	福州	6.50	11.17	6.11	14.59	5.32
泉州	5.93	5.77	5.52	10.01	7.20	龙岩	7.90	7.50	6.78	6.68	5.30
宁德	6.20	6.30	6.30	6.30	6.40	南平	5.42	6.60	7.42	6.90	5.20
漳州	5.80	5.90	6.50	6.00	6.40	汕头	5.22	5.67	5.17	4.77	4.66
莆田	9.77	8.30	8.80	11.00	6.20	衢州	3.89	3.44	2.89	3.55	3.35

注：厦门 2011 年的人口自然增长率，统计年鉴数据为 7.5‰，统计公报数据为 7.1‰，这里使用统计年鉴数据。表格中数据按 2011 年降序排列（缺失时以 2010 年数据排列）

资料来源：根据 2007—2012 年海西区各城市统计年鉴汇总计算。

从劳动力资源方面看，海西区劳动力资源丰富，劳动力平均受教育水平不

断提高。但是,各市也出现人口老龄化现象,并且老龄人口比重有不断上升的趋势。莆田60岁居民约有37.88万人,年平均增长率为2.40%,年均增加2.71万老年人;抚州老年人年平均增长率为2.30%,年均增加3.04万老年人。部分城市的就业负担率不断增加,就业者负担加重。揭阳平均每一就业者负担人数约为1.69人,年增长率为1.00%,负担人数年均增加0.05人。

(二)人居环境逐步改善,低碳意识、绿色经济理念得到认可与发展

各城市绿化、美化建设取得新成就,城市人居环境不断改观。各市城市公共绿地面积逐步增加,增加100—300公顷不等;各市人均公共绿地面积也有所增长,年均增长3.00%以上;各市建成区绿化率也逐年得到提高。以厦门为例,2007—2011年,厦门建成区的绿化覆盖率从36.34%提高到40.64%,绿化覆盖率提高了3.3个百分点;衢州和汕头的绿化覆盖率也分别从34.5%、36.3%上升到37.54%和41.84%,增长率都在3%以上(见表1-14)。

表1-14 2007—2011年海西区部分城市人均公园绿地面积 单位:平方米

城市	2007	2008	2009	2010	2011
福州	8.02	10.21	10.61	11.15	11.20
厦门	13.56	19.21	18.42	19.35	19.78
衢州	10.20	10.55	10.27	11.47	11.31
抚州	12.09	8.66	14.81	14.45	14.48
上饶	8.38	—	13.10	15.38	15.88

资料来源:根据2007—2012年各城市统计年鉴汇总计算。

城市环保基础设施不断完善,污染治理能力继续提高,工业企业的污染排放率、污水治理能力都有一定提高。海西区各市的污水集中处理率在2008—2011年4年内呈现增长趋势(见表1-15)。以福州为例,全市城市污水处理率从66%上升到95.6%。城市生活垃圾无害化处理率也持续增长,增速较为不均,不过基本都达到98%以上,有的甚至达到100%。但是我们还应该看到,海西区各城市之间的差别还是比较大的。相对而言,广东省各城市生活污水处理率低于80%。工业固体废物处理率也显示出了不断提高的趋势,各市年增长率在10%左右。值得指出的是,部分城市的工业固体废物处理率略有下降。

表 1-15 2008—2011 年海西区城市污水处理率和城市生活垃圾无害化处理率

单位:%

年份	城市污水处理率				城市生活垃圾无害化处理率			
	2008	2009	2010	2011	2008	2009	2010	2011
福州	66.00	81.00	90.10	95.60	—	98.1	98.2	99.94
莆田	73.60	76.00	78.50	87.90	83.70	85.9	96.5	99.00
泉州	85.01	85.20	80.30	82.60	100.00	100.0	100.0	98.50
龙岩	59.94	71.82	76.32	82.23	61.59	90.6	92.3	98.03
衢州	61.03	63.60	75.65	75.07	99.40	100.0	100.0	100.00
梅州	61.00	61.20	71.00	71.02	100.00	100.0	100.0	100.00

资料来源:根据 2007—2012 年各城市统计年鉴计算。

海西区节能减排方面也取得了较大进步。从整体上看,海西区单位 GDP 的电力能源消耗量(简称能耗)显著降低,其中龙岩和衢州 2011 年的能耗比 2005 年降低了 34 千瓦/元。但是海西区各地在能源消耗方面存在较大的差距。2011 年上饶能耗仅为 1.8 千瓦/元,汕头这一指标数值则为 70.4 千瓦/元。海西区废水排放达标率也较高。到 2011 年,厦门废水排放达标率达到 100%,除上饶(88%)以外,其他各城市废水排放达标率均在 90% 以上,多数城市超过 95%。以上数据表明海西区各城市注重能源节约,致力于改善环境,在减少各类污染方面做出了较大努力,也在一定程度上改善了环境,多数城市空气质量良以上天数高于全国平均水平。

综上所述,近年来,海西区在经济、资源、社会和环境方面都得到了不同程度的发展,尽管在发展过程中还存在着一些问题,但随着海西区的区域协作和对外交流的不断增加,海西区将会得到更加协调、和谐的发展。

第三节 海西区综合评价模型及其综合评价指数

为了更好地反映海西区的发展,我们结合海西区发展的数据资料,依据前文建立的指标体系,运用主成分分析方法建立海西区综合评价模型。在此基础上,我们计算海西区各城市各年的综合发展指数,对海西区综合实力和竞争力进行量化测度,以反映海西区各城市的综合实力和竞争力。

一、综合评价模型的方法与步骤

（一）主成分分析方法介绍

主成分分析（PCA）是对多维变量空间进行降维处理，在保证原始数据信息损失最小的前提下，经过线性变换和舍弃部分信息，求出少于原变量个数的主成分，使它们尽可能多地保留原始变量的信息，且彼此不相关。它的统计思想是对 P 个指标样本 $x_1, x_2, x_3, \cdots, x_p$ 组成的矩阵 $X = (x_{ij})_{n \times p}$，利用样本变量间的协方差矩阵信息和方差最大化原则，寻找 $x_1, x_2, x_3, \cdots, x_p$ 的 k 个线性组合 $c_{ij} = \sum_{j=1}^{p} a_{ij}x_j, i = 1,2,\cdots,k(k < p)$，来反映各个样本指标所含的全部信息。主成分分析方法以少数的综合变量取代原有的多维变量，这样既抓住了主要矛盾，又可以简化分析问题，它是处理多变量、大样本数据时经常采用的方法。

（二）运用主成分分析方法的综合评价步骤

（1）选取指标；

（2）将样本数据按 $\tilde{x} = (x - \bar{x}) / \sqrt{\mathrm{Var}(x)}$ 进行单位标准化，使 $\tilde{x}$ 均值为 0、方差为 1；

（3）计算样本标准化后的协方差矩阵，求该矩阵的特征根和特征向量；

（4）求使累积贡献率达到设定标准的主成分个数，并将特征向量单位化、正则化，转换为各主成分的载荷矩阵，建立主成分线性模型，并计算各城市主成分得分。

$$
\begin{cases}
c_1 = a_{11}x_1 + a_{12}x_2 + \cdots + a_{1n}x_n \\
c_2 = a_{21}x_1 + a_{22}x_2 + \cdots + a_{2n}x_n \\
\quad \vdots \\
c_p = a_{p1}x_1 + a_{p2}x_2 + \cdots + a_{pn}x_n
\end{cases}
$$

$$C = (c_1, c_2, \cdots, c_n) = \mathrm{XA}'$$

二、综合评价实证分析

1. 指标选取

根据指标体系和数据的可获得性，我们以指标体系一级指标分类为标准，以 2005—2011 年海西区各城市的数据构成样本。选择的四个一级指标下的 50 个客观指标分别为：

（1）经济和生产指标共 20 个，分别为：$X111$——人均国内生产总值（元）、

X112——人均财政收入(元)、X113——人均储蓄存款(元)、X114——人均固定资产投资(元)、X115——人均消费品零售额(元)、X121——GDP增长率(%)、X122——全员劳动生产率(元/人)、X131——第一产业占比(%)、X132——第二产业占比(%)、X133——第三产业占比(%)、X141——城镇居民人均可支配收入(元)、X142——城镇人均住宅面积(平方米)、X143——人均消费支出(元)、X144——恩格尔系数(%)、X145——CPI(%)、X151——出口额(百万美元)、X152——对外贸易差额(百万美元)、X153——对外贸易依存度、X154——对外直接投资额(百万美元)、X155——入境旅游人数(千人)。

(2) 资源要素选取10个指标:X211——园林绿地面积(公顷)、X212——行政区域土地面积(平方公里)、X213——森林覆盖率(%)、X221——普通高等学校在校生数(千人)、X222——用于教育的财政支出(百万元)、X231——人均贷款(元)、X232——贷款增长率(%)、X233——存贷比(%)、X241——年专利授权数(份)、X242——用于科研的财政支出(百万元)。

(3) 社会要素选取12个指标:X311——人均绿地面积(平方米)、X312——供水量(百万立方米)、X313——公路里程数(公里)、X314——宽带接入用户数(千户)、X315——液化石油气供应量(吨)、X316——电力消费(10亿千瓦时)、X317——移动电话用户数(千户)、X318——道路面积(百万平方米)、X321——失业率(%)、X331——医院卫生院床位数(张)、X332——社会保障(百万元)、X333——年末全市参加城镇基本养老保险人数(万人)。

(4) 人口与环境要素选取8个指标:X411——工业固体废物综合利用率(%)、X412——工业废气排放(千吨)、X413——生活垃圾无害化处理率(%)、X414——生活污水处理率(%)、X415——单位国内生产总值能耗(瓦时/元)、X416——废水排放达标率、X421——人口自然增长率(‰)、X422——城镇化率(%)。

2. 数据的标准化处理

运用主成分分析方法,求得海西区综合指标体系中各个指标的主成分,由于不同指标的数量级和量纲差异较大,为了消除这些影响,先对每个指标按公式 $Z_{ij}=\dfrac{X_{ij}-\min(X_i)}{\max(X_i)-\min(X_i)}$ 进行处理,再对处理后的指标进行综合评价。

3. 实证分析过程与结果

根据统计分析软件得到相关系数矩阵的特征值及贡献率(见表1-16)。从输出结果可以看出,前10个主成分的累积贡献率为86.04%,且特征值都大于1,符合一般主成分选取标准,因此,我们选取10个主成分,分别记为Z1、Z2、

Z3、Z4、Z5、Z6、Z7、Z8、Z9、Z10，并计算各成分的载荷矩阵及其表达式（见表 1-17）。

表 1-16　相关系数矩阵的特征值及贡献率

主成分	特征根	累积贡献率
Z1	20.3355	0.4067
Z2	6.5022	0.5368
Z3	4.0535	0.6178
Z4	2.8353	0.6745
Z5	2.4433	0.7234
Z6	1.6648	0.7567
Z7	1.6196	0.7891
Z8	1.2742	0.8146
Z9	1.2199	0.8390
Z10	1.0725	0.8604

表 1-17　各成分的载荷矩阵

指标/系数	主成分									
	Z1	Z2	Z3	Z4	Z5	Z6	Z7	Z8	Z9	Z10
X111	0.196	0.037	0.193	-0.059	0.031	0.038	-0.070	0.029	0.004	0.024
X112	0.182	0.013	0.209	-0.155	0.095	0.057	-0.095	0.044	0.023	0.076
X113	0.211	-0.013	0.077	-0.060	0.011	0.051	-0.083	0.032	0.010	0.003
X114	0.169	0.087	0.240	-0.074	0.037	0.045	0.016	0.054	0.039	0.013
X115	0.214	0.014	0.063	-0.028	-0.018	0.058	-0.032	0.038	0.009	-0.075
X121	-0.011	0.121	0.159	0.178	0.138	0.266	0.146	-0.013	-0.082	0.180
X122	0.015	0.272	0.204	0.117	-0.183	0.106	0.163	0.088	0.083	-0.138
X131	-0.163	0.132	-0.040	-0.257	0.103	0.054	0.059	0.079	-0.007	-0.064
X132	0.065	-0.125	0.120	0.451	0.043	-0.045	0.039	-0.099	-0.002	0.149
X133	0.148	-0.019	-0.108	-0.253	-0.211	-0.016	-0.141	0.023	0.013	-0.115
X141	0.179	0.144	0.038	0.160	-0.148	0.122	-0.064	0.088	0.029	-0.005
X142	-0.062	0.257	0.045	0.096	0.117	0.078	-0.041	-0.036	0.309	-0.122
X143	0.183	0.077	-0.001	0.171	-0.168	0.111	-0.141	0.132	0.003	0.044
X144	-0.078	-0.124	-0.104	-0.005	0.345	0.167	0.204	0.050	0.290	-0.289
X145	0.015	0.053	0.014	0.152	0.128	0.547	0.122	-0.023	-0.318	0.099
X151	0.209	-0.007	0.055	-0.130	0.060	0.026	-0.048	-0.087	0.012	0.033

（续表）

指标/系数	主成分									
	*Z*1	*Z*2	*Z*3	*Z*4	*Z*5	*Z*6	*Z*7	*Z*8	*Z*9	*Z*10
*X*152	0. 205	0. 023	－0. 068	－0. 075	－0. 026	0. 061	－0. 069	－0. 111	0. 023	0. 036
*X*153	0. 126	－0. 104	0. 275	－0. 056	0. 156	－0. 072	0. 065	－0. 163	0. 042	0. 043
*X*154	0. 164	0. 073	－0. 009	－0. 067	0. 225	－0. 191	0. 022	－0. 013	－0. 034	0. 077
*X*155	0. 197	－0. 005	0. 068	－0. 096	0. 111	－0. 056	－0. 114	－0. 045	－0. 042	0. 005
*X*211	0. 199	－0. 071	0. 008	－0. 127	0. 120	－0. 023	0. 079	0. 066	0. 015	0. 015
*X*212	－0. 081	0. 268	－0. 157	－0. 203	0. 064	－0. 011	0. 084	0. 199	－0. 119	0. 124
*X*213	－0. 105	0. 268	0. 029	－0. 060	－0. 144	0. 003	－0. 211	0. 104	－0. 249	0. 051
*X*221	0. 152	0. 102	－0. 120	－0. 086	0. 099	－0. 209	0. 132	－0. 204	－0. 089	－0. 115
*X*222	0. 163	0. 157	－0. 202	0. 155	0. 013	0. 063	0. 007	0. 062	0. 045	－0. 030
*X*231	0. 198	0. 040	0. 150	－0. 141	0. 020	0. 057	－0. 094	－0. 023	0. 020	0. 029
*X*232	0. 042	0. 152	0. 046	0. 034	－0. 166	－0. 326	－0. 052	0. 206	0. 468	0. 095
*X*233	0. 051	0. 227	0. 198	－0. 031	－0. 303	0. 053	0. 062	－0. 193	0. 093	－0. 138
*X*241	0. 180	0. 036	－0. 176	0. 098	－0. 125	0. 101	－0. 034	－0. 159	0. 001	－0. 087
*X*242	0. 198	0. 086	0. 036	－0. 017	0. 003	0. 125	－0. 117	0. 048	0. 009	0. 023
*X*311	0. 116	0. 057	0. 083	－0. 029	0. 337	－0. 167	－0. 250	0. 089	－0. 236	－0. 019
*X*312	0. 186	－0. 120	－0. 105	－0. 082	－0. 117	0. 012	0. 204	－0. 023	－0. 014	0. 024
*X*313	－0. 044	0. 275	－0. 240	－0. 027	0. 109	－0. 045	0. 021	0. 248	－0. 090	0. 088
*X*314	0. 127	0. 089	－0. 172	0. 097	－0. 112	0. 029	0. 063	－0. 233	0. 131	－0. 077
*X*315	0. 085	－0. 280	－0. 152	0. 039	－0. 027	0. 077	0. 043	0. 087	0. 050	－0. 159
*X*316	0. 182	－0. 154	－0. 122	－0. 020	－0. 046	0. 043	0. 008	0. 065	－0. 006	0. 102
*X*317	0. 160	0. 065	－0. 272	0. 144	－0. 051	0. 052	0. 020	－0. 027	0. 028	－0. 011
*X*318	0. 191	－0. 097	－0. 090	－0. 069	－0. 004	0. 055	0. 217	0. 066	0. 065	－0. 042
*X*321	－0. 082	0. 185	0. 160	－0. 124	0. 060	0. 052	0. 320	－0. 088	0. 089	－0. 065
*X*331	0. 119	0. 178	－0. 306	0. 024	0. 007	－0. 095	0. 170	－0. 020	－0. 071	－0. 051
*X*332	0. 116	0. 190	－0. 116	0. 026	0. 285	0. 065	0. 020	0. 286	0. 078	－0. 078
*X*333	0. 199	0. 082	－0. 132	－0. 006	0. 016	0. 038	－0. 036	－0. 055	－0. 016	0. 007
*X*411	0. 084	－0. 079	－0. 075	0. 299	0. 028	－0. 156	－0. 031	0. 271	0. 008	0. 094
*X*412	0. 090	0. 100	－0. 059	－0. 043	－0. 058	－0. 250	0. 277	－0. 317	－0. 343	－0. 045
*X*413	0. 085	－0. 113	0. 101	0. 321	0. 074	－0. 284	0. 022	0. 128	－0. 200	－0. 143
*X*414	0. 100	0. 071	0. 197	0. 166	0. 100	－0. 112	0. 230	0. 040	－0. 037	－0. 270
*X*415	0. 035	－0. 179	0. 034	－0. 136	－0. 302	0. 062	0. 276	0. 271	－0. 113	0. 312
*X*416	0. 060	0. 124	0. 168	0. 028	－0. 086	－0. 216	0. 384	0. 194	－0. 034	0. 192
*X*421	0. 010	0. 070	－0. 124	0. 041	0. 205	－0. 026	0. 043	－0. 309	0. 296	0. 635
*X*422	0. 106	－0. 245	0. 003	－0. 170	0. 036	0. 108	0. 211	0. 220	0. 118	－0. 018

根据表 1-17,得到主成分线性模型为:

$$\begin{cases} Z_1 = a_{11}X_{111} + a_{12}X_{112} + \cdots + a_{1,20}X_{155} + a_{1,21}X_{211} + \cdots + a_{1,30}X_{242} + \cdots + a_{1n}X_{422} \\ Z_2 = a_{21}X_{111} + a_{22}X_{112} + \cdots + a_{2,20}X_{155} + a_{2,21}X_{211} + \cdots + a_{2,30}X_{242} + \cdots + a_{2n}X_{422} \\ \vdots \\ Z_{10} = a_{10,1}X_{111} + a_{10,2}X_{112} + \cdots + a_{10,20}X_{155} + a_{10,21}X_{211} + \cdots + a_{10,30}X_{242} + \cdots + a_{10,n}X_{422} \end{cases}$$

式中,$Z_p(p=1,2,\cdots,10)$为主成分;n 为表中行的数据,p 为列向数据;a_{pn}为表 1-17 中 p 列 n 行的数值;X 为选取的指标。

三、综合评价模型及其评价结果

1. 评价指标权重的确定

在多指标综合评价体系中,如何为各指标分配合理权重是评估的关键,它直接影响到综合评价的科学性。确定权重的方法有很多,可以分为主观赋权法和客观赋权法。本课题采用客观赋权法中的主成分分析法。

从载荷矩阵来看,第一成分基本概括了全部指标的综合信息,除了极少数指标,系数都为正值,而且贡献率也相对较高。前 10 个主成分的累积贡献率达到 86.04%,在很大程度上综合了所有指标的信息,可以用来综合评价。由于主成分的得分是根据载荷系数值与标准化(均值为 0,方差为 1)后的各指标加权平均结果来计算的,而且载荷系数值存在许多为负值的情况,所以部分指标无法判断其最终的指标属性(正/负)。

因此,本课题通过提取主成分分析的各主成分在各指标上的载荷值,将其进行正则化处理后,用于确定子成分中对各指标的权重。具体处理上,由于每个主成分的载荷系数满足 $\sum_j a_{ij}^2 = 1$,将其正则化处理,权重调整为$w_{ij} = \left| a_{ij} \Big/ \sum_j |a_{ij}| \right|$。

2. 建立综合评价模型

(1) 根据权数,计算各个主成分综合评价指标的子成分。计算公式为:

$$Z_i = \sum_j w_{ij} Z_{ij} \quad (i = 1,2,\cdots,10)$$

(2) 对我们重新计算得到的每个子成分按主成分分析结果贡献度或者特征值进行加权平均,得到综合评价模型为:

$$Z = \sum_i \frac{\lambda_i}{\sum \lambda} \times Z_i$$

3. 海西区综合评价结果及其分析

根据实证分析结果计算综合发展指数，得到海西区各地综合评价结果，如表 1-18 所示。

表 1-18　海西区 2005—2011 年综合发展指数及排名

城市	综合评价结果（Z 值）							排名						
	2005	2006	2007	2008	2009	2010	2011	2005	2006	2007	2008	2009	2010	2011
厦门	0.380	0.431	0.509	0.555	0.568	0.631	0.688	1	1	1	1	1	1	1
福州	0.362	0.396	0.436	0.467	0.479	0.549	0.579	2	2	2	2	2	2	2
温州	0.328	0.364	0.393	0.415	0.444	0.495	0.533	3	3	3	3	3	3	3
泉州	0.273	0.313	0.356	0.374	0.389	0.446	0.493	5	4	4	4	4	4	4
赣州	0.231	0.256	0.296	0.312	0.337	0.361	0.386	11	9	6	6	5	5	5
汕头	0.286	0.292	0.305	0.313	0.331	0.352	0.375	4	5	5	5	6	6	6
漳州	0.238	0.262	0.295	0.293	0.309	0.335	0.367	9	7	7	8	8	7	7
龙岩	0.247	0.249	0.272	0.280	0.310	0.327	0.350	8	10	10	9	7	8	8
三明	0.248	0.259	0.276	0.278	0.293	0.326	0.346	7	8	9	10	11	9	9
上饶	0.231	0.247	0.261	0.277	0.295	0.318	0.344	12	11	12	11	10	11	10
衢州	0.249	0.263	0.282	0.298	0.298	0.324	0.341	6	6	8	7	9	10	11
丽水	0.211	0.217	0.254	0.264	0.277	0.305	0.323	13	15	14	12	12	12	12
南平	0.232	0.238	0.260	0.264	0.266	0.303	0.310	10	12	13	13	13	13	13
莆田	0.211	0.219	0.246	0.258	0.266	0.294	0.309	14	14	16	15	14	14	14
抚州	0.199	0.213	0.252	0.262	0.256	0.292	0.304	16	16	15	14	17	15	15
宁德	0.167	0.192	0.221	0.236	0.255	0.282	0.303	20	19	18	18	18	17	16
梅州	0.188	0.200	0.228	0.250	0.265	0.283	0.301	17	18	17	16	15	16	17
鹰潭	0.208	0.230	0.267	0.241	0.263	0.275	0.293	15	13	11	17	16	18	18
揭阳	0.179	0.209	0.218	0.231	0.249	0.268	0.280	19	17	19	19	19	19	19
潮州	0.180	0.188	0.213	0.228	0.231	0.250	0.265	18	20	20	20	20	20	20

在 2011 年的综合评价排名中，排在前 6 位的依次是：厦门、福州、温州、泉州、赣州和汕头。其中除了赣州在 2005 年和 2006 年的排名为第 6 名外，其他 5 个城市的排名基本稳定且都是排名靠前。说明这 5 个城市总体上发展水平一直处于海西区 20 个城市的领先水平，而赣州排名的提升可能与近几年国际上的稀土资源稀缺和我国的稀土政策有关，稀土资源带来的经济腾飞促进了赣州整体发展水平的提升。从图 1-2 可以看出，在综合评价的各年趋势中，每年的线基本不相交，说明各城市的综合评价值在逐年提高，但各城市获得的提升空间各不相同。同时从图 1-2 还可以看出，在 2011 年前 6 名的城市中，其综合评价

指标值上升均较为显著,说明经济基础水平和综合实力是城市发展的基本动力。另外值得注意的一点是,2005—2011 年间,赣州的综合实力增长要比汕头强劲,汕头在前 6 个城市中增长较为缓慢,这也是赣州在 2008 年之后排名赶超汕头的原因所在;而汕头增长劲头排名靠后,但其经济发展的初始水平相对较高,使得其排名仍然处于前列。

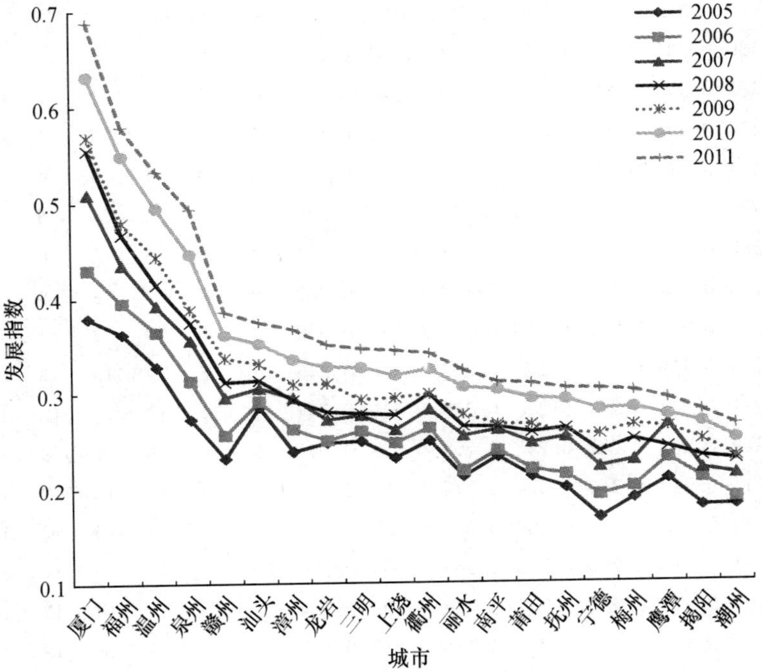

图 1-2 海西区各城市综合评价趋势图

排在最后 6 名的城市是潮州、揭阳、鹰潭、梅州、宁德和抚州。一方面,宁德通过加强对外贸易、经济基础建设等措施,注重资源要素积累,提升了该城市的综合实力,使其成为最后 6 名中增长势头较好的城市,这也是宁德能从 2005 年的最后一名提升到 15 名的根本原因(但应该注意这一上升趋势受到存贷比的影响,宁德这一指标偏高)。另一方面,尽管包括宁德在内的 6 个城市近年来取得了较大发展,但受限于人口和其他资源要素,经济发展水平相对起点较低,最后 6 名中的其他城市发展较为缓慢。

综合评价处于中间水平的城市则在经济发展水平、资源要素、人口环境等方面与平均水平较为接近,且各具特色,综合实力发展略显保守,因此这些城市各年份排名互相交替。从 2005 年到 2011 年的排名来看,排名有上升趋势的是赣州、宁德、上饶、漳州和丽水;排名有下降趋势的是衢州、南平、鹰潭、潮州、汕头和三明（三明2009年后略有回升）。

四、对海西区经济社会全面发展的建议

综上所述，海西区取得了较大发展，但是我们根据前面的分析结果，也应该看到海西区在发展中还存在一定问题。针对这些问题，我们提出了一些建议，具体如下：

1. 分模块来看

分模块来看，海西区在经济、资源、社会和环境方面都取得了不同程度的发展。总的来说，在经济方面发展最为迅速，无论是生产能力、收入水平，还是消费水平和消费结构、对外贸易等都增长较快，规模总量都得到明显增长；在基础设施、信息化水平和金融资源等资源方面以及环境方面，海西区各城市也都增长较快。但是在社会保障和社会救济覆盖的广度及深度方面，医疗卫生水平等社会方面以及人力资源、教育科技投入等还应该更进一步提高，我们认为各地应该增加对这些方面的投入。

首先，在经济发展方面，厦门、福州、温州、泉州和汕头尽管综合得分较高，但其经济增长速度较慢。尤其是福州、汕头，扣除物价上涨因素之后，年均增长率分别为6.2%和9.1%。潮州、揭阳、龙岩综合排名靠后，但鹰潭和揭阳的经济增长速度并不低，甚至是海西区增速较快的城市，只是由于经济总量较小，其排名较低，因此，潮州和揭阳应该继续保持经济的快速增长，提高经济总量。潮州排名最后，且近年来有下降趋势，经济增长速度与海西区其他城市相比较慢是一个重要原因。

其次，在金融资产方面，海西区自2009年起总存贷比徘徊在75%左右，2011年为76.5%；从各城市看，宁德、龙岩和三明3个城市的存贷比超过90%，福州、厦门、莆田、温州、南平和衢州的存贷比超过80%，泉州和漳州超过75%，以上城市多属于福建省和浙江省，应该注意控制其金融资产总量，防范金融风险；潮州、汕头的存贷比低于40%，梅州、揭阳和抚州的存贷比低于50%，赣州和上饶的存贷比不超过60%，这些城市相对集中于广东省和江西省，存贷比较低，应该加强信贷资金规模，创造良好的融资环境。

2. 从海西区各城市对比来看

从海西区各城市对比来看，各城市之间在各个方面的发展不尽相同，差距较大，各城市应该明确自身的发展优势和劣势，在一定程度上取长补短，从而增强各城市的综合实力，以带动全经济区经济实力的增长。

分城市来看，厦门土地面积和人口总量在海西区都是最少的，但其总量规

模并不小。而南平土地面积较大，但其在很多方面发展都相对较慢，综合排名有下降趋势。具体来说，南平在环境方面发展较差，其垃圾无害化处理率最低，生活污水处理率也最低，园林绿地面积全区倒数第二，单位GDP能耗较高；另外，其失业率也比全区其他城市高。南平应该加强对以上方面的投入。

抚州排名较差，是其经济总量较小、人均收入水平相对较低、本外币存款总额小、存贷比等原因共同作用的结果。

揭阳和潮州的人均收入水平较低，从2011年来看，潮州城镇居民人均可支配收入最低，前面说过是因为其经济增长趋缓造成的，也因此其排名下降。因此，潮州应该提高经济增长速度，提高居民收入水平。

3. 从海西区与其他地区相比来看

从海西区与其他地区相比来看，尽管海西区在经济方面取得了较大发展，但其总体水平相对于其他地区来说，有些方面从全国来看，还处于较低水平，如部分城市的GDP总量、人均GDP、城乡居民收入水平、人口自然增长率等。因此，海西区应该继续保持较快的经济增长速度，提高城乡居民的收入水平，继续加强交通设施建设，提升城乡便利程度，不断增加教育科技投入，降低能耗水平，继续坚定不移地提升区域经济一体化水平，增强综合实力。

通过上述所进行的各种分析，可以看出，近年来海西区在经济、文化、人文社会和环境方面都取得了较大发展，无论其物质财富还是精神财富都得到了较大增长。我们相信，在区域经济一体化的前提下，海西区将会有更好的发展。

第二章

海西区基础设施

中央明确将“海峡西岸经济区”的经济构想提升为国家发展战略，对以福建为主体的海西区，无疑会造成重大的经济社会效应。作为承载社会经济发展的框架骨干的基础设施，肩负着战略任务成败的重要使命，因此，思考如何强化海西区基础设施的现代化建设，加快海西区基础设施的构建速度，乃为至关重大的当务之急。当中，交通运输体系和能源基地建设是海西区基础设施中尤为重要的两项工程，为构建畅通、安全、高效、舒适的交通运输体系，我们需要整合铁路、公路、海港和航空等运输网络；为建设安全、环保、永续、有保障的能源基地，我们需要开发新能源、建立能源储备制度。我们相信，随着交通运输体系和能源基地建设的加快推进，海峡的东西两岸终将相互促进、共同繁荣。

第一节 海西区基础设施发展现状

一、综合运输体系发展现状

综合运输体系是指由铁路、公路、水路、管道和航空等各种运输方式及其线路、站场等组成的，在社会化的运输范围内和统一的运输过程中，按其技术经济特点组成分工协作、有机结合、连续贯通、布局合理的交通运输综合体系。海西区(特别是作为海西区主体的福建省)长期作为国家战略的"前线",新中国成立以来少有大型工业和交通项目落地,福建省地理上因武夷山分隔而和内陆联系不畅,其对外交通仅依靠鹰厦铁路和等级极差的"两纵两横"的国道。由于战备的需要,虽然拥有全国最长的海岸线,但港口建设长期停滞不前。因此,福建省是沿海省份中交通比较落后的,素有"闽道更比蜀道难"之称。随着台海局势的进一步缓和,"三通"已经成为必然,加上闽台的历史渊源,福建省作为东岸到西岸的"经济中转站"的优势已经无可替代,并顺理成章地成为落实十七大报告中"优先发展海峡西岸经济区和台商集中区"建设的承担者。目前海西区综合交通运输体系建设取得了重要进展。

(一) 铁路网络不断完善,内外沟通日益畅通

2007 年 11 月 23 日,铁道部和福建省人民政府签订《关于加快海峡西岸经济区铁路建设的会议纪要》,首次明确提出要积极落实中央关于支持海西区发展等战略部署,确定建设京台、昆台高速铁路等 12 条干线铁路及一批疏港铁路项目。纪要明确指出,从 2008 年至 2015 年,争取福建省每年有一条及以上铁路干线项目开工建设,争取 2020 年达到我国东部地区铁路交通先进水平。2008 年 12 月 7 日,铁道部和福建省人民政府签订《关于进一步加快海峡西岸经济区铁路建设的会议纪要》,进一步明确了铁路建设目标:温福铁路 2008 年年底全线铺通,2009 年 6 月开通运营;福厦铁路 2009 年 6 月铺通,年底开通运营;龙厦铁路争取与福厦铁路同步建成;厦深铁路 2011 年年底建成;向莆铁路争取 2012 年年底铺通。同时,2009 年开工建设京福快速铁路通道、赣龙铁路新建双线(含漳州港尾铁路);2010 年开工建设南平—三明—龙岩铁路和浦城—建宁—龙岩—梅州铁路;2011 年开工建设长汀至泉州铁路和衢州至宁德铁路。到 2010 年,铁路进出省通道增至 6—7 个,形成"两纵三横"铁路环网。乘火车从福州到上海和北京分别只需 5 个多小时和 11 个小时,从福州到深圳由原来的 20 个小时缩短至 5 个小时。福建省建成通车温福、福厦快速铁路和峰福铁路峰南段电气化改造等三条铁路干线以及肖厝通港铁路支线,全省铁路进出省通道达到 5 个,铁路正线里程达到 2 132 公里,其中电气化里程 1 517 公里。新增快速铁路 504 公里,结束只有单线、低速铁路的历史,进入双线快速运输动车时代。[1]

① 《福建省"十二五"综合交通运输体系发展专项规划》,http://www.fujian.gov.cn/zwgk/ghxx/zxgh/201105/t20110530_362221.htm,2011-05-18。

（二）公路里程增加，路网等级有所提升

2006 年，福建省完成普通公路建设投资首次突破 100 亿元，达到 104 亿元，与 2005 年同比增长 28.4%。截至 2008 年年底，福建省公路通车总里程为 88 607 公里，其中高速公路 1 765 公里，国省道干线公路 8 499 公里，已经形成了“四小时交通经济圈”和“一纵两横”高速公路主骨架，79% 的县可在一小时内上高速；“十二五”规划中提出建设福建省“三纵八横”高速公路网。农村公路面貌焕然一新，全省 100% 的乡镇实现了硬化路面；建制村通硬化公路率达到 96% 以上，99.6% 的乡镇、76% 符合通车条件的建制村通上班车。从 2009 年开始，福建省高速公路平均年投资将达 300 亿元以上，将加快形成以福州和厦门两个国家级交通运输枢纽为中心的涵盖整个海峡西岸的“半日交通经济辐射圈”，涵盖江西省和浙江省西南部、广东省东北部、湖南省南部等地的“一日交通经济辐射圈”。打通杭州至广州的快捷通道，贯通长深线丽水至梅州段等国家高速公路，对沈海高速公路进行扩容改造。① 2012 年 10 月份全省公路交通投资完成 84.17 亿元，同比增长 7.2%。加快推进运输通道建设，完善福州、厦门、泉州、温州、汕头等综合交通枢纽功能，更好地服务于两岸交流合作和中西部对外开放。到 2015 年，铁路营业里程、高速公路通车里程均达 5 000 公里以上。②

（三）沿海各港口蓬勃发展，基本具备深水作业条件

进入 21 世纪以来，海西区港口迅速崛起，海港、河港建设比翼双飞，重点建设与深水泊位相匹配的深水航道，围绕“两集两散”建设目标，着力建设厦门港、福州港、江阴港区和罗源湾、湄州湾进港航道，提高通航标准。港口航道基本满足大型船舶到港要求，与公路、铁路、管道等多种运输方式实现有效衔接。目前，以厦门港、福州港为主枢纽港，大、中、小泊位相结合，集装箱、散货、石化液体等专业化码头泊位相配套的、规模化、大型化、信息化的海西港口群初具规模。截至 2010 年年底共有生产性码头 757 个，其中万吨级 145 个，业务吞吐能力达到 2.24 亿吨，集装箱吞吐能力达到 1 452 万标箱。区域内有福州港、厦门港、泉州港、宁德港、湄洲湾港、漳州港、温州港、汕头港等八个全国性的沿海港口。2007—2011 年区域内八个主要港口的总吞吐量都在原有的基础上有所提升。以宁德港为例，从 2007 年的 691 万吨提高到 2011 年的 2 003 万吨，增长率达 189.79%，2011 年的年增长率为 41.01%，远高于 2010 年的增长率 14.50%

① 《海峡西岸经济区发展规划》，http://www.fjdpc.gov.cn/show.aspx?ctlgid=684135&id=47034，2011-03-10。

② 同上。

（见表 2-1）。

表 2-1 2007—2010 年海西区八个主要港口吞吐量 单位：万吨

年份	福州港	厦门港	泉州港	宁德港	湄洲湾港	漳州港	温州港	汕头港	总计
2007	6 433	8 117	6 215	691	1 613	533	3 496	2 301	29 399. 90
2008	6 703	9 702	7 224	1 007	1 802	632	4 958	2 806	34 834. 06
2009	8 094	11 096	7 666	1 240	1 542	902	5 999	3 102	39 642. 81
2010	7 125	12 728	8 455	1 420	1 756	1 202	6 408	3 509	42 604. 00
2011	8 218	15 654	9 330	2 003	2 074		6 950	4 005	48 233. 95

注：2011 年漳州港并到厦门港。

资料来源：福建省、温州市、汕头市各年统计年鉴。

2013 年 1 月，在港口部门、港航单位的共同努力下，厦门港集装箱吞吐量保持较快增长幅度，全港集装箱完成 61. 85 万标箱，同比增长 19. 3%，其中，外贸集装箱完成 47. 46 万标箱，同比增长 12. 7%。货物方面，全港货物吞吐量完成 1 547. 65 万吨，同比增长 24. 3%。这几项数据均排在全国港口前列。

（四）空港运输新航线不断开拓，吞吐量增加迅速

2012 年 1—10 月份，福建省全省民用机场旅客吞吐量完成 2 338. 45 万人次，同比增长 9. 6%；货邮吞吐量完成 32. 73 万吨，同比增长 5. 8%，较前 9 个月增长 0. 2 个百分点，均好于华东地区的平均水平。其中，福州机场完成旅客吞吐量 656. 68 万人次，同比增长 9. 0%，完成货邮吞吐量 7. 83 万吨，同比增长 10. 5%；厦门机场完成旅客吞吐量 1 439. 77 万人次，同比增长 10. 1%，完成货邮吞吐量 21. 92 万吨，同比增长 3. 5%。

二、能源基地发展现状

（一）电力发展现状

海西区的能源发展方向为清洁、低碳。科学规划电源点建设，逐步加快电网建设步伐，合理布局沿海大型煤电，规范水能资源开发利用，抓紧完善电网建设，提高供电能力和电网可靠性。

过去 3 年福建省电力需求增速与全国平均水平大致持平。2009 年投产 348 万千瓦时，预计 2010 年还有 500 万—600 万千瓦时的新机组投产，同比增长 16%。由于 2010 年以来福建省雨季提前，前 5 个月水电的累计机组利用小时相当于 2009 年前 9 个组的累计水平，受其挤压，火电机组利用小时将出现大幅下滑。考虑到 2013 年之后福建省内的大型核电站陆续投产，将进一步挤占火

电机组的市场份额。

海西区其他地区强调建设绿色电网，继续加大电网建设投入，优化电网结构，提高供电可靠性，减少输电损耗，提高电网电源承接各类型电源接入能力。

（二）能源储备现状

1. 常规能源保有储量少，开发成本高

海西区煤炭资源储量少，矿床规模小，分布不均衡，品种单一。海西区水资源较为丰富，但水能开发面临着成本高、效益低等难题。截至2007年年底，福建省水能理论蕴藏量1 168万千瓦（杨洪春，2007），但大多分布在西北部，开发成本高。

2. 新能源丰富，开发潜力大

海西区风能资源十分丰富，地区分布高度集中，时间分布相对均匀，风能方向稳定，主要岛屿和半岛地区的风能资源适合大规模开发，是今后能主要进行开发的能源资源。

海西区生物能源产业已经投入运营且发展迅速，已有沼气、生物乙醇、生物柴油和生物垃圾发电（林国庆、林馨，2010）。其中生物质气化发电项目运行多年，有着良好的产业基础。海西区潮汐能源主要集中于三都澳、福清湾、兴化湾和湄洲湾（刘叶志，2006），装机容量和年发电量分别占全国可开发能源的47.8%和45.9%，开发潜力巨大。

（三）新能源开发现状

海西区具有丰富的风能、太阳能、潮汐能等新能源，加强新能源和可再生能源调查、勘探和评价，优先开发技术比较成熟、规模化发展和产业化前景较好的能源品种，发展新能源产业，对于加速海西区战略目标额的实现和全面推进低碳经济的发展具有积极的促进作用。近期需重点开发利用风能发电和生物质能，兼顾太阳能、核能、潮汐能等品种的开发利用。

第二节 海西区基础设施存在的问题

一、综合运输体系发展存在的问题

交通设施的发展形式、发展水平与自然环境密不可分。以福建省为主体的海西区位于中国大陆东南部，西北靠山，东南面海，区域内部山岭起伏，河谷、盆地错落期间，导致区域综合运输体系存在诸多问题。

(一)铁路路网规模相对较小,设施技术水平落后

海西区的自然条件决定了铁路发展地理条件极为不利。自1957年鹰厦铁路通车,且1959年外福铁路建成后,福建省铁路才初具规模。至2010年年底,福建省铁路营运里程已达到2 111公里,其中电气化路段达到1 498公里,电气化率达71%。改革开放以来,福建省社会经济快速发展,成为全国颇具经济活力的省份,但由于铁路路网规模小,路网密度低,不能满足福建省社会经济发展的需要(福建省铁道学会,2007)。福建省主要年份铁路运输情况如表2-2所示。

表2-2 福建省主要年份铁路运输情况

年份	营运长度(公里)	旅客发送量(万人)	旅客周转量(亿人公里)	货物发送量(万吨)	货物周转量(亿吨公里)
2007	1 616	1 911	100.98	3 595	209.70
2008	1 618	2 066	108.30	3 681	207.80
2009	2 110	2 083	103.60	3 631	182.70
2010	2 111	3 640	137.70	3 765	184.20
2011	2 110	4 696	172.30	3 826	187.93

资料来源:http://www.stats-fj.gov.cn/tongjinianjian/dz2012/cn/html/1406.htm。

1. 辐射海西区的铁路网络仍然没有形成

海西区作为国家经济的一个“增长极”,是以我国东南沿海这个“核”为极的。从规划看,现有规划路网建成,海西区在内部形成了福州—南平—龙岩—厦门—福州环网,形成9个出省通道。但是,这个路网只能说服务了福建省三大中心城市的发展需要。同样作为海西区港口的福州到温州和厦门到汕头、汕尾港口只能通过沿海通道和杭广铁路沟通,而从全国路网看,沿海铁路和杭广铁路本来就是连接沿海和两大“三角洲”最繁忙的线路,显然用这两条线来整合海西区港口群发展还远远不够。

一个经济区的发展,除了它自身的地理优势外,经济发展的腹地是支撑其持续增长的重要因素,没有腹地就没有市场,辐射就无从谈起,而该地区的可持续发展能力就值得怀疑。从交通看,海西区本来就因为没有足够的腹地而成为被长三角、珠三角边缘化的地带,可以说发展腹地先天不足。海西区的提出,意味着长三角、珠三角、海西区的发展腹地将在内陆地区重合,海西区的触角必须以中心城市为圆心向各个方向延伸。而按照现在的规划,福建省的腹地实际上只是通过赣龙和向蒲增加到了江西,江西以外就已经分属两大洲的辐射范围。

铁路交通网主线是沿海通道、京福通道和昆台通道，真正最有辐射作用的就是昆台通道了，海西区的发展腹地仍然非常有限。

海西区是全国的海西区，必须跳出福建省来规划海西区交通网。规划的武建龙铁路虽然承担了衢宁、京台、南蒲、昆台铁路联络线功能，但很不完善，特别是南线宁化至龙岩段，实际上已经重复了杭广铁路龙岩到三明段的功能和鹰厦铁路三明至厦门段的功能（两条线路都是接南蒲线且方向相近），如果只是单纯地考虑厦门港和向蒲线的连接，完全可以用建宁至永安线代替，因为线路更短，投资更省。但是汕头、温州等东南沿海港口仍然没有从海西区路网进入中西部的快速通道，使海西区铁路网辐射能力受到限制。福建省省内各港口除了沿海通道联络线外，整个出省铁路也没有形成网络，不利于海西区各港口间的分工协作。

2. 海西区内部铁路网络仍未得到最大完善

以下我们将利用节点系数法，对 2007—2010 年海西区铁路网的合理规模进行预测，并和实际值进行比较分析。所谓节点系数法即利用节点分布区域面积、节点数量、区域经济发展水平等社会经济指标来测算区域内合理的铁路规模。计算公式如下：$L = r_i \times C \times \sqrt{AN}$，其中 r_i 为区域国民经济发展指数，取值为区域人均 GDP 的数值；C 为连接系数，根据劳伦基提供的数据进行估计，我国的铁路连通系数以 95% 的置信度达到 1.75；A 为节点分布区域的面积，在海西区模型估算中，取值为 26.5 万平方千米；N 为节点数量，此处取值 20；L 即为模型拟合的合理铁路规模。

通过测算，可以得到海西区铁路线路合理里程 L，并得到实际线路拥有数和合理数的比率。根据模型假定，实际线路拥有数为供给，L 为需求。若二者的比率大于 1，则说明当前铁路网规模能满足经济发展需要。通过分析计算，在考察期内，实际公路里程和模型预测之比率只有在 2009 年超过 1，其余年份均小于 1，说明海西区铁路里程相对于社会经济需求不足（见表 2-3、表 2-4）。

表 2-3　2007—2010 年海西区人口、GDP 和铁路营运里程占全国的比率

年份	人口（万人）		GDP（亿元）		铁路营运里程（千米）	
	区域人口数	所占比率	区域经济总量	所占比率	区域里程	所占比率
2007	8 427. 21	0. 0638	16 329. 03	0. 0610	3 557. 00	0. 0456
2008	8 474. 73	0. 0638	19 191. 27	0. 0607	3 559. 00	0. 0447
2009	8 519. 85	0. 0638	21 095. 80	0. 0614	4 051. 00	0. 0474
2010	8 578. 86	0. 0610	25 162. 13	0. 0632	4 052. 00	0. 0464

资料来源：根据相关城市统计年鉴数据整理所得。

表 2-4 2007—2010 年海西区铁路营运里程

年份	r_i	L 值	实际铁路运营里程(千米)	比率
2007	0.956	3 855.74	3 557.00	0.9225
2008	0.951	3 835.01	3 559.00	0.9280
2009	0.962	3 880.29	4 051.00	1.0440
2010	1.037	4 180.96	4 052.00	0.9692

资料来源:根据相关城市统计年鉴数据整理所得。

(二) 公路交通结构不合理,等级相对落后

判断一个地方公路基础设施是否满足交通体系整体最优的要求,一般通过投资额、公路网分布满足度、公路网连通度、公路总里程、二级及二级以上的公路里程以及县道、乡道公路里程等指标进行分析。考虑到海西区自然条件的复杂性,在海西区公路建设方面以 20 个城市为节点采用国土系数法拟合与海西区面积、人口和经济发展水平相适应的公路规模。此外,公路网总里程直接反映路网规模,体现一个区域公路建设发展的总体规模和水平,但二级及二级以上的公路里程占公路里程的比重,在一定程度上反映了路网的性质结构,因此可以用来考察区域公路网技术性水平和结构是否满足经济发展的需求(张娟敏,2010)。

公路网络和里程建设规模的确定是一个相当复杂的问题,目前比较规范及权威的方法是利用国土系数模型来测算公路网络的合理建设规模(郭晓峰,2005)。其数学公式为:$L = K \times \sqrt{PA}$,其中 K 为经济发展水平系数①;P 为区域人口数,其单位为千人;A 为国土面积,其单位为千平方千米。此模型的经济含义为:区域公路网的合理程度与区域经济发展水平、人口及国土面积有关,即公路网的合理长度与人口和面积的平方根及其经济指标成正比。相对于特定的经济发展水平,如果公路网的实际长度大于理论长度值,则认为公路网理论上能满足该区域经济发展的需要,反之,则认为现有公路网不能满足该区域经济发展的需要。

利用国土系数模型来测算海西区 2007—2010 年公路交通预测值,其结果如表 2-5 所示。2010 年海西区的实际公路里程为 207 140.50 千米,而经过模型测算的合理规模为 168 128.29 千米,实际公路里程超过测算规模,二者的比率

① 在研究我国省域、地方域公路网络规划时,通常采用回归方程:$K = 6.87 + 0.0066$ GNP 来测算经济发展水平系数,此方程的相关系数 $R = 0.98$。

达到1.23。对此,我们认为,一是由于海西区地形较为复杂,因此经过历年的发展,形成了以公路交通为主要运输方式的交通运输结构,公路在综合交通运输体系中占绝对优势;二是因为地区经济发展起步较晚,因此对交通的需求相对不足,使得现有公路线出现过剩的情况。因此,2010年海西区公路规模能满足经济社会发展需求,并有过剩的倾向。同时,实际公路里程与合理规模的比值有日渐缩小的倾向,说明随着海西区经济的发展,对公路运输的需求日益增加,现有公路规模的功能得到日益充分的释放。

表2-5　海西区2007—2010年公路交通预测值

年份	A	P	K	L	实际里程(千米)	比率
2007	265.50	84 272.11	25.60	121 112.79	184 963.26	1.53
2008	265.50	84 747.30	28.76	136 445.09	190 016.76	1.39
2009	265.50	85 198.50	30.81	146 535.78	202 651.18	1.38
2010	265.50	85 788.60	35.23	168 128.29	207 140.50	1.23

资料来源:根据相关城市统计年鉴数据整理所得。

(三)现有港口资源缺乏有效整合,区域内竞争格局混乱

为了充分利用港口资源禀赋,包括福建、广东、浙江在内的许多省市都不断加大投资力度。在投入带动下,区域港口生产条件得到了很大程度的改善,并由此带来了货物吞吐量长足的增长。2012年,仅厦门年累计货物吞吐量就达到1.2亿吨。2010年,海西区主要港口货物吞吐量达到4亿吨。虽然海西区港口运输取得了较大成就,但其优良的港口优势并没有得到充分的利用。

2012年的前5个月,厦门全港内贸集装箱完成55.6万标箱,同比增长16.4%。2011年厦门港内贸作业船舶1 800多艘次,完成内贸集装箱吞吐量91万TEU。据港口管理局介绍,尽管取得较快增长,但受制于内贸集装箱泊位不足等不利因素,厦门港内贸集装箱业务存在内贸船舶装卸作业效率低、船舶候泊时间长的问题。

2012年9月份,海西区最大的港口厦门港以12 593万吨的货物吞吐量和5 127万标箱的集装箱吞吐量位居全国各主要港口的第15位和第8位。这说明海西区缺乏在全国范围内占有重要地位的大港口,货物吞吐量偏小。其主要原因在于区域内缺乏统一规划,未形成良性的协调机制,导致竞争混乱。沿海主要规模以上港口货物吞吐量如表2-6所示。

表 2-6 沿海主要规模以上港口货物吞吐量 单位:万吨

港口	1985	1990	1995	2000	2005	2008	2009	2010	2011
总计	31 154	48 321	80 166	125 603	292 777	429 599	475 480	548 358	616 292
大连	4 381	4 952	6 417	9 084	17 085	24 588	27 202	31 399	33 691
营口	98	237	1 156	2 268	7 537	15 085	17 603	22 579	26 085
秦皇岛	4 419	6 945	8 382	9 743	16 900	25 231	24 942	26 297	28 770
天津	1 856	2 063	5 787	9 566	24 069	35 593	38 111	41 325	45 338
烟台	689	668	1 361	1 774	4 506	11 189	12 351	15 033	18 029
青岛	2 611	3 034	5 103	8 636	18 678	30 029	31 545	35 012	37 230
日照	—	925	1 452	2 674	8 421	15 102	18 130	22 597	25 260
上海	11 291	13 959	16 567	20 440	44 317	50 808	49 467	56 320	62 432
连云港	929	1 137	1 716	2 708	6 016	10 060	10 843	12 739	15 627
宁波—舟山	1 040	2 554	6 853	11 547	26 881	52 048	57 684	63 300	69 393
汕头	201	279	716	1 284	1 736	2 806	3 101	3 509	4 005
广州	1 772	4 163	7 299	11 128	25 036	34 700	36 395	41 095	43 149
湛江	1 231	1 557	1 885	2 038	4 647	6 682	11 838	13 638	15 539
海口	170	288	468	808	2 118	2 614	4 855	5 700	6 549
八所	388	431	275	378	486	554	652	893	997

注:(1) 从2006年起,宁波—舟山港包括原宁波港和舟山港,以往年度数据为原宁波港数据。(2) 从2007年起,烟台港包括原烟台港和龙口港,以往年度数据为原烟台港数据。

资料来源:http://wenku.baidu.com/view/a739e5c78bd63186bcebbcfa.html。

(四) 空港发展总量不足,总体竞争力偏弱

建设空港对于地面自然条件要求较低,航空运输在区域尤其是地理位置欠佳的地区的交通体系建设中的地位越来越重要。

1. 空港发展总量不足,运输能力有待提高

影响航空客运和货运的主要因素包括经济发展水平、进出口贸易和入境旅游状况,其中又以经济发展水平最为重要(驰明,2008)。以下利用线性回归方程对影响区域航空客货运的因素进行回归,分别选取进出口总额、人均GDP和入境旅游人次,以及进出口总额、人均GDP、入境旅游人次和三产增加值等变量,对海西区近年的货邮运和客运量进行预测,得到海西区经济发展对空港运输的需求,如图2-1和图2-2所示,图中虚线部分为每个年度相应的货邮运量和航空客运量的预测值。

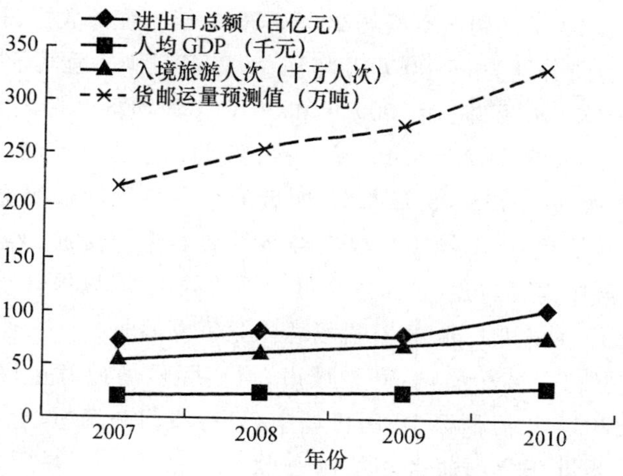

图 2-1　海西区 2007—2010 年空港货邮运量预测值

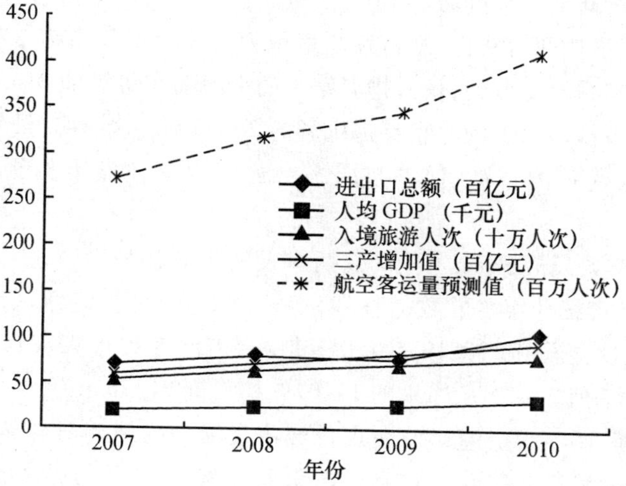

图 2-2　海西区 2007—2010 年空港客运量预测值

从图中可以发现，2007—2010 年海西区进出口总额从 7 025.65 亿元上升到 10 431.74 亿元，人均 GDP 从 1.94 万元上升到 2.93 万元，入境旅游人次由 550.09 万人上升到 792.19 万人，增加幅度分别为 48.27%、51.37% 和 44.01%，同期货邮运量的拟合预测值从 217.892 万吨上升到 332.96 万吨，增加幅度近 50%，大体和以上各指标相互平衡；同期三产增加值从 5 943.13 亿元增加到 9 422.96 亿元，增幅为 58.54%，航空客运量的模型拟合预测值从 27 140.13 万人次增加到 41 133.08 万人次。

根据海西区10所民用航空机场2009—2010年的统计数据，2009年和2010年海西区邮货运量分别为33.0076万吨和41.2247万吨，远低于模型所预测的279.17万吨和332.96万吨；而2009年和2010年海西区实际的旅游客运量分别为2 545.35万人次和2 986.45万人次，然而，模型的预测拟合值分别为34 584.25万人次和41 133.08万人次，两者的差异悬殊。很明显，海西区空港发展的总量非常不足，还不能满足社会经济发展对快速交通的需求，这就必然要求在未来发展中需要新建、扩建或者借助周边的机场，以提升空港运输能力。

2. 缺乏区域性枢纽大港，现有机场总体竞争力偏弱

海西区包括涉及4个省的20个城市，但实际机场拥有量仅为10座①，为总数的一半。2011年海西区10座机场中，只有厦门高崎机场、福州长乐机场和温州永强机场排在全国旅客和货邮吞吐量的前30位，其中厦门高崎机场以15 757 049人次位居全国旅客吞吐量的第11位，以260 575.1吨的货邮吞吐量排在第9位，其余7个机场均排在40位之后。进一步来讲，虽然厦门高崎机场的货邮吞吐量位列第9位，旅客吞吐量位列第11位，但由表2-7可以很清楚地看到，在货邮吞吐量方面，仅占排名第1的上海浦东机场的8.45%，而旅客吞吐量方面，仅占排名第1的北京首都机场的20.03%。这说明，虽然海西区目前拥有具有地区优势的空港，但是与同平台的国内其他城市相比，明显缺乏竞争力。

3. 快速交通发展滞后，不能满足两岸人民往来需求

据相关城市统计年鉴的数据整理，2007—2010年间，海西区出入境人数从550.086万人次上升到792.19万人次，其中台湾游客数从93.87万人次上升到172.52万人次，所占比例从原来的17.07%扩大到21.78%，可见两岸交流的趋势越来越频繁，而鉴于空港运输在现代经济发展中扮演着日益重要的角色，两岸交流的增多，势必会拉升对航空运输服务的需求，进而要求加快建设区域战略航空枢纽中心，积极发展航空运输。

---

① 包括厦门高崎机场、福州长乐机场、温州永强机场、泉州晋江机场、汕头外砂机场、武夷山机场、赣州黄金机场、衢州机场、梅县长岗岌机场、连城冠豸山机场等。

表 2-7 2010—2011 年全国各主要城市机场旅客吞吐量、货邮吞吐量和起降架次情况

机场	旅客吞吐量(人)				货邮吞吐量(吨)				起降架次(次)			
	名次	本期完成	上年同期	比增(%)	名次	本期完成	上年同期	比增(%)	名次	本期完成	上年同期	比增(%)
合计		620 536 534	564 309 654	10.0		11 577 677.2	11 289 870.7	2.5		5 979 664	5 530 558	8.1
北京/首都	1	78 674 513	73 948 114	6.4	2	1 640 231.8	1 551 471.6	5.7	1	533 166	517 585	3.0
广州/白云	2	45 040 340	40 975 673	9.9	3	1 179 967.7	1 144 455.7	3.1	2	349 259	329 214	6.1
上海/浦东	3	41 447 730	40 578 621	2.1	1	3 085 267.7	3 228 080.8	-4.4	3	344 086	332 126	3.6
上海/虹桥	4	33 112 442	31 298 812	5.8	6	454 069.4	480 438.1	-5.5	4	229 846	218 985	5.0
成都/双流	5	29 073 719	25 805 815	12.7	5	477 695.2	432 153.2	10.5	6	222 421	205 537	8.2
深圳/宝安	6	28 245 738	26 713 610	5.7	4	828 375.5	809 125.4	2.4	5	224 329	216 897	3.4
厦门/高崎	11	15 757 049	13 206 217	19.3	9	260 575.1	245 644.0	6.1	13	135 618	116 659	16.3
福州/长乐	26	7 196 800	6 476 773	11.1	22	87 573.8	79 350.2	10.4	26	67 866	62 108	9.3
温州/永强	29	5 598 674	5 326 802	5.1	30	48 997.2	50 024.2	-2.1	34	49 995	49 854	0.3
泉州/晋江	44	1 975 836	1 997 126	-1.1	39	31 226.6	22 931.9	36.2	53	19 992	20 123	-0.7
武夷山	68	594 562	589 554	0.8	98	839.6	1 047.9	-19.9	87	5 249	5 740	-8.6
赣州/黄金	71	515 068	315 246	63.4	68	2 948.1	2 205.5	33.7	81	6 106	5 066	20.5
衢州	119	148 907	133 498	11.5	121	263.8	180.2	46.4	133	1 474	1 716	-14.1
梅县/长岗岌	146	61 539	49 372	24.6	143	27.8	20.9	33.0	124	2 052	1 566	31.0
连城/冠豸山	150	47 691	41 931	13.7	163	0.2	—	714.8	156	730	504	44.8

资料来源:http://forum.home.news.cn/thread/96318519/1.html。

二、能源基地发展存在的问题

（一）电力发展存在的问题

1. 电力结构不尽合理，电力规划严重滞后

以福建省为例，水电、火电、新能源装机比例约为36.2∶62.0∶1.8。火电装机占装机总量的62%，且大部分是用煤做燃料，水电装机占装机总量的36.2%，与巨大的水电资源相比，明显偏低。火力发电的小火电机组仍占有一定比例。海西区其他地区也面临同样的问题，亟待进行电力改革，发展新能源发电产业。

目前海西区电力行业的规划指导性与权威性不强，电源规划与电网规划之间、电源结构规划之间、传统能源规划与新能源规划之间、输煤计划与输电规划之间，缺乏统一性、协调性与科学性。现代化电网管理技术仍处于启动阶段，电力工业尚未进入大机组、大电厂、大电网、超高压和自动化阶段。城乡配电网基础薄弱，设备落后、老化，线损率高，造成有电输不出、有电用不上的局面。

2. 电价形成机制不合理，开发建设面临难题

煤电价格联动机制执行不到位，电力资源配置不合理，在厂网不分、供大于求的形式下，发电环节没有公平竞争的规则，垄断经营，一方面用户没有购电选择权，另一方面电价脱离供求关系。同时，电力开发建设的环境和社会压力加大，发展困难增大。征地拆迁、水土保持、植被保护、移民诉求等成本大幅提升，有的已超过了电力企业的承受能力。

（二）能源储备存在的问题

1. 能源供求矛盾突出，对外依存性大

海西区对石化、煤炭资源依赖性较大，区域贫煤少油，基本依靠外地调运，石化和煤炭都受到自然资源的限制及其市场变化的影响，供给波动幅度大，缺乏相应的储备制度。随着经济的快速增长、能源消费量的不断上升，特别是近几年，海西区工业化和城镇化进程加快，钢铁、机械、化工、水泥等重工业部门发展迅速，能源供求矛盾更加突出。

2. 能源消费结构不合理，能源消费品种相对单一

海西区产业结构层次偏低，第三产业不发达，能源消费结构中，工业耗能占七成，经济发展对能源需求的依赖性不断增大。① 能源消费品种相对单一，结构

---

① 《福建省能源状况及其对经济发展的支撑力分析》，http://www.stats.gov.cn/was40/gjtjj_detail.jsp?channelid=33728&record=113。

性矛盾突出，尽管海西区煤炭消费比重在下降、油品燃料消费比重在增长，但以煤为主的能源消费格局没有发生根本性的转变，能源品种结构仍然相对单一。作为缺油贫煤的地区，目前仍有近2/3的原煤由外地调入。

（三）新能源开发存在的问题

据杜强(2009)的研究，福建省常规能源资源缺乏，能源供给缺口大，外购依存度高。在这样的背景下，海西区大力发展新能源对建立稳定、可靠、安全的能源保障体系，优化能源的供销结构，加快推进海西区建设具有重要意义。

1. 人才储备不足

新能源产业缺乏相应的高端研发人才和终端操作技术人员，制约了产业的发展。以核电为例，福建省已有2座核电站开工建设，但核电技术人员不足，监督人员的素质、专业知识以及监督手段的水平满足不了需求，核安全监管面临较大挑战。①

2. 新能源发电成本高

受制于新能源产品价格和电网接入等问题，电价较传统能源高，例如，风电发电成本是煤电的1.5倍左右，太阳能光伏发电成本则高达5倍以上，且电压不稳定，难以大规模推广应用。②

第三节　海西区基础设施的发展对策与未来展望

一、综合交通运输体系发展对策

海西区综合交通运输体系应坚持统筹规划、有效衔接、一体化发展的原则，以海港空港、铁路公路、城市中心场站为重点，加强各种运输方式及其内部各环节的紧密融合，建立与主体交通设施能力相适应的旅客集散和中转系统，实现多种交通方式合理衔接。在海西区综合交通运输体系近期发展中，应把铁路、公路、水运、民航客货枢纽纳入城乡规划，重点规划建设福州、厦门两大全国性综合交通枢纽以及其他区域性交通枢纽，在若干交通基础设施条件好、人流物资较为集中的城市规划建设区域性交通枢纽。客运枢纽建设方面重点加强铁路、公路、机场、城市公共交通等的一体化高效衔接；货运枢纽建设方面重点加

① 《福建省"十二五"能源发展专项规划》，http://www.fujian.gov.cn/，2011-06-01。

② 《温州市"十二五"能源发展专项规划》，http://www.wenzhou.gov.cn/art/2011/11/14/art_4244_192231.html，2011-11-14。

强铁路、公路、机场、水路的有机衔接。通过对海西区现有综合运输体系的分析，我们认为综合交通运输体系的发展应着重从以下几方面展开。

（一）完善陆上交通运输网，加强既有设施改造升级

围绕"构筑高速铁路、加强出海通道、贯通区域线路、完善海西路网"的总体目标，加快实施纳入国家中长期铁路网规划和海西区铁路网规划的铁路建设项目，构建快捷出省的"三纵六横九环"铁路网，基本上形成以福州、厦门为中心，长三角、珠三角为两翼的放射状、扇面型的快速客运交通干线网，以构筑"两小时交通圈"，密切中心城市间的联系。考虑铁路与港口、机场、公路等的有机衔接和共同发展，考虑干线与直线之间、点线之间的协调发展，在综合交通运输体系建设过程中要实施科学规划、严密考证和合理施工，分步走，形成综合交通运输能力，实现经济效益最大化。2010 年前，重点建设海西区大容量、多方式、快速化通道，并与中西部内陆腹地联通，适应沿海地区冶金、重化、建材、加工和能源等重点产业布局与发展的需要，适应中部地区对台贸易运输的需要，满足人员和货物的快速流动，基本形成通畅的"二纵三横"组成的综合交通骨干网。2015 年前，全面建成通畅的"二纵四横"组成的综合交通骨干网，形成北与北京、西北与银川、西与成都、中与武汉、西南与昆明、南与香港、东南与高雄、东与台北、东北与上海、海上辐射全球的畅通的交通骨干网，加快京福高速福建段、龙岩—长汀、浦城—南平、泉州—三明、宁德—邵武、永安—武平等高速公路建设，构建"三纵四横"的高速公路网。①

鉴于海西区沿海和内地之间货运主要以能源、原材料等大宗货物为主，必须充分发挥铁路在综合运输体系和城市交通密集地区旅客运输中的骨干作用（郭光照，2008）。要技术先行，提高复线率和电气化率，推进铁路科技进步，不断提高铁路运输技术装备水平。通过技术水平的快速提升，提高铁路运输服务质量及运输效率和效益，减少对资源的占用和对环境的影响。此外，还应该重点建设龙赣、龙厦、向莆等省际通道和各支线项目，推进海西区对接长三角、珠三角的快速铁路建设，构筑海西区省际纵横贯通的环形网络和省内外线路通畅、功能齐全、高效运行的铁路运输网络。

（二）整合港口资源，形成海陆联运的运输模式

充分发挥港口优势，加强港口资源整合，完善港口规划，优化港口布局。在巩固发展温州和汕头港的同时，加快推进海峡西岸北部、中部、南部以及福州

---

① 《福建省"十二五"综合交通运输体系发展专项规划》，http://bbs.66163.com/forum.php?mod=viewthread&action=printable&tid=4094624，2011-05-18。

港、湄洲湾和厦门港等三大港口的整合与建设,构建分工合理、优势互补的集装箱、煤炭、油品、矿石、木材、对台旅客运输和滚装运输系统,打造面向世界、服务周边及中西部地区的规模化、集约化、现代化海峡西岸港口群(李文浦、王燕武、郑建清、刘照坤,2010)。具体目标设定为:福州港——集装箱和大宗散杂货运输相协调的国际航运枢纽港,配套完善江阴港区,培育发展干线集装箱运输,建设松下港区国家粮食储备基地并加快建设平潭综合实验区港口物流园区和对台滚装码头;湄洲湾港——大宗散货和集装箱运输相协调的枢纽港,加快建设湄洲湾罗屿作业区大型超深水泊位矿石散货中转基地,东吴港区 1 500 万吨煤炭中转储备和成品油储备基地,秀屿港区木材加工和 LNC 战略储备基地,启动江口作业区建设,促进兴化湾区域开发;厦门港——集装箱运输为主、散杂货运输为辅,客货并举的国际航运枢纽港和国际集装箱中转中心,加快港区功能优化调整。东渡港区重点发展国际邮轮、对台客运、滚装和高端航运服务,打造邮轮母港,其中,海沧和嵩屿港区重点发展集装箱运输,刘五店港区重点发展通用散货泊位,古雷港区重点发展大型液体化工泊位和通用泊位,有序开发东山、诏安、云霄港区。①

此外,适应国际航运对港口深水化、大型化、专业化发展的需要,积极引进国内外知名企业投资参与港口建设、经营管理和发展港口物流业,开辟新航线,拓展新业务。支持航运企业建立多方战略合作联盟,组建具有核心竞争力的专业海运船队。积极支持海铁联运、河海联运、海陆联运和多式联运,拓展纵深腹地,拓宽服务领域。大力发展“陆地港”,重点建设武夷山、晋江、沙县、龙岩等“陆地港”,支持福建省港口企业加强与内陆省份企业合作建设“陆地港”和“飞地港”。加快建设和配套完善疏港铁路、公路等基础设施,建成连接主要港区辐射内陆省份、长三角、珠三角运输大通道,建成 11 条沿海重要港区铁路支线和一批疏港公路,不断拓展港口腹地。统筹规划建设港区水电、通信、环保和口岸联检等配套设施,加快构建沿海港口 EDI 信息平台和交通电子口岸,提高港口管理水平和服务能力。②

(三)建设和改造重点枢纽,形成以空港为中心的快速客运交通网

构筑区域对外的快速交通通道,积极拓展航空网络和民航市场,开拓国内国际航班航线,加快构筑区域内城市与长三角、珠三角及台湾地区中心城市的

---

① 《福建省“十二五”综合交通运输体系发展专项规划》, http://www.fujian.gov.cn/zwgk/ghxx/zxgh/201105/t20110530_362221.htm, 2011-05-18。

② 同上。

空中巴士，与国内及东南亚地区主要城市的空中快线。增开国内外新航线，扩大服务领域；合理布局支线机场，推进三明机场建设，开展宁德、莆田、漳州等新建、迁建机场的前期工作，形成以福州、厦门国际机场为主的干支线机场相结合的空港布局。① 继续完善厦门高崎国际机场、福州长乐国际机场、武夷山机场、泉州晋江机场和冠豸山机场的基础设施，加大航班密度，提高航空运力，增辟通往国内主要旅游地和日本、韩国等地的航班航线，争取开通欧美等主要客源地的旅游航线或旅游包机。争取国家支持，新增对台旅游直航点。② 扩大厦门、福州等大型机场开放航权，逐步引入航空运输和旅游服务合作机制。创新民航发展体制机制，壮大民航运力、队伍和产业，发挥厦门航空公司的主力作用，支持引入基地航空公司，促进民航运输和多元化运输方式相协调。加快建设福州、厦门两大枢纽机场航空城和温州航空服务中心，培育和集聚高附加值新兴产业和会展、物流、金融、商贸、旅游等现代服务业。③

（四）完善综合运输网络，构筑海峡两岸长效沟通平台

加快完善两岸直接“三通”基础条件，着力建设海峡两岸海运合作大通道，加快构建两岸航空重要枢纽，积极规划研究对台陆路交通走廊，整合优化对台口岸功能，健全完善两岸大通关合作机制，力争两岸在港口、民航、口岸、物流、邮政等方面的合作取得新突破。到 2015 年基本形成厦门、福州两大港口对台滚装运输系统，建成两岸空中直航中转枢纽。④

二、能源基地建设对策

（一）电力发展建设对策

1. 建设安全、可靠、经济、环保的电源保障体系

以市场为导向，按“就近平衡，分散接入”的电源布局原则，结合资源情况、运输条件、电力需求等因素，合理规划电源项目建设；加快推进电力结构调整，实现多元化发展；优化火电，合理扩大生产规模，克服交叉重复布点；充分利用

---

① 《海峡西岸经济区发展规划》，http://www.fjdpc.gov.cn/show.aspx?ctlgid=684135&id=47034，2011-03-10。

② 《福建省“十二五”旅游业发展专项规划》，http://www.fujian.gov.cn/ggfwpt/qykb/cyzc/scyzc/slyj/201108/t20110831_384633.htm，2011-08-31。

③ 《福建省“十二五”综合交通运输体系发展专项规划》，http://www.fujian.gov.cn/zwgk/ghxx/zxgh/201105/t20110530_362221.htm，2011-05-18。

④ 同上。

港口资源优势,大力发展沿海大型煤电。①

2. 构筑海峡西岸现代化电网

大力加强电网建设,构建进出顺畅、安全可靠的电网支撑系统。加强500千伏主干输电网架和特高压网架建设,构筑沿海双通道、南北双环网的500千伏超高压电网,强化与华东电网的联网,推进与南方电网、华中电网联网。② 提高电网在更大区域范围内优化配置电力资源的能力,为核电和大型火电提供市场空间。

3. 挖掘清洁安全的可再生新能源

积极发展具有一定产业基础的太阳能、生物质能和地热能,逐步提高替代矿物能源的比重。优先发展核电,与火水电相比,核电的发展潜力最大、可持续性最强。进一步完善核电厂址前期工作,加快推进宁德、福清核电等项目建设。积极发展风力、潮汐等新能源。③ 合理开发水电,根据流域综合开发利用规划,合理开发水能资源,科学挖掘水电资源潜力,保障电力的可持续发展。

（二）能源储备建设对策

1. 能源供应向多元化、低碳化和基地化方向发展

按照能源来源多元化、建立能源安全保障体系的要求,以电力建设为中心,提升清洁能源比重,推及能源结构优化调整,多渠道开拓资源,提高能源保障能力。加快建设高能力、低成本、多方向的能源运输大通道,努力建立企业储备、商业储备、国家战略储备相结合的海峡西岸能源储备体系。

2. 增强海陆油气运输能力

建立稳定的石油、天然气进口渠道,完善储运系统。④ 陆路通道在调进能源中起辅助作用,在特殊时期将发挥基本供给的保障作用,在将来可发展成为内陆省区从国外引进能源的便捷通道。重点建设沿海铁路、向莆铁路、龙厦铁路和一批疏港铁路支线,促进形成连通海西港口与全国铁路干线网的能源运输大

---

① 《福建省"十二五"时期构筑稳定经济清洁安全的能源供应体系对策研究报告》,http://www.fjdpc.gov.cn/show.aspx?ctlgid=12812&id=34031,2010-07-06。

② 《海峡西岸经济区发展规划》,http://www.fjdpc.gov.cn/show.aspx?ctlgid=684135&id=47034,2011-03-10。

③ 《国务院关于支持福建省加快建设海峡西岸经济区的若干意见》,http://www.fujian.gov.cn/zwgk/ztzl/hxxajjq/zthx/200905/t20090521_128484_2.htm,2009-05-14。

④ 《福建省"十二五"时期构筑稳定经济清洁安全的能源供应体系对策研究报告》,http://www.fjdpc.gov.cn/show.aspx?ctlgid=12812&id=34031,2010-07-06。

通道。[①]

3. 建立油气煤储备制度

石油、天然气、烟煤是福建省缺乏的能源品种，要建立相应的储备制度。加强省际和国际合作，采取各种有效方式，积极开拓省外、国外能源供应市场，建立长期稳定的能源供应渠道、生产供应基地和储备设施。利用罗源湾等沿海深水港条件，建设可门等大型煤炭中转储备基地，保障煤炭供应安全。加强石油（原油、成品油）储备设施的规划建设，重点建设湄洲湾南岸泰山石化、东山湾古雷一德石化、湄洲湾北部中原石化等一批商业石油储运项目；积极开展湄洲湾、三都澳原油储备项目前期工作，争取列入国家石油战略储备库建设规划和布局建设，同时结合福炼一体化项目等做好企业石油储备项目建设，初步建立层级清晰、功能互补的海峡西岸石油储备体系。同时，加快完善天然气管网，积极开展福建与粤东、浙南、赣东南天然气输气主干线对接的研究。[②]

（三）新能源开发建设对策

海西区可再生能源比较丰富，优先开发技术比较成熟、规模化发展和产业化前景比较好的品种，如风能和生物质能，兼顾太阳能、地热能、潮汐能等品种的开发利用。

1. 重点开发利用风能发电

风力发电在发展初期与常规能源相比产业规模小，获利能力低，需要政府给予一定的支持和相应的扶持政策，把风能发展纳入政府能源建设计划，增加资金渠道和投资力度，制定优惠税收、电价补贴等政策。同时，加快推进沿海风电规模化开发，要按规划分期有序开发条件较好的沿海陆地大型风电场，同时开展近海风能资源评价、开发利用规划，开展海上风电场建设的试点示范，为大规模开发海上风能资源做准备。[③]

2. 推广发展农村生物质利用技术

海西区要紧密结合社会主义新农村建设，因地制宜，重点是推广发展农村生物质发电、种植能源作物和能源植物，开发新型农村能源产业；发展沼气、生物质固体成型燃料和生物质气化，开发新型农村能源产业；发展生物燃料乙醇和生物柴油，为石油替代开辟新的渠道；规模化开发生物质能源，实现产业化发

---

① 《福建省“十一五”能源发展专项规划》，http://www.fujian.gov.cn/zwgk/ghxx/zxgh/200708/t20070807-22220.htm，2007-08-07。

② 《海峡西岸经济区发展规划》，http://www.fjdpc.gov.cn/show.aspx?ctlgid=684135&id=47034，2011-03-10。

③ 同上。

展；要继续结合农村畜牧养殖业污染治理，大力发展沼气，促进生物质能开发利用。[①] 通过加大科研力度，推动技术进步，提高技术水平，以努力提高资源利用率，使生物质能能更好地促进经济社会的发展。[②]

3. 提高太阳能利用效率

在绿色能源中太阳能资源取之不尽，清洁安全，是最理想的可再生能源。海西区气候温暖，阳光充足，特别是中南部地区和沿海岛屿太阳能资源比较丰富，在发展太阳能的过程中，政府可以通过鼓励民间资本加入开发，并在大学或研究机构成立太阳能利用研究所，以加快对太阳能的开发利用（刘叶志，2006）。

4. 开发海洋能资源

海洋能是海西区沿海和岛屿取之不尽用之不竭的可再生能源。福建现已探明的可开发的海洋能中的潮汐能电站 280 万千瓦以上的共有 79 座，总装机容量 1 033 万千瓦，居全国第一，装机容量和年发电量分别占全国可开发资源的 47.8% 和 45.9%，开发潜力巨大（林国庆、林馨，2010）。在科学技术迅速发展的今天，海洋能完全有可能取代煤炭，成为未来常规能源中的第一能源。

三、海西区基础设施的未来展望

整体而言，海西区的交通体系已初具规模，网络结构明显改善，技术水平日益提高，运输能力显著增强。此外，交通运输业对经济的贡献率也逐年增加，地区国民生产总值和交通、仓储及邮政业的发展呈现很强的正相关关系。很显然，交通运输业的发展已经和国民经济形成正向循环、相辅相成的良性势态。

海西区交通基础设施发展的战略性及长期性需要中央到地方各层级政府的大力支持和积极筹建。基于海西区的发展定位和存在于本区域综合交通运输体系中的问题，国务院《海峡西岸经济区综合交通体系发展规划》《福建省“十二五”综合交通运输体系发展专项规划》及相关省市出台的专项规划对区域未来交通设施的进一步发展做出了详细的规划和说明。从各个规划的内容来看，海西区均从投资安排方面对区域“十二五”规划期间交通运输体系的建设和完善提供了保障。

在能源基地建设方面，海西区面临难得的历史发展机遇，加速转变发展方式，构筑稳定、经济、清洁、安全的能源供应保障体系，打造东南沿海重要的能源

① 《福建省“十一五”能源发展专项规划》，http://www.fujian.gov.cn/zwgk/ghxx/zxgh/200708/t20070807-22220.htm，2007-08-07。

② 《上饶市国民经济和社会发展第十二个五年规划纲要》，http://www.srzc.com/news/zt/zhanwangshierwu/zhanwang_shierwu_/2011/0527/108837_10.html，2011-01-21。

基地，以尽可能少的能源消费支撑海西区发展显得尤为重要。刘叶志（2006）认为，未来海西区能源基地的建设将主要从以下几个方面着手：首先是强化电力支撑能力，加强沿海能源基础设施建设。充分利用优良港口条件，积极利用国内外资源，强化能源保障，优化能源结构。其次是保障能源安全，打造内外联合的能源新通道。海西区一次能源资源匮乏，要着眼于更大范围的能源平衡和区域布局，建立多元化的能源供应渠道。最后是优化能源结构，引导能源多元化发展。海西区贫煤少油缺气，必须加快对新能源的开发，特别是可再生新能源的开发。采取积极措施支持可再生能源的技术开发、市场开拓和应用推广，鼓励生产和消费可再生能源，近期可填补经济发展新增能源需求的缺口，远期可完全具备替代现有常规能源的可能。

作为国内经济增长最迅速、最强劲的地区之一，海西区不仅背负着促进国内经济持续高速增长的任务，而且还担负着两岸政治交流、经济融合的神圣使命。而这两项任务和使命，无论是交通运输设施还是能源建设基地，都缺一不可。要扩大海西区的影响力，完善交通运输设施体系、建立能源建设基地是当务之急。

第三章

海西区现代制造业

制造业作为一个国家的国民支柱，是一个地区经济增长的主导部门和经济转型的基础，是城镇就业的主要渠道和国际竞争力的主要体现。加快打造东部沿海先进制造业基地是海西区建设的重要内容，对于海西区经济社会的发展具有战略性意义。改革开放以来，海西区经济社会持续发展，正日益发展成为继长三角经济区、珠三角经济区以及环渤海经济区之后中国又一个重要的工业基地。目前，海西区工业经济稳健增长，工业经济效益不断提升，就业水平稳步提高，重工业化特征明显，主导产业格局形成，产业集群初具规模。在此基础上，本章选取2005—2011年海西区制造业相关数据，采用Moran's I、空间基尼系数以及区位商等指标对该区域经济联系程度、制造业的地理集聚程度和地方专业化水平进行实证分析，重点关注海西区产业集聚程度的变化特点和部分制造业集聚的时空演变规律，试图为海西区建设特色鲜明的现代产业体系、打造成东部沿海地区先进制造业重要基地提供重要的参考。

第一节　文献综述和研究意义

改革开放以来，我国经济取得了突飞猛进的发展，经济活动的空间布局也发生着明显的变化，其中一个突出变化就是产业集聚的发生和扩展。产业集聚是指同一产业在某个特定地理区域内高度集中,产业资本要素在空间范围内不断汇聚的一个过程。[①] 产业集聚理论萌芽于古典区位论的创始人杜能(Thünen),他将空间引入经济学研究领域,提出空间距离不同情况下运输成本差异所导致的农业分带现象,即著名的“杜能环”。此后对产业集聚理论的研究不断深入和完善,大致可以分为传统产业集聚理论和现代产业集聚理论。传统产业集聚理论以马歇尔(Marshall)和韦伯(Weber)为代表,马歇尔提出了外部经济理论,认为企业为追求外部规模经济而集聚;韦伯提出了工业区位论,主要观点是企业为追求成本的节约、利润的最大化而自发形成集聚。具有代表性的现代产业集聚理论主要有波特(Porter)的“钻石模型”:产业的集聚是竞争的结果,集聚有利于产业竞争力和国家竞争力的提升。克鲁格曼(Krugman)(1991a)提出的新经济地理学和新贸易理论,他将贸易理论和区位理论进行结合,用“中心—外围(CP 模型)”论证了工业集聚最终导致制造业中心的形成。

在上述关于产业集聚理论框架的基础上,大量国内外研究学者做出实证分析,主要有 Kim(1995)将美国 1880—1987 年八年间 20 个制造业部门的数据进行回归分析,发现制造业集中与资源密集度和规模经济相关。克鲁格曼(1991b)最早计算了美国各州 106 个三位数制造业的区位基尼系数来衡量产业地理集聚水平,并利用就业结构和行业在地区的市场份额来测量制造业的专业化程度,发现多数行业集聚水平很高,低技术产业则在空间上更为集中。Ellison 和 Glaeser(1997)计算了 1987 年美国两位数到四位数产业在州、县、区的集聚程度,并引入 EG 指数衡量产业集聚程度,发现大多数产业存在一定程度的集聚,而且产业分类越细,空间尺度越大,产业越集聚。徐康宁、冯春虎(2003)综合运用 CR 指标、标准差系数以及自定义的 η 值计算了中国 28 个行业 1997 年的地区集中度。范剑勇(2004)以上海、江苏、浙江为例分析了长三角一体化、地区专业化与制造业空间转移的问题。他借助新经济地理学的分析框架,通过一系列衡量专业化、行业集中度的指标证实了一体化必然带来制造业的空间转移和地区结构差异性的增强。吴学花、杨蕙馨(2004)运用 CR 指标、基尼系数和 N 指数计算了中国 20 个制造业的产业集中度。罗勇、曹丽莉(2005)运用 EG 系数计算了中国两位数制造业 20 个行业的集中指数。这些学者的研究基本都表明中国经济和制造业存在着集聚现象,并且证明了 20 世纪 90 年代以来,中国大多数行业具有从内地向沿海集聚的趋势。

---

① 详见 MBA 字库百科,http://wiki. mbalib. com/wiki/% E4% BA% A7% E4% B8% 9A% E9% 9B% 86% E8% 81% 9A。

改革开放三十多年来,在两岸关系回暖和“大三通”基本实现下的大背景下,凭借着其优越的地理区位(面对台湾,临近港澳,北承长三角,南接珠三角)、国家政策支持(特别是2009年《国务院关于支持福建省加快建设海峡西岸经济区的若干意见》的发布)以及大量外资和国内要素的跟进,海西区正日益发展成为继长三角经济区、珠三角经济区以及环渤海经济区之后中国又一个重要的工业基地。但是就海西区内部而言,地区间经济差距仍然较大,具体表现为沿海和内地的差异:沿海地区工业主导产业是资金、技术和劳动密集型行业,并且已开始进入专业化和集群化的发展阶段,而内陆地区以资源和资金密集型产业为主,工业基本处于资源开发和初步加工阶段,中心—外围特征明显(郑薇,2012)。近几年,随着土地、劳动力成本的上升以及中心城市产业转型升级的需要,海西区出现了部分制造业的集聚和扩散。在针对海西区产业的研究中,伍世代、李婷婷(2011)通过构建工业水平指标体系,采用客观性较强的主成分分析法测算城市工业化综合水平,并以此作为空间分析的基础变量,探讨了20世纪90代以来以福建省为主体的海西区城市群工业化现象的时空分布规律,从工业整体空间格局、热点区域演进及基于制造业层面的空间结构分析,得到结论:工业空间的点—轴格局明显,核心区对外围区的空间溢出效应不断加强;空间格局保持相对稳定,闽西、闽北地区的边缘化地位基本没有改变;制造业层面差距明显。吴芳、张向前(2012)通过分析市场服务体系、技术开发体系、区域创新网络、政府支持体系及人才支持体系等支持海西区先进制造业基地产业集群发展的五大体系,提出针对各体系存在问题的相应对策,以促进海西区先进制造业基地产业集群的可持续发展,提高产业集群竞争力。

第二节　海西制造业发展概况

一、工业经济稳健增长,经济效益不断提升

随着海西区城市化和市场化进程的推进,海西区经济社会面貌发生了历史性的转变,凭借日趋增强的经济实力、广阔的市场潜力、逐步完善的基础设施和产业配套能力,制造业保持快速增长。截至2011年,海西区20个城市经济规模达到了30 252.29亿元,相比2010年的25 190.61亿元增加了5 061.68亿元,莆田、三明、龙岩以及上饶首次突破千亿元大关。2007—2011年,海西区规模以上工业增加值以年均20%的速度增长,2011年,海西区实现规模以上工业增加

值 11 395. 13 亿元,是 2007 年的 1. 96 倍,规模以上工业增加值占 GDP 比重由 2007 年的 35% 上升到 2011 年的 38%,提高了 3 个百分点,对经济增长的贡献率为 28. 1%(见图 3-1)。海西区四大区域中,福建规模以上工业增加值为 7 378. 61 亿元,比上年增长了 21. 4%;浙南地区规模以上工业增加值为 1 514. 71 亿元,比上年增长了 14. 2%;粤东地区规模以上工业增加值为 1 676. 8 亿元,比上年增长了 23. 6%;赣东南地区规模以上工业增加值为 1 160. 4 亿元,比上年增长了 27. 8%。区域发展不平衡仍然突出,从数据上来看,福州、厦门、泉州、温州、汕头等五个沿海城市 2011 年的工业增加值占海西区工业增加值的 51. 6%(见表 3-1)。

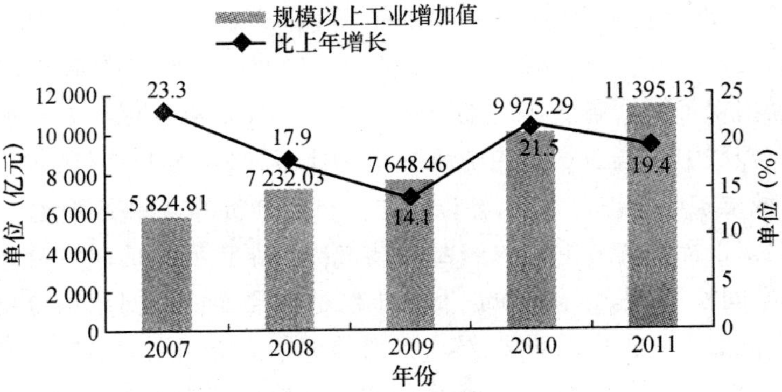

图 3-1 海西区 2007—2011 年规模以上工业增加值

资料来源:根据 2012 年《福建统计年鉴》相关数据计算所得。

表 3-1 2011 年海西区各市规模以上工业增加值

地区	总计(亿元)	比上年增加(%)	地区	总计(亿元)	比上年增加(%)
福建	7 378. 61	21. 4	衢州市	315. 39	17. 0
福州市	1 283. 99	16. 8	粤东	1 676. 80	23. 6
厦门市	1 055. 50	19. 5	汕头市	416. 86	18. 0
莆田市	474. 36	21. 5	潮州市	161. 71	21. 1
三明市	543. 94	24. 3	梅州市	215. 79	21. 6
泉州市	2 209. 61	19. 3	揭阳市	547. 05	29. 9
漳州市	671. 95	22. 0	赣东南	1 160. 40	27. 8
南平市	230. 55	19. 0	上饶市	316. 23	21. 2
龙岩市	555. 12	20. 0	鹰潭市	239. 55	15. 0
宁德市	353. 59	26. 9	抚州市	174. 27	19. 6
浙南	1 514. 71	14. 2	赣州市	430. 35	18. 7
温州市	916. 80	10. 1	总计	11 395. 13	19. 4
丽水市	282. 52	15. 6			

资料来源:根据 2012 年《福建统计年鉴》相关数据计算所得。

2011年,海西区规模以上工业企业共实现主营业务收入45 007亿元,比上年增长20.2%,实现利税总额4 951亿元,相比2010年的4 366亿元增长了585亿元,工业企业经济效益稳步提升。其中,福建规模以上工业企业实现利润1 578.85亿元,比上年增长24.6%。股份制企业实现利润644.45亿元,增长43.5%;外商及港澳台投资企业实现利润784.52亿元,增长16.5%;私营企业实现利润392.05亿元,增长51.7%;国有及国有控股企业实现利润167.27亿元,下降2.5%。浙南地区,温州市规模以上工业企业全年实现主营业务收入4 041.25亿元,增长11.3%;利税总额353.09亿元,增长5.9%,其中利润总额210.74亿元,增长1.5%。粤东地区,规模以上工业企业全年实现主营业务收入5 448.39亿元,增长14.95%;利税总额656.35亿元,其中税收221.42亿元,增长6.29%。赣东南地区,规模以上工业企业全年实现主营业务收入6 091.65亿元,增长31.67%,利税总额574.11亿元,增长41.15%。

二、就业水平稳步提高,重工业化特征明显

随着海西区工业化进程的加快,规模以上工业企业就业水平稳步提高。截至2011年,海西区制造业各行业从业人员共390万人,比2010年增长了13.06%。2006—2011年这六年来,制造业的从业人数占全部从业人数比重经历了两次明显涨落:2007年制造业从业比重达到了22.19%,接下来两年呈现下降趋势,2011年,制造业从业比重达到近几年的最高点22.8%,并且有不断增长趋势(见图3-2)。

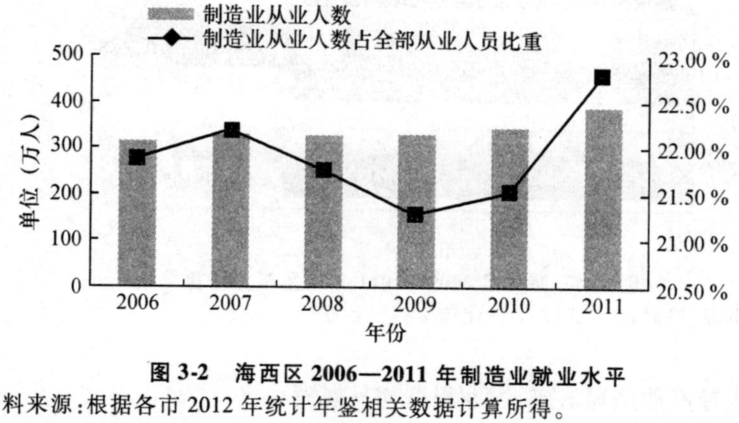

图3-2 海西区2006—2011年制造业就业水平

资料来源:根据各市2012年统计年鉴相关数据计算所得。

2011年,海西区产业结构为9.4∶52.35∶38.25,其中福建为9.18∶51.65∶39.17,三次产业结构明显揭示出,海西区仍然处于工业化中期阶

段,具有以工业为主导的特征。产业结构变动趋势也进一步证实了以上的判断,从趋势图上可以看出,在过去的 11 年中,海西区第二产业在 GDP 中的比重先呈现持续增长,后转为平稳发展,2011 年达到了历史的最高点 52.35%(见图 3-3)。与此同时,重工业比重不断上升。从图 3-4 可以看出,海西区规模以上工业总产值中重工业比重在不断上升,从 2009 年的 56.2% 上升到 2011 年的 57.9%,增长了 1.7 个百分点,这表明海西区的工业结构开始由纺织、原材料加工等轻工业向重工业转型升级。

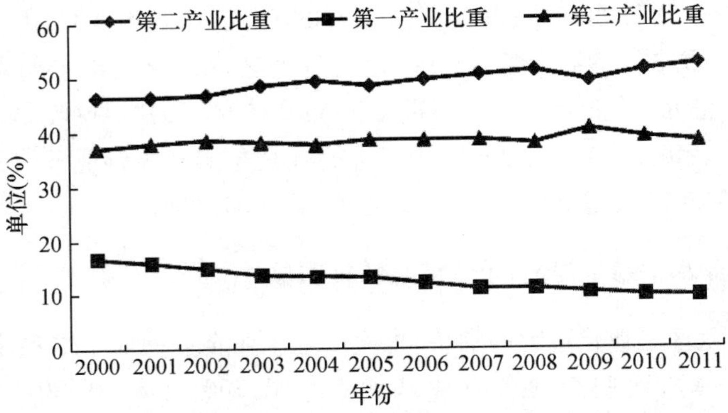

图 3-3　海西区 2000—2011 年产业结构比重变动趋势

资料来源:根据 2012 年《福建统计年鉴》相关数据计算所得。

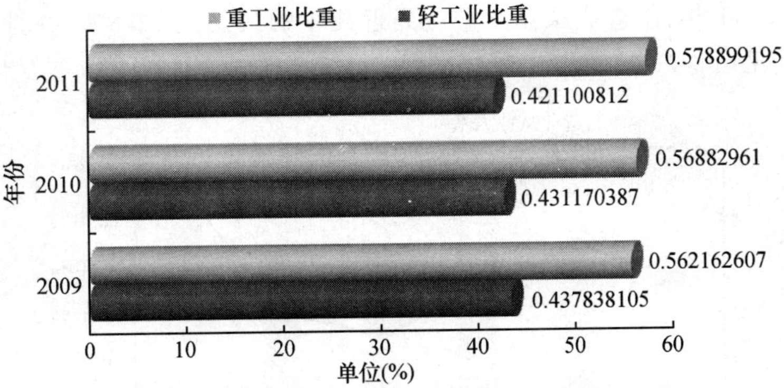

图 3-4　海西区 2009—2011 年轻重工业比重比较

资料来源:根据各市 2012 年统计年鉴相关数据计算所得。

三、主导产业格局形成,产业集群初具规模

海西区的工业化过程也伴随着集聚经济的效应,从产业区位的角度来看,一些独具特色的现代产业集群在海西区各地不断出现,形成了一个多层次协调

发展的产业布局，成为制造业发展的主体。从表 3-2 的数据可以看出，制造业总产值占工业总产值的比重高达 94.56%，制造业对海西区经济发展的重要性不言而喻。有色金属冶炼及压延加工业在制造业中的比重高达 8.99%，通信设备、计算机及其他电子设备制造业在制造业中的比重也达到了 7.40%，加上皮革、毛皮、羽毛(绒)及其制品业，电气机械及器材制造业，非金属矿物制品业，化学原料及化学制品制造业，纺织业，纺织服装、鞋、帽制造业，农副食品加工业，黑色金属冶炼及压延加工业这十个行业占制造业的比重为 61.82%，这一方面表明海西区在经济发展的过程中已经初步形成了主导优势产业格局，另一方面也反映出海西区主导产业大部分仍以劳动密集型和资源密集型制造业为主，迫切需要进行产业转型升级。分地区来看，福建以三大主导产业为主，也就是电子信息产业、石化产业以及装备制造业，传统优势产业皮革、毛皮、羽毛(绒)及其制品业，纺织服装、鞋、帽制造业仍保持较高比重；浙南地区的皮革、毛皮、羽毛(绒)及其制品业，电气机械及器材制造业，金属制品业，化学原料及化学制品制造业，黑色金属冶炼及压延加工业占比都在 8% 以上；粤东地区的医药制造业，纺织服装、鞋、帽制造业，非金属矿物制品业三大产业占比接近 40%；赣东南地区的有色金属冶炼及压延加工业比重高达 48.82%，此外，化学原料及化学制品制造业也有 10% 以上的占比。

表 3-2　海西区 2011 年制造业分行业规模以上工业总产值

类别	工业总产值(当年价格)(亿元)	总产值在工业中的占比(%)	总产值在制造业中的占比(%)
制造业	43 204.95	94.56	100.00
有色金属冶炼及压延加工业	3 884.10	8.50	8.99
通信设备、计算机及其他电子设备制造业	3 198.74	7.00	7.40
皮革、毛皮、羽毛(绒)及其制品业	2 926.03	6.40	6.77
电气机械及器材制造业	2 922.84	6.40	6.77
非金属矿物制品业	2 913.52	6.38	6.74
化学原料及化学制品制造业	2 354.93	5.15	5.45
纺织业	2 330.48	5.10	5.39
纺织服装、鞋、帽制造业	2 306.82	5.05	5.34
农副食品加工业	2 006.01	4.39	4.64
黑色金属冶炼及压延加工业	1 865.79	4.08	4.32
交通运输设备制造业	1 538.68	3.37	3.56

（续表）

类别	工业总产值（当年价格）（亿元）	总产值在工业中的占比（%）	总产值在制造业中的占比（%）
塑料制品业	1 497.41	3.28	3.47
医药制造业	1 397.20	3.06	3.23
金属制品业	1 346.37	2.95	3.12
通用设备制造业	1 269.22	2.78	2.94
造纸及纸制品业	1 026.54	2.25	2.38
食品制造业	989.01	2.16	2.29
橡胶制品业	979.68	2.14	2.27
木材加工及木、竹、藤、棕、草制品业	877.92	1.92	2.03
专用设备制造业	859.65	1.88	1.99
工艺品及其他制造业	730.08	1.60	1.69
石油加工、炼焦及核燃料加工业	703.96	1.54	1.63
饮料制造业	648.71	1.42	1.50
文教体育用品制造业	573.21	1.25	1.33
化学纤维制造业	562.90	1.23	1.30

资料来源：根据2011年各市统计年鉴整理得到。2011年按照工业大类划分，产业总产值在制造业总产值中的比重超过1%的制造业名称和排序。

在中国2010百佳产业集群的评选中，海西区共有17个产业集群入选，份额高达17%，其中浙南地区10个，福建6个，粤东地区1个。包括温州市鹿城区的中国皮鞋产业集群、中国打火机产业集群、瓯海区的中国锁具产业集群、龙湾区的中国人造革产业集群、乐清市的中国中低压电器产业集群、瑞安市的中国汽车摩托车配件产业集群和中国休闲鞋产业集群、苍南县的中国印刷产业集群、永嘉县的中国拉链产业集群、平阳县的中国塑编包装产业集群、福州市的中国显示显像产品产业集群、厦门市的中国商用电子产品产业集群、晋江市的中国休闲运动鞋产业集群、石狮市的中国休闲运动服装产业集群、漳州市的中国休闲食品产业集群、南平市的中国林业加工产业集群和汕头市的中国玩具礼品产业集群。此外，海西区各城市也形成了各种优势的主导产业（见表3-3）。

表 3-3 海西区各城市主要主导产业

城市	主要主导产业
福州市	纺织服装业、冶金及冶金制品业、化纤制造业、电子信息产品制造业、汽车制造及配件
厦门市	电子信息产业、工程机械产业、化工产业、光电子产业、生物制药
漳州市	农副食品加工业、交通运输设备制造业、黑色金属冶炼及压延加工业
泉州市	纺织鞋服、建筑建材、石油化工、机械制造、食品饮料、工艺制品
莆田市	制鞋业、食品加工业、电子信息产业、林产加工业
三明市	林产加工业、冶金及压延加工业、机械及汽车零配件
龙岩市	烟草、机械、钢铁、建材、有色、能源、纺织、农副产品加工业
南平市	冶金建材产业、林产加工业、食品加工业、纺织服装业、机械制造业
宁德市	机械制造业、船舶修造业、食品加工业、建材加工、医药化工
温州市	机电制造、皮革毛皮羽毛(绒)及其制品业、通用设备制造业、电力热力的生产和供应业、塑料制品业、纺织服装鞋帽制造业
丽水市	黑色金属冶炼及压延加工业、金属制品业、化学原料和化学制品制造业、橡胶和塑料制品业
衢州市	化工、建材、机械、电力、造纸
汕头市	纺织服装、化工塑料、食品医药、工艺玩具、机械装备、印刷包装、电子信息和音像制品
潮州市	陶瓷工业、食品工业、塑料工业
梅州市	烟草、电力、建材、电子信息、机电制造、矿业加工
揭阳市	塑料制品业、纺织业、服装业、金属制品业
上饶市	有色金属、新能源、机电光学、新型建材
赣州市	有色冶金及新材料、食品、机电制造、现代轻纺
鹰潭市	有色金属加工、机电制造、化学原料及化学制品制造业
抚州市	有色金属加工、化工建材、机械电子

资料来源:根据 2011 年各城市统计公报整理所得。

第三节 海西区制造业集聚趋势实证分析

一、海西区 Moran's *I* 指数分析

空间自相关是研究空间中某位置的观察值与其相邻位置的观察值是否相

关以及相关程度的一种空间数据分析方法。[①] 空间自相关是检验某一要素的属性值是否显著地与其相邻空间点上的属性值相关联的重要指标,可以分为正相关和负相关,正相关表明某单元的属性值变化与其邻近空间单元具有相同变化趋势,负相关则相反。随着关于空间自相关理论、方法、技术的研究发展,目前表示全局空间自相关的指标和方法很多,主要有全局 Moran's I、全局 Geary's C 和全局 Getis-Ord G,这些都是通过比较邻近空间位置观察值的相似程度来测量空间自相关的。由于 Geary's C 的数学期望不受空间权重、观察值和样本量的影响,恒为 1,所以 Geary's C 的统计性能比 Moran's I 要差,而 Getis-Ord G 在识别负空间自相关时效果不好,因此我们主要采用检验区域经济变量的空间相关性存在与否的空间自相关指数 Moran's I。Moran's I 定义如下:

$$\text{Moran's } I = \frac{\sum_{i=1}^{n}\sum_{j=1}^{n} W_{ij}(Y_i - \bar{Y})(Y_j - \bar{Y})}{S^2 \sum_{i=1}^{n}\sum_{j=1}^{n} W_{ij}}$$

其中,$S^2 = \frac{1}{n}\sum_{i=1}^{n}(Y_i - \bar{Y})$,$\bar{Y} = \frac{1}{n}\sum_{i=1}^{n} Y_i$,$Y_i$ 表示第 i 个地区的观测值,n 为地区总数,W_{ij}为二进制的邻近空间权值矩阵,表示其中的任一元素,采用邻近标准或距离标准,也就是说当 i 和 j 为邻近的空间位置时,$W_{ij}=1$,反之,$W_{ij}=0$,其目的是定义空间对象的相互邻近关系。Moran's I 可看作各地区观测值的乘积和,其取值范围在 −1 到 1 之间,若各地区间经济行为为空间正相关,其数值应当较大,负相关则较小。具体到区域经济发展的空间依赖性问题上,当目标区域数据在空间区位上相似的同时也有相似的属性值时,空间模式整体上就显示出正的空间自相关性,而当在空间上邻接的目标区域数据不寻常地具有不相似的属性值时,就呈现为负的空间自相关性。

下面将对海西区 20 个地级市 2007—2010 年的人均 GDP、第二产业产值、规模以上工业总产值和规模以上工业增加值,以及 2005 年、2008 年、2011 年 20 个城市 30 个制造业规模以上工业总产值进行空间相关性分析。数据来源于海西区各市历年统计年鉴。

从图 3-5 可以看出,海西区 20 个地级市之间的空间相关性都为正值,并且表现出不断增强的趋势。人均 GDP、第二产业产值、规模以上工业总产值、规模以上工业增加值 Moran's I 系数从 2007 年的 0. 1899、0. 1309、0. 1663、0. 2289 上

① 陈小勇、林鹏(2000),"我国红树植物分布的空间自相关分析",《华东师范大学学报(自然科学版)》,(3):104—109。

升到2011年的0.2932、0.1976、0.2275、0.315。说明海西区地区之间的经济联系在不断加强,产业扩散(尤其是工业)、技术外部性、知识外溢等地区间的空间影响作用在不断加强。

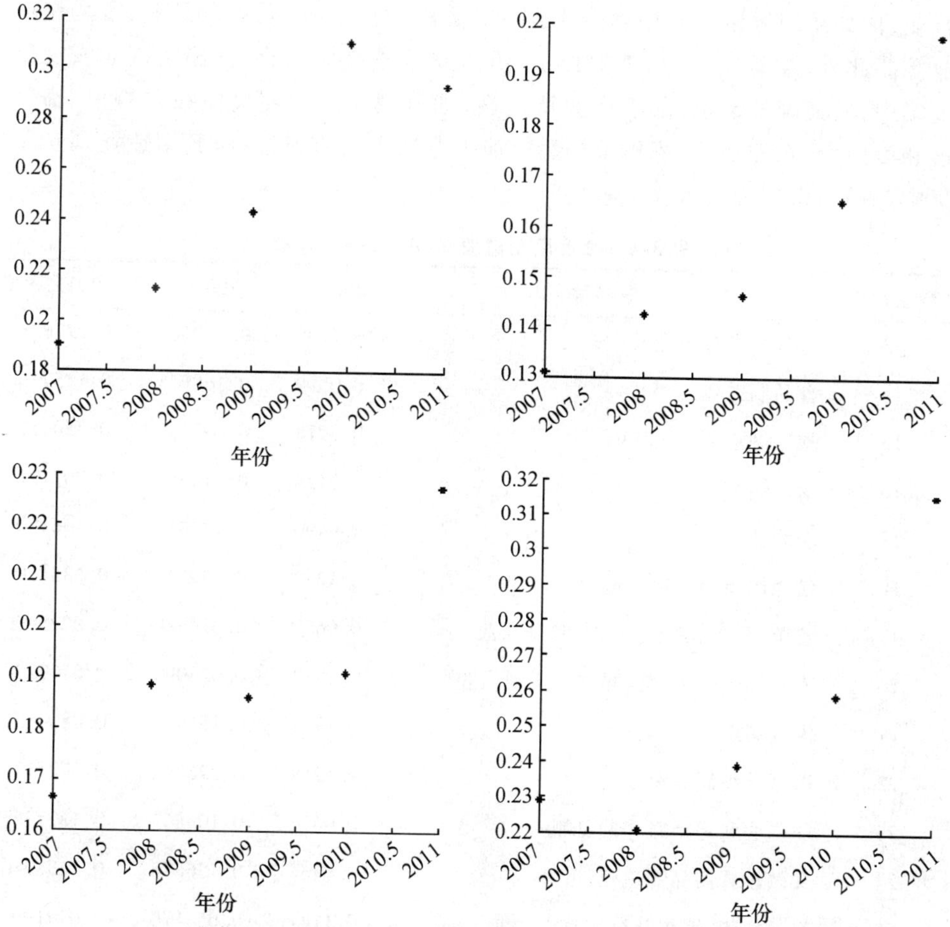

图3-5 分别为海西区各地级市2007—2011年人均GDP、第二产业产值、规模以上工业总产值、规模以上工业增加值指数空间相关图

产业内部联系、分享原料和特定资源、分享局域性市场、共享良好的区位等都可能导致制造业形成集聚新空间分布。表3-4计算了海西区20个地级市制造业规模以上工业总产值的Moran's *I*系数。从数据可以看出,大多数制造业的Moran's *I*系数都不显著,并且没有表现出规律性,这表明海西区各区域之间的联系仍然较差,各个地级市之间的经济合作仍然较弱。其中,表现出较显著空间正相关或者具有一定产业集聚趋势的主要集中在资源依赖性程度较高或者技术要求较高的行业，比如木材加工及木、竹、藤、棕、草制品业，塑料制品业，金属制品业，专用设备制造业，交通运输设备制造业，通信设备、计算机及其他电子设备制造业等。表现出空间负相关、空间分布趋于离散的主要是劳动密集型行业，比如纺织服装、鞋、帽制造业，皮革、毛皮、羽毛(绒)及其制品业，家具制造业等。此外，烟草制品业，石油加工、炼焦及核燃料加工业，医药制造业表现出高集中、低集聚的现象，由于产业特殊性，烟草制品业主要集中在龙岩市、梅州市和厦门市，石油加工、炼焦及核燃料加工业集中在泉州市，医药制造业则主要集中在揭阳市和福州市。

表 3-4 海西区制造业的 Moran's *I* 系数

行业代码	行业名称	2005	2008	2011
13	农副食品加工业	0. 1795	0. 260008	0. 077623
14	食品制造业	0. 0599	0. 168975	0. 175746
15	饮料制造业	0. 3018	0. 401155	0. 350757
16	烟草制品业	0. 0436	0. 014380	0. 002121
17	纺织业	0. 0496	0. 124015	0. 136180
18	纺织服装、鞋、帽制造业	-0. 1242	-0. 034710	-0. 035400
19	皮革、毛皮、羽毛(绒)及其制品业	0. 0659	-0. 014320	-0. 022540
20	木材加工及木、竹、藤、棕、草制品业	-0. 0822	-0. 028090	0. 070722
21	家具制造业	0. 1983	0. 138935	0. 080485
22	造纸及纸制品业	0. 1219	0. 126097	0. 078711
23	印刷业和记录媒介的复制	0. 0814	0. 105863	0. 182136
24	文教体育用品制造业	0. 0464	0. 156878	0. 143898
25	石油加工、炼焦及核燃料加工业	-0. 1141	-0. 053170	-0. 079190
26	化学原料及化学制品制造业	0. 0267	0. 044211	0. 054797
27	医药制造业	-0. 1400	-0. 076640	-0. 039560
28	化学纤维制造业	0. 1979	0. 163855	0. 119106
29	橡胶制品业	0. 0877	0. 206065	0. 049381
30	塑料制品业	0. 09020	0. 154289	0. 309249
31	非金属矿物制品业	-0. 73950	0. 022573	0. 046092
32	黑色金属冶炼及压延加工业	0. 22180	0. 072569	0. 082325

（续表）

行业代码	行业名称	2005	2008	2011
33	有色金属冶炼及压延加工业	-0.15570	0.098840	0.095463
34	金属制品业	0.11870	0.165524	0.233273
35	通用设备制造业	0.29610	0.119758	0.307264
36	专用设备制造业	0.07470	0.159235	0.202107
37	交通运输设备制造业	-0.03396	0.123217	0.127781
38	电气机械及器材制造业	0.02180	0.032579	0.053525
39	通信设备、计算机及其他电子设备制造业	-0.03860	0.002331	0.021205
40	仪器仪表及文化、办公用机械制造业	0.09210	0.040627	0.069008
41	工艺品及其他制造业	-0.08570	0.084501	0.179210
42	废弃资源和废旧材料回收加工业	-0.05070	-0.102460	-0.158170

资料来源：根据海西区各地级市历年统计年鉴相关数据计算所得。

二、海西区制造业空间基尼系数分析

空间基尼系数是把收入分配领域中对不平等的测算方法应用到空间经济分析中来，用来度量空间经济分布的不均等性，也是衡量经济中产业集中度的一个指标。空间基尼系数的计算公式为：

$$G_i = \frac{1}{2n^2\bar{s}_k}\sum_{i=1}^{n}\sum_{j=1}^{n}|s_{ki} - s_{kj}|$$

其中，s_{ki}和s_{kj}是地区i、j在产业k中所占的份额，n是地区个数，$\bar{s}_k$是各地区在产业k中所占份额的均值。显然，当一个行业完全平均地分布在所有地区时，G值为0，而当一个行业完全集中在一个地区时，则G值为1。这样，基尼系数的大小就表示产业集中程度，基尼系数上升意味着产业集中度的上升。

以下根据海西区20个地级市和全国30个制造业行业的统计数据，计算出2005年、2008年和2011年海西区制造业各行业的空间基尼系数及其变化情况，如表3-5所示。

表 3-5 海西区制造业分布的空间基尼系数

行业类别	2005	2008	2011	均值	变化 1	变化 2	变化 3	变化百分比
农副食品加工业	0.614	0.534	0.498	0.549	-0.080	-0.117	-0.037	-6.89
食品制造业	0.578	0.586	0.529	0.565	0.008	-0.049	-0.057	-9.66
饮料制造业	0.507	0.527	0.535	0.523	0.020	0.028	0.008	1.58
烟草制品业	0.816	0.857	0.865	0.846	0.041	0.049	0.008	0.89
纺织业	0.649	0.630	0.661	0.647	-0.019	0.012	0.031	4.84
纺织服装、鞋、帽制造业	0.699	0.712	0.696	0.702	0.013	-0.004	-0.016	-2.30
皮革、毛皮、羽毛(绒)及其制品业	0.804	0.804	0.796	0.801	0.000	-0.009	-0.009	-1.07
木材加工及木、竹、藤、棕、草制品业	0.578	0.613	0.618	0.603	0.035	0.040	0.005	0.78
家具制造业	0.685	0.640	0.523	0.616	-0.045	-0.162	-0.116	-18.18
造纸及纸制品业	0.501	0.538	0.528	0.522	0.036	0.027	-0.010	-1.80
印刷业和记录媒介的复制	0.645	0.689	0.639	0.657	0.044	-0.006	-0.050	-7.20
文教体育用品制造业	0.666	0.656	0.685	0.669	-0.011	0.018	0.029	4.44
石油加工、炼焦及核燃料加工业	0.920	0.887	0.922	0.910	-0.033	0.002	0.035	3.97
化学原料及化学制品制造业	0.545	0.436	0.438	0.473	-0.109	-0.107	0.002	0.55
医药制造业	0.560	0.464	0.786	0.603	-0.096	0.226	0.323	69.58
化学纤维制造业	0.753	0.829	0.817	0.799	0.076	0.064	-0.012	-1.42
橡胶制品业	0.737	0.746	0.713	0.732	0.010	-0.024	-0.034	-4.49
塑料制品业	0.676	0.618	0.519	0.604	-0.057	-0.156	-0.099	-15.98
非金属矿物制品业	0.598	0.578	0.514	0.564	-0.020	-0.084	-0.064	-11.00

（续表）

行业类别	2005	2008	2011	均值	变化 1	变化 2	变化 3	变化百分比
黑色金属冶炼及压延加工业	0.562	0.584	0.629	0.592	0.023	0.068	0.045	7.69
有色金属冶炼及压延加工业	0.524	0.685	0.650	0.620	0.162	0.126	-0.036	-5.21
金属制品业	0.561	0.547	0.549	0.552	-0.014	-0.012	0.003	0.48
通用设备制造业	0.539	0.623	0.447	0.536	0.084	-0.092	-0.176	-28.28
专用设备制造业	0.571	0.584	0.566	0.574	0.014	-0.004	-0.018	-3.10
交通运输设备制造业	0.735	0.641	0.594	0.656	-0.093	-0.141	-0.047	-7.39
电气机械及器材制造业	0.581	0.636	0.516	0.578	0.055	-0.066	-0.120	-18.92
通信设备、计算机及其他电子设备制造业	0.836	0.817	0.769	0.807	-0.019	-0.067	-0.048	-5.85
仪器仪表及文化、办公用机械制造业	0.674	0.700	0.621	0.665	0.026	-0.053	-0.079	-11.28
工艺品及其他制造业	0.725	0.675	0.727	0.709	-0.050	0.002	0.052	7.73
废弃资源和废旧材料回收加工业	0.878	0.761	0.699	0.779	-0.117	-0.178	-0.061	-8.05

注：变化 1 为各行业 2008 年与 2005 年基尼系数之差，变化 2 为各行业 2011 年与 2005 年基尼系数之差，变化 3 为各行业 2011 年与 2008 年基尼系数之差，均值为三年基尼系数算术平均值，变化百分比为 2008—2011 年基尼系数增长率。

资料来源：海西区各地级市历年统计年鉴和广东省历年工业统计年鉴。

由表 3-5 可以看出,海西区制造业空间布局呈现以下特点:

第一,从静态的角度来看,海西区绝大多数制造业行业表现出较强的空间集聚倾向,其中各行业空间基尼系数的均值大于 0.6 的行业有 19 个,占全部行业的 63%。在此,我们根据三个年度空间基尼系数均值的大小把这 30 个制造业分成以下三大类:

(1) 高度地方化集聚行业(共有 9 个)。它们的空间基尼系数取值均大于 0.7,主要是资源依赖型制造业,包括石油加工、炼焦及核燃料加工业,烟草制品业,化学纤维制造业,废弃资源和废旧材料回收加工业,橡胶制品业。这些行业由于具有明显的自然资源依赖性,表现出明显的行业集聚现象。此外,属于最终消费品行业的皮革、毛皮、羽毛(绒)及其制品业和属于装配制造业的通信设备、计算机及其他电子设备制造业也表现出明显的产业集聚现象,主要分布在温州、福州、厦漳泉和莆田几个沿海轻工业与贸易比较发达地区。

(2) 中度地方化集聚行业(共有 16 个)。它们的空间基尼系数取值为 0.55—0.70。首先,行业集聚水平较高的是劳动密集型的最终消费品制造行业,如工艺品及其他制造业,纺织服装、鞋、帽制造业,塑料制品业,印刷业和记录媒介的复制,文教体育用品制造业的空间基尼系数都在 0.65 以上,此外,家具制造业和纺织业的空间基尼系数也在 0.60 以上。其次,资源密集型和技术密集型行业也表现出较强集聚,如交通运输设备制造业,仪器仪表及文化、办公用机械制造业,电气机械及器材制造业,黑色金属冶炼及压延加工业,金属制品业,有色金属冶炼及压延加工业,医药制造业等。

(3) 低度地方化集聚行业(共有 5 个)。它们的空间基尼系数取值都在 0.55 以下,除了专用设备制造业和化学原料及化学制品制造业以外,其他都属于最终消费品行业,包括饮食行业的饮料制造业、农副食品加工业、食品制造业和生活用具行业的金属制品业、造纸及纸制品业。从表 3-5 可以看出,在全部制造业样本数据中,有 25 个行业的地理集中度较高,只有 5 个行业的空间布局较为分散。

第二,从动态的角度来看,2005—2011 年有 12 个行业的空间基尼系数增大,剩下 18 个行业的空间基尼系数有所下降,从整体上来讲,海西区范围内制造业最近几年来产业空间集聚程度没有显著上升趋势,相反,大部分产业出现扩散形势。2005—2008 年只有 15 个部门的行业空间基尼系数上升,有 15 个部门行业空间基尼系数下降,说明这一时期海西区范围内有大半制造业的空间集聚程度是上升的。而在 2008—2011 年间只有 11 个制造业行业的空间基尼系数提高,而另外 19 个行业的空间基尼系数则下降了,表明最近几年以来海西区一半以上制造业的空间集聚程度有所下降，这些产业出现了以中心城市为轴心向海西区区域内的其他城市扩散。

从空间基尼系数值变化百分比来看，2008—2011年除了医药制造业行业发生了明显行业集聚，其2011年空间基尼系数比2008年增长69.58%，工艺品及其他制造业和黑色金属冶炼及压延加工业也分别增长7.73%和7.69%，表现出相对较强的集中趋势，其他行业的集中趋势并不明显。而从百分比来看，空间基尼系数下降百分比超过5%的行业有13个，超过10%的有6个，说明行业扩散比集聚更有弹性。其中，电气机械及器材制造业和通用设备制造业下降幅度最大，说明这些行业在海西区建设过程中从主要城市扩散到其他城市。

接下来我们将从具体产业的集聚和扩散变化角度分析海西区制造业各行业的动态情况。从空间基尼系数的变化中可以看出，大部分资源密集型的产业在不断集聚，如烟草制造业和化学纤维制造业基尼系数都在提高。而医药制造业、黑色金属冶炼及压延加工业、电气机械及器材制造业、交通运输设备制造业、通用设备制造业、化学原料及化学制品制造业等大部分资本和技术密集型的新兴产业都呈现出集聚过程。此外，发生扩散的主要是传统劳动密集型产业，如纺织业，农副食品加工业，纺织服装、鞋、帽制造业，皮革、毛皮、羽毛(绒)及其制品业等行业。当然，部分产业也会与我们预期的有所差距，如资本和技术密集型的高科技产业通信设备、计算机及其他电子设备制造业，资源密集型的家具制造业等，它们的空间基尼系数在逐年降低，呈现出明显的扩散趋势。

通过空间基尼系数分析，我们大致了解了海西区制造业各行业空间集聚现状和趋势，但是为了进一步了解产业集聚城市和专业化水平，我们需要继续运用区位商和产业集中度来进一步具体分析。

三、海西区制造业区位商分析

区位商指数也称地方专业化指标。在产业结构研究中，通过计算某一地区产业的区位商，可以找出该地区具有某种比较优势的产业，即对地方专业化水平的测度，并根据区位商值的大小来衡量其专门化率。区位商的计算如下：

$$L_{ij} = \frac{q_{ij}/q_j}{q_i/q_c}$$

其中，q_{ij}表示地区j产业i的工业总产值，q_j表示地区j的工业总产值，因此分子代表地区产业的总产值对地区工业总产值的贡献程度；q_i表示行业i的全国工业总产值，q_c表示全国工业总产值，因此分母表示行业的工业总产值占全国工业总产值的份额。可见，区位商可以测度一个地区的产业结构与全国平均水平的差异程度，从而揭示一个地区在特定产业上的专业化水平。区位商越高，表示地区 j 在产业 i 上的专业化优势越明显。

以下根据海西区 20 个地级市和全国 30 个制造业行业的统计数据，计算出 2008 年和 2011 年海西区各地级市的区位商，并列出各单一行业区位商最高的城市进行分析比较。

表 3-6 2008 年和 2011 年海西区制造业各行业地方专业化水平

行业类型	2008		2011	
	首位城市	区位商	首位城市	区位商
农副食品加工业	漳州	2.571	漳州	3.323
食品制造业	潮州	4.669	漳州	4.393
饮料制造业	宁德	3.194	宁德	3.543
烟草制品业	梅州	22.071	梅州	14.121
纺织业	泉州	7.652	三明	2.750
纺织服装、鞋、帽制造业	泉州	7.652	汕头	8.551
交通运输设备制造业	宁德	1.610	漳州	1.162
木材加工及木、竹、藤、棕、草制品业	南平	21.266	南平	18.260
家具制造业	漳州	3.096	漳州	6.263
造纸及纸制品业	漳州	3.096	衢州	5.016
印刷业和记录媒介的复制	汕头	9.986	汕头	11.430
文教体育用品制造业	汕头	12.997	汕头	30.268
石油加工、炼焦及核燃料加工业	泉州	0.948	泉州	1.740
化学原料及化学制品制造业	衢州	2.179	鹰潭	3.006
医药制造业	揭阳	2.167	揭阳	24.949
化学纤维制造业	福州	4.077	福州	6.075
皮革、毛皮、羽毛(绒)及其制品业	莆田	15.616	莆田	17.580
塑料制品业	揭阳	6.392	宁德	6.476
非金属矿物制品业	潮州	7.575	潮州	6.132
黑色金属冶炼及压延加工业	三明	3.015	丽水	2.556
有色金属冶炼及压延加工业	鹰潭	20.931	鹰潭	19.814
金属制品业	丽水	3.814	丽水	5.342
通用设备制造业	温州	1.950	衢州	1.554
专用设备制造业	龙岩	3.248	龙岩	2.013

（续表）

行业类型	2008		2011	
	首位城市	区位商	首位城市	区位商
橡胶制品业	莆田	7.259	揭阳	8.339
电气机械及器材制造业	温州	3.101	温州	3.176
通信设备、计算机及其他电子设备制造业	厦门	3.754	厦门	4.887
仪器仪表及文化、办公用机械制造业	莆田	6.022	莆田	4.533
工艺品及其他制造业	泉州	6.327	莆田	11.525
废弃资源和废旧材料回收加工业	揭阳	2.889	揭阳	2.048

注：首位城市表示各行业中区位商最高的地级市。

资料来源：海西区各地级市历年统计年鉴和中国历年统计年鉴。

区位商结果分析如下：

（1）从产业专业化空间区域分布来看，海西区制造业30个行业的地方专业化水平呈现明显的地域层次性，呈沿海向内陆依次下降的“阶梯状”分布。为了便于分析，我们根据城市中心与海岸线的距离，把海西区20个地级市分为三个层次：外围沿海城市（包括浙江温州，福建福州，闽南厦、漳、泉三市及广东汕头共6市）、中部沿海城市（包括浙江丽水、福建莆田及宁德和广东潮州及揭阳共5市）和内陆城市（包括浙江衢州，江西赣州、上饶、鹰潭、抚州，福建南平、三明、龙岩和广东梅州共9市）。从2008年区位商结果可看出：首先，制造业大多数部门地方专业化水平最高的都分布在海西区外围沿海城市，总数为13个行业，其中纺织业，纺织服装、鞋、帽制造业，石油加工、炼焦及核燃料加工业和工艺品及其他制造业集聚在福建泉州；农副食品加工业，家具制造业和造纸及纸制品业集中在福建漳州；通信设备、计算机及其他电子设备制造业集中在福建厦门；通用设备制造业和电气机械及器材制造集中在浙江温州；印刷业和记录媒介的复制、文教体育用品制造业集中在广东汕头。其次，中部沿海城市整体地方专业化水平低于外围城市但高于内陆城市。总数有11个行业集中在中部沿海城市，其中饮料制造业和交通运输设备制造业集中在福建宁德；皮革、毛皮、羽毛（绒）及其制品业，橡胶制品业和仪器仪表及文化、办公用机械制造业集中在福建莆田；食品制造业、非金属矿物制品业和医药制造业、废弃资源和废旧材料回收加工业分别集中在广东潮州和揭阳；只有金属制品业一个行业集中在浙江丽水。最后，内陆城市整体地方专业化水平相比较低。只有6个行业集中在内陆城市，其中烟草制品业，木材加工及木、竹、藤、棕、草制品业，化学原料及化学制品制造业，黑色金属冶炼及压延加工业，有色金属冶炼及压延加工业，专用设备制造业分别集中在梅州、南平、衢州、三明、鹰潭和龙岩 6 个城市。

与 2008 年相比,2011 年共有 11 个制造业行业集中在外围沿海城市,11 个制造业行业集中在中部沿海城市以及 8 个制造业行业集中在内陆城市。由图 3-6 可以看出,海西区制造业行业地方专业化的集中区域发生了一些变化,虽然整体上仍然保持沿海—内陆递减的“阶梯状”分布,但是到 2011 年,集中在外围沿海城市的地方专业化水平较高行业数量有所下降,与此同时,内陆城市有地方专业化比较优势的行业数量在增加。总之,在“阶梯状”基本分布下,与 2008 年相比 2011 年的阶梯坡度变小,外围沿海城市部分专业化水平高的行业有向内陆转移的趋势。

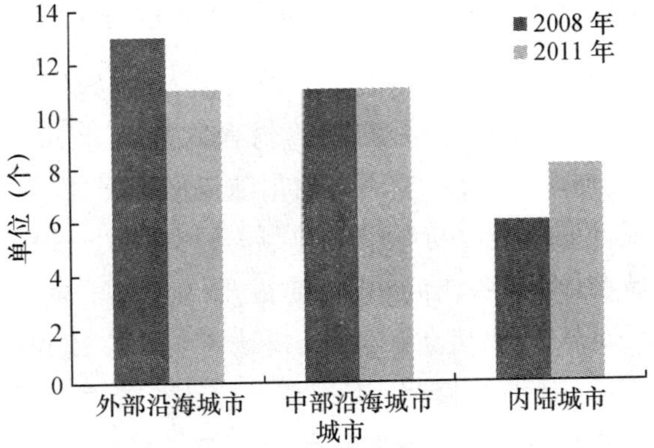

图 3-6　海西区 2008 年和 2011 年区位商首位城市的地域分布情况

(2) 由图 3-7 的数据分布还可以发现,专业化行业分布最广的是海西区的福建,福建是海西区建设的主体,在海西区经济和全国区域发展格局中处于重要地位,因此我们有必要单独分析一下福建制造业各行业的地方专业化发展情况,特别是闽南的厦漳泉。从表 3-6 可看出,制造业 30 个行业区位商首位城市 2008 年和 2011 年分别有 17 个和 15 个行业集中在福建,分别占海西区所有行业的 57% 和 50%,并且比例一直很高,平均达到 54%。而其他地区,除了粤东南较高,达到 27% 以外,赣东南和浙南两地之和所占比例只有 20% 左右。福建省内具有地方专业化优势的制造业行业也呈现沿海城市密集、内陆城市较稀疏的分布。其中,具有地方专业化比较优势的行业,2008 年和 2011 年分别有 53% 和 47% 集中在沿海的福州及闽南三角区,平均达到 50%;集中在宁德及莆田的行业所占比例在 2008 年是 29%,2011 年为 33%,平均比例是 31%;而福建山区城市所占的比例相对较低,2008 年和 2011 年平均还不到 20%,呈现较为明显的从沿海向内陆逐渐递减的分布态势(见图 3-8)。

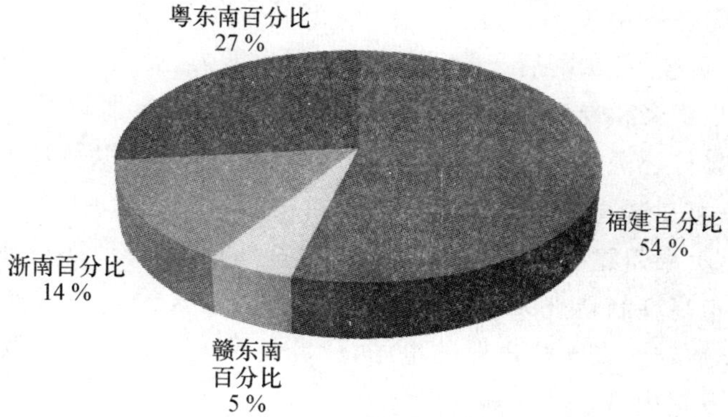

图 3-7　海西区位商首位城市的区域分布情况

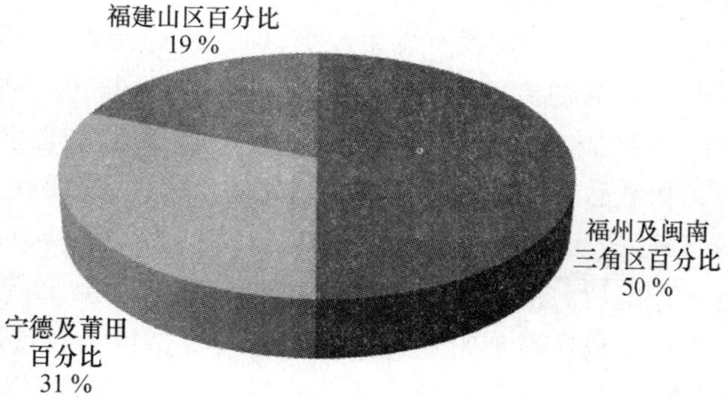

图 3-8　海西区制造业各行业首位城市在福建的空间分布

福建省内最值得关注的是闽南厦漳泉三角区。2008 年,具有地方专业化比较优势的行业中,集中在闽南三角区的有 8 个,占福建的 47%,占整个海西区的 27%;2011 年,具有地方专业化比较优势的行业中,集中在闽南三角区的有 6 个,占福建的 40%,占整个海西区的 20%。由此可以看出,闽南三角区是福建制造业行业专业化水平和集中程度最高的区域,也是海西区建设最重要的组成部分。从表 3-6 我们可以看出,集中在闽南三市的制造业行业是有差别的:集中在漳州的主要是劳动密集型和资源依赖型的行业,如农副食品加工业、家具制造业和造纸及纸制品业等行业;而纺织业、工艺品及其他制造业和纺织服装、鞋、帽制造业这些劳动密集型轻工业及资本密集的石油加工、炼焦及核燃料加工业集中在泉州;资本和技术密集的高新产业通信设备、计算机及其他电子设备制造业则主要集中在厦门。

食品工业、家具产业及造纸和纸制品业是漳州的传统优势产业,具有明显的集聚和地方专业化优势,近年来漳州一直致力于传统产业高端化,积极应用高新技术和先进适用技术改造提升家具、造纸及纸制品和食品工业等传统产业，推进企业重组，淘汰落后产能，增强品牌创建能力，促进产业转型升级，为这些产业进一步集聚和专业化提供了政策支持。而纺织鞋服以及工业品制造则是泉州的优势传统产业，立足建设世界纺织鞋服重要基地以及轻工业产品出口导向，泉州一直在这些行业占据绝对和相对优势。与此同时，作为成长型产业的石油加工业，泉州建有泉港、泉惠重要石化基地，成为海西区石油加工的领头羊。而一直走高端制造业发展路线的厦门，着力建设海峡西岸高端制造业基地，因此属于厦门六大支柱产业的电子、计算机及电子通信产业就表现出明显的集聚和专业化优势。

（3）我们对 2008 年到 2011 年区位商首位城市位置变化和指数大小变化来做进一步的分析。首先，从表 3-6 我们可以统计出，从 2008 年到 2011 年有 19 个制造业行业区位商首位城市没有发生改变，即在这些行业具有地方专业化优势的城市仍然保持最高的专业化水平。从地缘优势来讲，由于农副食品加工业，烟草制品业，木材加工及木、竹、藤、棕、草制品业，家具制造业，化学纤维制造业和非金属矿物制品业等对自然资源有很大的依赖性，需要在当地资源分布的基础上发展起来，因此专业化水平较高的往往是具有丰富原料资源的地区，并且表现出持久稳定性。从资本和技术积累方面来讲，印刷业和记录媒介的复制，石油加工、炼焦及核燃料加工业，医药制造业，通信设备和计算机及其他电子设备制造业等资本和技术密集型行业，由于需要大量持续的资本投入，并且需要不断进步的新技术支持，因此主要集中在该产业规模较大、分工较为细致及上下游产业链长的地区。与此同时，有 11 个行业区位商首位城市位置发生了改变，主要原因可能是产业扩散和产业地理转移的结果。发生转移的行业主要是食品制造业，纺织业，纺织服装、鞋、帽制造业，塑料制品业和工艺品及其他制造业等传统行业或是劳动密集型行业，并且呈现由发达中心城市向周边较不发达城市转移的趋势，这也符合区域经济的一般发展路径。

此外，我们分析区位商的大小变化时，为了保证分析的可比性和科学性，主要围绕区位商首位城市未改变的行业来分析。从表 3-6 可以看出，有 12 个行业的区位商上升，7 个行业的区位商下降，这表明海西区大多数制造业行业在其专业化优势城市，专业化水平是在不断加强的。而区位商呈上升趋势的行业主要是饮料制造业，家具制造业，石油加工、炼焦及核燃料加工业，通信设备、计算机及其他电子设备制造业和电气机械及器材制造业等资源依赖型和资本及技术密集型产业。

四、海西区制造业集中度分析

为了更加清楚和全面地理解海西区各产业的空间变动,这里运用产业组织的行业集中分析方法来进一步剖析海西区各行业产值的地级市集中度和地区专业化变化的地理位置。表3-7列出了海西区各行业工业总产值中占前两位的地级市。

表3-7　海西区制造业各行业总产值占前两位的地级市

行业类型	2008年		两市合计	2011年		两市合计
农副食品加工业	福州	20.2%	35.1%	漳州	20.9%	39.7%
	漳州	14.9%		福州	18.9%	
食品制造业	泉州	26.1%	43.7%	泉州	22.2%	40.0%
	漳州	17.7%		漳州	17.8%	
饮料制造业	泉州	20.1%	38.5%	厦门	20.3%	37.2%
	厦门	18.4%		泉州	16.8%	
烟草制品业	龙岩	39.7%	71.0%	龙岩	42.8%	75.4%
	厦门	31.3%		厦门	32.6%	
纺织业	泉州	24.0%	46.0%	泉州	31.6%	52.9%
	福州	22.0%		福州	21.3%	
纺织服装、鞋、帽制造业	泉州	41.7%	58.3%	泉州	38.1%	51.1%
	温州	16.6%		温州	13.0%	
皮革、毛皮、羽毛(绒)及其制品业	泉州	45.5%	74.4%	泉州	49.4%	69.5%
	温州	29.0%		温州	20.1%	
木材加工及木、竹、藤、棕、草制品业	南平	24.4%	43.6%	三明	28.4%	49.1%
	三明	19.2%		南平	20.7%	
家具制造业	漳州	25.0%	48.0%	漳州	23.7%	39.1%
	福州	23.0%		福州	15.4%	
造纸及纸制品业	泉州	27.8%	39.3%	泉州	27.4%	42.5%
	漳州	11.4%		漳州	15.1%	
印刷业和记录媒介的复制	汕头	28.9%	50.8%	汕头	25.2%	41.2%
	温州	21.8%		温州	15.9%	
文教体育用品制造业	汕头	26.9%	45.2%	汕头	38.0%	51.8%
	厦门	18.4%		揭阳	13.8%	
石油加工、炼焦及核燃料加工业	泉州	75.6%	83.8%	泉州	86.0%	91.9%
	温州	8.2%		温州	6.0%	
化学原料及化学制品制造业	厦门	16.2%	29.0%	鹰潭	14.3%	25.7%
	温州	12.8%		厦门	11.4%	

（续表）

行业类型	2008 年		两市合计	2011 年		两市合计
医药制造业	福州	20.6%	34.2%	揭阳	72.7%	77.6%
	揭阳	13.6%		赣州	4.9%	
化学纤维制造业	福州	41.3%	72.9%	福州	45.4%	75.2%
	泉州	31.6%		泉州	29.8%	
橡胶制品业	厦门	27.9%	53.4%	温州	30.3%	47.3%
	泉州	25.5%		揭阳	17.0%	
塑料制品业	温州	21.8%	39.6%	福州	21.0%	34.5%
	福州	17.8%		泉州	13.5%	
非金属矿物制品业	泉州	36.1%	47.5%	泉州	30.0%	39.2%
	福州	11.4%		揭阳	9.2%	
黑色金属冶炼及压延加工业	三明	19.5%	37.1%	福州	25.7%	39.2%
	福州	17.6%		丽水	13.5%	
有色金属冶炼及压延加工业	鹰潭	43.3%	55.8%	鹰潭	33.7%	51.1%
	赣州	12.5%		赣州	17.4%	
金属制品业	温州	17.2%	31.1%	温州	24.2%	38.5%
	厦门	13.9%		丽水	14.2%	
通用设备制造业	温州	36.2%	47.0%	泉州	16.9%	27.4%
	福州	10.8%		三明	10.4%	
专用设备制造业	厦门	17.7%	35.0%	泉州	18.4%	36.0%
	温州	17.3%		温州	17.6%	
交通运输设备制造业	厦门	23.8%	42.8%	福州	25.3%	43.8%
	福州	19.0%		厦门	18.5%	
电气机械及器材制造业	温州	39.6%	52.3%	温州	29.0%	38.6%
	厦门	12.7%		厦门	9.6%	
通信设备、计算机及其他电子设备制造业	厦门	50.4%	81.5%	厦门	50.8%	74.1%
	福州	31.2%		福州	23.3%	
仪器仪表及文化、办公用机械制造业	温州	35.0%	51.6%	温州	22.7%	40.4%
	莆田	16.6%		厦门	17.7%	
工艺品及其他制造业	泉州	38.3%	50.1%	泉州	44.6%	65.1%
	福州	11.8%		莆田	20.5%	
废弃资源和废旧材料回收加工业	揭阳	35.1%	64.1%	揭阳	31.2%	44.3%
	温州	29.0%		漳州	13.0%	

资料来源：海西区各地级市历年统计年鉴。

分析各行业工业总产值占前两位的地级市，我们可以发现：

首先,除了木材加工及木、竹、藤、棕、草制品业,有色金属冶炼及压延加工业,烟草制品业和医药制造业等资源依赖型行业分布在内陆资源丰富地区,其他大多数产业主要集中在海西区沿海城市,主要包括福建的福州、闽南厦漳泉三角区以及浙江的温州和广东的汕头。

其次,前两位地级市总产值百分比合计超过40%的行业有20个,占总行业数的2/3,说明海西区制造业多数行业处于高度集中的分布状况。

最后,从各行业总产值前两位城市合计百分比的变化来看,2008—2011年,前两位城市所占百分比有14个行业上升,16个行业有所下降,其中食品制造业,饮料制造业,纺织服装、鞋、帽制造业,皮革、毛皮、羽毛(绒)及其制品业等传统制造业和劳动密集型行业,以及化学原料和化学制品制造业,橡胶制品业,塑料制品业,通用设备制造业,电气机械及器材制造业,仪器仪表及文化、办公用机械制造业等中低技术产业集中程度有所下降,而烟草制品业,木材加工及木、竹、藤、棕、草制品业,石油加工、炼焦及核燃料加工业,医药制造业,专用设备制造业和交通运输设备制造业等资源资本密集型及高技术行业则有集中趋势。

第四节 基本结论

本章在描述海西区近几年来制造业发展现状的基础上,选取2005—2011年海西区制造业相关数据,应用Moran's *I*、空间基尼系数以及区位商等工具对该区域经济联系程度、制造业的地理集聚程度和地方专业化水平进行实证分析,深入研究海西区产业集聚程度的变化特点和部分制造业集聚的时空演变规律。综合上面的研究分析,可以得到以下几点基本结论:

第一,通过计算海西区20个地级市人均GDP、第二产业产值、规模以上工业总产值、规模以上工业增加值的Moran's *I*系数,从表面上看海西区地区之间的经济联系在不断加强,产业扩散(尤其是工业)、技术外部性、知识外溢等地区间的空间影响作用在不断加强。进一步分析海西区20个地级市规模以上工业总产值的Moran's *I*系数我们发现,海西区各区域之间的联系仍然较差,各个地级市之间的经济合作仍然较弱。但是一部分资源依赖性程度较高或者技术要求较高的行业仍然表现出了一定程度的空间显著相关以及集聚的趋势,比如塑料制品业、金属制品业、专用设备制造业、交通运输设备制造业等;而一部分劳动密集型产业则表现出空间负相关,产业空间分布趋于离散,比如纺织服装、鞋、帽制造业,皮革、毛皮、羽毛(绒)及其制品业,家具制造业等。

第二,海西区制造业空间基尼系数分析结果表明,2005—2008 年间海西区制造业总体上表现出集聚趋势,而 2008 年以后总体上扩散比较明显。进一步深入分析表明,不同行业的集聚程度及其变化趋势存在较大差异。烟草制造业和化学纤维制造业等资源依赖性产业和医药制造业、黑色金属冶炼及压延加工业、电气机械及器材制造业、交通运输设备制造业、通用设备制造业和化学原料及化学制品制造业等大部分资本和技术密集型的新兴产业,地理集聚程度较高而且还在不断提高。而纺织业,农副食品加工业,纺织服装、鞋、帽制造业,皮革、毛皮、羽毛(绒)及其制品业等传统劳动密集型产业的集聚程度有所下降,有分散化趋势。

第三,海西区制造业地方专业化水平及其变化表明,2008—2011 年海西区各行业集中的区域基本分布呈现沿海向内陆递减的"阶梯状"分布,即大多数行业集中在沿海城市,较少数行业集中在内陆。但是与 2008 年相比,2011 年发生了一些变化,专业化水平高的行业出现由沿海向内陆转移的趋势。与此同时,福建是海西区建设的主体,在海西区经济和全国区域发展格局中处于重要地位,半数以上行业集中在福建,集聚程度和专业化优势明显。进一步从具体行业专业化水平变化来看,饮料制造业,家具制造业,石油加工、炼焦及核燃料加工业,通信设备、计算机及其他电子设备制造业,电气机械及器材制造业等资源依赖性和资本及技术密集型产业区位商持续提高,集中和专业化趋势明显。

第四,通过对产业集中程度的分析,结合行业总产值比值数据,大致可以揭示海西区的制造业空间分布特点和集中趋势。各行业总产值份额最高的制造业行业主要集中在沿海城市,与区位商分析结果基本一致。并且,中低技术产业集中程度有所下降,高技术产业则有较强的集中趋势。

第四章

海西区农村制度与农村现代化

现代农村制度包括农村经济制度、农村乡镇治理制度和农村社会制度。处于转轨时期的海西区,正在向着城镇化、工业化、市场化和农业现代化迈进,迫切需要建立现代农村制度,以降低海西区农业和农村现代化的成本,加快促进农业和农村现代化。

第一节　海西区现代农村经济制度

现代农村经济制度包括农地产权制度、金融(保险)服务制度、财政支农制度、农村市场体系等。

一、海西区现代农地产权制度

(一) 目前海西区农地产权制度存在的问题

土地是人类社会赖以生存的一种特殊的自然资源,"是一切生产和一切存在的源泉"(马克思,1972)。土地具有位置的固定性、功能的永久性和不可替代性、面积的有限性等特性(毕德宝,2001)。

在 20 世纪 70 年代末,海西区建立了农地集体所有、家庭承包经营的土地产权制度,这对于推进海西区经济社会发展起到了重大作用。但是随着时间的推移,农地集体所有表现为土地产权残缺(Truncation of Ownership)(Demsetz,1988),出现了制度的边际递减。具体表现如下。

1. 农地产权主体模糊和虚置

目前农地产权主体包括村民小组、行政村、乡镇三级所有,而村民小组集体所有权主体不具备法人资格,这导致了集体土地所有制在很大程度上就是权力所有制(约翰逊,2005)。各级政府包括村集体都可以随意剥夺农民的土地使用权。如违反计划生育政策的人可以被剥夺土地使用权,以及强迫入股,成员死亡、出嫁、犯罪后收回、没收土地产权或者股权等,都可能破坏产权关系的稳定性(丁国香,1995)。

2. 目前农地集体产权制度安排的核心内容是:"增人增地、减人减地"

土地承包制是在集体土地所有权的基础上生长、发育的。农民对集体土地的承包经营不仅体现在"均分"上,而且还体现在"定期调整"上。因为土地是集体的,只有包含定期调整的均分制,才能确保集体成员获得动态的土地。

土地的频繁调整已经成为海西区的一个基本特征和现实问题。人口变化不断均分从而导致了土地细碎化。国务院农村发展研究中心 1986 年对 28 000 户农民的调查显示,平均 4—5 口之家的 9.2 亩土地分成 8.99 块,平均每块只有 1.02 亩。1987 年对同样的抽样户再调查显示,8.9 亩分成了 10.3 块,每块平均 0.87 亩(张红宇、陈良彪,1995)。而中共中央政策研究室和农业部 1990 年的抽样定点调查显示,平均每个农户的经营规模为:从事家庭经营的劳动力为 2.1 人,经营耕地 8 亩(农业部,1992)。杨学成等人 2000 年对山东、江苏、江西、河南四省 344 个县(市、区)742 个村的调查表明,89.6% 的村对土地进行过调整,平均次数为 3.9 次,有的一年一调整(杨学成等,2001)。1978—2000 年间,全国农地已经平均重新分配了 3.01 次。每次分配中,集体经济组织都无偿废除原有的土地使用权,然后重新无偿分发土地使用权(迟福林,1999)。不断重新分地的结果是:户均经营的土地面积持续减少。例如:1984 年户均耕地 0.62 公顷;1986 年为 0.61 公顷;2012 年降为 0.59 公顷。

海西区 2011 年共有耕地面积 182 573.85 万亩,按照户籍人口人均才 0.527 亩,相当于全国人均耕地 1.361 亩的 38.7%;按照农业人口人均才 0.707 亩,相当于全国平均水平的 25.99%,严重低于世界粮农组织规定的人均 0.795 亩的粮食安全的最低线。第一次产业从业人员人均 2.921 亩,相当于全国平均水平 6.537 亩的 44.68%,远低于世界人均水平 1.07 公顷(2008 年世界粮农组织数据)。经营农户均约 2.12 亩,也低于全国的农户均约 9.12 亩的水平。海西区土地调整也和全国大体一样，这种分散、细碎、小规模的农地家庭承包经营方式，不利于合理利用农业机械和水利设施，不利于实行合理耕作和采用先进技术，不利于调整作物结构和防止病虫害，不利于保持优良品种的纯度和品质，不利于增加农户对土地的投入，必然造成农业的粗放经营和低效益，并且与现代市场经济的大规模、集约化经营相违背。

3. 土地产权残缺对土地保护和质量改善都具有负外部性

集体产权缺乏排他性，承包经营权缺乏明晰性、安全性、稳定性，导致农户土地投资积极性受挫，降低了土地边际生产率，使土地的边际收益曲线位于较低的水平上，导致农地需求不足；同时，产权的残缺降低了农地承包权交易价格，农地承包经营权转让收益降低，进而减少农地市场供给（孔泾源，1993；骆友生、张红宇，1995；钱忠好，2003）。产权残缺还导致农民作为理性经济人对改善耕地状况或生产设施的投入不足（Wen，1995；Feder，1992；Li，Rozelle and Brandt，2000），甚至出现经营行为的短期化，大量使用化肥而少用农家肥，对农业可持续发展影响很大（Rozelle *et al.*，2000；何凌云、黄季焜，2001）。

农民在这种农地产权制度环境下普遍出现了经营行为的短期化，大量使用化肥和农药。2011 年，海西区按照实用量 774.04 万吨计算，每公顷耕地 2.51 吨化肥，按照折纯量 255.36 万吨计算，每公顷 0.827 吨，远超过世界平均的 0.1172 吨/公顷的水平（2008 年），也超过联合国粮农组织规定上限（225 千克/公顷）的 4 倍（按折纯量计算）。农药使用量是 43 千克/公顷，农药使用量更高达世界平均水平的 2.5 倍以上。化肥、农药过量导致了土壤和水体污染。

4. 在宏观上导致耕地不断减少，微观上不利于农地产权的保护

在土地财政和压力型体制下，各级地方政府代理人在任期内为追求财政收入最大化和 GDP 增长，以“发展是硬道理”“改革就是要敢闯敢干”等“合理”理由为借口侵占大量农地，严重危害我国的粮食安全。比如 1979—1997 年，我国失去 2.7 亿亩耕地，1999—2012 年，我国耕地面积从 19.3 亿亩减少到 18.2574 亿亩，平均每年减少约 1 000 千万亩，人均只有 1.23 亩，不断逼近“18 亿亩红线”。作为海西区主体的福建省耕地数量从 1978 年的 1 946 万亩，逐渐减少到 2000 年的 1 780.64 万亩，2012 年为 1 728 万亩。同时，福建省人口从 2000 年的 3 410 万增加到 2012 年的 3 748 万，年均增加 24 万。人均耕地从 1978 年的 0.8 亩、2008 年的 0.48 亩下降到 2012 年的 0.46 亩。

根据调查，被征土地征用费的利益分配为：地方政府占 20%—30%，企业占 40%—50%，村级组织占 25%—30%，农民仅占 5%—10%。原本作为土地集体所有者的农民，在土地征用收益上完全处于弱势地位，被剥夺了土地所有者的

绝大部分权益,而土地财政成为许多地方政府财政收入的重要来源。根据国土资源部的公报数据,全国土地转让收入在 2008—2012 年分别为 9 600 亿元、1.59 万亿元、2.94 万亿元、3.15 万亿元、2.69 万亿元。

5. 阻碍了农村要素市场的发育和健全

我国经济体制改革的目标就是建立社会主义市场经济体制,其核心就是建立城乡统一的要素市场。这要求以市场为主要手段对资源进行配置,使资源从效率低的主体转移到效率高的主体。而目前均分和定期调整的土地制度,导致微观主体对未来预期的不确定性大大增强,不利于我国农地的自由转移和规模效率的提高,不利于农地市场和劳动力市场的发育与发展。由于土地是农民最重要的生活依靠,农民会担心自己在下一轮土地调整中分不到地而不敢外出打工,从而影响了农村非农经济的发展和农民收入的增加(Yao,2000)。目前过于强调农地的保障功能,而忽视了其资本功能,因此也阻碍了海西区农村资本市场的发育。

(二) 建立海西区现代农地产权制度

世界各国的经验表明,土地产权的稳定性是保证农业持续发展的基础。海西区目前正处于传统农业向现代农业转变的时期,对于广大农民而言,土地不仅是他们谋生的主要手段,也是他们积累财富和代际传承的主要工具。土地的权利决定农村家庭可持续发展的能力,决定农民社会、经济地位以及激励他们对土地进行投资的动力和获得金融市场信贷的能力或者获得财产性收入的便利。

面对我国农地产权的弊端,早在 1984 年党中央的 1 号文件《关于一九八四年农村工作的通知》就提出"对农民向土地的投资应予合理补偿"。而在 1993 年 11 月《中共中央、国务院关于当前农业和农村经济发展若干政策措施》提出:"承包时间延长 30 年、提倡在承包期内实行'增人不增地,减人不减地'的办法"。2008 年 10 月党的十七届三中全会通过的《关于推进农村改革发展若干重大问题的决定》提出:"赋予农民更加充分而有保障的土地承包经营权,现有土地承包关系要保持稳定并长久不变。"2013 年党的 1 号文件提出"建立归属清晰、权能完整、流转顺畅、保护严格的农村集体产权制度"。

因此,建议海西区省级政府根据国务院赋予海西区的先行先试权,建立耕者有其田的现代农地产权制度,使得海西区农民在农地农业用途管制下拥有土地的处分权、收益权,促进海西区农地市场、劳动力市场和农村资本市场的发育,大大提高农民的土地资产性收益,减少水土流失和防止其他影响土质的环境恶化;有助于减少土地纠纷,提高农村社会的稳定性,有利于构建海西区和谐社会主义新农村。

二、海西区现代农村金融(保险)服务制度

(一) 海西区农村金融(保险)制度存在的问题

1. 农村金融体系不完善

目前为海西区农村提供金融服务的机构包括农村信用社、农业银行、农业发展银行、邮政储蓄、村镇银行、合作社、小额贷款公司等,但服务于农户的村镇银行数量很少。自从 2008 年 6 月海西区首家村镇银行“福建建瓯石狮村镇银行”开业后,到 2012 年年底共有 9 家村镇银行。但由于农村金融抑制和农地产权滞后,海西区贫困型和维持型农户难以获得比较优惠的贷款。

2. 农村信用社难以承担重任

海西区共有 2 173 个乡镇,几乎每个乡镇都有自己的信用社,尽管在发达地区有的改成农商银行,但由于农村信用社是半官半民的集体金融组织,诸如产权关系没有理顺、历年积累的亏损找不到承担主体、群众基础薄弱、为社员服务范围狭窄、资金流向非农部门较多、农户贷款难问题突出;“三会”制度形同虚设;农村信用社资本规模偏小,筹资难度大,不能适应农业结构调整和发展现代农业所需资金的要求;管理滞后,不适应建立现代金融企业制度的要求;传统的服务手段、功能、品种、设施不适应发展农村市场经济的要求;员工素质不高,不适应驾驭未来农村金融市场发展的要求。

3. 农业发展银行政策性作用有限

农业发展银行作为政策性银行,目前只针对粮、棉、油等商品流通过程发放贷款,贷款对象也只界定为国有企业,在海西区农业贷款中并没有发挥太大作用。

4. 农业银行在农村金融中的主导地位弱化

商业银行的性质决定了农业银行的逐利性,其市场定位和经营策略发生了明显变化。农业的特性导致农业银行回避,农业银行整体业务拓展对象已开始有组织地向城镇转移。

5. 民间金融组织缺乏规范

海西区农村存在大量的私人钱庄、合会、民间集资和自由借贷等非正规金融组织。这些缺乏规范的机构其筹资和用资成本高,风险突出,加大了借款方的生产经营成本,不利于农村经济的持续发展;农村高利贷盛行,民间金融组织在地下或半公开状态活动,易引发社会不安定因素。

6. 农村金融主要需求主体农户和农村企业“贷款难”

农户“贷款难”是指有贷款需求且符合贷款基本条件的农户从金融机构不

能取得贷款,或贷款手续过于烦琐,或贷款额度不能得到满足。主要表现为:手续繁杂,特别是找担保抵押难,贷款门槛较高;有的金融机构贷大不贷小,贷富不贷穷。而农村小微企业也是和农户一样处于"贷款难"的境地。

7. 海西区农业保险服务有待加强

2007 年,根据中央 1 号文件精神,海西区财政启动了种植业、养殖业保险试点。2012 年,海西区的农业保险已经覆盖了玉米、水稻、小麦、棉花、油料作物、糖料作物、马铃薯、青稞、天然橡胶等 9 个种植业品种,以及能繁母猪、育肥猪、奶牛、牦牛和藏系羊等 5 个养殖业品种。但海西区不是我国的主粮产区,人均耕地面积偏小,经济作物规模不大,所以农业保险发展得不尽如人意,存在如下问题:

(1) 覆盖面窄,种植业覆盖率不足 30%。一些经济作物如柑橘、板栗尚未纳入政府财政保费补贴范围。

(2) 农业保险的保障水平低。种植业补贴险种的保险金额原则上为保险标的的生长期内所发生的直接物化成本(包括种子、化肥、农药、灌溉、机耕和地膜成本),目前海西区的福建省水稻种植保险保额已由原来的 300 元/亩提高至现在的 400 元/亩,但随着人工、种子、化肥等成本的提高,每亩成本远高于 400 元。

(3) 农业保险赔付水平低。在风险保障水平低的同时,保险公司往往还规定有一定的绝对免赔率。海西区农户种植水稻面积不大,户均约 10 亩左右,往往难以获得赔付。

(4) 农民参保积极性低。由于风险保障和赔付水平低,加之在现行农业保险制度下,农民投保后几年不出险,政府的补贴就成了保险公司的收入,与投保农民脱了关系,严重影响了海西区农民的参保积极性。海西区农民参保率不到 10%。

(5) 地方政府积极性低。由于对农业保险险种地方政府需要财政补贴,在大部分海西区地方政府都是"吃饭财政"的情况下,参与补贴的积极性不高,补贴不到位。比如水稻种植保险保费为 12 元/亩(中央和省级财政补贴 70%,市、县两级财政补贴 10%,农户自缴 20%);商品林综合保险保费为 1.25 元/亩,对于投保面积在 1 万亩以下(含 1 万亩)的,中央财政补贴 30%,省级财政补贴 30%,县级财政补贴 15%,林权所有者承担 25%;对于投保面积在 1 万亩以上的,中央财政补贴 30%,省级财政补贴 30%,林权所有者承担 40%。能繁母猪保险保费为 60 元/头(中央和省级财政补贴 60%,市、县两级财政补贴 20%,养殖户自缴 20%)。很多补贴都不到位。

（二）建立健全海西区农村金融（保险）服务体系

党的十八大和2013年1号文件，都提出了改善农村金融服务。加强国家对农村金融改革发展的扶持和引导，切实加大商业性金融支农力度，充分发挥政策性金融和合作性金融的作用，确保持续加大涉农信贷投放，推进建立财政支持的农业保险大灾风险分散机制等。因此，结合海西区实际：

1. 建立海西区多元化、竞争性的金融体系

建立多元化、竞争性的包括商业性银行、政策性银行和合作性金融机构在内的正规金融体系以及包括各种民间金融机构和组织的非正规金融体系，充分发挥二者优势互补的作用，以满足多层次的金融需求，形成自由竞争的局面。

（1）在改善农业银行、农业发展银行、邮政储蓄银行和农村信用社为农民服务的同时，要大力建立海西区的村镇银行、小额贷款公司、资金互助社等三类机构，建议海西区每个县市发展一家村镇银行和小额贷款公司等。

（2）积极拓展多方面融资渠道。多元化的资金来源是农村金融组织开展经营的基础。比如使用国际多边组织和双边合作组织的捐赠资金。

（3）因地制宜创新小额信贷产品和服务。除开展联保贷款、信用贷款和小微企业贷款等贷款业务外，还要积极开发多种类型的农业保险，建立和完善农产品期货市场，开发专门面向农民的理财产品，以及为政府或民间发展机构合作提供金融支持。

（4）放松民营金融组织市场准入限制，规范民间金融活动。随着海西区农村经济发展及生产方式的转变，资金融通的规模和范围迅速扩大，方向也呈多样化。而正规金融组织融资量有限且主要服务于国有和集体经济，个体经济和农户的融资需求往往得不到满足，于是各种形式的民间金融组织和融资活动应运而生。目前应该允许私人尤其是海西区内的合会、地下钱庄等发展为小额贷款公司或者村镇银行等。

2. 建立海西区多层次的农业保险服务体系

发展农业保险事业是支持和保护农业的重要方面。根据海西区区情，农业保险体制的改革，要走以农民合作为基础、各级政府给予政策扶持和必要的资金投入的发展路子。农业保险以农民合作为核心，风险共担，利益同享，有利于扩大保险保障的范围，抵御一家一户难以抵抗的自然风险和市场风险。

3. 大力发展海西区农村合作金融

农村合作金融组织的经济优势体现在：便利性，交易成本低；机构多，覆盖广；自我服务功能较强，有助于防止农村资金流失到外部。这些功能是商业银行所不具备的。

(1) 从国际经验来看,农村合作金融事业在各国农村经济发展中都发挥了积极作用,促进了本国农业现代化。如日本的信用金库、信用协同组合、劳动金库、商工组合中央金库、农林中央金库,孟加拉的孟加拉乡村银行(Grameen Bank)等都促进了本国的农业现代化。

(2) 海西区各级政府应该大力加强对农村合作金融组织的发展。具体措施有:推动专门立法和相关立法的制定与调整;指定或设立专门的合作金融管理机构,负责农村合作金融机构的审批、审查等监管事务;帮助设立或资助设立存款保险机制,维护包括信用合作社在内的存款金融机构体系的正常运行;与农村合作金融组织的相关行业协会共同努力,指导合作金融机构的业务发展;直接委派政府代表,参与农村合作金融机构的管理经营事务;出资参与个别农村合作金融机构的组建;等等。

三、建立海西区现代财政支农制度

海西区在贯彻党中央、国务院的"工业反哺农业,城市支持农村"的具体政策上,如取消农业税、实现了真正免费的 9 年义务教育、对农田进行了直接补贴等取得了一定成效,但也存在以下问题。

(一) 财政支农制度存在的问题

1. 财政支农总量有待提高,结构需要优化

比如海西区主体的福建省 2011 年农林水务支出 207.886 亿元[①],占全省财政支出的 9.46%,占第一产业增加值的 12.89%,按照发达国家的标准对于农业的支出一般占农业总增加值的 40% 左右的水平,没有达到《农业法》规定的"国家财政每年对农业总投入的增长幅度应当高于国家财政经常性收入的增长幅度"的要求。并且各级政府农业财政支出中,支援农业生产支出和农林水气部门的事业费占主体地位,"养人"支出比重约占 70%,而真正用于建设方面的"支农"支出比重低,余下的业务经费中还要有相当大的部分以管理费、技术指导费、会议费的名义流回到各级政府部门及单位,"有钱养兵,无钱打仗"成为海西区财政支农的现状。

2. 农业、农民的直接收益份额偏少,背离了财政支农政策的原意

首先,目前预算内财政支农支出中的"农林水气事业费"支出占了 1/3,这些资金主要用于各级农口行政事业单位事业经费开支,名义上属于财政支农支出,但实际上大部分流向了城市。其次,一些列入财政支农支出项目的水利工

① 省级统计中没有专门的涉农财政投入,用农林水务支出代替。

程建设中，全社会性的水利建设如江海堤防、南水北调、防洪防汛等比重较大，而农民可以直接受益的中小型基础设施建设的比重较小。最后，相当一部分财政支农资金是通过扶持农业科技推广、产业化、乡镇企业、农产品流通等来推动农业和农村经济的发展，但在实际操作过程中却是大量资金流向了科研院所、工业企业和农业管理部门等，农民直接受益的份额很少。

3. 政府农业财政支出管理体制不健全，资金使用效果差

调查统计表明，政府对农业的投入渠道多且乱，大约涉及 26 块，主要有：农业基本建设投资主要由发改委系统单独管理或发改委与农口主管部门共同管理；农业科研费用主要由财政部门和科技部门或者科技部门与农口主管部门共同管理；支援农村生产支出、农林水气等部门事业费、农业综合开发资金由财政部门或财政部门与农口主管部门共同管理；农产品补贴由财政部门或财政部门与流通主管部门共同管理。这种管理模式存在的问题有：

（1）各级事权划分不明确，资金使用范围模糊。因此，农业投入混乱、部门职责不清的问题比较严重，导致农业资金投入在使用方向、建设内容、项自安排等方面难以协调和重复投入。

（2）资金分块管理，使有限的资金不能形成整体合力。由于农业基础设施、科研、生产、流通等方面的财政资金分属不同的部门管理，力量分散，造成了“撒胡椒面”现象，难以使有限的财政资金做到统筹安排、合理配置。

（3）政出多门，监督不力，农业资金流失严重。尽管近几年加快了农业财政资金的制度建设，加强了农业财政资金的管理和监督检查，但总的来说，仍然不够规范，截留、挪用支农资金的现象仍屡见不鲜。

（4）投资效益低。管理部门多，各部门之间存在职能交叉重叠的现象，致使同一类型支农项目存在多个部门重复立项、交叉投入的情况，如农田水利建设项目在农业开发和水利两个部门存在重复；水土保持项目在水利、林业两个部门均有安排；扶贫开发中的基础设施建设项目在农村小型基础设施建设、以工代赈及公路建设项目上有相同的建设内容等。这些都给政府支农投资造成了极大的浪费，给资金和项目管理带来了很大的困难，资金使用效益也必然大打折扣。

4. 地方配套难

省级下达的支农投资项目，一般规定市、县、乡镇要资金配套。这种方法对调动各级政府投资农业的积极性、多方筹集资金增加农业投资有积极的作用。但是，目前海西区相当部分市、县和乡镇财政困难，无法承受太多的资金配套要求。一些地方为争取上级政府更多的投入搞配套空头承诺、搞“钓鱼”工程的现

象时有发生。项目开工后，上级的钱拿来用，本级的拿不出来，造成资金缺口大，许多建设项目成了“半拉子”工程。

(二) 建立健全海西区财政支农制度

邓小平指出，“农业的发展一靠政策，二靠科学”（邓小平，2006）。由于农业的自然风险和市场风险，全世界实现农业现代化的国家或地区都大幅度增加对农业的投入。

1. 扩大财政支农资金总量

各级财政都要严格执行《农业法》，做到财政对农业的投入增长幅度高于财政经常性收入的增长幅度；提高农业基本建设投资占各级政府中的基本建设投资总额的比重；财政支出的重点，应放在扶持农用工业的发展，支持农业科研和推广工作，兴建交通、通信、能源、仓储、交易场所等基础设施，实施农业综合开发和扶持贫困地区脱贫致富等方面；调整农业补贴政策，对于农地的补贴直接到农民个人。补贴政策目标由短期化转向长期化，补贴方式由投入补贴转向产品补贴，补贴强度由低水平转向适度水平，补贴运行由随意性转向制度化和规范化。财政支农资金要及时到位；要逐步完善财政支农资金的政策引导机制，不仅财政本身要千方百计增加农业投入，而且要采取各种政策手段，如税收、贴息、投资、补贴、债券等来达到引导社会增加农业投入的目的；要充分发挥财政分配和再分配社会资金的职能，通过规范有效的方式，在全社会范围内筹措支农资金增加农业投入；要采取有效的政策手段引导农业进行劳动积累，发挥海西区农村劳动力资源丰富的优势，以活劳动积累替代资金积累。

总之，在符合国家政策法规的前提下，通过多形式、多渠道、多层次筹集支农资金，不断增加农业和农村经济发展的投入。

2. 优化财政支农资金结构

(1) 逐步压缩农业事业费支出的比重。海西区应该借鉴深圳的做法，按照国务院赋予海西区先行先试的政策，大胆撤并如农业、林业、农机、水利、科技等部门，建立一个大农业厅，同时，取消地市的农业管理部门，建立直接面向农民的服务部；拆庙送神，可以节约大量的养人费用。

(2) 重点支持农业基础设施建设。海西区部分处于台风、暴雨、霜冻、旱灾等自然灾害影响严重的地区，应该支持海西区大中型防洪抗旱设施、大中型河道及水库的维修和加固、农村电力和能源设施、农产品市场基础设施、农村土地整治和道路铺建、基本农田建设和保护，以及以重点小流域水土保护与治理、主要水系流域和源头的“三还”工程为主的农业生态环境建设。

(3) 大力支持农业基础科学研究。海西区在独特的农业资源和人多地少的资源禀赋下,农业问题最终要靠科技解决。农业的发展要逐步转移到依靠科技进步及提高劳动者素质的轨道上来。以科兴农、以教兴农是海西区农业发展的根本出路。因此,海西区省级政府应该加大对农业科技的投入,县市政府应该大力培训和提高农民科技素质,目前最重要的是海西区应率先在全区内实现12年义务教育体系,以提高农民素质,减少农民。

四、海西区现代农村市场体系

(一)海西区农村市场体系存在的问题

海西区农村市场体系包括有形市场和无形市场,从内容来说包括商品市场和要素市场。经过改革开放三十多年的发展,形成了比较完整的商品市场,但要素市场远未形成。

1. 农村要素市场发育远滞后于农村商品市场

农村商品市场指农村消费品和生产资料市场,通过三十余年的改革,基本实现了市场机制的调节作用。但海西区农村要素市场发育远未成熟。农村要素市场指农村土地市场、劳动力市场、农村金融市场、农村技术市场、农村信息市场等。海西区农村要素市场存在以下问题:

(1)海西区劳动力市场存在二元结构。海西区内既存在工资较高、工作条件优越、就业稳定、安全性好、升迁机会多的体制内的一级市场,又存在工资较低、工作条件较差、就业不稳定、毫无个人升迁机会、多为穷人就业的二级市场(Piore,2001)。户籍制度导致绝大多数海西区农民工都是在二级劳动力市场就业,并且“五险一金”等社会保障缺失严重。

(2)目前农村土地市场几乎没有形成。目前海西区农地产权残缺,农民没有农地的处分权、收益权等,只有部分流转权,导致农村土地市场难以发育。

(3)农村金融市场正在发育,但不完善;技术和信息市场有待进一步发育。由于农民最主要的资产农地不能抵押、不能自由转让等因素,尤其是农民没有建立在人多地少的亚洲模式下被证明最实用的农民协会,因此,海西区农村金融市场发展严重滞后。由于财政支农不足,以及农业的自然风险和市场风险,农民对农业新技术的需求不足,并且海西区农业新技术的供给也严重不足。因此,海西区农村技术和信息市场发育不成熟。

2. 海西区农村中介组织发育滞后

农村中介组织包括专业农民协会、综合农民协会、要素市场中介组织,具体包括:劳动力市场中介组织,土地市场、资金市场、技术信息市场中介组织;执行监督保障职能的中介组织,包括农村经济管理系统和农村经济司法系统。目

前,海西区农村中介组织的发展存在着以下障碍:

(1) 认识环境障碍。一方面,农民对中介组织缺乏信任感,不善于或不愿意利用中介组织;另一方面,地方政府对农村中介组织重要性的认识似乎不足,有的基层政府甚至害怕农民组织起来。

(2) 传统体制障碍。农村的乡镇体制改革滞后,在一定程度上抑制了农村中介组织的发展。

(3) 宏观政策障碍。国家缺乏规划和政策扶持以及必要的法律法规支持。

(4) 农村中介组织本身的微观管理不完善。

(5) 农业专业化和产业化程度低,规模小,导致农村中介组织服务缺乏必要的作业环境。这些都导致了海西区农村中介组织发育不完善。

3. 注重形式硬件,忽视内容软件

在海西区农村市场建设中,注重形式和硬件建设、忽视软件的现象比较普遍。比如海西区主体的福建省,在 2006 年年末,80% 的乡镇有综合市场,18.8% 的乡镇有专业市场,13.8% 的乡镇有农产品专业市场,6.1% 的乡镇有年交易额超过 1 000 万元的农产品专业市场。但农村市场长期停留在出租铺位的简单物业管理层次上,其结算、信息传递、运输、保管、包装、加工、配送等各种辅助性功能很薄弱。农产品批发市场中,以传统批发市场为主,现代的以"会员制、竞价拍卖、远期合约交易和期货交易方式"的市场还处于萌芽阶段;多数地方注重批发市场场地的建设,而忽视流通服务(运输、邮电通信)、市场主体的培育以及市场规则等建设。

4. 农民农产品交易的合约化、组织化程度低

海西区的农产品贸易绝大部分是分散的,订单农业只占全部农产品交易的不到 8%。由于农民的组织化程度很低,农产品销售受恩格尔定律的制约严重,也严重影响了农民收入水平的提高。

5. 市场法规建设滞后,交易行为不规范

由于农村市场监管和农民自身素质等因素,更由于缺乏严格的市场准入制度、健全的商品质量检测制度和必要的检测设备、手段,农村市场中假冒伪劣商品危害程度远高于城市。无论是农产品、工业品还是生产资料,不合格率高,假冒伪劣问题严重,销售渠道混乱,严重危害了农民的生产和生活。同时,农产品生产过程和销售过程中的农药化肥残留等问题,如"毒大米"、面粉"增白剂""吊白块"、防腐剂超标等屡见不鲜。

(二) 建立健全海西区农村市场体系

建立统一、开放、竞争、有序的海西区农村市场体系是发展现代农业的必要

条件之一。健全的农村市场体系使得价格信号能够反映各类农村资源的相对稀缺程度,从而调节和实现社会资源的合理分配。

目前海西区应重点发展以下方面:

(1)建立海西区城乡一体化的劳动力市场,实现农村劳动力的优化配置,以转移农民、减少农民,从而实现海西区农地适度规模。因此,在海西区要进行户籍制度、土地产权制度改革和创新,改革目前"城乡分治,一国两策"的户籍制度和建立城乡一体化的社会保障制度。

(2)建立海西区的土地市场,农地市场有利于海西区农地的价格发现功能,在海西区征用土地过程中保护农民的利益,实现耕地资源的优化配置。土地的社会保障功能要逐渐退出,实现海西区农地的资本功能,目前最要紧的是实现海西区宅基地的可抵押性。因此,海西区需要"进行制度创新,培育农地市场"。

(3)建立海西区现代农产品流通体系和农业技术、信息市场。

(4)提高农民素质和农民组织化程度,逐渐建立从农地到餐桌的农产品质量监管体系。

(5)提高农产品流通效率。统筹规划农产品市场流通网络布局,重点支持重要农产品集散地、优势农产品产地市场建设,建议在海西区的厦门或福州建立海峡农产品期货市场,适时增加新的农产品期货品种,培育具有国内外影响力的农产品价格形成和交易中心。加快推进以城市标准化菜市场、生鲜超市、城乡集贸市场为主体的农产品零售市场建设。加强海西区的粮油仓储物流设施建设,发展农产品冷冻贮藏、分级包装、电子结算。健全覆盖农产品收集、加工、运输、销售各环节的冷链物流体系。

(6)大力培育现代流通方式和新型流通业态,发展农产品网上交易、连锁分销和农民网店。支持供销合作社、大型商贸集团、邮政系统开展农产品流通业务。深入实施商标富农工程,强化海西区的农产品地理标志和商标保护。

第二节 海西区现代乡村治理机制

一、逐渐完善海西区目前的村民自治机制

(一)海西区村民自治存在的问题

村民自治是农村民主政治建设的核心内容,直接关系到海西区的农业发

展、农村稳定和农民增收，关系到海西区 38 545 个行政村全面小康的实现。《村民委员会组织法》实施以来，海西区基层民主政治建设取得了长足进展，农村群众的民主权利进一步扩大，但由于农村基层民主政治建设仍处于起步阶段，海西区村民自治还存在如下问题：

1. 贿选现象十分严重

我们 2013 年寒假期间在海西区南平市下面的顺昌县、建阳市和武夷山市的几个乡镇的多个村委会选举的调研发现：由于海西区农地和山林地产权不清晰，补偿方式不到位，在征地拆迁、修建农村公共基础设施、农业财政转移、低保人员的确认方面等都存在一定缺陷的情况下，村干部尤其是村主任（或村长）都有极大的寻租空间，再加上当前村民自治有关法律规定太原则、不具体，可操作性不强，乡镇没有自治，导致乡村合谋行为严重，村主任选举几乎都有贿选行为。

2. 村民自治制度配套法规的欠缺，无法使之发挥最佳效应

村民自治制度在设置和可操作性上显得过于粗略和原则化，在行为模式与制裁手段的规范上显得空泛。如现行法律制度对村民的界定、权利、义务，村民对村务管理参与的具体途径和方式等都缺乏明确具体的规定，在村民自治的实际运作过程中，一方面，村民很难监督村委会（如村财务不公开、村委的招待费用等都难以监督）；另一方面，乡镇管理与村民自治之间，村党支部与村主任之间的关系和权限不明，往往造成乡镇一级或村党支部事实上取代村民自治组织行使村级事务的决策权、管理权。随着农村流动人口增加（本地人口流出，外籍人口流入）导致此类人员的民主权利和应该承担的村民义务难以落实，需要相应的制度来保证他们的权利义务的实现。

3. 村民自治中的行政化倾向使村民自治制度的实施流于形式

在我国压力型体制下（上级政府控制下级政府的财权和人事权），许多本应由乡镇完成的职责也被“分解”到村委会，使村委会表现出强烈的行政化色彩。村委干部主要由县级政府发给一定的薪酬和补贴，在实际工作中，村委会主要向乡镇政府负责而不是向群众负责，村民自治组织实际上表现为一种政权性组织或者是乡镇的附属行政机构，这些都弱化了村民自治的性质，与国家推行村民自治的本意不符。

4. 村干部素质有待提高，部分村干部数量过多

由于农村户籍制度和高考制度下，农村大量有志青年流入城市，农村大部分剩下“386199 部队”，导致“劣币驱逐良币”，一方面导致海西区很多村干部素质不高，另一方面部分村干部过多，有的村甚至有十多个的村干部，导致村级代

理费用过高。

（二）建立海西区现代村民自治机制的对策

（1）在目前取消农业税后，需要尽快明晰农地产权和山林地的确权工作。在2013年党的1号文件和国务院要求对乡村的耕地及山林地确权的背景下，海西区要细化这些政策，并保证确权成功。

（2）理顺乡镇政府、村委会、党支部三者之间的关系。尽快撤销乡镇政府，只有实现乡镇自治，村组织才能自治。根据党章，界定好村委会和村党支部以及与上级党支部的关系。

（3）《村民委员会组织法》中有些原则和规章需要细化。重点是严格执行《村民委员会组织法》第十九条的有关规定，对涉及村民切身利益的重大事项必须召开村民会议讨论决定。要建立适合村民实行民主监督的硬约束制度，比如按照有关规定应召开的村民会议、村民代表会议必须如期召开，村民对村财务状况的咨询，村委会必须给予解释和答复。要制定村民维权的办法，追究行政不作为者的法律责任。要严格执行村务公开、民主管理的有关规定，该公开的必须及时、全面、彻底地进行公开。公开、公平、公正地管理村务，就能有效排除家族、宗派势力的干扰，村民的各项民主权利也才能落到实处。

二、建立海西区现代乡镇治理机制

（一）目前海西区乡镇体制存在的问题

1. 乡镇政府公司化和成为营利型经纪人

由于我国事权和财权的不对称，在“发展就是硬道理”和“改革就是敢闯敢干”以及地方政府追求GDP的情况下，尤其是目前我国自上而下的监督机制（见图4-1），导致能监督的当地人民和人大没权或者很难监督，而上级难以监督或二者由于信息不对称、利益同一化而形成合谋行为，进而导致乡镇政府的公司化行为和成为营利型经纪人，成了农村问题的始作俑者。

2. 乡镇负债累累

按照1984年的制度安排，目前海西区乡镇一级政府一级财政，但是由于事权和财权不对称与乡镇政府追求GDP等因素，海西区乡镇平均负债500万元以上（在泉州有些乡镇甚至负债上亿元）。并且乡镇改革中，上级将“管钱管物、有利可图”的部门如土地、公安、司法、工商等收走了，将一些“包袱”如文化站、广播站、农机站、农技站等甩给了乡镇。在2006年彻底取消农业税后，海西区大

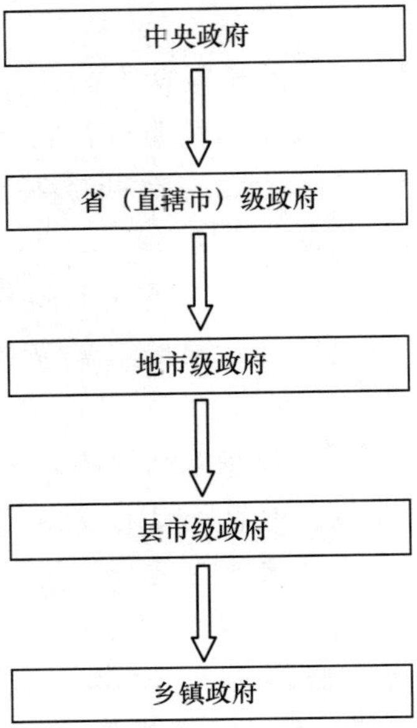

图 4-1　我国自上而下的政府治理模式

部分乡镇依靠上级财政转移支付度日，几乎没有财力支撑一级政府的正常运作。

3. 乡镇职能大大弱化

原来乡镇的主要职能就是“脱裤和入库”。在取消农业税后，“入库”的职能取消了，剩下的只有计划生育；随着我国人口素质的提高和计划生育政策的改革，尤其是随着“刘易斯拐点”的到来，这个职能也会消失，乡镇完全没有必要设置。其实，根据调查，乡镇所干的事情，80% 不为农民喜欢。[①]

4. 乡镇政府运行的成本大大高于收益

目前海西区乡镇机构臃肿，冗员现象经过多次改革仍很严重，海西区 2 173 个乡镇，按照平均每个乡镇 100 个工作人员计算，大约有 217 300 个工作人员。按照海西区平均薪酬每年 4 万元计算，每年至少需要支出 80 多亿元。再加上各种在职消费（如公车，每个乡镇按照平均 4 辆计算；一辆车加司机和每年的各种开销，至少需要支出 10 万元），海西区乡镇光是车辆消费就支出 8 亿多元；其实根据我们的调查，乡镇政府的设置很大程度上是为了满足上级政府的需要。海西区 2 173 个乡镇的公款招待费用大部分每年都超过 20 万元，这样海西区的

① 高定一、彭世松（2006），“新农村建设：是农民自主还是政府代农民做主”，《湘声报 · 议政周刊》。

公款接待每年至少需要4亿元，加上乡镇领导（很多乡镇五套班子一应俱全）的公款旅游，以每个乡镇10万元计算，每年需要2亿多元，海西区乡镇的“三公”消费每年都在15亿元以上，再加上工作人员的工资，每年超过100亿元。这些完全可以满足海西区农村的乡镇公共产品供给，如免费的义务教育完全可以延伸到12年，农村老人的基本养老金可以提高到每人100元/月以上等。

因此，建议海西区先行先试，根据党的十八大和2013年党的1号文件，建立一个人民有选举权、监督权、参与权和管理权的乡镇自治组织。

（二）建立海西区现代乡镇治理机制

目前海西区共有2 173个乡镇应建立现代乡镇治理机制。现代乡镇治理机制即党的十八大提出的“在坚持党的领导、人民当家做主、依法治国有机统一，以保证人民当家做主为根本的保证人民依法实行民主选举、民主决策、民主管理、民主监督”的乡镇治理机制。

目前我国实行五级政府行政体制，在我国财权和事权不对称的压力型体制下，我国许多学者对乡镇体制改革提出了三种看法：乡镇自治、乡公所、加强乡镇政府（见表4-1）。

表4-1　三类方案的比较

	乡镇自治	乡公所	加强乡镇政府
乡镇困境的原因	压力型体制和财权事权不对称、机构臃肿、监督成本高	压力型体制、机构臃肿、权责利不对称	压力型体制、权力内卷化、营利型经纪人的产生
未来乡镇职能的界定	以社区服务为主提供公共产品	上传下达，维护社区治安等职能	国家与乡村之间的重要联结点
解决乡镇困境的对策	撤销乡镇政府、实现乡镇自治	改乡镇政府为县政府派出机构	建立法治型、民主型的乡镇政府

我们认为，撤销目前的乡镇体制，建立乡镇自治是最优化的治理机制，因为只有拆庙才能送神。一方面，明确乡镇居民的需要，比如义务教育的教育制度由县级政府负责，乡村治安的秩序保护由派出所负责，市场秩序的维护由工商部门负责，结婚登记和民政救济由民政所负责；另一方面，促进乡镇社会组织的发育，比如建立属于农民自己的组织，来降低乡镇治理的代理成本，促进乡镇农业科技推广和服务。

第三节 海西区现代农村社会制度

一、海西区农村社会制度存在的问题

(一) 城乡收入差距大

以海西区主体的福建省为例:1978 年城镇居民收入 378 元,农村居民收入 138 元,收入差距为 2.12:1;1984 年城镇居民收入 582 元,农村居民收入 345 元,差距缩小到 1.69:1;随后 1990 年城镇居民收入 1 749 元,农村居民收入 764 元,收入差距达 2.29:1;2000 年的城镇居民收入 7 432 元,农村居民收入 3 230 元,差距继续扩大到 2.30:1;2009 年城乡居民收入分别为 19 577 元和 6 680 元,差距扩大到 2.93:1;到 2011 年,城乡居民收入分别为 24 907 元和 8 779 元,收入差距略有缩小,为 2.84:1。一般按照学术界的分析,如果加上城镇的各种公共产品供给和社会福利,海西区城乡收入差距高达 5:1—6:1。

(二) 公共产品供给存在二元结构

城乡的公共产品是指消费具有非排他性、供给具有非竞争性的具有正的溢出效益的产品。按照其性质分为纯粹的公共产品和准公共产品。

1. 社会保障制度的二元性

社会保障按照其性质划分是纯粹的公共产品,包括社会保险制度——医疗、养老(退休)、失业、伤残和生育保险,以及社会福利、社会救济和优抚安置等四个方面。

(1) 养老制度的三元性。2009 年 9 月 1 日,我国开始实行新型农民养老保险(包括基础养老金和个人账户养老金)。海西区主体的福建省在 2010 年 6 月才开始建立新型农民养老制度。但是由于历史和现实的因素,目前养老制度呈现出三元体制,即机关和事业单位的工作人员,退休养老收入人均超过 4 000 元;企业的大约在 2 000 元左右,而农村居民只有最低的基础养老金 55 元(农村养老分为基础养老和个人账户养老)。比如海西区最发达的厦门市,2011 年农村居民基本养老金在岛外农村人均为 220 元,城镇的企业员工人均达 2 013 元,而机关和事业单位人均超过 6 000 元,差距悬殊。

(2) 医疗制度的二元性。2002 年 10 月,《中共中央、国务院关于进一步加强农村卫生工作的决定》要求“逐步建立以大病统筹为主的新型农村合作医疗制度”“到 2010 年,新型农村合作医疗制度要基本覆盖农村居民”。2003 年起,中央财政对中西部地区除市区以外的参加新型合作医疗的农民每年按人均10元提供合作医疗补助,地方财政配套不低于人均10元。2007年9月海西区才开始建立农村新型合作医疗制度。目前,海西区20个地市根据各地地方政府的财政补贴不同,其农村合作医疗的报销额度也不同。而城镇则在20世纪50年代就建立了以单位为主体的医疗制度。

(3)失业保险制度的二元性。目前海西区还没有建立农村居民以及农民工失业保险制度;只有少部分城镇居民才有失业保险补偿。

(4)伤残保险。农村居民如果在农村就业基本没有伤残保险,只有外出去城镇工作根据相关规定才有伤残保险。

(5)生育保险。目前农村居民没有生育保险,只有城镇的机关事业单位员工才享受此保险。在1994年以后根据自愿原则,部分外出女性农民工自己购买才有。到2011年,福建省生育保险收入达7.46亿元,支出才3.69亿元。

2. 社会福利制度的二元性

社会福利制度有广义和狭义之分。广义的社会福利是指国家或政府为提高广大社会成员生活水平而提供的各种政策和社会服务,旨在解决广大社会成员在各个方面的福利待遇问题。狭义的社会福利是指对生活能力较弱的儿童、老人、母子家庭、残疾人、慢性精神病人等提供社会照顾和社会服务。社会福利不仅包括生活、教育、医疗方面的福利待遇,而且包括交通、文娱、体育、欣赏等方面的待遇。社会福利是一种服务政策和服务措施,其目的在于提高广大社会成员的物质和精神生活水平,使之得到更多的享受。同时,社会福利也是一种职责,是在社会保障的基础上保护和延续有机体生命力的一种社会功能。海西区(甚至全国)的社会福利取决于各级政府(包括村)的财政实力和政策,一般按照户籍制度来实行。按照户籍研究专家王太元的测算,城镇户口每个价值所含的社会福利全国平均为87万元。比如说2003年,我国开始构建农民的低保制度,海西区主体的福建省也在2004年开始建立农村低保制度,2012年人均约120元,而城镇居民低保每月人均超过1000元。农村义务教育支出均远低于城镇义务教育财政支出;教师的质量、教育的硬件等农村都远不如城镇。农村残疾人问题、农村养老问题和慢性精神病人几乎都是农民家庭自己解决。

3. 社会救济

所谓社会救济是指国家和其他社会主体对于遭受自然灾害、失去劳动能力或者其他低收入公民给予物质帮助或精神救助,以维持其基本生活需求,保障其最低生活水平的各种措施。它对于调整资源配置、实现社会公平、维护社会稳定有非常重要的作用。在农村主要是指孤寡“五保”老人。目前,海西区农村救济体系还不完善。

4. 优抚安置

在户籍的二元结构下,海西区农村的优抚安置由村委会负责,城镇则由民政局负责;城乡之间的优抚安置在经济上有巨大的差别。

(三) 户籍制度下的自由迁徙权、组织结社权等二元结构

1. 自由迁徙权的缺失

新中国第一部宪法即 1954 年《宪法》就规定了"中华人民共和国公民有居住和迁徙自由",只是后来受到计划经济体制的影响,迁徙自由没有写进之后的几部宪法。为了限制人口自由流动,就出台了延续至今的户籍管理制度。海西区目前正在贯彻党的十八大的战略方针,进行新型城镇化、工业化、信息化和农业现代化的建设,并且海西区几乎没有超大城市,完全应该也必须在以上建立现代农地产权制度的前提下,逐渐建立城乡统一的社会保障制度,实现海西区的公民自由迁徙权。

2. 组织结社权实际缺失

目前我国城镇居民都有自己的工会组织,按照我国《宪法》等的规定,农村居民可以建立自己的农会,实现在小农家庭经营基础上建立属于自己的农会组织。农会十分有利于平衡市场和政府的力量,是农民与政府、农民与市场的桥梁和纽带。

二、建立海西区现代农村社会制度的对策

(一) 建立海西区属于自己的农会组织

实现农业现代化和成功发展现代农业的国家或地区都在农业市场化过程中建立了全国性的农民利益团体,如英国的全国农民联盟,丹麦、荷兰、德国的农业工会,美国的农场主协会,法国的全国农业经营者工会,日本和韩国的全国农协,我国台湾地区的农会等。除了全国性农民利益团体外,地方农民合作经济组织也都兼有非市场交易谈判的性质,他们代表农民的利益向政府反映农民的要求,保护农民的利益,有效防止了农业市场化过程中制度创新的过度扭曲,而且有利于增强国家在推行农业改革中的社会支持,特别是在保护农地、农产品和农业生产资料购销以实现农业外部规模经济、农业技术推广方面起到不可替代的作用。

(1) 我国台湾地区的农会其宗旨为"保障农民权益,提高农民知识技能,促进农业现代化,增加收益,改善农民生活,发展农村经济",其首要功能是"沟通"

上下之间,农会和政府之间,农会和储蓄、信贷部门与政府金融机构之间的作用(郭敏学,1984)。

(2) 农户通过本国(地区)的农会(协),通过共同购销,降低了农户和市场的交易成本,实现了外部规模经济。如在流通领域,韩国农协建立了2 100多个营销设施,包括销售中心、低温贮存室、集散点和货仓等,用以降低营销成本和加强农户在市场中的地位。在消费领域,韩国农协建立了3 100个营销设施,这些营销设施主要建立在农产品被大量消费的城市地区,作为连接农户与消费者的纽带。

(3) 农协(会)的信用、保险服务职能,如我国台湾地区通过农会(协)建立了遍布农村各个角落的农会信用机构的低息信贷体系,并在政府大量财政补贴下,建立了对本地区的主要农产品的保险服务体系,促进了现代农业的发展。

(4) 教育培训、农业技术推广、生产服务职能以及其他社会服务(丁长发,2011)。

(二) 贯彻实现党中央、国务院的"工业反哺农业,城市支持农村"政策,推进城乡一体化建设,到2017年逐步实现城乡一体化的公共产品供给

1. 加强海西区乡村教育

2011年海西区农村人口约6 500万人,共有38 545村,有37万个自然村(组),有大量的留守儿童和跟随父母在海西区城市生活的儿童。由于中国的计划生育政策,海西区超过2 000万户农村居民家庭大都是独生子女家庭,加上中国家庭对教育的重视和对子女未来的期待,因此,农村家庭(包括农民工家庭)都无比重视子女教育问题。建议海西区加大对农村教育的投入,提高省级政府对乡村教育支持的总量的同时,改善其支出的结构。建议在目前海西区部分大学生找工作较难的时机,培训部分大学生和志愿者,夯实农村,尤其是村和组的教育队伍(根据我们的调查,农村教育不一定非得按照城市那样,主要是教好数学和语文,如果能有英语、美术、音乐、体育当然更好。应先解决数学和语文教育)。按照实际情况,尽量不要撤并学校。另外,新进入教育系统的老师,必须在乡村学校支教2年以上,其中,省级政府能否借鉴宁德地区福安市的规定,通过市级统筹每年给予在乡村学校任教的老师一定的物质补贴,增加对农村教育的投入。首先在农村实现13年的义务教育制度,并且实现在海西区农村的营养午餐制。如果能够按照我们所言实现海西区乡镇自治(以全部撤销乡镇机构为前提),海西区约1 000多万儿童的营养午餐大约需要200亿元(按照每人每天10元计算,扣除节假日),13年的义务教育资金供给主体应该是中央政府出50%,省级政府出30%,地市级和县级别政府出20%,全海西区每年也只需要

增加 100 亿元就足够了。我们是社会主义国家,必须也应该增加对教育的支出。

2. 逐步实现农村基本公共产品的城乡一体化

(1) 到 2017 年全面建立海西区农村社会保障制度,主要包括农村居民最低生活保障制度、农村合作医疗制度和农民养老制度。海西区农村除了教育外,最需要的就是医疗保险和养老。海西区农村合作医疗体系正在建设,建议加大海西区各级政府对合作医疗的补贴;而农村养老,建议每年每人提高到 2 400 元,海西区目前绝大部分农村的基本养老金只有每人每月 55 元,建议提高到每人每月 200 元(海西区 60 岁以上农村人口约有 670 万,每年共需 160.8 亿元,除了中央政府支出部分外,只需要筹集 116 亿元左右),其资金来源于海西区在征用农村土地时的提取和政府三公经费的逐年减少。建立农村居民的低保制度,目前海西区按照国务院的规定,按年人均纯收入 2 300 元的标准建立了大约覆盖 100 万农村居民的最低生活保障制度(每人每月约有 120 元)。但是,一方面,按照国际标准 10% 的低保率计算,海西区至少要覆盖 600 多万农村居民;另一方面,按照联合国的绝对贫困标准每人每天 2.5 美元计算,海西区的农村低保标准也极其低下。因此,需要加大覆盖面积,提高低保标准至少到每人每月 240 元。

(2) 进一步完善海西区的农村"五保户"供养、特困户生活救助、灾民补助等社会救助体系。

3. 建立海峡西岸城市群,细化《宪法》赋予公民的权利,先在海西区内实现公民的自由迁徙权和自由结社权

海西区目前正在进行城市化、市场化、工业化和农业现代化,其前提和核心必须是农村居民有完全的农地产权(有财产性收入)和自由迁徙权(能够从农村自由迁徙到城市),这样才能在不断减少农民、提高农民素质的前提下,大力发展和建设海西区城市群,从而到 2017 年实现海西区农业和农村的现代化。

第五章

海西区旅游产业发展实证研究

旅游是人类社会基本的需要之一，随着经济发展和人民生活水平的提高，旅游已经越来越受到人们的青睐。2009 年 5 月，国务院出台《关于支持福建省加快建设海峡西岸经济区的若干意见》，明确表示要将海峡西岸建成我国重要的自然和文化旅游中心。同年 12 月，国务院出台《关于加快发展旅游业的意见》，提出把旅游产业培育成国民经济的战略性支柱产业和人民群众更加满意的现代服务业，并提出海峡两岸共推“海峡旅游品牌”、联手打造世界级旅游目的地的目标，为海西区旅游产业发展提供强大动力，并对海西区旅游产业结构调整和优化升级提出了新的要求。国家旅游局提出建设海峡西岸旅游区的战略构想，并将其列入“十一五”期间重点规划和建设的 12 个旅游区之首，出台支持海峡西岸旅游发展的政策措施，提升海峡西岸旅游区在全国旅游发展格局中的位置（江海旭、李悦铮，2010）。在这种背景下，海西区旅游产业获得了长足的发展，在全国的重要性逐步提升。2011 年，海西区旅游总收入达 3 004. 54 亿元，占全国旅游总收入的 13. 93%，外汇旅游收入占全国外汇旅游收入的比重从 2005 年的 6. 02% 上升到 2011 年的 9. 73%。[①]

海西区各市在历史条件、旅游资源禀赋、地理位置和政策支持等方面的有

① 根据中国城市统计年鉴数据计算所得，旅游总收入为外汇旅游收入和国内旅游收入的总和，本章统一采用平均汇率。

利条件,给海西区旅游产业发展带来一种“聚集经济”,加之海峡西岸经济区的建立和发展,使得其旅游产业空间聚集效应日渐明显。在新经济地理学和增长理论方面,众多理论研究和实证研究都尝试用不同的方法来揭示“聚集经济”的作用和性质。一般而言,产业聚集效应主要源于两个方面,即基于产业专业化(specialization)的 MAR 效应和基于产业多样化(diversity)的 Jacobs 效应。前者是发生于产业内的外部性效应,主要得益于产业专属技能的劳动力市场、非贸易的特定投入品和信息溢出导致生产者函数的改进;后者则是发生于产业间的外部性效应,强调知识互补而非相同产业间的溢出,以及互补性知识在多元化企业间的交换对创新实践的促进(杨勇,2012c)。新经济地理学描绘了在规模收益递增和存在运输成本的情况下,企业可以有选择地在市场潜能较大的地区进行生产和运营,由于存在旅游需求的距离衰减效应,旅游产业发展依赖于特定市场需求规模(杨勇,2012a)。鉴于此,本章在考虑空间距离的情况下,基于2005—2011 年海西区旅游产业数据,采用静态面板数据模型,从市场规模的角度解读海西区旅游产业聚集及地区差距的形成机制,并从旅游经济活动密度角度分析海西区旅游产业聚集效应对旅游业发展的作用。

第一节 文献综述

根据产业聚集理论的分析,旅游产业发展在一定程度上依赖于专业化或多样化的产业聚集环境,但由于旅游产业聚集理论研究基本处于探索阶段,对于旅游产业聚集概念的争议依然比较激烈。由于以往对于产业聚集的研究都是集中于制造业领域,而对非制造业领域如文化产业和服务业等是否存在聚集现象、能否用产业聚集理论进行研究一直存在争议(杨勇,2010)。不过,随着相关研究的深入,大量关于旅游产业聚集现象的研究表明:在旅游产业发达且发展历史较长的地区的确出现了明显的产业聚集现象,运用聚集理论对这种现象进行进一步的分析和研究将有利于旅游目的地可持续发展和旅游经济的持续增长,对区域的旅游经济会起到极大的推动作用(Ellison *et al.*, 1999; Jackson *et al.*, 2006; Porter, 1998)。刘春济等(2008)使用 EG 指数从全国、区域和部门三个层面对我国 1997—2005 年的旅游产业集聚程度进行了测算。结果表明,从全国层面看,我国旅游产业呈现出了明显的集聚表征;从区域层面看,我国的旅游产业集聚程度差异性较大;从部门层面看,国际旅行社的集聚程度最高,而国内旅行社的分布则是分散化的。杨勇(2010)通过空间基尼系数、行业区域聚集系数和区域共同聚集系数等指标对1999—2006年间我国旅游产业聚集现象进行的测算和分析表明，我国旅游产业聚集现象已经成为一种客观存在的现象，并呈现出稳定上升的态势。Hu等(2006)论证了旅游产业聚集的科学含义和系统框架，探讨了中国旅游产业聚集的特征、形成、类型、竞争优势、网络结构和空间布局。

在旅游产业聚集效应形成机制方面，Anselin(1988)认为区域之间的空间依赖性或空间自相关特征是研究空间聚集效应需要考虑的关键内容。Michael(2003)强调了社会网络和旅游产业供应链对旅游聚集效应的重要影响。Crozet *et al.*(2004)认为旅游产业聚集表现为企业经营区位选择过程中聚集力和分散力相互作用的动态平衡，在企业定位或选址倾向于接近市场区域的情况下，市场需求规模成为影响旅游企业区位选择的重要因素。S¢rensen(2007)研究表明，相关企业的选址决策通过企业间空间邻近性提升了旅游产业聚集密度，增强了特定区域内的旅游活动强度，逐渐形成了集群内部独特的网络结构。Hjalager(2010)认为旅游产业聚集是借助“市场关联性”外部合作和竞争机制有效地促进了旅游产品创新，并通过旅游消费者满意度的提升促进了旅游产业的整体发展。国内学者研究方面，景秀艳(2005)认为各类旅游企业在区位选择上具有较大的相似性，都倾向于向客源市场和旅游区(点)集聚，这一点也是旅游产业集聚的内在机理。冯卫红(2009)认为旅游产业特性、外部经济效应和政府规划等因素共同促进了旅游产业的集聚。杨勇(2012a,2012b)则用市场潜能来衡量空间位置和市场规模对旅游企业的影响，并通过引入产业聚集密度和市场潜能等概念，有力地论证了市场潜能和产业聚集密度是推动旅游空间聚集的重要机制。此外，他还构建了旅游产业专业化和多样化的指标，分析了旅游产业专业化和多样化对旅游产业发展的作用及机制(杨勇,2011,2012c)。

综上所述，国内外关于旅游产业聚集的性质、成因及其作用机制等方面的研究较多，对于旅游产业聚集水平测度方法的研究则相对较少，只有少数学者通过构建相应指标，对中国旅游产业的聚集密度进行了量化计算，鲜见区域旅游产业发展上的细致研究。鉴于此，本章采用杨勇(2012a)对旅游产业聚集密度和市场潜能的测算方法，基于2005—2011年海西区的市级面板数据，并结合劳动、资本等要素密度，来分析海西区旅游产业聚集形成机制及其效应。

第二节　海西区旅游产业发展现状

根据克鲁格曼“核心—边缘”理论，交通成本和要素集聚将带来空间经济结构的改变,交通成本将加剧区域空间竞争,影响本地企业的空间布局。由于交通成本降低,企业在本区域某一中心高度集聚,获得规模经济,并且催生一个广大的腹地。高铁时代的到来将推动海西区旅游产业集群经济圈的形成,并触发同城旅游和近程旅游效应(洪永淼,2012),有利于旅游产业聚集效应的形成。张永平等(2011)以4A级景区(点)为例,基于GIS技术,通过地理集中指数、分布椭圆、最近邻指数等方法分析海西区旅游景区的空间结构特征。其结果表明:海西区旅游景区总体上在市际尺度上呈集中分布趋势,在空间上呈聚集分布。但是由于自然地貌特征与历史文化渊源、城市经济发展水平与政府作用的差异,海西区各市旅游产业发展呈现不平衡性。本章将参照 Yang(2012)对旅游产业发展不平衡指数(CV)的测算方法,量化海西区旅游产业发展不平衡的程度,并以旅游收入为基础,测算海西区各市旅游产业发展存在的差异。

一、海西区旅游产业发展的不平衡性

参照 Yang(2012)对旅游产业发展不平衡指数的测算,海西区旅游产业发展的不平衡程度可以用旅游收入的离散系数(CV)来衡量。离散系数是衡量资料中各观测值变异程度的一个统计量,离散系数越小,则表明各观测值之间的变异程度越小。令 X_i 表示海西区 i 市旅游产业收入,则:

$$\mathrm{CV} = s/\bar{X}$$

其中,$\bar{X} = \sum_{i=1}^{n} X_i/n, s = \sqrt{\frac{1}{n-1}\sum_{i=1}^{n}(X_i - \bar{X})^2}$。

表5-1汇总了海西区2005—2011年旅游总收入、国内旅游收入和外汇旅游收入的离散系数。旅游总收入、国内旅游收入和外汇旅游收入的离散系数表明海西区各市旅游产业发展的不平衡性呈现缓慢下降的趋势(见图5-1)。

表5-1 2005—2011年海西区旅游收入的离散系数

年份	旅游总收入	国内旅游收入	外汇旅游收入
2005	0.888275400	0.811944626	1.666223392
2006	0.850458880	0.793440672	1.638918287
2007	0.823926869	0.760408045	1.567795389
2008	0.776253665	0.714731070	1.634308754
2009	0.809568577	0.751591369	1.632933854
2010	0.796842931	0.748109745	1.609145462
2011	0.741572045	0.692320646	1.560983762

资料来源:相关年份《中国城市统计年鉴》。

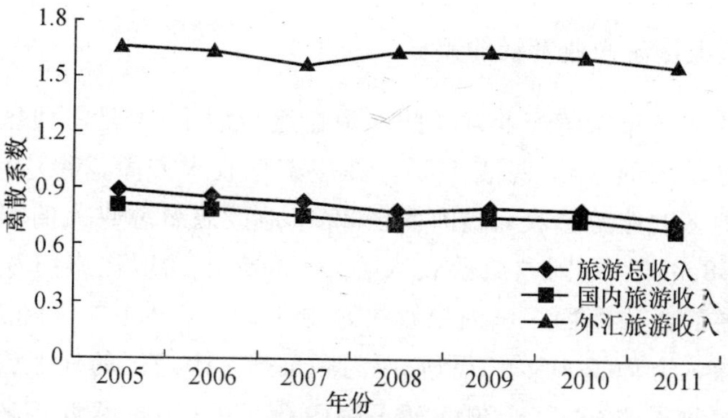

图 5-1　2005—2011 年海西区旅游收入离散系数的趋势变化图

资料来源：根据相关年份《中国城市统计年鉴》整理所得。

图 5-1 显示，海西区旅游总收入、国内旅游收入和外汇旅游收入的离散系数分别从 2005 年的 0.89、0.81 和 1.67，下降到 2011 年的 0.74、0.69 和 1.56，分别下降了 16.85%、14.81%和 6.59%，意味着海西区旅游产业发展的不平衡性在长期具有下降的趋势。

自 2009 年 5 月国务院颁布《关于支持福建省加快建设海峡西岸经济区的若干建议》之后，海西区发展战略从地方发展战略升级为国家发展战略，这为海西区经济社会的发展提供了巨大的契机。海西区拥有丰富的自然资源、悠远的历史文化和独特的地域风格，具有发展旅游产业的天然优势，并且初步形成了具有海西特色的系列旅游产品，加之温福高铁、甬台温高铁、福厦高铁的开通，使得旅游产业成为海西区新的经济增长点。在海西区战略发展的大背景下，海西区各地区的旅游产业得到了迅速发展，2011 年，海西区国内旅游收入达 2 700.1 亿元，占全国国内旅游收入的 13.99%，外汇旅游收入达 47.14 亿美元，占全国外汇旅游收入的 9.73%。近年来，海西区各市旅游产业发展差距呈现逐渐缩小的趋势，如表 5-1 所示，从时间上看，不论是旅游总收入、国内旅游收入还是外汇旅游收入的离散系数都呈现缓慢下降的趋势，这表明海西区各市在旅游方面的不平衡性在逐步缩小，旅游产业空间分散性在逐步优化，海西区旅游产业发展逐渐协调，整体态势不错。从旅游收入来源看，海西区外汇旅游收入的离散系数要显著高于旅游总收入和国内旅游收入的离散系数，表明海西区国内旅游产业的发展要优于入境旅游产业的发展，这主要是受地理位置的影响，境外游客旅游目的地的选择主要集中在一些沿海交通便利的城市，如福州、厦门、泉州等，选择相对集中，导致离散系数较大。

二、海西区旅游产业发展的差异

虽然海西区各市旅游产业发展的差距在逐步缩小，但是海西区各市旅游产业发展仍存在较大的差异（见表5-2）。在旅游总收入方面，2005年，温州、厦门和福州三个地区的旅游总收入占海西区20个地区旅游总收入的40.51%，2011年下降到了38.08%；在国内旅游收入方面，2005年，温州、厦门和福州三个地区的国内旅游收入占海西区国内旅游收入的38.3%，2011年下降到了36.2%；在外汇旅游收入方面，2005年，福州、厦门和泉州三个地区的外汇旅游收入占海西区外汇旅游收入的68.2%，2011年下降为66.28%。虽然近年来海西区旅游总收入、国内旅游收入和外汇旅游收入的来源集中度有所下降，但是整体上还是过于集中，不利于海西区旅游产业的整体发展。可见，无论是整体旅游产业、国内旅游产业还是入境旅游产业的发展，都存在着集聚的现象，主要集中在厦门、福州、泉州、温州等经济较发达的地区，且入境旅游的差异性显著高于整体旅游的差异性。这种差异可以从旅游资源、区位和经济三个方面加以解释：旅游资源方面，温州、厦门、福州和泉州拥有多个国家级风景区和自然保护区，省级、市县级风景区更是不胜枚举，同时，这四个地区拥有丰富的旅游文化资源，如各种文物古迹、摩崖石刻、古民居和古城楼，民俗文化多样，拥有发展旅游产业的先天优势；地理位置方面，这四个地区处于东南沿海，交通便利且基础设施较完善，旅游产业发展潜力十足；经济方面，这四个地区经济发达，旅游需求旺盛且消费能力强，加之是长三角和珠三角两大经济区的过渡地带，能够较为便捷地利用来自两个区域的有利条件。

表5-2　2005年和2011年海西区各市占海西区旅游收入的百分比

城市	旅游总收入占比（%）		国内旅游收入占比（%）		外汇旅游收入占比（%）	
	2011年	2005年	2011年	2005年	2011年	2005年
温州	13.04	11.37	13.90	12.27	5.43	5.16
衢州	4.03	2.54	4.34	2.81	1.27	0.75
丽水	5.13	2.49	4.90	2.17	7.13	4.65
鹰潭	1.96	1.43	2.15	1.60	0.26	0.31
赣州	4.50	3.53	4.93	3.91	0.76	0.95
抚州	1.97	1.21	2.15	1.35	0.41	0.21
上饶	4.63	2.88	5.04	3.25	1.06	0.32
潮州	2.11	2.03	1.87	1.97	4.19	2.47
揭阳	2.16	1.32	2.34	1.48	0.57	0.28
汕头	3.47	4.27	3.74	4.49	1.08	2.79

（续表）

城市	旅游总收入占比（%）		国内旅游收入占比（%）		外汇旅游收入占比（%）	
	2011 年	2005 年	2011 年	2005 年	2011 年	2005 年
梅州	3.87	1.82	4.22	1.95	0.73	0.92
福州	10.53	12.06	9.26	11.56	21.82	15.47
厦门	14.51	16.62	13.04	14.47	27.56	31.33
莆田	4.01	2.20	4.09	2.31	3.32	1.47
三明	2.31	4.11	2.49	4.67	0.72	0.31
泉州	7.72	11.83	6.68	10.43	16.90	21.40
漳州	2.65	4.21	2.50	3.67	3.98	7.94
南平	6.36	7.76	6.83	8.44	2.22	3.08
龙岩	2.94	3.11	3.22	3.54	0.47	0.16
宁德	2.10	3.20	2.32	3.67	0.10	0.04
前三占比（%）	38.08	40.51	36.20	38.30	66.28	68.20

资料来源：根据相关年份《中国城市年鉴》数据整理所得。

第三节　理论模型和实证结果分析

一、模型设定

一般而言，一个地区旅游收入的大小一方面取决于它的投入数量，另一方面取决于它的市场需求规模。因此，一个地区市场规模越大，产业聚集密度越高，旅游相关企业就会越向该地区集聚，进而会使该地区的旅游产业发展水平越高。鉴于此，本章将地区 i 的旅游收入表示为旅游产业聚集密度、资本投入和劳动投入的函数。并且，根据 Cobb-Douglas 生产函数，本章设立如下计量模型：

$$\text{rev}_{it} = AK_{it}^{\alpha}L_{it}^{\beta} \tag{1}$$

其中，rev_{it}代表海西 i 市 t 年的旅游总收入，K、L 以及 α、β 分别是旅游资本和人力资源投入及其份额，A 代表了效率参数。假设 i 市旅游产业 t 期的效率参数水平依赖于该区域旅游产业聚集所形成的各种效应，即 A 由旅游产业聚集密度（Den）和市场潜能（mp）因素决定。本章进一步引入就业密度、资本密度等要素密度变量作为旅游劳动投入和资本投入的替代变量。据此，模型（1）可以写成如下形式：

$$\text{lnrev}_{it} = \alpha + \beta\text{lnden}_{it} + \gamma\text{lnmp}_{it} + \theta\text{lnl\_den}_{it} + \lambda\text{lnk\_den}_{it} + u_{it} \tag{2}$$

其中，i 表示省份，t 表示年份，rev 是被解释变量，即旅游收入；den 和 mp 是本章主要关注的解释变量，表示旅游产业聚集密度和市场潜能；l_den、k_den 分别表示就业密度、资本密度，借此分析生产要素密度对旅游企业收入的影响。u_{it}是复合误差项，α、β、γ、θ 和 λ 分别代表各个解释变量的系数。

二、变量解释

本章以 Cobb-Douglas 生产函数为基础，建立回归模型（2），并对模型中的产业聚集密度、市场潜能和要素密度加以解释。

（一）产业聚集密度

旅游产业聚集密度衡量了特定区域空间内的旅游活动强度，包括企业在选址过程中关于距离效应、网络机制、知识和信息的共享程度以及组织制度支撑等因素的考虑。谭劲松等（2007）认为，集群所表现出来的外部效应是建立在内部各组织间、组织与环境间一定关联基础之上的，聚集经济由此可以表现为集群内部独特的网络结构，以及以社会联系为基础的各种组织所形成的机构稠密性及其活动的“密度”。考虑到在我国各地区进行旅游社会网络、知识溢出、聚集创新实地调查的可行性较低，本章采用海西区各市旅游产业聚集密度作为衡量各地区旅游产业聚集创新效应的替代变量。

根据 Henderson 等（1995）的方法，地区某产业专业化被定义为“产业在某个地区的就业量在该地区就业总量中所占的份额与该产业的就业总量在全国就业总量中所占的份额之比”，从空间分布而言，该指标反映了非均质状态下某产业相对于全国水平而言在某地区的相对分布密度。鉴于旅游产业边界的模糊性，旅游相关产业不能得到清晰的界定，因此，本章用海西区各市的旅游收入占海西区旅游总收入的比重来衡量海西区旅游产业的相对专业化程度，并且考虑到各市区域空间大小的差异，用国土面积进行平衡，即：

$$\text{den}_{it} = \frac{\text{rev}_{it} \Big/ \sum \text{rev}_{it}}{\text{area}_i}$$

其中，rev_{it}代表海西区 i 市 t 年旅游总收入。area_i 代表 i 地区的国土面积。该指标衡量了旅游产业经济规模的扩张及聚集密度，度量了海西区 i 市 t 年的旅游产业的相对规模和产业活动密集程度及相对聚集程度。若这个变量的作用为正，则表明旅游产业聚集密度能够提高旅游产业总体发展水平。

（二）市场潜能

随着购物、娱乐、休闲等新型旅游资源不断出现，旅游产业传统资源禀赋式的发展思路正逐渐转向市场驱动型，尤其是在包价旅游状态下，旅游企业选址有着明显的"松脚"(footloose)特性，并倾向于集中在接近市场的区域，市场潜能则构成了影响旅游企业区位选择的重要因素(杨勇，2012b)。本章采用杨勇(2012a，2012b)对市场潜能的测算方法，即 i 地区 t 年的市场潜能 mp_{it} 可表示为：

$$mp_{it} = \sum w_{ij} y_{jt}$$

其中，y_{jt} 代表 t 年 j 地区的居民消费水平；w_{ij} 为距离加权变量，它可以通过 $w_{ij} = 1/D_{ij}$ 计算得出，D_{ij} 代表空间单位 i 和空间单元 j 之间的地理距离。鉴于本章衡量的是海西区各市的旅游需求与产业发展的相关性，且省会城市一般是该省的旅游交通中心，是旅游者重要的目的地和中转站，因此本章采用海西各区市与31个省会城市的距离来测算 D_{ij}。根据 Redding 和 Venables(2004)，各地区内部距离取地理半径的2/3，即 $D_{ii} = \frac{2}{3}\sqrt{area_i/\pi}$，其中 $area_i$ 为 i 地区土地面积。本章采用两地的高速公路里程数来衡量两地的地理距离，由于西藏地区没有高速公路，因此采用国道里程数。

（三）要素密度

内生增长理论认为，资本积累的副产品之一就是劳动生产率的提高，而在人力资本移出之外，Duranton 和 Puga(2004)确认了劳动池效应所导致的聚集效应。因此，旅游产业经济规模的扩张和产业密度提升所引致的基于企业水平上的内生规模经济效应会通过资本密度、劳动力密度等途径进一步影响旅游企业的发展(杨勇，2012a)。

鉴于此，本章用劳动密度、资本密度来衡量旅游产业密集经济活动所带来的技术、知识、市场外部性对旅游企业收入水平的影响。在这里，本章借鉴 Ciccone 和 Hall(1996)与范剑勇(2006)的做法，以每平方公里的旅游从业人员、资本投入数量来衡量其劳动和资本密度(l_den 和 k_den)。

三、数据来源

本章使用的各数据来源于各省市的《统计年鉴》《国民经济和社会发展统计公报》和《中国城市统计年鉴》，最终数据集包含海西区18个市(鉴于数据的可获得性，本章实证结果不包括揭阳、潮州)在2005—2011年间的面板数据资料，主要包括各市旅游产业总收入、固定资产投入量、从业人员数以及计算得出的旅游产业聚集密度和市场潜能等数据。由于无法直接获得海西区各市旅游产业的固定资产数据和从业人员数据，本章将根据海西区各市的旅游收入在其第三产业产值中的占比，并根据各市的第三产业固定资产数据和从业人员数据来估计其旅游产业的固定资产数据和从业人员数据。高速（国道）公路里程数据来自 Google 地图。本章统一使用消费者价格指数（CPI）对各数据进行平衡。

四、实证结果

运用以上研究方法，本章以 2005—2011 年海西区旅游收入、固定资产投入和从业人员数为样本，分析聚集密度、市场潜能对海西区旅游产业的作用机制。考虑到本章使用的是分地区不同时间序列二维旅游数据，因此本章将使用 Panel Data 方法对模型（2）进行估计，以增加变量自由度，减少解释变量之间的共线性，有效地控制样本异质性。

（一）计量结果

在面板数据模型的设定形式选择上，对模型（2）进行回归分析，得到三种结果（见表 5-3），在混合回归模型与固定效应模型的选择上，由于 F 检验的 p 值为 0.0000，故强烈拒绝“H_0: all ui = 0”的原假设，即认为 FE 明显优于混合回归，应该允许每个个体拥有自己的截距项。在固定效应模型与随机效应模型的选择上，利用豪斯曼检验方法进行判断，由于 p 值为 0.0000，故强烈拒绝原假设“H_0: u_i 与 x_{it}、z_i 不相关”，认为应该使用固定效应模型。

为了更好地分析各变量对因变量的影响，本章把模型（2）分解为五个模型（模型 I—V），计量结果见表 5-4。

表 5-3 三种回归结果的选择

因变量 lnrev	混合回归	固定效应	随机效应	豪斯曼检验
截距	5.080744 (2.081435)	0.1053868 (0.1311014)	0.0406295 (0.2134443)	—
lnden	0.475244 (0.2866708)	0.7254152 (0.0283265)	0.7101419 (0.0299936)	—
lnmp	-0.0413644 (0.5318073)	1.109088 (0.0286751)	1.110616 (0.0286535)	
lnk-den	0.517702 (0.2055761)	0.0322855 (0.0118666)	0.0311105 (0.0114172)	—
lnl-den	-0.7044953 (0.3050361)	0.2360194 (0.0230375)	0.2445919 (0.0228698)	—

（续表）

因变量 lnrev	混合回归	固定效应	随机效应	豪斯曼检验
R^2	0.6077	0.9964	0.9964	—
$F(p^-)$	0.0000	0.0000	—	—
Prob > chi2	—	—	0.0000	0.0000
观测值	126	126	126	126
组	18	18	18	18

注:括号内的是稳健标准差。

表 5-4　面板数据估计结果

因变量 lnrev	模型Ⅰ	模型Ⅱ	模型Ⅲ	模型Ⅳ	模型Ⅴ
截距	8.202599***	−3.392239***	2.19393***	2.68633***	0.1053868***
lnden	1.221357***				0.7254152***
lnmp		1.396245***			1.109088***
lnk-den			0.5752605***		0.0322855***
lnl-den				1.201088***	0.2360194***
R^2	0.4641	0.6917	0.7856	0.6472	0.9964
$F(p^-)$	0.0000	0.0000	0.0000	0.0000	0.0000
观测值	126	126	126	126	126
组	18	18	18	18	18
备注	FE	FE	FE	FE	DK

注：***、** 和 * 分别表示 1%、5% 和 10% 的显著水平。

对表 5-4 模型Ⅴ进行检验,发现存在组间相关、自相关和异方差,因此采用 DK 进行克服,结果得到与 FE 模型的一致估计,且在统计学上具有显著性。

（二）实证结果分析

1. 产业聚集密度和市场潜能

从表 5-4 可以看出,旅游产业聚集密度(lnden)和市场潜能(lnmp)的系数都为正,且均具有统计意义上的显著性,这与理论预期相同,说明产业聚集密度、市场潜能对海西区各市的旅游收入有显著的促进作用。

一方面,关于旅游产业聚集密度的检验结果表明,在 1% 的显著性水平下,旅游产业聚集密度对旅游产业的发展有显著的正影响,在控制要素密度等条件的情况下(以模型Ⅴ为例),旅游产业聚集密度每增加 1%,将导致旅游收入水平增加 0.73%,显示出海西区各市旅游收入水平的提高对旅游产业聚集密度的依赖,表明旅游产业聚集密度促进了旅游产业的发展(杨勇,2012c)。具体说来,旅游产业聚集密度通过如下路径影响旅游产业的发展。首先,在旅游消费者的时间成本、不同旅游产品的运输成本等交易成本随距离递增的情况下,旅游产业聚集密度的增加会提升旅游产业生产率以及消费者旅游满意度,进而促进旅游产业的发展。其次,在旅游企业空间邻近可以促进旅游产业经济发展、社会外部性增强的情况下,旅游产业聚集密度的提升有助于特定地区旅游社会网络的形成,进而获得来自政府层面的有效支持,形成有利于旅游企业发展共享的行为规范和政策环境。最后,在旅游产业链上核心企业间没有投入产出关系,不同旅游企业会为旅游者提供完整的旅游产品而进行紧密合作,这在强化不同旅游企业间知识溢出和共享的情况下可以通过旅游产业产品、管理和组织的创新有效地满足消费者旅游多元化的需求,同时通过"口碑效应"有效地扩大特定区域旅游产业的市场影响力,提升特定区域旅游产业的整体发展水平(杨勇,2012a)。

另一方面,在控制了其他变量的影响后,市场潜能对旅游产业有显著的正向影响,如表5-4所示(以模型V为例),一个地区的旅游市场潜能每提高1%,其旅游收入将会提高1.11%。这表明依赖市场需求的旅游产业,其发展不仅依赖于本地市场的需求,还极大地依赖于其他地区的旅游消费需求。这与理论模型的预测是一致的,一个地区旅游产业的市场潜能越大,旅游企业就越倾向于向该地聚集,从而带来较大的旅游产业聚集密度和旅游产业的发展。

2. 要素密度

为了分析要素密度的作用,本章依次将资本(k_den)、劳动力(l_den)等生产要素密度加入到回归模型中,表5-4的计量结果显示,资本和劳动力生产要素密度的系数均为正值,且具有统计意义上的显著性。在控制产业聚集密度和劳动力密度的情况下(以模型V为例),资本密度每增加1%,将导致旅游收入水平增加0.03%;在控制产业聚集密度和资本密度的情况下,劳动力密度每增加1%,将导致旅游收入水平增加0.24%,这支持了资本、劳动力等生产要素对旅游收入水平提高的促进作用。传统的产业聚集理论认为旅游集群的实质是通过建立有效的旅游投入、供应、产出价值链来为游客提供服务,从而实现产业链的有效运转。而杨勇(2012a)认为,旅游产业主要通过要素投入的聚集作用于地区旅游企业收入的增加。同时,他在《聚集密度、多样化与旅游产业发展:基于省际动态面板数据的实证研究》一文中提出,地理位置邻近的旅游产业之间会形成共享的熟练劳动力市场,尤其是一个健康发展的旅游产业聚集区会由于其所具有的内在发展机会和企业家等人力资源而吸引更多关键的旅游企业向特定区域集中,并由此形成自我强化式的聚集发展机制。并且地理位置邻近给旅游从业人员提供了便利的交流机会,通过"人力资本增进型知识"的传播与扩散激发了新思想、新方法的应用,进而促进旅游产业的发展。

第四节 结论与政策建议

本章在统计数据的支持下,通过面板数据模型,测算了海西区旅游产业的聚集密度、市场潜能和要素密度对旅游收入的影响,得到以下重要结论与启示:

产业聚集密度和市场潜能对海西区各市的旅游收入有显著的促进作用。进一步说,就是旅游产业聚集密度的增加有利于特定地区旅游社会网络、共享行为规范的形成,强化了不同旅游产业间的知识溢出和共享,促进了旅游产品的管理和组织创新,并通过聚集产业的合作竞争有效地满足了旅游消费者的多样化需求,使旅游产业获得了可持续的发展能力(杨勇,2012c)。而市场潜能的提高,则有利于旅游企业的聚集,进而产生较高的旅游产业聚集密度和旅游收入。

劳动力、资本等要素密度对旅游产业空间聚集有明显的促进作用。旅游产业作为劳动密集型产业,人的因素在旅游管理知识、旅游技术、信息的传递中发挥着关键的载体性作用,较强的旅游产业劳动力流动有效地提升了地区旅游产业的整体生产效率,并进一步促进了旅游产业的空间聚集(杨勇,2012b)。同时也论证了要素和技术在一个地区的集聚可以通过技术外溢来促进该地区整体劳动生产率的提高(Ciccone and Hall,1996;Combes,2000)。

从政策意义上讲,旅游产业聚集已成为旅游产业发展新的维度,并逐渐成为旅游产业竞争力的重要来源和集中体现(杨勇,2010),因此,海西区政府应正确认识和高度重视旅游产业聚集发展问题,提升旅游产业聚集密度,提高旅游产业集群的竞争优势;同时,地区和本地市场是海西区旅游产业发展的重要源泉和重要动力,海西区政府应着手强化海西区与各地区旅游市场的开发与合作,并不断促进海西区各地区市场潜能的提高。

第六章

海西区贸易与投资

第一节　加快转变海西区外贸增长方式

一、引言

外贸增长方式，是指外贸增长的形式及其途径，指外贸增长所依赖的增长源泉及其构成，即推动外贸增长的各种生产要素的投入及其组合方式。其实质是依靠什么要素，借助什么手段，通过什么途径，怎样实现外贸增长。一般来说，外贸增长方式通常有两种类型：一是采取高投入、数量型、粗放的增长方式；二是采取低投入、质量型、集约的增长方式。从以上含义出发，转变外贸增长方式是指从传统的单纯依靠低附加值产品数量扩张和价格优势的出口增长方式向依赖技术与品牌、提高质量和效益、优化结构的出口增长方式转变，其内涵就是要将对外贸易从粗放型增长转变为集约型增长。

"九五"时期，我国开始重视转变外贸增长方式。1995 年 9 月，十四届五中全会提出，要实现"九五"规划和 2010 年奋斗目标，关键是实现经济体制和经济增长方式的转变，全面贯彻落实科学发展观，必须加快转变经济增长方式。2005 年 10 月召开的十六届五中全会通过的《中共中央关于制定国民经济和社会发展第十一个五年规划的建议》明确提出“实现互利共赢的开放战略”,提高对外开放水平,需要加快转变外贸增长方式。2007年,党的十七大报告明确提出:“加快转变外贸增长方式,立足以质取胜,调整进出口结构,促进加工贸易转型升级,大力发展服务贸易。”2011年3月,“十二五”规划正式出台,“十二五”规划纲要进一步明确为按照发挥比较优势、弥补资源不足、扩大发展空间、提高附加价值的要求,积极发展对外贸易,促进增长方式由数量增加为主向质量提高为主转变。

国际金融危机影响深远,世界经济变得更加复杂。发达国家大力推动制造业回归,发展中国家劳动密集型产业竞争力不断增强,国际竞争日益激烈。贸易保护主义明显抬头,国际贸易环境更加复杂。要适应国际经贸格局调整,更好地服务我国经济建设,海西区的外贸增长方式应该根据国内外的环境和自身的实际情况积极主动地进行逐步转变。

二、海西区对外贸易发展现状

自改革开放以来,中国不断扩大对外开放领域,提高对外开放水平,促进各省市对外贸易的快速增长。海西区各城市也在经济全球化背景下积极参与全球合作,抓住国际产业转移的历史机遇,不断拓展自身的外贸发展,具体表现如下:

(一)海西区各城市贸易额大幅增长,但发展水平不平衡

海西区20市整体的进出口总额从2007年的1 031.64亿美元增加到2011年的1 993.77亿美元,年均增长率约为17.91%,增幅强劲。

如表6-1所示,各城市贸易额大幅增长的同时也发现各城市外贸发展水平不平衡,经济发达地区和经济落后地区差距明显。福建地区的厦门、福州、泉州和漳州,浙南地区的温州,粤东地区的汕头,这几个城市的外贸发展处于领先地位,外贸规模远远大于海西区其他城市。但与此同时我们也可以看到,20个城市中经济相对落后的城市进出口总额增速十分强劲,普遍达到20%以上的年均增速,龙岩和上饶2007—2011年进出口总额年均增速更是分别高达72.53%和72.61%。

表 6-1 2007—2011 年海西区各城市进出口总额及年均增长率 单位:亿美元

城市＼年份	2007	2008	2009	2010	2011	年均增速(%)
总计	1 031.64	1 174.97	1 122.85	1 531.08	1 993.77	17.91
福州市	186.41	203.21	178.49	245.86	346.45	16.76
厦门市	397.78	453.77	433.07	570.31	701.58	15.24
莆田市	21.49	23.21	23.47	34.22	46.47	21.26
三明市	8.71	7.95	8.81	12.80	17.75	19.48
泉州市	68.51	85.03	81.79	112.56	170.64	25.63
漳州市	46.48	53.19	47.99	73.99	97.13	20.23
南平市	6.26	7.62	8.28	10.83	14.73	23.85
龙岩市	2.71	5.39	6.81	15.13	24.01	72.53
宁德市	6.17	8.84	7.78	12.11	16.47	27.82
温州市	122.48	139.92	132.79	170.94	215.72	15.20
丽水市	8.43	12.68	11.11	15.33	21.25	26.00
衢州市	10.61	13.25	11.84	18.89	26.87	26.15
汕头市	61.12	62.98	60.28	73.64	87.88	9.50
梅州市	5.28	7.62	7.89	11.73	13.65	26.80
潮州市	21.73	22.31	27.88	38.23	41.81	17.78
揭阳市	20.87	24.62	29.82	36.27	42.24	19.28
上饶市	2.99	5.62	6.44	16.67	26.54	72.61
鹰潭市	21.89	21.94	21.43	39.68	43.77	18.91
抚州市	2.57	3.04	4.77	5.59	9.59	38.99
赣州市	9.16	12.79	12.12	16.30	29.23	33.65

资料来源:根据 2012 年《福建统计年鉴》数据整理。

从贸易规模来看,海西区各城市贸易规模增加明显,以海西区主体福建省为例,贸易规模差不多每五年翻一番(见图 6-1),海西区对外贸易具有很大的发展潜力。

(二) 服务贸易规模有所增大,但发展水平仍远滞后于货物贸易

当前国际产业转移的重心开始由制造业转向服务业,我国各省市都积极倡导在扩大货物贸易的同时,积极发展服务贸易,扩大服务贸易出口。海西区各城市服务贸易规模有所增大,但仍远低于货物贸易规模。

我们以海西区主体福建省为例,关于福建省服务贸易占全国比重及贸易差额的具体数据可参见表 6-2。服务贸易进出口总额有逐年增加的趋势,但规模

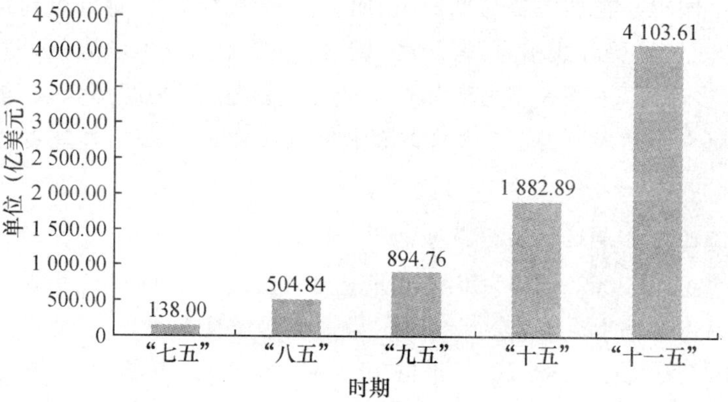

图 6-1　“七五”至“十一五”期间福建对外贸易增长情况

资料来源：根据 2012 年《福建统计年鉴》数据整理。

还是偏小。同时经过计算，2011 年福建省服务进出口与货物和服务进出口总额之比为 7.47%，低于同期全国水平（10.3%），更低于 18% 的世界平均水平，服务贸易发展水平滞后于货物贸易。2011 年，上海市、北京市、广东省服务贸易额高居全国前三位，分别达到 1 292.7 亿美元、895.4 亿美元和 619.9 亿美元，它们的全国占比分别为 30.71%、21.27% 和 14.73%。而同期福建省仅以 115.9 亿美元的规模位居第九，全国占比只有 2.75%，可见福建省与居于全国前三位的上海市、北京市和广东省服务贸易额差距明显，服务贸易发展水平有待提高。

表 6-2　2007—2011 年福建省服务贸易进出口情况表　　单位：亿美元

年份	进出口额	占全国比重（%）	出口额	占全国比重（%）	进口额	占全国比重（%）	贸易差额
2006	52.59	2.74	19.88	2.17	32.71	3.26	-12.83
2007	84.80	3.38	44.85	3.69	39.95	3.09	4.90
2008	90.85	2.98	45.84	3.13	45.01	2.85	0.83
2009	93.55	3.30	40.04	2.20	53.52	6.10	-13.48
2010	103.13	2.85	51.62	3.03	51.51	2.68	0.11
2011	115.90	2.75	66.10	3.62	49.80	2.09	16.30

资料来源：根据国家商务部网站、国家外汇管理局数据整理。

三、海西区对外贸易增长方式存在的问题

通过对海西区各城市外贸发展的分析，我们发现当前海西区外贸在增长方式上仍存在着一些问题。海西区外贸整体表现出商品附加值较低，高新技术发

展不足,大多城市存在加工贸易规模小、加工贸易层次较低、对外贸易市场过于集中等问题。从发展方式来看,海西区以数量扩张和低成本取胜的外贸发展方式面临着诸多问题,主要表现为产品处于产业链低端、贸易摩擦频发、能源消耗过多、环境压力不断加剧,这些问题实质上反映了海西区必须转变经济增长方式的内在要求。

（一）海西区各地区贸易方式差别大,自主品牌少

表 6-3 显示了 2002—2011 年福建省进出口贸易方式的变化情况。出口方面,一般贸易占比呈上升趋势,而加工贸易占比呈下降趋势。一般贸易从 2002 年的 81.56 亿美元上升到 2011 年的 632.44 亿美元,占贸易总额的比重由 46.95%提高到 68.12%。2005 年一般贸易占比开始赶超加工贸易占比,随后其比重远高于加工贸易。进口方面,一般贸易和加工贸易占比呈现出与出口方面同样的趋势,一般贸易上升趋势明显,2007 年占比开始赶超加工贸易,之后一直占据进口贸易的过半江山,比重由 2002 年的 33.63%提高到 2011 年的 59.55%。同时我们也发现,2009 年受国际金融危机的影响,加工贸易发展受挫,出现负增长。而一般贸易无论是出口还是进口都持续保持强劲的增长势头,在贸易进出口总额中所占比重上升明显,已经远远超过了加工贸易。

表 6-3 2002—2011 年福建省进出口贸易方式基本情况 单位:亿美元

年份	出口		占比(%)		进口		占比(%)	
	一般贸易	加工贸易	一般贸易	加工贸易	一般贸易	加工贸易	一般贸易	加工贸易
2002	81.56	83.46	46.95	48.05	37.09	48.77	33.63	44.22
2003	96.20	106.40	45.52	50.35	55.10	57.83	38.82	40.74
2004	135.52	145.67	46.10	49.56	71.71	74.69	39.55	41.19
2005	167.43	162.06	48.05	46.51	75.55	84.83	38.61	43.35
2006	214.64	177.44	52.02	43.00	82.83	92.46	38.71	43.21
2007	274.31	199.08	54.93	39.86	105.22	99.20	42.93	40.47
2008	316.84	225.22	55.59	39.52	120.54	111.73	43.31	40.15
2009	322.69	186.74	60.52	35.02	135.67	96.91	51.53	36.81
2010	438.40	235.98	61.32	33.01	192.44	143.99	51.61	38.62
2011	632.44	251.96	68.12	27.14	301.81	155.60	59.55	30.70

资料来源:根据各年《福建统计年鉴》数据整理。

从加工贸易来看,目前福建省加工贸易的特点是技术含量低、劳动密集度高、增值率以及附加值低,在国际产业链中,主要是承接低端零部件的配套生产和最终产品的组装。近年来,由于国内配套能力不断增强,福建省不少加工企业已转为做一般贸易出口或内销,由此带动了纺织、服装、鞋类的一般贸易出口和国内贸易快速发展。不过总体而言,本土企业出口产品主要是粗加工、低附

加值的劳动或资源密集型产品，未能形成自主品牌，出口品牌则主要集中于食品、纺织服装、轻工工艺等商品，机电类尤其是高新技术类商品品牌少，企业利润微薄，经济效益不高，绝大部分利润被外商和跨国公司攫取，在国际竞争中处于被动地位。

浙南3个城市，以温州为例，其外贸发展有自己的特点，如表6-4所示，出口方面，加工贸易比重略有上升趋势，从2006年的5.19%上升至2011年的7.3%，可见比重仍很小，远远落后于一般贸易的发展。2011年一般贸易出口额为168.36亿美元，增长24.32%，占比92.68%；加工贸易出口额为13.26亿美元，增长32.87%。进口方面，一般贸易进口额为28.23亿美元，增长28.96%，占比82.88%；加工贸易进口额为4.84亿美元，增长55.13%，占比14.21%。

表6-4　2006—2011年温州出口贸易方式情况

年份	贸易额(亿美元)				占比(%)	
	进出口	总出口	一般贸易	加工贸易	一般贸易	加工贸易
2006	98.94	80.81	76.62	4.19	94.81	5.19
2007	122.48	101.48	96.67	4.79	95.26	4.72
2008	139.92	119.04	112.31	6.69	94.35	5.62
2009	132.75	109.36	101.97	7.28	93.24	6.66
2010	170.94	145.43	135.42	9.98	93.12	6.86
2011	215.72	181.65	168.36	13.26	92.68	7.30

资料来源：根据各年《温州统计年鉴》数据整理。

粤东4个城市，出口方面都呈现出一般贸易远远领先于加工贸易的现状，具体数据参见表6-5。

表6-5　粤东4个城市2007—2011年出口贸易方式情况　　单位：亿美元

城市	贸易方式	2007	2008	2009	2010	2011
汕头	一般贸易	39.12	43.23	40.16	35.72	43.80
	加工贸易	25.68	28.00	28.47	13.47	15.56
梅州	一般贸易	3.37	4.46	5.27	6.94	7.87
	加工贸易	0.99	1.33	1.44	2.61	3.07
潮州	一般贸易	15.05	15.87	16.91	21.70	25.05
	加工贸易	2.41	1.79	1.26	1.28	1.60
揭阳	一般贸易	15.06	18.06	22.87	27.94	NULL
	加工贸易	2.63	2.92	2.38	2.87	NULL

资料来源：根据汕头和揭阳各年《国民经济和社会发展统计公报》、梅州各年《统计年鉴》、潮州2012年《统计年鉴》整理。

赣东南 4 个城市,以鹰潭市和赣州市为例,鹰潭市出口和进口一般贸易比重都远远超过加工贸易,2011 年一般贸易出口 5. 19 亿美元,占比 85. 07% ,而加工贸易仅为 0. 0008 亿美元,与 2010 年加工贸易出口 0. 42 亿美元相比下降明显。进口方面,一般贸易进口 3. 57 亿美元,同比增长 7. 49% ,占比 94. 7% ,而加工贸易仅为 0. 0018 亿美元,较 2010 年的 1. 01 亿美元下降明显。赣州市出口方面一般贸易比重高于加工贸易,进口方面加工贸易比重高于一般贸易。2011 年一般贸易出口 17. 7 亿美元,同比增长 146. 83% ,增幅非常明显,占比 70. 16% ;加工贸易出口 7. 39 亿美元,增长 25. 87% ,占比 29. 29% 。一般贸易进口 1. 2 亿美元,增长 62. 18% ,占比 29. 87% ;加工贸易进口 2. 79 亿美元,增长 14. 48% ,占比 69. 74% 。

而从海西区整体的自主品牌方面来看,改革开放前,海西区各省市消费者和企业的品牌意识都相当淡薄,没有开展专门系统的品牌建设工作。改革开放以来,特别是我国加入 WTO 以来,经济全球化的趋势促使海西区的企业家们认识到参与国际竞争的必要性和紧迫性,积极主动地融入到世界品牌竞争的潮流中,自主品牌建设取得了一定突破,比如金龙汽车、服装品牌、铁观音茶叶等。但从总体上看,绝大部分自主品牌知名度低,市场影响范围小,产品销售仍以省内、国内为主,缺乏有影响力的国际品牌。

(二) 贸易摩擦多、损失大

海西区整体还是以出口低附加值的劳动密集型商品为主,由于价格低廉、质量水平较低,非常容易遭受国外以保护本国贸易平衡、居民健康、安全以及环境等为借口的各种贸易壁垒,特别是技术壁垒,国外往往对产品研发、生产、检验检测、产品认证、销售、使用等各个环节都做出了严格的规定。

以福建省为例,加入 WTO 以来,福建省接连受到以欧盟、美国为首的十多个发达国家和地区对涉及出口汽车挡风玻璃、化纤布、虾类产品、纸制品、陶瓷、家具、家电、纺织品、鞋类等商品的一系列反倾销调查和指控,并相对集中在纺织、轻工、五金、机电、食品等几大支柱产业,尤其以纺织服装、鞋类等产品更为突出。一些具体例子如下:

福建省出口贸易在 2004 年对日本出口茶叶完全受到封锁;电子产品遭遇欧盟的绿色关税障碍;出口日本的木制品、服装、玩具、拖鞋、铁制品等大宗商品无法顺利过关。2006 年欧洲议会通过了一项 PFOS(全氟辛烷磺酰基化合物)2006/122/EC 禁令。禁令规定,在欧盟市场上全氟辛烷磺酰基化合物不得超过 0. 005% ,该禁令的过渡期为 18 个月,这显然是一项技术壁垒,会对纺织成品和服装出口产生重要影响。2011 年 6 月,欧盟发出消费警示,指出国内熟料玻璃玩具和儿童T恤存在一些安全隐患,不符合欧盟产品的相关标准,这当中不乏福建省生产的产品。

近年来,世界范围内的贸易摩擦问题有不断增加的趋势,外贸形势越来越严峻。从福建省遭遇的贸易摩擦可以窥见各种常见的贸易摩擦方式包括技术壁垒、绿色壁垒、关税壁垒以及来自许多不同国家和地区特别是欧美的反倾销手段,海西区各市外贸出口面临严峻考验。

（三）出口商品的技术含量不高

国际贸易标准分类(SITC)将外贸商品分为0—9类,主要是根据要素密集度差异将其划分归类。表6-6列出了福建省初级产品和工业制品的进出口情况,表6-7对其工业制品的内部产品进行了进一步分析。

表6-6　2008—2011年福建省出口商品结构和进口商品结构

类别＼年份	出口(%)				进口(%)			
	2008	2009	2010	2011	2008	2009	2010	2011
合计(亿美元)	**56.99**	**53.32**	**71.49**	**92.84**	**27.83**	**26.33**	**37.29**	**50.68**
初级产品	**5.68**	**6.76**	**7.41**	**8.12**	**23.33**	**25.57**	**27.47**	**36.61**
(SITC0)食品及活动物	5.06	6.13	6.73	7.23	2.85	3.08	2.94	2.73
(SITC1)饮料及烟类	0.05	0.06	0.05	0.03	0.10	0.19	0.19	0.22
(SITC2)非食用原料	0.49	0.47	0.34	0.48	17.02	17.33	18.10	21.09
(SITC3)矿物燃料、润滑油及有关原料	1.24	1.43	3.84	4.48	8.05	13.24	19.63	32.39
(SITC4)动植物油、脂及蜡	0.14	0.05	0.08	0.21	6.38	6.24	3.08	1.96
工业制品	**94.32**	**93.24**	**92.59**	**91.88**	**76.67**	**74.43**	**72.53**	**63.39**
(SITC5)化学成品及有关产品	3.56	2.65	3.14	3.38	14.64	15.94	13.82	13.66
(SITC6)按原料分类的制成品	16.06	16.20	16.65	18.69	10.30	11.64	10.39	8.32
(SITC7)机械及运输设备	37.11	31.12	29.65	25.84	33.44	29.85	29.63	24.74
(SITC8)杂项制品	37.56	43.23	43.10	43.93	18.17	16.94	18.52	13.66
(SITC9)未分类产品	0.03	0.04	0.04	0.04	0.11	0.06	0.17	3.01

资料来源:根据2012年《福建统计年鉴》数据整理。

表 6-7 2007—2011 年福建省机电产品、高新技术产品的进出口情况

年份	出口额(亿美元)				进口额(亿美元)			
	机电产品	比重(%)	高新技术产品	比重(%)	机电产品	比重(%)	高新技术产品	比重(%)
2007	224.61	44.98	98.04	19.63	127.62	52.07	55.69	22.72
2008	268.73	47.15	126.78	22.25	141.82	50.96	95.05	34.16
2009	221.38	41.52	104.70	19.64	120.44	45.74	83.79	31.82
2010	293.93	41.11	131.74	18.43	176.46	47.32	124.32	33.34
2011	341.81	36.82	137.36	14.80	190.86	37.66	126.78	25.01

资料来源:根据 2011 年和 2012 年《福建统计年鉴》数据整理。

福建省的进出口产品主要是工业制品,出口比重超过 91%,进口比重超过 72%,不过 2011 年比重下降为 63.39%。工业制品中除化学成品及有关产品(SITC5)是逆差之外,其他工业制品都保持了较大顺差。

从出口方面来看,福建省初级产品出口所占比重呈现逐年上升趋势,由 2008 年的 5.68% 上升至 2011 年的 8.21%。而工业制品出口比重呈现逐年下降趋势,由 2008 年的 94.32% 下降为 2011 年的 91.88%。初级产品内部结构中主要是食品及活动物(SITC0)和矿物燃料、润滑油及有关原料(SITC3)出口比重较高。工业制品内部结构中杂项制品(SITC8)、机械及运输设备(SITC7)和按原料分类的制成品(SITC6)三项占主要出口比重。工业制品内部结构发生变化,按原料分类的制成品(SITC6)出口比重逐年上升,从 2008 年的 16.06% 提高到 2011 年的 18.69%,但同时机械及运输设备(SITC7)却呈逐年下降趋势,出口比重从 2008 年的 37.11% 下降至 2011 年的 25.84%,下降幅度较快。

从进口方面来看,初级产品和工业制品进口比重变化趋势与出口比重变化情况相同,初级产品进口比重由 2008 年的 23.33% 上升至 2011 年的 36.61%,工业制品进口比重由 2008 年的 76.67% 下降至 2011 年的 63.39%。在初级产品进口中,非食用原料(SITC2)和矿物燃料、润滑油及有关原料(SITC3)占主要比重,特别是矿物燃料、润滑油及有关原料(SITC3)比重上升明显,从 2008 年的 8.05% 增至 2011 年的 32.39%。而工业制品进口中机械及运输设备(SITC7)、杂项制品(SITC8)、化学成品及有关产品(SITC5)和按原料分类的制成品(SITC6)都有比较高的比重,但机械及运输设备(SITC7)进口比重出现明显下降,由 2008 年的 33.44% 下降到 2011 年的 24.74%,化学成品及有关产品(SITC5)比重也略有下降。

如表 6-7 所示,机电产品是福建省进出口的主要产品,占有较高的比重。这

几年总的来说,机电产品出口比重和进口比重呈现下降趋势,出口比重2007年为44.98%,2008年提高到47.15%,随后逐年下降,2011年降至36.82%,进口比重从2007年的52.07%下降到2011年的37.66%。高新技术也是主要的进出口商品,出口总额从2007年的98.04亿美元增至2011年的137.36亿美元,年均增长率为8.8%,进口总额从2007年的55.69亿美元增至2011年的126.78亿美元,年均增长率为22.83%,增速强劲。2011年,高新技术出口比重和进口比重较其他年份下降明显。

不过我们必须明确的是,虽然福建省的工业制品比重远远超过了初级产品,但是仍然以中低技术的"机械运输设备"和"杂项制品"为主,而高新技术产品的比重仍比较低。高新技术产品仍然主要集中在电子技术、计算机与通信技术等少数领域,比如计算机与通信技术一直是福建省高新技术产品出口最集中的技术领域,反映了高新技术产品出口范围狭窄的问题。

浙南三个城市(温州、丽水、衢州)中,温州主要的出口商品为机电产品、鞋类、服装、低压电器、纺织品、眼镜、汽摩配、阀门和旅行用品及箱包等。2011年机电产品出口73.21亿美元,比上年增长22.8%,占总出口额比重为40.3%,而高新技术产品出口仅为6.38亿美元,比上年增长28.2%,占总出口额比重仅为3.51%。进口的主要商品为初级形状的塑料、原木、己内酰胺、电视等零附件、化工原料、牛皮革及马皮革、液化气、废铜、纺织机械及零件等,均为初级产品。丽水主要出口农副产品(包括香菇、水煮笋)、纺织服装、轻工工艺品(包括鞋类、玩具、文体用品)、机械产品和化工产品。衢州主要出口农副产品及一些加工产品、机电产品、化工医药产品、服装、纺织品等。其中机电产品出口4.24亿美元,增长44.5%;高新技术产品出口1.21亿美元,增长57.9%。

粤东四个城市(汕头、潮州、梅州、揭阳)中,汕头主要的出口商品为纺织服装、机电产品、玩具和农产品。2011年,机电产品出口14.71亿美元,增长14.6%;高新技术产品出口3.83亿美元,增长8.5%。潮州主要的出口商品为陶瓷、服装及纺织品、机电产品、食品、鞋类和家具,2011年分别出口10.3亿美元、3.67亿美元、3.82亿美元、2.18亿美元、2.48亿美元和1.08亿美元。梅州主要的出口商品为机电产品、陶瓷、高新技术产品和服装,2011年分别出口4.53亿美元、1.87亿美元、0.62亿美元和0.2亿美元。值得一提的是,高新技术产品出口增加明显(2010年其高新技术产品出口仅为0.31亿美元),同比增长100.84%。揭阳主要的出口商品为鞋类、服装及衣着附件、机电产品和玩具等。

赣东南四个城市(赣州、抚州、上饶、鹰潭)总体进出口总额都不高,主要进出口农产品、机械产品、纺织服装和食品等。以鹰潭为例,其主要进口商品为五金矿产,2011 年五金矿产进口 36.97 亿美元,同比增长 9.73%,占进口总额的 98.15%。主要出口商品为轻工业品、工艺品、五金矿产、机械和土畜产等,分别出口 1.68 亿美元、1.15 亿美元、1.08 亿美元、0.48 亿美元和 0.39 亿美元。

从整体上看,海西区各城市众多企业呈现出低、小、散的格局,产业链延伸和产业集聚能力不够强,产业的上下游配套生产能力较弱。商品出口结构比较单一,主要集中在农产品、服装及衣着附件、鞋类等依靠劳动力成本优势来扩大出口的产品。这些出口产品主要是劳动密集型产品和初级加工产品,技术含量不高,附加值低。而拥有自主知识产权的高新技术产品市场占有率低。由于出口产品中劳动密集型产品和初级加工产品比重较大,自主品牌以及高新技术产品比重较小,直接造成出口效益不理想,出口收益利润低,所以出口产品结构的不合理也成为影响外贸增长的主要因素之一。

(四)出口市场过于集中

表 6-8 显示,福建省主要进出口市场是亚洲、欧洲、北美洲三大洲,几年来这三者之和比重都在 85% 以上(福建省进出口市场的洲际分布对比情况可参见图 6-2)。美国、日本和东盟一些国家不管是进口和出口都是福建省的绝对主要市场。2011 年,福建省前几位的出口市场为美国、日本、中国香港地区、东盟的一些国家和欧盟的一些国家等;前几位的进口市场为美国、日本、中国台湾地区、东盟的一些国家和欧盟的一些国家等。2011 年福建省向美国进口 46.07 亿美元,增长 23.37%,进口占比 9.09%,出口 181.02 亿美元,增长 21.77%,出口占比 19.5%;向日本进口 34.71 亿美元,下降 4.48%,进口占比 6.85%,出口 65.6 亿美元,增长 21.29%,出口占比 7.07%。如表 6-8 所示,与 2008 年相比,出口方面,亚洲市场份额有所上升,从 2008 年的 39.9% 上升至 2011 年的 41.66%;欧洲和北美洲都呈下降趋势,欧洲从 2008 年的 25.71% 下降至 2011 年的 22.83%,北美洲从 2008 年的 22.64% 下降至 2011 年的 21.07%;大洋洲有所上升,从 2008 年的 1.91% 增至 2011 年的 1.94%;拉丁美洲及非洲上升明显,从 2008 年的 9.85% 上升至 2011 年的 12.5%。进口方面,除了亚洲市场份额下降明显外,其他各洲都呈上升趋势,特别是大洋洲和拉丁美洲及非洲上升明显。福建省巩固传统市场的同时也不断努力开拓新兴市场,新兴市场逐渐成为福建省外贸市场的亮点,成为拉动福建省进出口贸易的重要力量之一。福建省外贸企业频频结伴开拓新兴市场,北非、南美和中东等地区都留下了闽企的脚印。而在“零关税”正式实行之后,闽企也及时抓住良机,加大了对东盟这一传统市场的开拓力度。不过尽管福建省开拓新兴市场并取得一定成效,但其出口市场

整体的分布还是集中在亚洲、欧洲和北美地区,对这些市场的出口依赖度大。

表 6-8 2008—2011 年福建省出口和进口分国别(地区)情况

单位:%

年份 地区	2008		2009		2010		2011	
	出口	进口	出口	进口	出口	进口	出口	进口
总计(亿美元)	569.92	278.29	533.19	263.30	714.93	372.87	928.38	506.85
亚洲	39.90	66.19	41.63	63.37	40.60	66.15	41.66	61.33
日本	11.57	11.13	9.51	8.85	7.56	9.74	7.07	6.85
中国香港地区	6.54	0.39	6.58	0.41	6.37	0.43	6.66	0.72
菲律宾	1.39	1.43	2.20	0.86	2.35	1.04	2.50	1.11
泰国	1.06	2.84	1.27	3.29	1.31	3.29	1.34	2.69
马来西亚	2.47	3.85	3.09	3.67	2.72	3.25	2.63	2.55
新加坡	1.76	1.33	1.82	1.50	1.57	1.37	1.78	1.09
阿拉伯联合酋长国	1.70	0.09	2.03	0.06	1.70	0.06	1.85	0.07
欧洲	25.71	13.06	23.72	12.21	22.95	11.70	22.83	13.37
德国	4.75	4.07	4.77	3.82	4.74	3.25	4.75	3.22
法国	1.48	0.70	1.57	0.60	1.55	0.71	1.52	1.34
意大利	1.81	1.24	1.76	1.14	1.76	1.09	1.64	1.09
英国	2.69	1.48	2.73	0.90	2.63	0.99	2.77	0.84
西班牙	1.47	0.47	1.67	0.47	1.57	0.84	1.49	0.58
北美洲	22.64	10.77	22.09	12.01	22.46	11.27	21.07	11.06
加拿大	1.90	1.12	1.75	1.52	1.66	1.25	1.57	1.97
美国	20.74	9.65	20.33	10.49	20.79	10.02	19.50	9.09
大洋洲	1.91	2.29	2.11	2.53	1.87	2.90	1.94	4.73
澳大利亚	1.65	1.89	1.78	2.13	1.60	2.32	1.63	4.07
拉丁美洲及非洲	9.85	7.68	10.46	9.89	12.09	7.97	12.50	9.52

资料来源:根据 2010 年和 2012 年《福建统计年鉴》有关数据计算。

浙南三个城市中,如表 6-9 所示,温州进出口也主要集中在亚洲、欧洲、北美洲三大洲,这三者之和比重在 80% 以上。出口方面,2011 年较往年,亚洲出口下降明显,从 2010 年的 40.24 亿美元下降至 15.48 亿美元。欧洲和北美洲都呈上升趋势,不过非洲、大洋洲和拉丁美洲在经历了强劲增长之后,2011 年出口下降非常明显。2011 年温州前几位的出口市场为美国、德国、俄罗斯联邦、阿拉伯联合酋长国、意大利、印度、巴西、英国、西班牙和日本等,前几位的进口

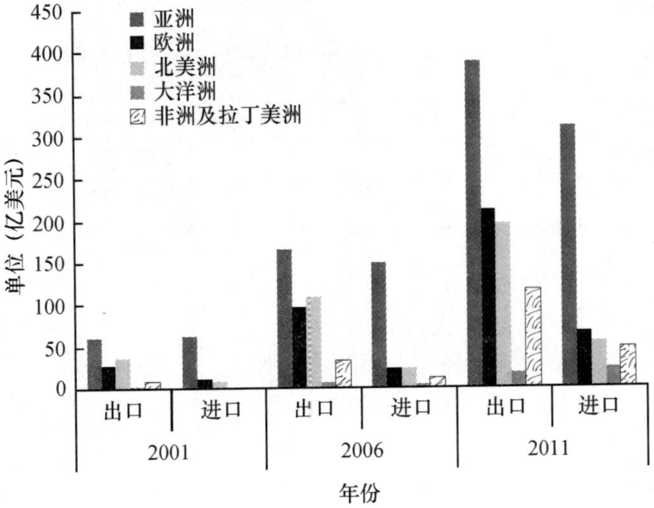

图 6-2　福建省进出口市场的洲际分布对比情况

资料来源：根据 2002 年、2007 年和 2012 年《福建统计年鉴》有关数据计算。

市场为美国、日本、印度尼西亚、俄罗斯联邦、德国、智利、韩国、印度和中国台湾地区等。温州 2011 年向美国出口 20.79 亿美元，增长 20.73%，进口 3.55 亿美元，增长 32.46%；向日本出口 4.84 亿美元，增长 32.97%，进口 2.73 亿美元，增长 25.81%。温州在巩固欧盟、美国等传统市场的同时，重点开拓非洲、东盟、中东等新兴市场。比如温州鞋业，欧盟仍是其主要市场，不过鉴于欧盟不断实施反倾销策略，温州鞋业企业加大了开拓新兴市场的力度，努力提高产品附加值，改变出口市场方向，开辟了南美、澳大利亚、东亚、中亚等新的出口市场。丽水出口市场主要集中在亚洲、欧洲和北美洲，三者之和的比重达 86% 左右。以 2011 年为例，出口总额 18.14 亿美元，出口亚洲 6.71 亿美元，增长 38.35%，占比 36.98%，其中向东盟、日本和中国香港地区分别出口 1.77 亿美元、0.31 亿美元和 0.28 亿美元；出口欧洲 6.35 亿美元，增长 32.57%，占比 35.02%，其中对欧盟出口 3.86 亿美元。出口北美洲 2.78 亿美元，增长 34.3%，占比 15.32%，其中向美国出口 2.55 亿美元。衢州 2011 年出口排前三位的市场依次是：亚洲、欧盟、美国。对亚洲出口 8.15 亿美元，增长 48.2%；对欧盟出口 3.29 亿美元，增长 30.3%；对美国出口 2.34 亿美元，增长 68.7%。对这三大主要市场出口额合计占全市出口总额的 78.3%。

表 6-9　温州 2008—2011 年进出口市场的洲际分布对比情况　单位:亿美元

地区＼年份	2008		2009		2010		2011	
	进口总额	出口总额	进口总额	出口总额	进口总额	出口总额	进口总额	出口总额
亚洲	9.01	34.06	10.50	32.08	10.48	40.24	50.30	15.48
欧洲	4.16	50.75	4.45	44.28	5.29	59.57	7.34	73.84
北美洲	3.47	12.90	2.53	13.36	3.98	19.07	4.97	23.18
非洲	2.23	9.54	1.99	8.92	2.56	10.86	12.96	2.40
大洋洲	0.73	1.46	1.51	1.55	1.19	2.23	3.14	1.18
拉丁美洲	1.29	10.34	2.41	9.16	2.01	13.31	18.07	2.69

资料来源:历年《温州统计年鉴》。

粤东四个城市中,汕头进出口市场同样主要集中在亚洲、欧洲、北美洲的一些国家或地区,出口市场集中在美国、中国香港地区、欧盟、东盟、日本和阿联酋这六大市场,进口市场集中在东盟、中国台湾地区、日本、欧盟、韩国和美国这六大市场。从进出口的国家与地区看,2011 年进出口总额靠前的有:美国、中国香港地区、日本和中国台湾地区,分别为 12.06 亿美元、11.13 亿美元、6.77 亿美元和 2.98 亿美元。出口方面,汕头对美、欧、日等传统市场出口增速放缓,对东盟、拉丁美洲和非洲等新兴市场出口快速增长。汕头企业充分利用"中国—东盟"自贸区等优惠政策,积极开拓东盟、拉丁美洲和非洲市场,对新兴市场进出口均出现显著增长:对东盟和拉丁美洲分别出口 9 亿美元和 5.6 亿美元,分别增长 46.6% 和 33.9%。梅州传统出口市场优势得到加强,开拓新兴市场取得成效。目前传统市场出口占全市出口额的六成以上,新兴市场占约三成。2009 年在危机的阴霾下对传统市场中国香港地区、美国、日本出口分别增长 6%、11.3% 和 76.6%,对新兴市场出口畅旺,对东盟出口增长 35.1%,对非洲出口增长 66.2%,对中东出口增长 35.2%。2011 年对中国香港地区、美国、欧盟和日本传统市场出口同比分别增长 17.5%、7.5%、-2.5% 和 11.2%,增速均有所减慢,对拉丁美洲、非洲和中东等新兴市场出口同比增长较快,分别增长 22.7%、19.6% 和 10.7%。潮州主要出口市场为美国、中国香港地区、韩国、日本、欧盟和东盟一些国家。2011 年各大出口市场中,对欧盟出口 5.1 亿美元,增长 6.6%;对美国出口 4.1 亿美元,增长 7.7%;对东盟出口 2.6 亿美元,增长 26.2%;对中国香港地区出口 2.2 亿美元,增长 38%;对日本出口 0.68 亿美元,增长 25.8%。

赣东南四个城市中,以赣州为例,赣州进出口主要市场为美国、日本、中国香港地区,仅这三个市场就占了进出口总额的半壁江山。东盟和欧盟一些国家也是其主要的进出口市场。2011 年出口总额 25.23 亿美元,向美国出口 5.16 亿美元,增长 40.22%;向日本出口 7.48 亿美元,下降 60.28%,下降明显;向中国香港地区出口 2.9 亿美元,增长 42.16%;主要进口市场为日本、德国、韩国、中国台湾地区、匈牙利和扎伊尔,分别进口 0.23 亿美元、0.1 亿美元、0.22 亿美元、0.35 亿美元、0.15 亿美元和 1.01 亿美元。

海西区各个城市外贸出口的市场主要集中在美国、欧盟、东盟、日本、中国香港地区等一些市场。如果出口仅局限于几个国家或者地区,一旦这些国家或者地区的经济发生下滑甚至出现经济危机,或是汇率的变动,都将严重影响海西区各城市的出口贸易,造成损失。从整体看,海西区各城市的出口市场过于集中,易受世界经济波动的影响,尤其是在全球性经济危机的大背景下,经济贸易外部风险凸显,促使各城市的外贸发展不安全风险增加。

四、转变海西区外贸增长方式的若干思考

转变外贸增长方式,主线是优化结构,重点是自主创新;对外要减少贸易摩擦,对内要培养本土企业的国际竞争力;综合起来就是要使外贸发展具有可持续性,提高外贸竞争力。《海峡西岸经济区发展规划》提出,坚持以质取胜,加快推进对外贸易从货物贸易为主向货物贸易与服务贸易并重转变。进一步优化进出口结构,不断扩大传统优势产品、机电产品和高技术含量、高附加值产品出口,支持具有自主知识产权、自主品牌商品和服务产品出口。鼓励经济发展急需的先进技术、关键设备和重要资源进口,严格控制高排放、高耗能产品出口。完善出口品牌培育机制,引导企业从贴牌生产向委托设计和自主品牌为主方向转变。完善加工贸易政策,推动加工贸易转型升级。加快服务贸易发展,扩大软件服务外包出口。支持有条件的企业"走出去",参与海外资源开发,建立境外生产、营销和服务网络,带动商品、服务出口。

(一) 创建自主品牌,从贴牌生产向自有品牌发展

培育自主出口品牌,是增强出口商品国际竞争力的重要手段,是转变外贸增长方式的必然选择。海西区整体加工贸易主要集中在纺织服装、鞋帽箱包等技术含量和附加值都比较低的劳动密集型产品上,出口所获利润甚少。在一些高新技术和高附加值的行业中,比如电子产品、通信产品等,出口企业较少,多数为贴牌、定牌生产。即使生产自有品牌产品,也由于品牌影响力弱而不能获得较高市场占有率和售价。美国竞争战略专家迈克尔·波特教授就曾提出:尽管各类企业获取竞争优势的方法不尽相同,但是获取竞争优势的最基本的方法就是差异化的优势和低成本的优势。品牌创建战略的有效实施就能够帮助出

口企业建立起自身的产品差异化的优势和低成本的优势，与此同时还能够实现溢价效应，避免出口反倾销调查的频繁发生。

所以针对存在的问题，加快海西区自主品牌建设可从企业和政府两个角度出发：首先，从企业角度，发挥企业主体作用，加强自主品牌建设，切实加强质量管理。以技术创新促进品牌建立，并以品牌来消化成本上升的不利因素，应是海西区企业努力的方向。围绕品牌建设，加强质量管理，是企业创建一流品牌的基础。其次，从政府角度，完善法规，加强政策引导和扶持，建立质量奖励制度。对创建名牌成绩突出、质量管理工作卓有成效的企业和个人给予表彰及奖励，努力营造有利于自主品牌成长发展的环境。

（二）加快服务贸易发展，提高服务贸易在对外贸易中的比重，创造海西区外贸持久增长之后劲

服务贸易是海西区对外贸易的“短腿”，但也是巨大潜力之所在。随着国际服务贸易自由化进程的加快，这个“短腿”应当加速补齐，即要积极发展服务贸易。深度挖掘运输、旅游、商业服务等传统优势服务贸易潜力。积极扩大工程承包、海洋运输、农林牧渔等优势领域劳务输出规模。大力扶持通信、金融、计算机和信息服务、专利特许、文化和咨询等高附加值服务出口。

当前的重点是高度重视和扶持、承接国际服务外包业务，从中了解市场、开拓渠道。比如海西区主体福建省应以厦门、福州、泉州为主要载体，开辟服务产业园区或街区，大力承接国际服务外包，加快服务贸易集聚区建设，推进中国国际信息技术（福建）产业园建设，加快国际服务业的产业转移，从而巩固生产者服务业的产业和技术基础，提高服务贸易在对外贸易中的比重，以创造福建省外贸持久增长之后劲。

（三）支持有条件的企业“走出去”，参与海外资源开发，建立境外生产、营销和服务网络，带动商品、服务出口

要鼓励和支持海西区企业大胆走出去，借助港澳台侨打通的国际营销渠道，引导各类所有制企业有序到境外投资合作，推动企业开展国际化经营，支持海西区企业积极参与国际市场资源、供应链和价值链构建整合，参与海外资源开发，建立境外生产、营销和服务网络，带动商品、服务出口，在更高水平上融入全球产业分工布局。支持本土企业以合资合作方式参与海外紧缺资源类项目开发，建立海外原材料基地，培育开放型经济新的增长点。

（四）完善加工贸易政策，推动加工贸易转型升级

加工贸易转型升级，从根本上说，就是提高产业的整体发展水平，提升在全

球产业链上的分工地位。总体上讲，对企业而言，转型升级是不断提高劳动生产率和国际竞争能力，提升产品档次和附加值，提升盈利水平，从实际出发，而不是单纯地从来料加工厂转为独立法人企业，不是要转向新的行业，也不是简单地放弃劳动密集型产业。对地方而言，转型升级是要立足当地，营造良好的外部环境，不断发挥区域优势，增强配套能力，形成产业特色和更加合理的产业布局，同时，严格控制"两高一资"产品，开展加工贸易，加大节能减排力度。

首先，应该鼓励产品加工由低端向高端转变，提高产品技术含量和附加值，鼓励具有自主知识产权的高技术产品、机电产品和高附加值劳动密集型产品出口，积极推进加工贸易转型升级。其次，产业链由短向长转变，向研发设计、创立品牌、生产制造、营销服务产业链上下游延伸；加快从组装加工向研发、设计、核心元器件制造、物流等环节拓展。支持企业收购或自建国际营销网络。鼓励区域内的企业联合制定具有自主知识产权的技术和行业标准，积极参与各类国际技术标准的制定。最后，经营主体由单一向多元转变，促进内外资企业共同发展。同时应该协调区域内的发展，引导加工贸易由海西区沿海发达地区向内陆欠发达地区梯度转移。

（五）进一步优化商品进出口结构

从产业层面来看，海西区必须优化一、二、三产业的结构，提高环境污染小、经济附加值高的服务业比重，特别是要促进现代物流、软件、信息、金融等现代服务业的发展。改变各产业低、小、散的产业格局，提高各产业发展层次。按照"以市场需求为导向，以科技进步为动力，以提高市场竞争力为核心"的发展战略，立足国际市场，进行主导产业、优势产品和国际市场定位，下决心淘汰落后的设备、工艺和技术，在此基础上，采用世界先进技术改造传统产业，大力推广节能降耗、资源综合利用和环保新技术，大力扶持节能、环保、高效、技术含量高、有市场竞争能力的优势产品和特色产品。支持和培育本地区参与国际市场竞争力的骨干企业和龙头产品。加大对传统劳动密集型产业的技术改造，提高产品质量和档次，以质取胜。

提高高新技术产品在工业制品出口中的比重，是优化出口商品结构、提高出口商品竞争力的必然选择。海西区要抓住国际产业转移、成熟技术扩散的有利时机，提高利用外资质量。加强科技队伍建设，充分发挥大专院校、科研机构等在新产品、新技术研发上的优势，实现科研与企业"联姻"，将科研项目、科技人才引入生产领域，促进科技成果的转化。积极培植新的主导产业与高新技术产业，加强汽车、通信、医药、生物技术制品、新材料、新能源等产业的开发，建立具有强劲创新开发能力的产业群。加强产业自主研发，发展高端制造，延伸加工贸易产业链，推动传统产业的结构调整，提高现有出口产品的技术含量和附加值，保证外贸出口的稳定增长和国民经济的持续发展。

（六）拓展国外市场，分散出口风险

为了分散出口风险，必须不断拓展出口商品市场。各市的出口企业不应只盯住欧美等发达国家市场，而需要开拓非洲、东南亚、中东、拉丁美洲、东欧等新兴市场来维持贸易的持续增长。利用中国—东盟自贸区实施《货物贸易协议》的有利条件，积极拓展东盟市场，稳步扩大贸易规模。在全球经济一体化进程中，新兴经济体崛起是一种不可逆转的长远趋势，新兴国家与中国的贸易往来又有很强的互补性，在巩固欧、美、日等传统市场的同时，海西区各市应该着力扩大与新兴经济体、发展中国家等新兴市场的贸易规模。

随着两岸关系的不断良性发展，台湾对大陆产品的进口限制将逐步减少，福建以及海西区各市的许多产品在台湾将有很大的需求，原材料、半成品、劳动力密集型产品、农渔产品、土特产品及一些机电产品、纺织服装等在台湾有较大的竞争优势。通过大力发展对台出口的拳头产品，不断提升海西区各市的产品在台湾市场的占有率。同时也可以通过厦门"对台出口商品交易会"、福州"海峡两岸经贸博览会"、石狮"海峡两岸纺织服装博览会"、漳州"海峡两岸花卉博览会"等涉台经济贸易展览会，扩大闽台经贸交流。组织福建名优特产品到金马举办展销活动，积极扩大福建沿海与金马的直接经贸往来。

第二节　海西区投资发展

一、海西区投资发展现状

因欧债危机的反复和蔓延，2012 年，全球经济持续低迷，各主要发达国家如美国、欧盟、日本等，都先后实行了更为宽松的货币政策，美国经济有所复苏，但欧洲仍陷于经济衰退，各主要发展中国家的经济增长也有所减缓。

面对复杂的国际形势，我国经济也受到一些影响，经济增长速度放缓，2011 年 GDP 增长 9.2%，相对于 2010 年 GDP 增速的 10.3%，有显著下降；随着世界贸易的萎缩，进出口贸易大幅度回落；随着新兴经济体出现资本外流，我国虽然仍受到国际资本的青睐，但吸引国际资本增速放缓，利用外商直接投资减少。这些经济形势的变化，对我国的对内投资也产生了较大影响。

虽然面临复杂的国际、国内形势，但 2011 年海西区建设稳步推进，《海峡西岸经济区发展规划》正式批复，对海西区进行了科学的、全方位的、前瞻性的布局规划，把海西区划分为三个主体功能区，即东部沿海临港产业发展区、中西部集中发展区和生态保护发展区，并制定了“一带、五轴、九区”网状空间开发格局，这些布局有利于海西区资源优化配置、实现区域一体化、发挥海峡西岸的区位优势。良好的政策形势，使得海西区面临重大的发展机遇，再次成为吸引投资的热土，对海西区的投资有重大影响。

（一）内资发展现状

1. 固定投资规模扩大，但投资增长速度下降

2011年，海西区总共实现固定资产投资16 642.45亿元，比2010年的固定资产投资总额13 984.94亿元增加了19%。表6-10显示，从固定资产绝对投资数额上看，海西区20个城市投资规模都有所扩大，其中，漳州、龙岩、鹰潭、赣州、揭阳几个城市的年均固定资产投资增长率最高，均在30%以上，而厦门、梅州最低，不足10%。

表6-10 海西区20个城市固定资产投资数量及年均增长率 单位：亿元

城市＼年份	2007	2008	2009	2010	2011	年均增长率
漳州	327.04	441.40	579.21	837.11	1 115.71	0.3599
龙岩	248.63	322.61	433.97	582.95	778.65	0.3304
三明	363.14	5 127 370	6 782 606	8 478 100	9 230 331	0.2683
福州	1 001.45	1 252.71	1 646.72	2 317.44	2 720.28	0.2866
厦门	927.70	931.38	882.12	1 009.99	1 128.09	0.0532
南平	299.48	396.29	502.03	622.01	690.08	0.2346
莆田	240.93	301.83	362.71	496.52	725.19	0.3209
宁德	181.31	237.22	287.15	371.71	465.47	0.2663
泉州	695.11	858.46	976.47	1 250.81	1 576.14	0.2283
鹰潭	78.01	128.17	182.48	241.97	276.86	0.3842
抚州	226.05	336.27	481.95	647.40	553.90	0.2799
上饶	411.04	516.91	728.92	946.00	1 015.51	0.2597
赣州	300.32	406.00	594.70	781.00	1 002.30	0.3533
揭阳	201.29	265.79	393.50	564.07	658.08	0.3502
汕头	206.96	261.36	291.90	361.68	438.15	0.2075
潮州	121.04	135.67	162.98	182.80	199.96	0.1344
梅州	137.73	142.67	162.98	195.52	198.57	0.0983
丽水	237.26	248.85	279.19	320.38	358.47	0.1093

（续表）

城市＼年份	2007	2008	2009	2010	2011	年均增长率
温州	737.03	758.44	837.78	925.98	1 751.52	0.2826
衢州	317.00	361.20	415.40	481.80	504.63	0.1241
合计	7 258.52	8 815.97	10 880.40	13 984.94	16 642.45	0.2310

资料来源:海西区各城市统计年鉴。

表 6-11 显示,与 2010 年相比,2011 年海西区各城市固定资产投资规模都有所增长,只有抚州的总体投资规模下降了 14%。虽然固定投资规模普遍扩大,但与 2010 年相比,2011 年的投资增长速度出现显著降低:在 20 个城市中,只有温州和莆田的固定投资增速提高,后者从 10% 提高为 2010 年的 36.89%,2011 年又提高到 46.05%。

表 6-11　海西区 20 个城市固定资产投资规模增长率

城市＼年增长率	2008 年	2009 年	2010 年	2011 年
漳州	0.3496	0.3122	0.4452	0.3328
龙岩	0.2975	0.3451	0.3433	0.3357
三明	0.4119	0.3228	0.2499	0.0887
福州	0.2508	0.3145	0.4073	0.1738
厦门	0.0039	-0.0528	0.1449	0.1169
南平	0.3232	0.2668	0.2390	0.1094
莆田	0.2527	0.2016	0.3689	0.4605
宁德	0.3083	0.2104	0.2944	0.2522
泉州	0.2349	0.1374	0.2809	0.2600
鹰潭	0.6430	0.4237	0.3259	0.1442
抚州	0.4875	0.4332	0.3432	-0.1444
上饶	0.2575	0.4101	0.2978	0.0734
赣州	0.3518	0.4647	0.3132	0.2833
揭阳	0.3204	0.4805	0.4334	0.1666
汕头	0.2628	0.1168	0.2390	0.2114

（续表）

城市 \ 年增长率	2008 年	2009 年	2010 年	2011 年
潮州	0.1208	0.2012	0.1216	0.0938
梅州	0.0359	0.1422	0.1996	0.0156
丽水	0.0488	0.1219	0.1475	0.1188
温州	0.0290	0.1046	0.1052	0.8915
衢州	0.1394	0.1500	0.1598	0.0473
合计	0.2145	0.2341	0.2853	0.1900

资料来源：海西区各城市统计年鉴。

图 6-3 是海西区总体固定资产投资年增长速度对比，从图中可以看出，从 2008—2010 年固定资产投资规模一直加速增长，到 2011 年增速显著下降，从 2010 年的 28.53% 下降到 2011 年的 19%。

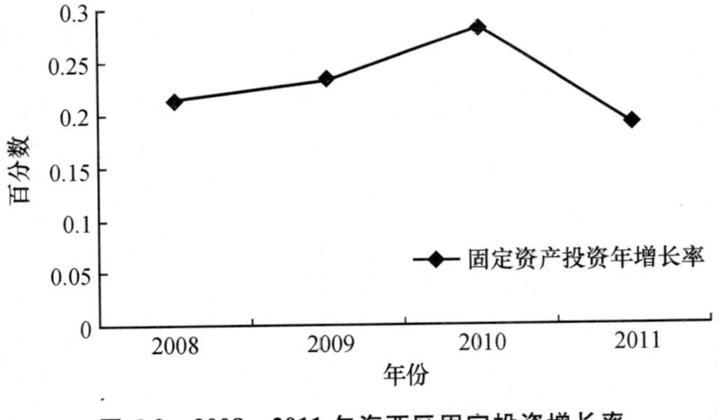

图 6-3　2008—2011 年海西区固定投资增长率

资料来源：根据海西区各城市统计年鉴整理。

2. 固定投资增速与 GDP 增速相比大幅度放缓

从表 6-12 中可以看出，2011 年各地区 GDP 增速相比上一年没有明显变化，但固定资产投资的增速明显放缓。以厦门为例，2010 年固定资产投资增长率为 14.5%，GDP 增长率为 15.1%，而 2011 年固定资产投资增长率为 11.69%，相比上一年下降了近 3 个百分点，但 GDP 的增长率与上一年相同。

表 6-12 海西区 20 个城市固定资产增速和 GDP 增速对比

城市	年份	2008 年		2009 年		2010 年		2011 年	
		固定资产增长率	GDP 增长率	固定资产增长率	GDP 增长率	固定资产增长率	GDP 增长率	固定资产增长率	GDP 增长率
福建	漳州	0.3496	0.136	0.3122	0.133	0.4452	0.149	0.3328	0.147
	龙岩	0.2975	0.151	0.3451	0.140	0.3433	0.139	0.3357	0.130
	三明	0.4119	0.147	0.3228	0.132	0.2499	0.139	0.0887	0.141
	福州	0.2508	0.137	0.3145	0.130	0.4073	0.142	0.1738	0.130
	厦门	0.0039	0.135	-0.0529	0.080	0.1449	0.151	0.1169	0.151
	南平	0.3232	0.141	0.2668	0.139	0.2390	0.117	0.1094	0.122
	莆田	0.2527	0.147	0.2016	0.145	0.3689	0.153	0.4605	0.143
	宁德	0.3083	0.145	0.2104	0.133	0.2944	0.150	0.2522	0.152
	泉州	0.2349	0.150	0.1374	0.125	0.2809	0.128	0.2600	0.135
赣东南	鹰潭	0.6430	0.142	0.4237	0.128	0.3259	0.141	0.1442	0.123
	抚州	0.4875	0.142	0.4332	0.139	0.3432	0.150	-0.1444	0.125
	上饶	0.2575	0.135	0.4101	0.136	0.2978	0.148	0.0734	0.131
	赣州	0.3518	0.132	0.4647	0.133	0.3132	0.138	0.2833	0.125
粤东	揭阳	0.3204	0.160	0.4805	0.160	0.4334	0.196	0.1666	0.146
	汕头	0.2628	0.105	0.1168	0.107	0.2390	0.137	0.2114	0.120
	潮州	0.1208	0.120	0.2012	0.125	0.1216	0.141	0.0938	0.130
	梅州	0.0359	0.102	0.1422	0.098	0.1996	0.141	0.0156	0.136
浙南	丽水	0.0488	0.118	0.1219	0.106	0.1475	0.125	0.1188	0.115
	温州	0.0290	0.085	0.1046	0.085	0.1052	0.111	0.8915	0.095
	衢州	0.1394	0.130	0.1500	0.111	0.1598	0.133	0.0473	0.114
海西区	合计	0.2145	0.131	0.2341	0.120	0.2853	0.138	0.1900	0.130

资料来源:海西区各城市统计年鉴。

整体来看,图 6-4 显示,从 2008 年到 2011 年的四年间,海西区 GDP 增速一直较为稳定,在 13% 左右,但固定资产投资增速的变动较大,从 2008 年到 2010 年投资增速加快,但 2011 年增速大幅度下降,从上一年的 28.53% 降为 19%,下降近 10 个百分点。

3. 国有资产投资比重持续下降

2011 年,海西区实现固定资产投资中,国有经济投资 4 573.37 亿元,占全部固定资产投资总额的 27.21%。其中,福建实现固定资产投资总额 10 122.65 亿元,其中国有经济投资 2 725.85 亿元,占总固定资产投资的 26.93%;赣东南

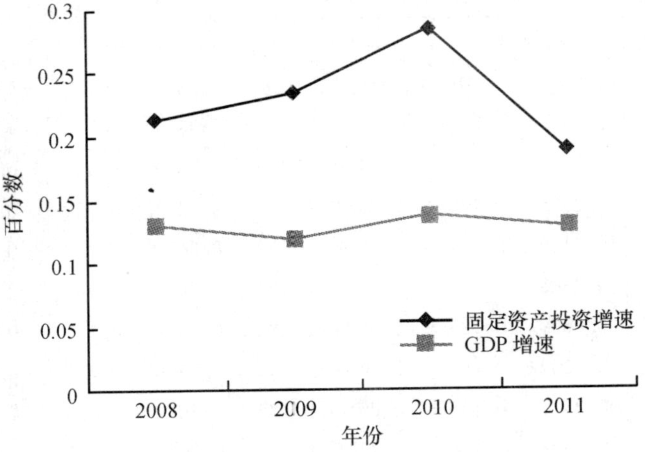

图 6-4　2008—2011 年海西区固定投资增速与 GDP 增速对比

资料来源：海西区各城市统计年鉴。

实现固定资产投资 2 848. 57 亿元，其中国有经济投资 791. 74 亿元，占总固定资产投资的 30. 78%；粤东实现固定资产投资 1 494. 76 亿元，其中国有经济投资 225. 06 亿元，占总固定资产投资的 15. 06%；浙南实现固定资产投资 2 614. 61 亿元，其中国有经济投资 830. 73 亿元，占总固定资产投资的 31. 77%。

从图 6-5 可以看出，国有经济在固定资产投资中都占有相当的比例，其中国有经济在总固定资产投资中影响最大的是赣州、梅州、丽水，国有经济投资都占固定资产投资的 38% 以上；福州、鹰潭的国有经济投资所占比重也达到 30% 以上。而固定资产投资中国有经济投资占比最低的是潮州，只有 10. 71%，南平、上饶、揭阳的国有经济投资占固定资产投资的比重也不足 20%。

以福建省为例，图 6-6 是 2000—2011 年福建省国有经济投资在固定资产投资总额中的比重变化图，可以看到，从总体趋势来看，国有经济投资在固定资产投资中的比重是不断下降的，从 2002 年以前的 40% 以上，下降到 35% 左右，尤其是 2010 年和 2011 年，下降尤为明显和迅速。2010 年，国有经济投资占比只有 34. 18%，2011 年再次降为 30. 8%。

4. 个体私营经济和其他经济在固定资产投资中的比重进一步上升

2011 年，海西区固定资产投资中个体经济和其他经济的投资占比进一步提高，以福建省为例，2011 年在固定资产投资中，个体经济和私营经济共投资 2 663. 16 亿元，其他经济投资 4 071. 87 亿元，共占固定资产投资总额的 66. 56%，说明在 2011 年固定资产投资中，个体经济、私营经济、股份制经济、混合所有制经济等形式的非公有制经济，已超过国有经济、集体经济，是投资的主

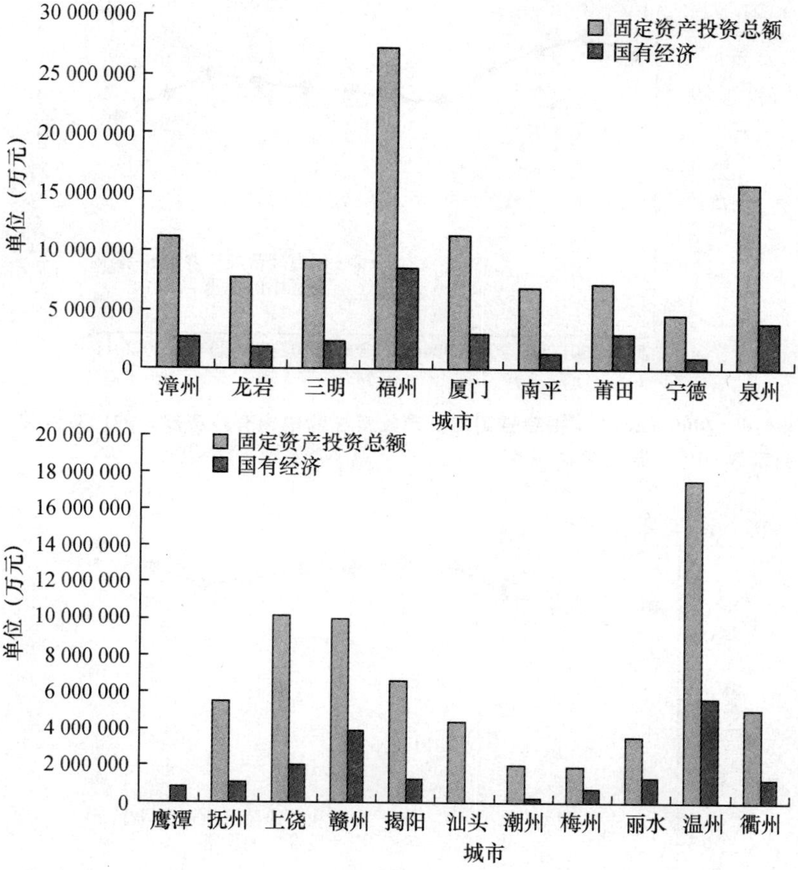

图 6-5　2011 年海西区 20 个城市固定资产投资总额与其中国有经济投资对比

资料来源：海西区各城市统计年鉴。

要力量。

图 6-7 是福建省 2000—2011 年个体经济、私营经济及其他经济投资在固定资产投资中的比重变化图，可以看到，内资非公有制经济在总固定资产投资中的占比是稳定上升的，其变化发展趋势与图 6-6 中国有经济投资的变化大致呈相反方向变化。2000 年，个体经济、私营经济、其他经济投资在固定资产投资中的比重是 55. 65%，而到 2011 年的数据是 66. 56%，相对提高了近 10 个百分点。特别是 2009 年以后，个体经济、私营经济及其他经济投资在固定资产投资中的比重迅速提高，年增速达 6%。

图 6-8 和图 6-9 是 2011 年福建省的固定资产投资中各种不同经济成分投资的比重，从中可以看出，国有经济仍占有重要地位，占 27. 35%；同时，包含股

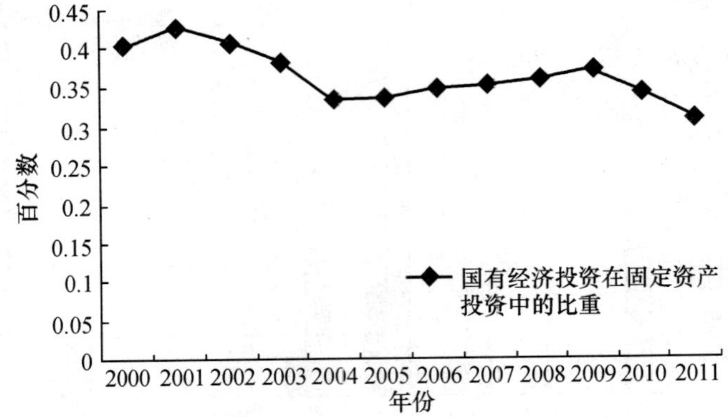

图 6-6　2000—2011 年福建省固定资产投资总额中国有经济投资的比重变化

资料来源:历年《福建统计年鉴》。

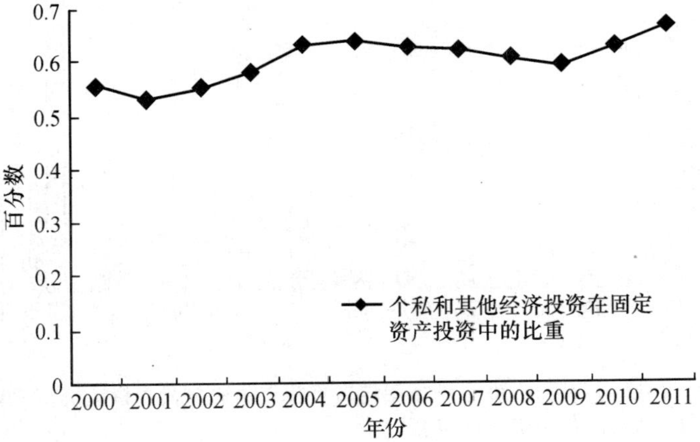

图 6-7　2000—2011 年福建省固定资产投资总额中个体经济、私营经济及其他经济投资的比重变化

资料来源:历年《福建统计年鉴》。

份制经济、混合所有制经济的其他类型经济成分也占到非常大的比重,为35.26%;再次是个体经济和私营经济,占23.37%;外商和港澳台商投资也有较大影响,占11.32%,集体经济对固定资产总投资的作用不明显,只占2.35%。

包括国有经济、集体经济的公有制经济投资占29.7%,而非公有制经济投资占70.3%,因此,在固定资产投资中,非公有制经济起了相当大的作用。

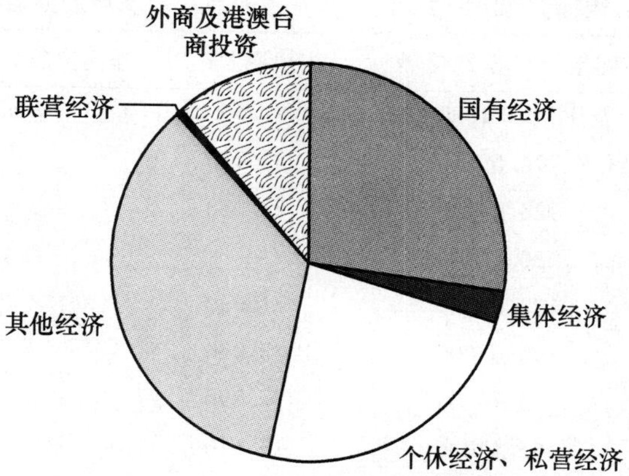

图 6-8 2011 年福建省固定资产投资来源

资料来源:2012 年《福建统计年鉴》。

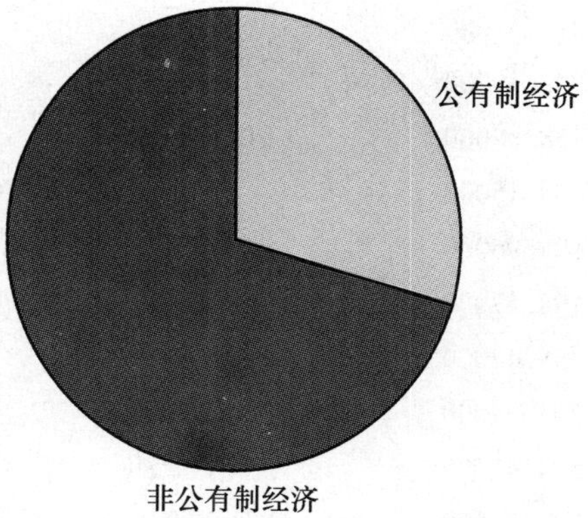

图 6-9 2011 年福建省固定资产投资来源中公、私经济比重

资料来源:2012 年《福建统计年鉴》。

5. 外商投资比例有所增加

2011 年,海西区固定资产投资总额中外商投资的总额为 868 亿元,占全部固定资产投资总额的 5.09%,相比于 2010 年的 4.63% 有所提高,在经济增速有所下降、世界经济疲软、国际投资总量减少的情况下,这种提高意味着海西区吸引投资的能力增强。从表 6-13 可以看出,外商投资占比最高的是厦门和莆田,分别为 15.16% 和 10.24%,最小的为上饶、梅州、衢州等地,都在 1% 左右。其中厦门的外商投资比 2010 年大幅增长,其余城市的占比与上一年基本一致。

表 6-13 海西区 20 个城市固定资产投资总额和其中的外商投资占比 单位:亿元

城市	固定资产投资总额	外商投资	外商投资占固定资产投资比重
漳州	1 115.71000	81.560	0.0731
龙岩	778.65310	52.980	0.0680
三明	923.03310	23.020	0.0249
福州	2 720.28000	—	—
厦门	1 128.08729	171.030	0.1516
南平	690.08000	13.930	0.0202
莆田	725.19000	74.290	0.1024
宁德	465.47000	13.670	0.0294
泉州	1 576.14000	—	—
鹰潭	276.86000	2.710	0.0099
抚州	553.90000	12.038	0.0217
上饶	1 015.51000	14.770	0.0146
赣州	1 002.30000	41.870	0.0417
揭阳	658.08000	20.180	0.0307
汕头	438.15000	—	—
潮州	199.96000	16.110	0.0806
梅州	198.57000	—	0.0002
丽水	358.47000	—	—
温州	1 751.52000	49.240	0.0282
衢州	504.63000	2.430	0.0048
海西区	17 080.60000	868.760	0.0509

资料来源:海西区各城市统计年鉴。

从总体上看,海西区 2011 年外商投资占比相比 2010 年有所增加(数据缺失城市按 2010 年数据计算),2011 年海西区固定资产投资中外商投资 868.76 亿元,比 2010 年的 6 468 475 万元有显著增长,这说明海西区吸引外资能力增强。

从图 6-10 可以看出,2011 年,福建省外商投资占固定资产投资总额的比重有所下降,外商固定资产投资为 388.41 亿元,占全部固定资产投资总额的 3.39%,相比 2010 年的 3.46% 有所下降,但下降不明显。从图中还可以看出,外商投资占固定资产投资比重不断下降的趋势短期之内还无法改变。

6. 三次产业投资有所变化,第二产业投资回升

表 6-14 显示,2011 年,福建省固定资产投资总额中,第一产业的投资额为

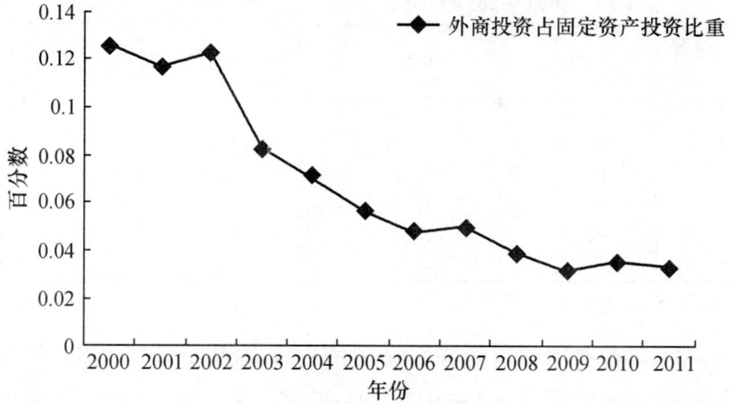

图 6-10　2000—2011 年福建省固定资产投资中外商投资比重变化

资料来源:历年《福建统计年鉴》。

175.7 亿元,第二产业为 3 744.26 亿元,第三产业为 6 199.5 亿元。在固定资产投资总额中所占比重分别为 1.73%、37% 和 61.26%。固定资产投资大部分投向了第三产业,其中 2011 年福建省全社会住宅投资为 1 944.20 亿元,占第三产业投资的 31.36%。从长期趋势看,2000—2011 年,固定资产投资中第二产业的占比有所下降,而第三产业的占比有所提高,第一产业基本维持不变。

表 6-14　福建省固定资产投资总额中三次产业比重变化　单位:亿元

产业＼年份	2000		2003		2005		2010		2011	
	投资额	占比	投资额	占比	投资额	占比	投资额	占比	投资额	占比
第一产业	19.41	0.0179	41.05	0.0272	60.69	0.0258	154.15	0.0186	175.70	0.0173
第二产业	481.26	0.4445	535.62	0.3552	928.73	0.3960	2 897.37	0.3502	3 744.26	0.3700
第三产业	581.80	0.5374	931.20	0.6175	1 355.32	0.5780	5 221.90	0.6311	6 199.50	0.6126

资料来源:历年《福建统计年鉴》。

相对于 2010 年来说,2011 年投资于三个产业的投资额都是增加的,但从占比来看,第一产业和第三产业略有下降,第二产业有所回升。这意味着 2011 年,海西区实体经济的投资有所回升,为以后经济的发展奠定了一个较好的基础。

(二) 外资发展现状

1. 总体利用外资规模增幅明显,各地市仍存在较大差异

2011 年海西区对外经济发展势头稳健,利用外资数量持续增长。表 6-15 为 2007—2011 年五年内海西区 20 个城市实际利用外资总额及增长情况。从表中可看出,海西区 2011 年实际利用外资总额达到 99.71 亿美元,比上年增长 8.6%,增幅较大。

表 6-15　2007—2011 年海西区实际利用外资总额及增长情况　单位:亿美元

年份＼地区	海西区	全国	海西区增长率(%)	海西区占比(%)
2007	71.84	747.68	—	9.6
2008	86.72	923.95	20.7	9.4
2009	87.22	900.33	0.6	9.7
2010	92.16	1 057.34	5.7	8.7
2011	99.71	1 160.11	8.6	8.6
年均	—	—	8.9	9.2

资料来源:经作者分析计算得出。

从海西区实际利用外资总额占全国的份额来看,2007—2011 年海西区利用外资在全国的占比较平稳,约在 9.2% 左右,平稳的外资注入已经成为海西区经济发展的一大动力。

从各地市的情况来看,实际利用外资情况仍存在较大差异。在福建省,如表 6-16 所示,2007—2011 年福建省实际利用外资增长近 32 亿美元,增长幅度较大。其中 2007—2008 年增长较快,2010—2011 增幅也较明显,2009—2010 增幅较平稳。从各市实际利用外资情况来看,大部分城市 2011 年利用外资增速较快。从总额来看,厦门市以 17.26 亿美元继续位居福建省第一位,宁德市增幅最大,达到了 34%。从内陆地区与沿海地区的对比来看,2007—2011 年内陆地区实际利用外资额平均增长率为 20.14%,比沿海地区 16.46% 的平均增长率高出 3.7 个百分点,与 2007—2010 年四年间内陆地区实际利用外资额平均增长率(24.70%)比沿海地区(21.30%)高出 3.4 个百分点的情况相比,波动不大。

在浙南,则继续出现外资规模逐年减少的情况。从表 6-17 可以看出,浙南实际利用外资金额由 2007 年的 6.81 亿美元,减少到 2011 年的 1.91 亿美元,利用外资规模逐年减少,至 2011 年已低于 2 亿美元。2008—2011 年浙南利用外资均呈现负增长,年均增长率为 -21.16%。

在粤东,2011 年利用外资规模继续扩大。如表 6-18 所示,2011 年利用外资额增长率为 23%,达到近五年来的最高水平。2007—2011 年,汕头市、揭阳市实际利用外资年均增长率均达到 20% 以上,潮州市超过 15%,梅州市 2009 年出现负增长,2010—2011 年实际利用外资规模也逐渐扩大。

在赣东南,除抚州市外,其余各市继续保持较快增长。如表 6-19 所示,2007—2011 年赣东南实际利用外资增加近 7 亿美元,年均增长率达到 15.21%。从表中可以看出,2011 年,赣东南实际利用外资虽继续增长,但增幅明显小于 2007—2010 年,降到了 8.33%。从各市吸引外资总额情况来看,赣州市继续连续五年位居榜首,2011 年达到 9.29 亿美元。从各市吸引外资增幅情况来看,2011

表 6-16 2007—2011 年福建省九市实际利用外资情况

单位:总额,亿美元;增长率,%

城市	年份	2007 年		2008 年		2009 年		2010 年		2011 年		年均增长率
		总额	增长率	总额	增长率	总额	增长率	总额	增长率	总额	增长率	
沿海地区	福州市	7.00	5.9	10.02	43.1	10.32	3.1	11.85	14.8	12.77	7.80	14.94
	厦门市	12.72	33.2	20.42	60.6	16.87	-17.4	16.97	0.6	17.26	1.70	15.74
	莆田市	1.20	26.3	1.30	8.3	1.83	40.4	1.83	25.4	2.53	10.10	22.10
	漳州市	4.50	12.2	5.01	11.1	5.50	9.9	5.50	27.4	8.87	26.60	17.44
	泉州市	12.75	38.6	17.00	33.3	17.20	1.2	17.20	-13.2	16.15	0.82	12.10
	平均增长率	—	—	—	—	—	—	—	—	—	—	16.46
内陆地区	三明市	0.54	5.9	0.66	23.4	0.75	13.0	0.86	15.8	0.92	0.70	11.68
	南平市	4.19	20.0	4.62	10.4	4.86	5.1	5.46	12.4	6.03	10.10	11.60
	龙岩市	1.20	55.8	1.34	11.7	1.52	13.4	1.65	8.4	7.07	13.10	20.48
	宁德市	0.22	—	0.38	76.1	0.57	48.7	0.71	25.1	0.95	34.00	36.78
	平均增长率	—	—	—	—	—	—	—	—	—	—	20.14
	总计	40.61	—	56.72	40.0	55.18	-0.3	56.96	3.0	72.56	9.39	12.35

资料来源:海西区各市相关年份统计年鉴。

表 6-17　2007—2011 年浙南三市实际利用外资情况

单位：总额，亿美元；增长率，%

城市＼年份	2007 年		2008 年		2009 年		2010 年		2011 年		年均增长率
	总额	增长率	总额	增长率	总额	增长率	总额	增长率	总额	增长率	
温州市	6.18	33.5	2.62	-57.6	2.34	-10.7	1.76	-24.8	1.02	-42.9	-20.44
丽水市	0.22	14.2	0.81	264.3	0.29	-64.0	0.38	31.0	0.44	18.1	52.72
衢州市	0.41	2.9	0.58	43.3	0.64	9.8	0.62	-1.6	0.45	-27.2	5.44
总计	6.81	—	4.01	-41.0	3.27	-18.0	2.76	-16.0	1.91	-30.8	-21.16

资料来源：海西区各市相关年份统计年鉴。

表 6-18　2007—2011 年粤东四市实际利用外资情况

单位：总额，亿美元；增长率，%

城市＼年份	2007 年		2008 年		2009 年		2010 年		2011 年		年均增长率
	总额	增长率	总额	增长率	总额	增长率	总额	增长率	总额	增长率	
汕头市	1.72	22.9	1.94	13.0	2.04	5.2	2.56	25.2	3.46	35.41	20.34
梅州市	1.12	36.9	1.29	14.3	0.80	-37.7	0.90	11.9	1.02	13.85	7.85
潮州市	0.82	21.0	0.91	20.7	1.01	11.1	1.12	11.0	1.26	12.42	15.24
揭阳市	0.91	30.0	1.27	45.5	1.32	4.1	1.49	12.5	1.71	15.10	21.44
总计	4.57	—	5.41	18.0	5.17	-4.0	6.07	17.0	7.45	23.00	13.50

资料来源：海西区各市相关年份统计年鉴。

表 6-19　2007—2011 年赣东南四市实际利用外资情况

单位：总额，亿美元；增长率，%

城市＼年份	2007 年		2008 年		2009 年		2010 年		2011 年		年均增长率
	总额	增长率	总额	增长率	总额	增长率	总额	增长率	总额	增长率	
上饶市	2.57	38.5	3.01	15.0	3.49	16.0	5.04	44.5	5.94	17.73	26.35
鹰潭市	0.85	4.8	1.02	20.5	1.11	8.8	1.20	8.1	1.45	21.09	12.82
抚州市	1.08	22.5	1.22	3.1	1.36	11.2	1.52	11.5	1.35	-33.82	2.90
赣州市	6.58	11.5	7.00	11.0	7.72	10.3	8.36	8.3	9.29	11.13	10.45
总计	11.08	—	12.25	11.0	13.68	12.0	16.12	18.0	18.03	8.33	15.21

资料来源：海西区各市相关年份统计年鉴。

年鹰潭市达到 21.09%，而抚州市则为负增长，实际吸引外资比上年同期减少 33.82%。可见，赣东南整体增长势头虽稳健提升，但各市情况差异较大。

2. 在引资规模上，福建省仍为海西区主体，浙南表现欠佳

如图 6-11 所示，从总量上看，福建省 2011 年实际利用外资 72.56 亿美元，远高于赣东南的 18.03 亿美元、粤东的 7.45 亿美元和浙南的 1.92 亿美元，福建省仍为海西区的引资主体。

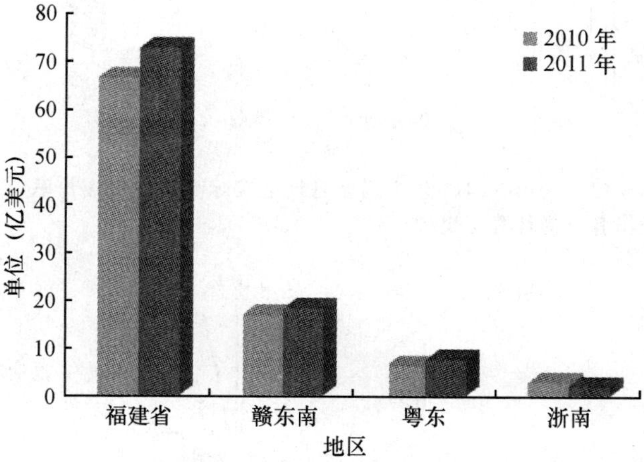

图 6-11　2010—2011 年海西区实际利用外资图

资料来源：经作者分析计算得出。

如图 6-12 所示，从增长速度来看，与 2010 年相比，2011 年粤东和福建省实际利用外资的增长速度均有较大幅度的提高，赣东南增速平稳，浙南地区持续负增长且 2011 年负增长幅度加大。

3. 与 2010 年相比制造业仍为引资主体，传统服务业增长势头强劲

图 6-13 反映了福建省 2011 年各行业实际利用外资情况，在吸引外资方面制造业仍处于绝对主体地位，其次是房地产业，约占投资总额的 13.21%，批发和零售业达到 7.09%，位居第三位。

表 6-20 主要反映了 2011 年各行业实际利用外资增长情况，与 2010 年相比，2011 年整体增长幅度略有缩减。其中，第一产业实际利用外资只比上年增加了 3.4%，第二产业整体表现差异较大，采矿业、制造业保持低幅正增长，建筑业和电力、燃气及水的生产和供应业都出现较明显的负增长态势；与 2010 年相比，各行业增长幅度明显缩小，负增长幅度却有所扩大。第三产业实际利用外资情况整体比较平稳，其中传统服务业比 2010 年情况有所好转，除了水利、环境和公共设施管理业外其余均转变为正增长，住宿和餐饮业表现突出，增长率由 2010 年的

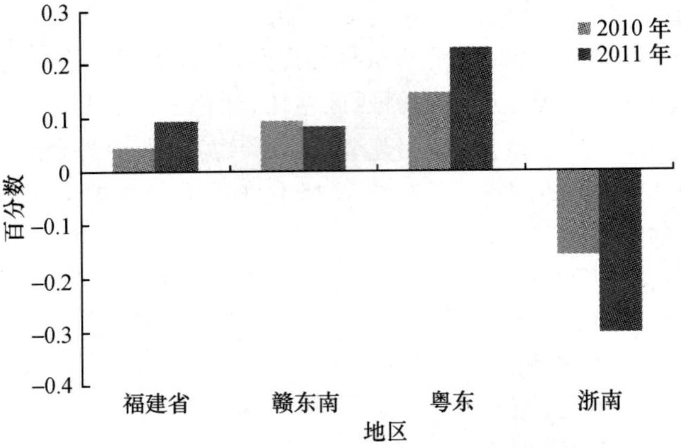

图 6-12　2010—2011 年海西区各地区实际利用外资增长率

资料来源：经作者分析计算得出。

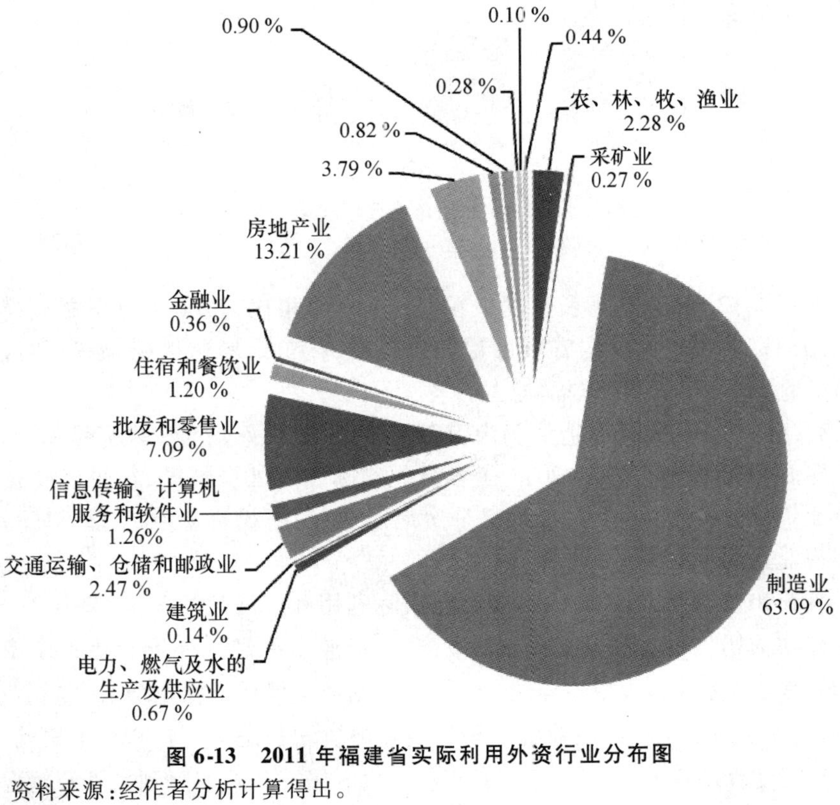

图 6-13　2011 年福建省实际利用外资行业分布图

资料来源：经作者分析计算得出。

-42.9%上升为2011年的124.2%，现代服务业整体继续保持较快增长，除了居民服务和其他服务业、租赁和商务服务业以外，其他各行业均保持平稳较快增长。

表 6-20　2010 年与 2011 年福建省实际利用外资增长情况

单位：万美元

产业＼指标		行业	2010 年		2011 年	
			实际利用外资额	增长率(%)	实际利用外资额	增长率(%)
第一产业		农、林、牧、渔业	14 040	48.0	14 153	3.4
第二产业		采矿业	1 597	98.6	1 699	6.4
		建筑业	3 016	38.6	881	-70.8
		制造业	371 139	-2.9	391 243	5.4
		电力、燃气及水的生产和供应业	20 756	-17.7	4 153	-80.0
第三产业	传统服务业	水利、环境和公共设施管理业	9 622	220.0	5 579	-42.0
		批发和零售业	25 724	-15.8	43 986	71.0
		住宿和餐饮业	3 308	-42.9	7 415	124.2
		交通运输、仓储和邮政业	8 265	-66.8	15 319	85.3
	现代服务业	信息传输、计算机服务和软件业	14 083	-16.2	7 850	44.3
		金融业	1 517	-30.8	2 235	47.3
		科学研究、技术服务和地质勘查业	3 540	200.0	5 099	44.0
		居民服务和其他服务业	2 815	100.2	1 739	-38.2
		房地产业	72 368	55.9	81 908	13.2
		租赁和商务服务业	24 911	42.9	23 525	-5.6

资料来源：2010—2011 年《福建统计年鉴》。

二、海西区投资存在的问题

1. 投资地区分布失衡,投资环境有待改善

从地区结构看,2011 年海西区各市利用外资规模存在较大差异,沿海城市吸引外资的情况总体上仍好于内陆城市。图 6-14 是海西区 20 个城市 2011 年实际利用外资总额的排序图。从图中可以看出,东南沿海城市实际利用外资情况明显好于内陆城市,厦门、泉州、福州、漳州、汕头、莆田、揭阳、潮州、温州沿海 9 市实际利用外资额约为 65 亿美元,而赣州、龙岩、南平、上饶、鹰潭、抚州、梅州、宁德、三明、衢州、丽水内陆 11 市实际利用外资总额约为 35 亿美元,只占沿海城市的 54% 左右。海西区存在着吸引外资地区分布失衡的情况,投资环境也有待改善。

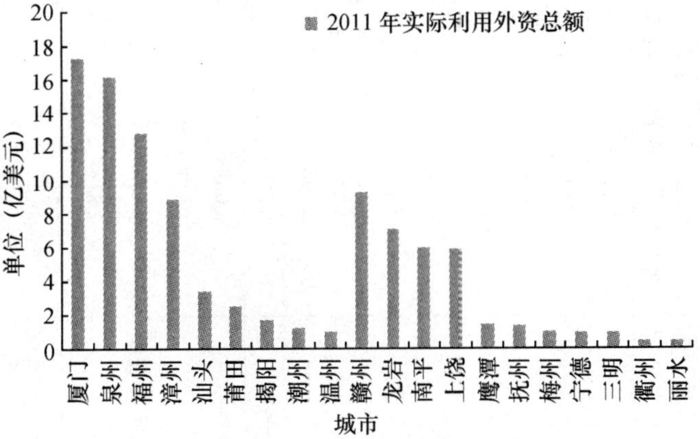

图 6-14 海西区各市实际利用外资总额排序图

资料来源:海西区各市统计年鉴。

2. 三大产业固定资产投资及外商直接投资结构不合理

海西区固定资产投资中,投资于第三产业的投资总额远远高于投资于第一、第二产业的投资总额,尤其是第二产业投资不足。2011 年,福建省固定资产投资总额的 61.26% 投入了第三产业,而投入第二产业的只有 37%;投入第三产业的固定资产投资中,有 31.36% 是住宅投资。可以看出,海西区的投资结构不合理,投资于实体经济的比重太少,而投入房地产的比重过大,不利于经济的长期发展。

随着海西区经济的不断发展,外商直接投资产业结构也不断完善,以福建省为例,从图 6-15 和图 6-16 中我们可以看出,福建省产业结构与其外资产业结构基本相符,但仍存在一些矛盾和问题。福建省 2011 年第一产业和第三产业

吸引外资的水平仍然远低于第二产业，尤其是第一产业所占比例只有2%。而福建省农业基础设施薄弱，农业科技水平低且农业资本缺乏，若能在吸引外资方面有所突破，对福建省新农村建设将助力不少。

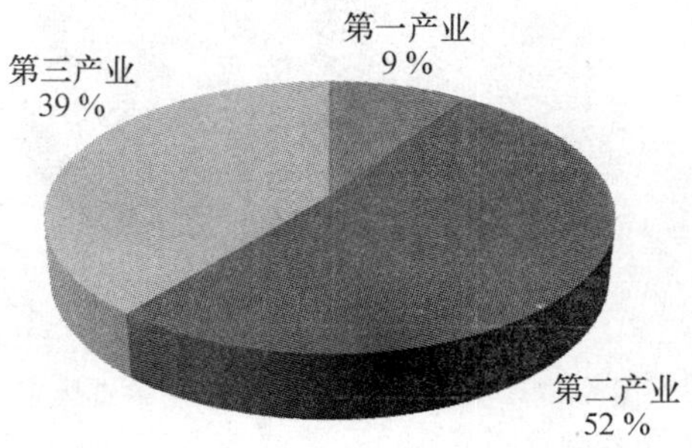

图6-15　福建省2011年三大产业国民生产总值占比

资料来源：2011年《福建统计年鉴》。

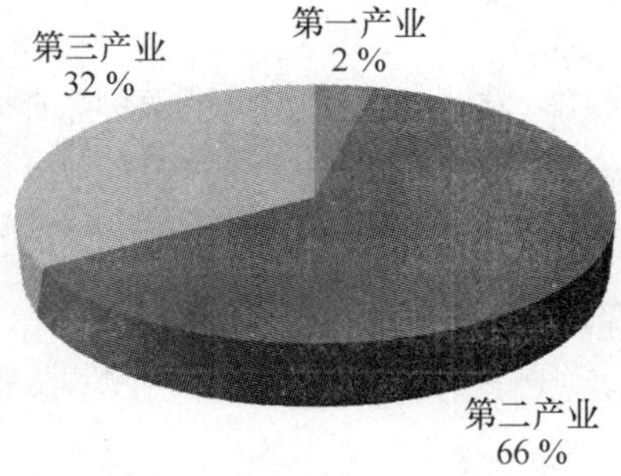

图6-16　福建省2011年三大产业实际利用外资额占比

资料来源：2011年《福建统计年鉴》。

3. 投资来源单一，亚洲资金仍占绝对主体地位，欧美资金欠缺

海西区整体投资来源较单一，以福建省为例，如图6-17所示，外资主要来自亚洲，约占85%，其中中国香港地区、新加坡、日本成为吸引外资的主要地区；其次为拉丁美洲，投资比例约占整体的13%，而欧美发达国家投资所占比例却很小。这种单一的引资格局是不利于福建省乃至海西区整体发展的。

三、海西区投资发展对策

1. 加强交通设施、开发区、高新技术园区的建设，改善投资硬环境

海西区由于地理环境复杂以及历史原因，交通基础建设落后，这制约了海西区的发展，现在海西区正大力推进交通基础设施的建设，今后还应进一步加强这方面的工作。同时，海西区应重点建设开发区与高新技术区，开发区与高

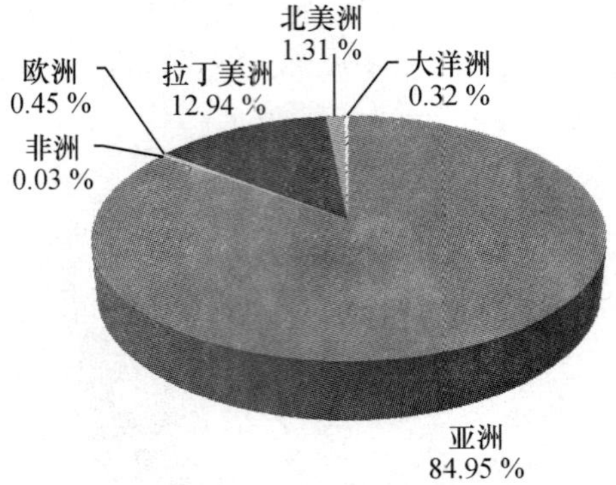

图 6-17 福建省 2011 年外资来源占比

资料来源:2011 年《福建统计年鉴》。

新技术区是吸引投资的重要基础设施,应该进一步加强对开发区和高新技术区的统筹规划,加强基础设施建设,对于耗资巨大的项目,政府可投入部分资金。

2. 加强投资软环境建设

发挥政府的服务性职能,将一系列改善投资环境的措施落到实处。切实做好简化审批、改进服务、提高效能的工作,打造优质的投资发展环境。提高政府办事效率,提高为企业服务的水平,做到简政放权,使得企业的行政审批尽可能精简,降低市场准入门槛,达到鼓励投资的目的。

完善税收体质,加强税费改革,减少行政事业性收费,改善企业投资环境,切实为企业减轻负担。

3. 发展资本市场,完善风险投资机制

资本市场为企业提供资金来源,是企业投资和发展的必要前提条件,完善的资本市场有利于企业的融资投资,以及风险规避。在海西区的投资中,非公有制经济投资已经成为重要组成部分,海西区应完善资本市场,改善融资环境,尤其是改善中小企业融资环境,为民营企业提供广阔的发展空间。

同时,应完善风险投资机制,应形成以民间资本为主的风险投资筹资和循环的机制,吸引国际风险投资进入,鼓励高科技产业的发展,为高风险高收益的高新技术产业创造良好的发展环境。

4. 优化利用外资结构,加大第一、第三产业引资力度

针对海西区引资结构以第二产业为主,第一、第三产业引资水平偏低的问题,应加强对外资流向的引导,加强加大对农业、传统服务业和现代服务业的资金支持,优化利用外资结构。引导外资进入第一产业,加强农业基础设施的改造,引进高效安全的农业生产技术,生产绿色农产品,打造生态农业,发展休闲

农业,打造具有海西特色的农业产业。加强第三产业的引资力度,引导外资进入批发和零售业,住宿和餐饮业,水利、环境和公共设施管理业,交通运输、仓储和邮政业等传统服务业,同时在信息传输、计算机服务和软件业,金融业,科学研究、技术服务和地质勘查业,租赁和商务服务业等现代服务业中更加注重外资企业与本土企业的交流合作,引资的同时引进技术,学习先进的管理理念和服务理念,实现海西区服务业的全面发展。

5. 放眼全球,丰富外资来源

针对目前海西区外资来源以亚洲为主、欧美等发达国家投资水平偏低的外商投资格局,充分利用海西区濒临东南沿海、对外交通便利的区位优势,以及国家不断加大对海西区发展投入力度的一系列政策优势,在稳固港澳台商投资规模的基础上,更加注重吸引北美洲、欧洲、大洋洲国家和地区的优质外资,借助投资贸易洽谈会、国际友好城市活动、网络宣传等多种方式和渠道,联系外资、吸引外资、注入外资,并通过引资活动宣传海西区的优惠政策及发展前景,打造有国际知名度和影响力的地域经济综合体。

四、海西区投资发展展望

1. 充分利用海西区政策优势和区位优势,科学引资呈现活力海西

2004 年福建省首次提出建立"海峡西岸经济区"的构想,至今已度过九个年头,在这九年中,"海西效应"影响力不断扩大,金融机构巨资支持,海内外闽商纷纷回归,台商加紧西进海西,更推动海西区的建设如火如荼。国家政策扶持力度不断加强,两岸经贸合作不断深化,在这些良好契机的推动下,海西区不断深化改革,优化引资环境,完善引资结构,丰富引资来源,充分利用海西区区位优势和政策优势,把握发展机遇,引资能力不断增强,为海西区经济发展源源不断地注入新的活力。

2. 海西区发展规划出台,"海西"概念日益受到关注,"海西效应"显现

2011 年,《海峡西岸经济区发展规划》正式批复,海西区有了系统的发展规划,进一步明确了建设海西区的具体目标、任务分工、建设布局和先行先试政策,为海西区投资的发展带来了历史性机遇。

随着海西区规划建设的不断深入,"海西"概念日益受到关注,海西区特有的区位优势和发展后劲正得到广泛的认可,"海西"概念带来的投资吸引效果也日益显现。2009 年以来,受国际经济形势影响,我国吸引外商投资普遍缩水,但是,国际投资在海西区的投资却不断增加,外资增长不仅速度快,而且质量高,吸引了一大批高质量的外商前来海西区投资,例如通用、马士基、戴尔、戴姆勒、

微软、宝马等跨国企业。同时,福建省的统计资料显示,外商投资中大项目比重在不断扩大。可以预计在未来的几年,随着海西区资源的整合、概念的深化、基础建设的不断投入,其吸引投资的能力将进一步增强。

3. 海西区投资向高端高质量发展

2009 年福建省出台《福建省鼓励外商投资设立研发机构的若干规定》以来,越来越多的外企加快了国内研发布局的步伐。根据《福建省鼓励外商投资设立研发机构的若干规定》,外商在福建省投资设立的研究开发机构将享受政府提供的各种优惠政策和优质服务,随着政策的贯彻落实,将吸引更多企业将研发机构落户海西区,实现海西区投资向高端高质量发展,产业实现转型升级。

随着海西区投资的蓬勃发展,海西区各地也相继出台政策,增强投资信心。例如厦门市委、市政府明确提出厦门将在未来的 3—10 年内先行先试,建成海峡西岸先进制造业基地、现代服务业最具竞争力城市、科技创新型城市和资源节约型环境友好城市等,给投资者带来极大的信心。

专题　FDI 技术溢出、人力资本与经济增长

——基于海西区 20 个城市的数据

一、前言

随着经济全球化飞速发展，国际间资本与劳动力流动日益频繁，外商直接投资成为影响地区经济增长的重要因素。2009 年 5 月，国务院颁布《关于支持福建省加快建设海峡西岸经济区的若干意见》，提出“建设对外开放、协调发展、全面繁荣的海峡西岸经济区”。“十二五”规划则明确表示“要充分发挥海峡西岸经济区在推进两岸交流合作中的先行先试作用，努力构筑两岸交流合作的前沿平台，建设两岸经贸合作的紧密区域、两岸文化交流的重要基地和两岸直接往来的综合枢纽”。海西区战略性、开放性的定位决定了海西区外商直接投资（简称 FDI）的独特优势和特殊性。2011 年，海西区 FDI 总额达 99.7 亿美元，同比增长 8.6%，与 2007 年相比，增长近 40%。FDI 的迅猛增长，一方面为海西区的发展提供了强劲的动力，另一方面也对海西区产业结构调整、人力资本及基础设施配套等提出了更高的要求。

同时，随着 FDI 流量的大幅度增长，FDI 对东道国经济的影响效应逐渐成为学界关注的重点，与之相关的资本效应、增长效应和技术进步效应也逐渐得到学者的热议。其中，考察 FDI 对东道国当地企业的技术溢出效应已经成为该类研究的核心问题。学界认为，FDI 产生技术溢出效应的前提是：① 外资企业与东道国企业相比拥有更为先进的技术，二者之间存在一定的技术差距；② 东道国对 FDI 带来的先进技术具有相应的吸收能力。而人力资本作为衡量吸收能力的核心要素，其在 FDI 技术溢出效应的研究中具有举足轻重的作用。可以说，东道国人力资本状况是其能否充分利用 FDI 促进本国技术进步和经济发展的决定性因素。因此，在该领域研究中，将人力资本对 FDI 技术溢出效应的影响纳入考量是十分必要和普遍的现象。

目前，该领域研究较为成熟，但由于海西区涉及浙江、福建、江西、广东四个省共 20 个城市，数据收集工作烦琐，难度较大；再加上海西区建设发展时间相对较短，对海西区 FDI 技术溢出效应的研究仍十分不足。因此，本专题拟在前人研究的基础上，以新增长理论为基础，基于伯伦斯坦等人提出的 FDI 技术溢出效应模型，将人力资本对 FDI 技术溢出效应的影响作为核心变量，基于

2007—2011年海西区FDI相关数据,采用面板数据回归方法,分析海西区FDI技术溢出效应及其人力资本的影响。

二、文献综述

自20世纪60年代以后,FDI技术溢出效应研究逐渐兴起。该领域研究主要分为两个议题:一是对FDI技术溢出效应存在性的研究,国内外很多学者从产业组织理论和经济增长理论等不同视角探析FDI技术溢出效应的影响因素及影响效果,研究结论不尽相同。如Branstetter(2001),Haskel、Pereirat和Slaughter(2002),Keller和Yeaple(2003)考察了美国、加拿大、日本、澳大利亚以及欧洲发达国家的FDI技术溢出效应,认为投向这些国家的FDI在企业层面上存在正的技术溢出效应。又如Blomstrom(1989)、Kokko(1996)、Djankov & Hoekman(2000)、Javorcik(2004)研究了印度、委内瑞拉、摩洛哥和墨西哥等发展中国家FDI的技术溢出情况,其实证结果发现,对于这些国家而言,FDI并没有对东道国的技术进步起到明显促进作用。有关世界各国FDI技术溢出效应存在性的实证研究结果大致可以分为两种:第一种,流入发达国家的FDI促进了东道国技术进步和经济发展,普遍产生了正的技术溢出效应;第二种,流入发展中国家的FDI未必对东道国的技术进步和经济增长起到正面作用,发展中国家FDI技术溢出效应存在与否难以得到一致性结论。

在对FDI技术溢出效应存在性的研究中,FDI技术溢出效应的传导机制和影响因素问题得到了众多学者的关注,而不同理论对其解释和看法也有所差异。譬如,Hymer(1960)认为跨国公司的垄断优势是FDI技术溢出的主要途径,其中技术差距(Findley,1978)和FDI存量(Koizumi & Kopecky,1980)是影响FDI技术溢出效应的重要因素。还有一些学者以新增长理论为框架,认为对于发展中国家而言,FDI技术溢出是东道国经济持续增长的重要动力来源,而人力资本是一个国家进行技术创新和技术模仿的关键性因素。这种观点的支持者包括Lucas(1988)和Romer(1999)等。

该领域的另一个议题集中在人力资本与FDI技术溢出的实证研究上。各国学者在研究中常把人力资本作为东道国FDI吸收能力的代理变量,通过实证分析研究FDI技术溢出与人力资本的关系。如Keller(1996)对比分析东亚国家和南美国家的经济发展状况,实证结果发现两地吸收先进技术的效果和经济增长水平有显著差异,而这种不同正是由于各国人力资本存量存在的差异造成的,进而研究认为人力资本存量是支撑新技术进步和经济增长的关键因素,技术溢出的实现要求东道国必须具备与先进技术相匹配的较高的人力资本存量。又如 Borensztein、Gregorio 和 Lee(1998)运用 69 个发展中工业国家二十多年的数据进行实证检验,研究发现,FDI 与东道国人力资本相结合有利于提高其对东道国经济增长的作用,FDI 技术溢出的效果取决于东道国可获得的人力资本存量。国内也有众多学者对我国人力资本状况对其吸收 FDI 技术溢出效应的重要作用做了大量的实证考察工作。如张斌盛、唐海燕(2006)选取留学回国率、外资企业就业率与传统的人力资本存量指标纳入模型进行回归对比,发现人力资本在国际以及外资企业间有效流动是促进外商直接投资技术溢出效应发挥的关键。刘晓成和蒋士成(2010)研究了东道国人力资本水平对跨国公司的技术转移和东道国企业的技术吸收的影响。结果表明,东道国人力资本水平与跨国公司的技术转移水平之间不存在简单的线性关系,但随着东道国人力资本水平的提高,东道国企业对先进技术的吸收能力也在不断提高。

近年来,FDI 技术溢出效应的研究趋于细化和深入,学者更多地从不同行业和不同地域的 FDI 技术溢出效应角度进行研究。如魏下海、林孔团、李冠(2011)以新古典经济增长模型为基础,考察福建省 FDI 技术溢出效应,认为 FDI 对福建省经济增长的促进作用较小;再如,钱秋苓(2012)以山东半岛的制造业为例,讨论 FDI 技术溢出效应对山东半岛制造业的影响,认为 FDI 技术溢出效应为正,但影响作用较小。

综上所述,国内外学者的研究发现,东道国人力资本水平决定了其学习、模仿、消化、吸收先进技术的能力,东道国拥有与新技术相匹配的丰富的人力资本存量是其充分利用 FDI 以促进本国技术进步、经济发展的关键。因此,本专题针对 FDI 技术溢出效应的研究,重点关注人力资本对技术溢出效应尤其是经济增长的影响。

三、海西区 FDI 发展现状分析

(一) 总体分析

改革开放以来,海西区各市 FDI 不断发展,尤其是海西区建立之后,区域 FDI 实现迅猛增长。2011 年,海西区 FDI 实现 99.7 亿美元,同比增长 8.6%,高于同期珠三角 FDI 增长率 2 个百分点,成为我国重要的区域经济体之一(如表 6-21 所示)。

表 6-21 三大区域 FDI 发展现状对比 单位:亿美元

	2010 年	2011 年	增长率
长三角	506.40	564.00	11.4%
珠三角	183.47	195.29	6.4%
海西区	92.16	99.70	8.6%

资料来源:2011—2012 年《福建统计年鉴》《江苏统计年鉴》《广东统计年鉴》。

（二）对外开放度分析

对外开放度是指一个国家或地区经济对外开放的程度,国际上一般选择外贸依存度作为对外开放度的评估和衡量指标。对外开放度越高,表明国家或地区经济对外开放水平越高。令 EXPORT 表示一国或地区的出口总额,则:

$$OPEN = \frac{EXPORT}{GDP}$$

图 6-18 为根据以上公式计算的 2011 年珠三角、长三角、海西区对外开放度对比图,由图可知,珠三角对外开放程度最高,其次为长三角,最后是海西区。将 FDI 与 GDP 的比值作为衡量 FDI 贡献程度的指标,可以发现,长三角 FDI 对地区经济增长的贡献程度最高,海西区最低。可见,与长三角、珠三角相比,海西区无论在对外开放程度还是在 FDI 贡献值方面均存在一定程度的差距。

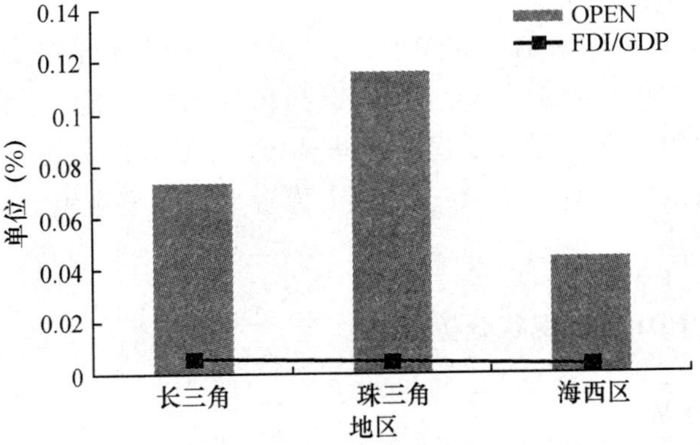

图 6-18 2011 年三大区域对外开放度及 FDI 贡献值对比图

资料来源:2012 年《福建统计年鉴》《江苏统计年鉴》《广东统计年鉴》。

图 6-19 显示,海西区沿海城市对方开放度普遍高于其他城市,其中厦门对外开放度最高,平均对外开放度为 1.21,其次为福州、温州、汕头、潮州。与珠三角、长三角相邻的浙南与粤东地区对外开放度总体高于福建省、赣东南总体水平。从 FDI 贡献值来看,厦门、泉州、福州、赣州、上饶等市 FDI 贡献值较高,而

粤东、浙南 FDI 贡献值较低。这说明对于厦门、泉州等城市而言,FDI 是经济增长的重要动力来源,而对于汕头、温州等外向型经济发展水平较高的城市而言,FDI 对经济增长的拉动作用相对并不明显。

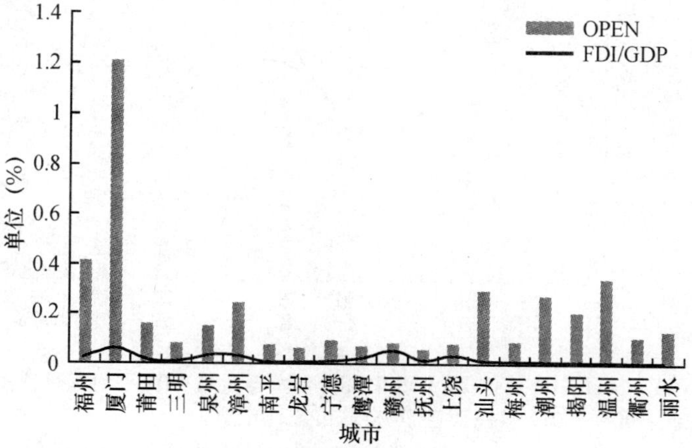

图 6-19 海西区 20 个城市对外开放平均程度及 FDI 平均贡献值对比图

资料来源:2008—2012 年海西区 20 个城市统计年鉴。

由此可见,海西区各城市之间对外开放度与 FDI 贡献值并不完全统一,对外开放度高的城市的 FDI 对经济增长的贡献并不一定最高,而 FDI 贡献低的城市的对外开放度也不一定低。两者之间的差异也许与不同地区或城市之间的 FDI 技术溢出效应紧密相关,不同地区或城市之间人力资本存量的差异可能导致 FDI 技术溢出的吸收能力差异,继而影响 FDI 对地区经济发展的贡献值。图 6-20 为海西区 20 个城市人力资本存量与 FDI 平均贡献值的关系图,由图可知,除温州等个别城市不符合 FDI 与人力资本相关性假设之外,大部分城市的人力资本存量与 FDI 贡献值具有相关性,即人力资本存量高的城市 FDI 贡献值也相对较高。

上述分析表明,人力资本存量与 FDI 技术溢出效应具有明显的相关性,即人力资本存量越丰富的城市,FDI 对经济增长的影响效应越明显,这与前文的理论综述一致。

四、研究方法与数据来源

(一)模型设定

新增长理论认为技术进步是“资本深化”所致,而“资本深化”是以可获得的资本品种类数的增加来体现的。该理论认为经济内生增长的本质是技术的

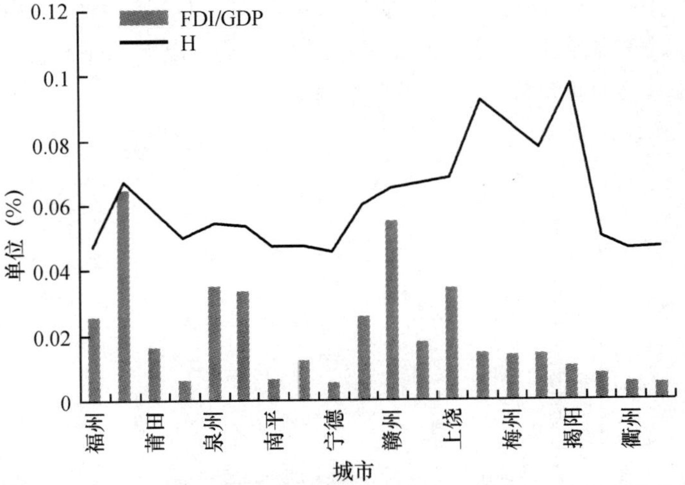

图 6-20　2011 年海西区 20 个城市人力资本存量与 FDI 平均贡献值关系图

资料来源：2008—2012 年海西区 20 个城市统计年鉴。

进步，而一个国家技术的进步主要来源于两个渠道，即国内自主技术创新和国外的先进技术转移。FDI 是国际间技术转移的重要媒体，而技术内化于劳动者体内，技术在不同国家之间的传播主要通过可获得的人力资本存量来实现。伯伦斯坦等（1998）以新增长理论为基础提出了一个衡量 FDI 技术溢出效应的模型，韩国经济学者楚由红（2005）将该模型进行拓展，将人力资本与国内投资的结合纳入模型考量。本课题以伯伦斯坦拓展模型为基础，根据 Cobb-Douglas 生产函数，设立如下计量模型：

$$Y_{it} = A_{it}K_{it}^{a}(H_{it}^{Y})^{1-a} \tag{1}$$

其中，Y_{it}代表海西区 i 市 t 年生产的最终产品；A_{it}表示外生的经济环境因素（如制度变迁、产权安排、政策变化等）；K_{it}代表物质资本；H_{it}^{Y}代表 i 市 t 年为生产最终产品 Y_{it}而雇用的人力资本。

伯伦斯坦拓展模型假设经济分为最终产品生产部门、中间产品生产部门和家庭部门，经济增长率为中间产品数目的增长，通过三大部门利润最大化函数及其一阶条件的推导，可将计量模型转化①为：

$$g_{it} = a_{o} + b_{1}H_{it} \times \mathrm{FDI}_{it} + b_{2}H_{it} \times \mathrm{KD}_{it} \tag{2}$$

在上述模型基础上，添加变量构建模型（3）：

$$\ln g_{it} = a_{0} + b_{1}\ln \mathrm{FDI}_{it} + b_{2}\ln H_{it} \times \mathrm{FDI}_{it} + b_{3}\ln H_{it} \times \mathrm{KD}_{it} + b_{4}\mathrm{FGYH}_{it} + e_{it} \tag{3}$$

① 模型推导过程略，详见刘晶（2008），“人力资本与 FDI 技术外溢效应研究”，山东大学博士学位论文。

其中：

g_{it}表示 i 市 t 年的经济增长速度，用 2007—2011 年各市地区生产总值 GDP 来表示，单位为万元。

H_{it}表示 i 市 t 年的人力资本存量，用 2007—2011 年各市中学在校生率来表示。

FDI_{it}表示 i 市 t 年外商直接投资，用 2007—2011 年各市实际利用外资额来表示，根据当年汇率换算为人民币，单位为万元。

KD_{it}表示 i 市 t 年国内资产投资，用 2007—2011 年各市固定资产投资总额来表示，单位为万元。

$FGYH_{it}$表示 i 市 t 年产权制度状况，用 2007—2011 年各市非国有企业工业总产值与全部工业总产值的比重来表示。

e_{it}为随机扰动项，a_0为常数项，b_1、b_2、b_3、b_4分别为各自变量的系数。

（二）变量解释

本课题以伯伦斯坦拓展模型为基础，建立回归模型（3），并对核心变量和控制变量进行解释。

1. 核心变量

在模型（3）中，FDI 的单独项（$\ln FDI_{it}$）主要考察 FDI 与人力资本相互结合条件下（$\ln H_{it} \times FDI_{it}$）技术溢出效应 b_2和外商直接投资（$\ln FDI_{it}$）单独作用下技术溢出效应 b_1的比较情况，如果发现 b_2远大于 b_1，就说明东道国人力资本是 FDI 技术溢出过程的关键因素。

在模型中，$\ln H_{it} \times FDI_{it}$代表人力资本与外商直接投资相结合项，$b_2$ 代表 FDI 在和人力资本相结合条件下对东道国的技术溢出效应。新增长理论认为，FDI 只有在和人力资本相结合情况下才能有效产生技术溢出，也就是说，人力资本是 FDI 技术溢出效应的关键传导因素。因此，该变量也是模型的主要解释变量。

模型中，$\ln H_{it} \times KD_{it}$代表人力资本与国内资本相结合项，$b_3$ 代表人力资本与国内资本相结合条件下对国内经济增长的作用，这是符合实际情况的。

2. 控制变量

在 FDI 技术溢出效应中，除人力资本外，其他如对外开放度、政府研发支出、基础设施建设等因素也是影响 FDI 技术溢出吸收能力的重要变量。故本课题选取对外开放度（OPEN）、科技财政支出（RD）、移动电话和固定电话总户数（TEL）作为模型（3）的控制变量，逐步加入基础模型。

（三）数据来源

本课题使用的数据主要来源于海西区 20 个城市 2007—2011 年的统计年鉴和统计公报，部分数据来源于中国经济数据库和国家统计局网站。其中，FDI 和出口总额均根据当年汇率换算为人民币，单位均为万元。

五、FDI 技术溢出效应分析

本课题运用以上方法，使用 2007—2011 年海西区各市地区生产总值、中学入学率、实际利用外资、国内固定资产投资、非国有化率等指标，建立面板数据回归模型，分析海西区 FDI 技术溢出效应及溢出路径。

（一）计量结果

面板数据回归方法主要包括固定效应模型和随机效应模型，对于模型究竟选择哪种方式，一般根据豪斯曼检验值进行选择。根据模型(3)的回归结果（见表 6-22），可以发现，p 值为 0.0000，即强烈拒绝原假设"$H_0: u_i$ 与 x_{it}, z_i 不相关"，故应该使用固定效应模型。

表 6-22 两种回归模型的选择

因变量 lng	固定效应	随机效应	豪斯曼检验
截距	10.17872 (1.1119)①	8.710037 (0.8175)	—
lnFDI	-0.0402999 (0.0677)	-0.0694638 (0.0450)	—
ln$H$ × FDI	-0.1179602 (0.0639)	0.0267632 (0.0451)	—
ln$H$ × KD	0.5829492 (0.0518)	0.6278809 (0.0517)	—
FGYH	0.0506737 (0.2293)	-0.0127649 (0.2282)	
R^2	0.6317	0.7844	—
$F(p^-)$	0.0000	0.0000	—
Prob > chi2	—	—	0.0000
观测值	100	100	100
组	20	20	20

① 括号内的是稳健标准差。

为了更全面地分析 FDI 的技术溢出效应,在模型(3)的基础上,逐步加入对外开放度(OPEN)、政府科技财政支出(RD)、移动电话和固定电话总户数(TEL)这几个控制变量,并与模型(3)一起组成模型Ⅰ至模型Ⅳ,回归结果如表 6-23 所示。

表 6-23 模型Ⅰ至模型Ⅳ面板数据回归结果

因变量 lng	模型Ⅰ	模型Ⅱ	模型Ⅲ	模型Ⅳ
截距	7.9592***	8.1007***	8.5123***	8.5437***
lnFDI	-0.0937***	-0.1135***	-0.1159***	-0.1223***
ln$H$×FDI	0.0887***	0.0749***	0.0771***	0.0739***
ln$H$×KD	0.7143***	0.7267***	0.7183***	0.7258***
FGYH	-0.6891***	-0.6636***	-0.6515***	-0.6767***
OPEN		0.1659**	0.1870**	0.1878**
lnRD			-0.0340***	-0.0350*
TEL				0.00002
R^2	0.6317	0.6423	0.2922	0.2738
$F(p^-)$	0.0000	0.0000	0.0000	0.0000

注:***、** 和 * 分别表示 1%、5% 和 10% 的显著水平。

对模型Ⅰ至模型Ⅳ进行异方差检验,发现四个模型均存在异方差,以上结果均为调整后的结果。

(二) 实证结果分析

由表 6-23 可见,模型Ⅰ、模型Ⅱ拟合效果明显好于模型Ⅲ和模型Ⅳ,模型Ⅲ与模型Ⅳ由于变量之间存在较高的共线性,故 R^2 值大幅度减小。四个模型中变量 lnFDI、ln$H$×FDI、ln$H$×KD、FGYH 均在 1% 的水平下显著,变量 OPEN 均在 5% 的水平下显著,而 TEL 没有通过显著性检验。

1. FDI 技术溢出效应

在四个模型中,变量 lnFDI 系数均为负,即 FDI 本身的技术溢出效应为负值,即 FDI 对海西区经济增长具有负向影响。以模型Ⅱ为例,在其他变量不变的情况下,FDI 增加 1%,将导致地区经济增长速度下降 0.1135 个百分点。而在四个模型中,变量 ln$H$×FDI 的系数均为正,可见人力资本与 FDI 相结合条件下的技术溢出效应显著为正值。以模型Ⅱ为例,人力资本与 FDI 相结合对海西区经济增长具有明显促进作用。在其他变量不变的情况下,H×FDI 增加 1%,将导致海西区经济增长水平提高 0.0749 个百分点。

这说明,在目前我国国内储蓄总额居高不下的前提下,单纯引进外资不利于 FDI 产生技术溢出效应，由于国外投资对国内投资存在挤出效应，反而会对中国经济发展起到一定的阻碍作用。从检验结果可以发现，人力资本与 FDI 相结合可以产生明显的 FDI 技术溢出效应，FDI 只有和人力资本相结合的情况下才能更有效地促进海西区的技术进步，进而推动海西区经济发展。离开了人力资本的配合，FDI 对海西区技术进步的促进作用将会非常微弱，甚至会成为阻碍海西区技术进步和经济增长的消极因素。

2. 国内资本的技术溢出效应

四个模型回归结果表明，人力资本与国内投资相结合（$H\times$KD）有效地促进了技术进步和经济增长。以模型Ⅱ为例，在其他变量不变的情况下，$H\times$KD 增加 1%，海西区经济增长水平增加 0.7267%，说明国内资本是国内技术进步和经济增长的主要推动力量。进一步来看，$H\times$KD 对海西区经济增长水平的影响系数显著高于 $H\times$FDI 的影响系数，这说明在人力资本作为技术溢出的主要路径机制作用下，国内资本的技术溢出效应高于 FDI 的技术溢出效应。

3. 制度因素对 FDI 技术溢出效应的影响

本课题将非国有化率（FGYH）作为制度状况的衡量指标，从检验结果可以看出，FGYH 在四个模型中均显著，且系数均为负。这说明非国有化率越高越不利于经济增长。以模型Ⅱ为例，在其他变量不变的情况下，FGYH 增加 1%，将导致海西区经济增长水平降低 0.6636 个百分点。

4. 对外开放度对 FDI 技术溢出效应的影响

从模型Ⅱ至模型Ⅳ的回归结果分析，对外开放度均在 5% 的水平下显著，且系数均为正。这表明对外开放度对 FDI 技术溢出效应具有正向推动作用。这与 Wang（1990）以及 Batiz（1991）等人关于对外开放的规模与 FDI 的技术溢出效应之间存在正相关关系的结论一致。这一方面是因为近几年海西区处于出口贸易结构转变及优化时期，也正是 FDI 快速增长时期，另一方面是由于 FDI 可以在投资国与东道国之间创造新的贸易，使贸易在更大规模上进行（小岛清，1978）。

六、结论与政策建议

本课题以伯伦斯坦拓展模型为基础，使用 2007—2011 年海西区 20 个城市近五年的统计数据，构建面板数据回归模型，分析了海西区 FDI 技术溢出效应，得出如下结论与政策建议：

第一，扩大外资引进规模，提升 FDI 对经济增长的贡献。与珠三角、长三角相比，海西区 FDI 对地区生产总值的贡献偏低。作为我国沿海经济带的重要组成部分,海西区应以更加开放的姿态引进外资,提升 FDI 对地区经济增长的贡献。

第二,加大人力资本投资,提升利用外资效率。从本课题研究结果可知,与 FDI 单独作用下的技术溢出效应不同,人力资本与 FDI 相结合情况下,FDI 技术溢出对经济增长具有一定的促进作用。也就是说,应进一步出台吸引高科技和管理人才的政策措施,加大人力资本投资力度,构建发挥外资技术溢出效应的消化机制和创新机制。高素质的科技、管理人才既是人力资本的重要组成部分,又是吸收 FDI 技术溢出效应最主要的人力资源群体,加大人力资本投资力度,吸引大批高科技和管理人才,也能更好地消化吸收 FDI 技术溢出效应,加快海西区产业的创新和升级。要进一步提高政府工作效率,增强政府的服务功能,出台一系列优惠措施,吸引投资规模大、科技水平高、辐射带动能力强的外资项目,真正做到合理有效地利用外资,提升外资利用效率,促进地区技术进步和经济增长。

第三,提升对外开放度,充分发挥海西区改革开放先行先试优势。本课题研究发现,与珠三角、长三角相比,海西区对外开放度最低,而对外开放度对经济增长又具有明显的促进作用。海西区自建立以来,一直以"提升对外开放水平,增创改革开放新优势"作为其未来发展的规划和目标,其独特的区位优势和政策优势也极大地促进了海西区的快速发展。海西区应把握住战略发展机遇,进一步提升对外开放水平,打造海峡两岸区域合作的新平台,促进海西区经济的飞速发展。

第七章

海西区金融服务

第一节　海西区金融服务业的发展现状

一、海西区金融业发展现状

（一）海西区主要城市的金融业概况

根据国务院批复的《海峡西岸经济区发展规划》，福建省在海西区中居于主体地位，福州、厦门、泉州、温州、汕头为海西区的五大龙头城市。本章将通过对海西区五大龙头城市以及福建省金融业运行情况的分析来描绘海西区金融业的总体运行情况。

（1）从金融增加值来看，温州在2011年的金融增加值为355亿元，高居整个海西区榜首，为厦门的两倍之多，并且仍以两位数的增长速度递增，可见民间金融之城——温州的金融发达程度，如图7-1所示。作为海西区的唯一省会城市，福州以219亿元的金融增加值屈居次席。由于福州最近几年的金融中心建设动作频频，金融投资也在加大，2011年的金融业增加值的增速仍达到21.07%，为海西区速度最快者。厦门与泉州以168.97亿元和139.40亿元的金融增加值位于温州与福州之后。必须指出的是，厦门作为进入国家"十二五"规划的两岸金融中心建设城市，在2011年的金融增加值增速才为9.6%，这是值得反思的。至于金融发展基础一直不好的汕头,则在海西区中五个核心城市的竞争中差距很大,无法与其“经济特区”的身份联系在一起。

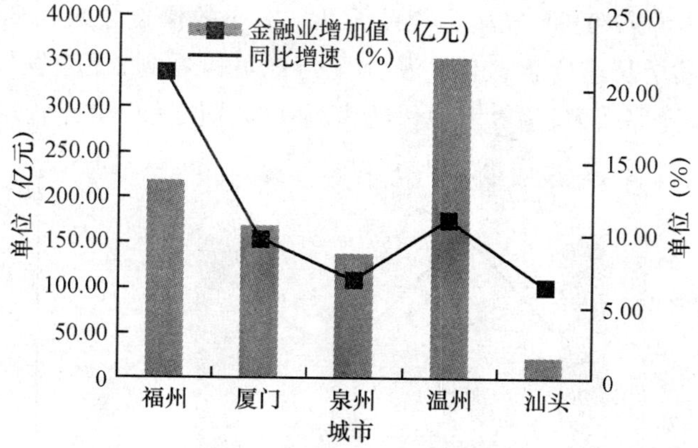

图 7-1　海西区五大城市的金融业增加值比较

资料来源:各市统计公报和统计网站。

(2) 从本外币存贷款来看,海西区五大城市之间差异较大,其中温州与汕头的差距最大,如图 7-2 所示。2011 年温州市以 7 545. 60 亿元的本外币存款余额和 6 394. 96 亿元的本外币贷款余额遥遥领先,分别是汕头的 3. 79 倍和 8. 78 倍。第二名是省会城市福州,它与厦门、泉州的差距呈等差数列分布。从这个指标的规模上来看,海西区的城市金融差异性较大,这是由于实体经济和金融发育程度不同而造成的。

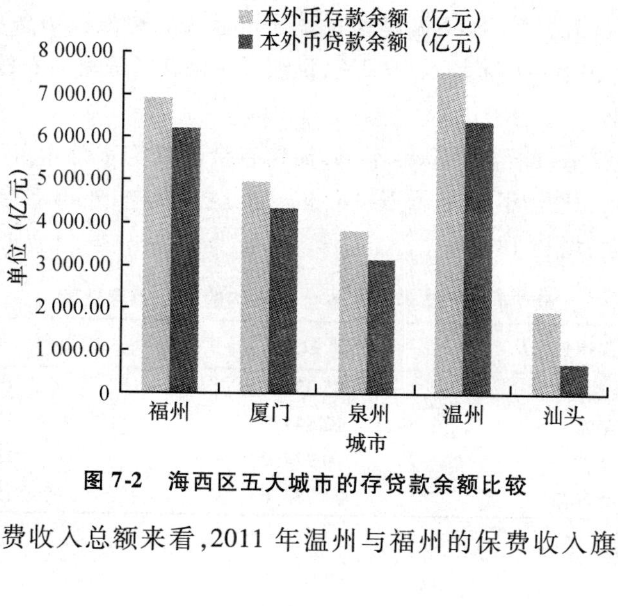

图 7-2　海西区五大城市的存贷款余额比较

(3) 从保费收入总额来看,2011 年温州与福州的保费收入旗鼓相当,厦门的保险增长速度最快。如图7-3所示,福州和温州在2011年的保费收入分别为114.91亿元和110.88亿元,福州略高于温州。同时,厦门和泉州的保费收入为82.03亿元和76.99亿元,规模也相差无几。汕头的保费收入在2011年不仅规模最小,同时其增长速度也最低。从这个指标可以看到,保险发展的差异并没有存贷款的差异那么大,相对来说保险市场在海西区是一个比较均衡的市场。

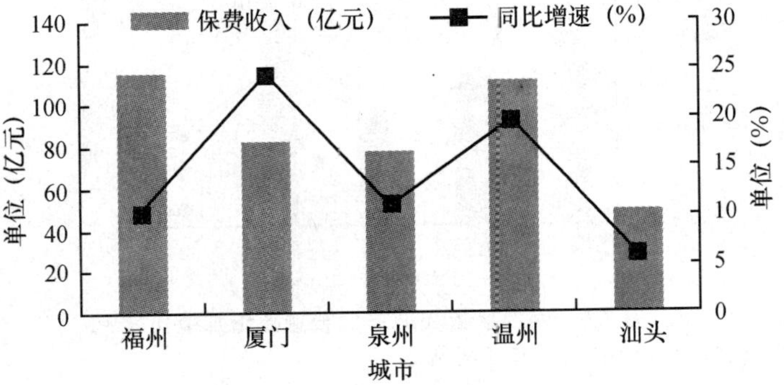

图7-3 海西区五大城市的保费收入比较

(二)海西区的主体——福建省的金融业概况

1. 金融业的整体概况

福建省金融业由银行、证券期货业和保险业组成,在2012年全省金融业的固定资产投资共为30.14亿元,同比增长29.6%。外商直接投资福建省金融业的合同项目为14个,按验资口径的合同金额为15922万美元,实际投资金额为7057万美元。必须指出的是,全年福建省农村合作金融机构人民币各项贷款余额为1696.63亿元,比上年年末增长20.3%,反映了金融支撑战略向农村的转移。

2. 银行业

如表7-1所示,截至2012年年末,福建省金融机构本外币各项存款余额为25057.75亿元,比上年年末增长16.2%;金融机构本外币各项贷款余额为22427.46亿元,增长18.2%。

表7-1 2012年福建省金融机构的本外币存贷款

存贷款指标	年末数(亿元)	比上年年末增长(%)
各项存款余额	25057.75	16.2
其中:单位存款	12647.76	17.1
个人存款	10974.23	18.2
其中:人民币存款	24283.68	15.3

（续表）

存贷款指标	年末数(亿元)	比上年年末增长(%)
各项贷款余额	22 427.46	18.2
其中:短期贷款	10 237.02	23.1
中长期贷款	11 424.77	12.3
其中:人民币贷款	21 209.82	16.8

资料来源:福建省统计局。

图 7-4 说明了自 2007 年以来福建省城乡居民的储蓄存款情况。自 2007 年以来,城乡居民的储蓄存款一直保持稳定的增长,尤其是 2008 年的增长率接近 25%。这一组数字直接反映了福建省城乡居民的收入增长水平,除 2007 年以外,其他时间均高于 GDP 增长率。

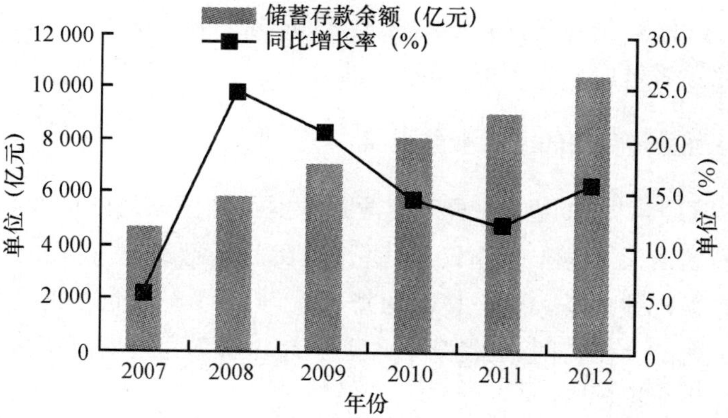

图 7-4 福建省城乡居民的储蓄存款概况(人民币)

资料来源:中国人民银行福州中心支行。

从银行机构数量的角度来看,截至 2011 年年末,福建省全省共有法人银行机构 83 个,分支机构 5 495 家,已形成国有商业银行和股份制商业银行为主体,商业性金融、政策性金融和合作金融分工协作,内资、外资和中外合资等多种所有制金融机构并存,各种形式金融机构相互促进,经营覆盖面广、布局渐趋合理、功能相对齐全的银行业机构体系。

3. 证券期货业

2012 年福建省年新增境内上市公司 6 家,募集资金 26.44 亿元。2012 年境内上市公司 A 股数量达到 86 家,市价总值 6 014.08 亿元,增长 13.2%,说明福建省的上市公司质量总体较好,上市服务工作比较到位,所以在股市较差的背景下企业上市总值仍能保持快速上涨。但是,福建省上市公司 B 股数量仅为 1

家，市价总值 4.46 亿元，下降 52.9%，当然这与当前的资本市场战略直接相关。从证券期货业机构体系来看，截至 2011 年年末，福建省全省证券业机构共有法人证券公司 3 家（华福、厦门、兴业），资产 279.57 亿元，从业人员约 5 000 人；非法人证券营业部 265 家，比 2002 年新增 201 家。

4. 保险业

2012 年福建省内外资保险公司保费收入达 477.70 亿元，比上年增长 10.5%，其中寿险保费收入 254.77 亿元，健康险和意外伤害险保费收入 47.66 亿元，财产险保费收入 175.27 亿元。支付各类赔款及给付 149.81 亿元，其中寿险业务给付 44.64 亿元，健康险和意外伤害险赔款及给付 14.81 亿元，财产险赔款 90.36 亿元。同时，截至 2011 年年末，全省共有保险公司主体 47 家，全省保险业总资产 996.35 亿元；从业人员 11.63 万人，其中，正式职工 2.42 万，营销人员 9.21 万人；保险业共有各类分支机构 2 269 家。从上述数据可以看到，福建省的保险业发展格局总体平稳，保险业机构体系进一步丰富完善。

二、海西区与台湾的金融合作现状

进入 2011 年以来，厦门综合配套改革方案得到国家战略的支持，平潭的综合改革试验区加入金融业合作议题，温州的民间金融改革方案正式实施，泉州金融改革方案得到批复。这一切均为海西区与台湾金融业在机构和业务合作方面开拓了新的合作空间，也提升了政策平台。以下为近期海西区与台湾金融业的主要合作交流：

1. 两岸金融合作机制长期化

两岸货币清算合作备忘录于 2012 年 8 月签署，将两岸货币清算合作推向了机制化建设。福建省于 2012 年 9 月出台《关于支持厦门建设两岸区域性金融服务中心的若干意见》，为厦门推进两岸金融中心建设提供全方位的政策保障。平潭利用综合配套改革试验区的契机，推出闽台金融合作的创新机制，比如允许台湾金融业在平潭综合试验区设点承揽人民币与台币存兑业务（或者实行双币制），实现两岸金融服务便利化；试点发展对台离岸金融业务，支持台湾银行、保险、证券等金融机构在平潭设立经营机构或参股平潭金融企业，鼓励设立两岸合作的中小企业信用担保机构和区域性再担保机构。在温州的金融改革方案出台之后，温州与台湾的金融业合作也进入了一个快车道，比如国泰金融控股公司将通过旗下国泰世华商业银行上海分行参股温州银行，参股比例逾 5%；推动温州股权营运中心与台湾兴柜市场的对接，推动温州与台湾的民间金融合作。泉州抓住国家级金融服务实体经济综合改革试验区的契机，正利用两岸首次证券期货监管合作的政策空间,与统一证券在泉州注册设立一家泉台合资全牌照证券公司。从现有的海西区四个国家级的政策机制来看,海西区与台湾的金融业合作呈现长期化、机制化的趋势。

2. 厦门两岸金融中心建设项目的合作

2012 年年底,厦门两岸金融中心建设区累计完成征地 928.1 亩,拆迁 168 万平方米,挂牌出让土地 26.2 万平方米,目前已有“海西金谷广场”等 37 栋高楼相继动工建设。其中,标志性建筑——厦门金融中心大厦目前已进入装修阶段,于 2013 年投入使用。

截至 2012 年年底,厦门两岸金融中心建设区已落户项目 112 个,正在办理落户项目 35 个,在谈项目 252 个,总投资额预计超过 450 亿元。在加快自身建设的同时,两岸金融中心招商工作也快速进行,2012 年 2 月,台湾“财政部”所辖的四大公股金控之一——台湾金融控股与厦门两岸金融中心建设开展项目合作,这代表着“准官方”的金融控股机构积极关注海西区的金融中心建设。2012 年 9 月,台湾海峡两岸医事交流协会和台湾诺贝尔医疗集团借厦门两岸金融中心建设的契机,引领台湾医疗界与大陆对接,共同打造符合国际标准的医疗养生区。2012 年中国台湾地区首次超过美国成为继中国香港地区之后厦门跨境资金流入第二大来源地,全年对台跨境资金流入 106.7 亿美元,同比增长 78.4%,占整体跨境资金流入总量的 19.6%,同比提高 7.7 个百分点。

在机构引进与设立方面,厦门与台湾的互动也非常紧密。截至 2012 年年底,中宏人寿保险、京道产业基金、建信金圆股权投资基金、厦门赛富创业投资基金等企业入驻两岸金融中心,海翼集团财务公司、恒生银行厦门分行、厦门同安农银村镇银行等近 20 家金融机构相继成立。厦门金圆集团下属的厦门信托与台湾金融机构合资设立的基金公司也已上报中国证监会,其设立的厦门创业投资公司已经发起设立软件信息产业、节能环保、信息产业等三支创业投资基金,募集资金超过 60 亿元。

3. 货币清算兑换领域

根据中国人民银行厦门中心支行的数据显示,在 2012 年前 10 个月,厦门累计办理两岸人民币结算 149.3 亿元,同比增长 18.6 倍,居大陆各城市首位,总量超过上海、深圳、广州、东莞、苏州等城市。厦门不仅在货币清算的总量上领先,在模式上也不断创新,比如实现两岸人民币直接结算、发展两岸人民币担保等,而且已初步建立起两岸人民币结算代理行的规模和先发优势。目前已有 16 家商业银行总行同意授权厦门分行办理对台人民币结算清算代理业务,形成一个两岸人民币结算的代理行清算群,开立了 5 个厦台两地人民币同业往来账户。2012 年 4 月 19 日，台北富邦银行与厦门银行正式签署了人民币清算结算协议书，并在厦门银行开立人民币同业往来账户，累计办理代理行模式两岸人民币结算近 10 亿元，首度建立闽台两岸人民币直接结算渠道，有效推进两岸人民币业务发展和两岸货币清算结算业务。2012 年年末，厦门银行又获得中国人民银行总行 4 亿元的人民币购售额度，可大力推动厦台跨境人民币清算结算代理业务的发展。

在货币兑换方面，两岸合作的先行区——平潭澳前高速客滚码头和“海峡号”高速客滚轮在 2012 年 6 月已获国家外汇管理局批准，将设立外币代兑机构，试点办理境内居民新台币兑出业务。而平潭的数据则证明，在 2012 年前 9 个月，平潭区内各银行机构办理新台币现钞兑换业务 320 多万元新台币，是 2011 年新台币兑换总量的 8 倍，反映了海西区对台湾的新台币兑换量的涨势。在这 320 万新台币中，大陆兑入 94 笔逾 57 万元新台币，比上年同期增长 1.26 倍；兑出 196 笔 263 万多元新台币，比上年同期增长 16.84 倍。此次开通是大陆外币代兑机构首次开放对境内居民的新台币兑出业务，而平潭的新台币现钞兑换服务则即将开通，这充分说明了海西区与台湾的金融往来正日益紧密。

4. 其他金融领域的交流

在人才培养合作方面，2012 年 2 月 17 日，中国金融教育发展基金会在福州设立海峡两岸金融教育专项基金，签约授权福建江夏学院海峡金融学院具体运作。2012 年 10 月，厦门两岸金融中心建立专门的金融人才培养机构，推动两岸三地共同建设一流的金融人才教育培训机构。此项目以“对接台港厦两岸三地金融行业机构、往来台港游学”等内容为高端附加值，于 2013 年上半年进驻厦门金融中心大厦。两岸的金融交流不仅表现在商业活动上，同时也表现在文化交流上，比如第二届海峡金融文化节暨首届海峡两岸金融峰会于 2012 年 12 月 15 日在福州举行。本次金融文化节具有明显不同的特点，如“一会一展一刊”形式，举行“两岸携手，同赢未来——海峡两岸金融交流合作与平潭开放开发论坛”。因此，两岸金融文化方面的交流，为两岸金融业的实质合作提供了更多的沟通平台，消除了对金融业发展的判断分歧。

第二节　海西区金融服务业所存在的问题

一、海西区金融发展与长三角和珠三角的比较

与同为沿海发达地区的长三角和珠三相比较，海西区的发展劣势在于经济

总量和金融业增加值总量太小。以三个地区的发展主体——上海、福建和广东为例,2011 年福建的国内生产总值达到 17 410 亿元,总量发展水平低于上海(19 196 亿元),且远低于广东(52 674 亿元);2011 年福建的金融业增加值达到 862.4 亿元,而同期上海和广东的金融业增加值却高达 2 240.5 亿元和 3 122.9 亿元。① 从这两个数据的比较可以看出,福建经济总量中金融业增加值所占的比重也小于上海和广东。

这种发展劣势在人均发展水平上亦表现得很明显。2011 年福建人均国内生产总值达到 47 377 元,其发展水平只及广东(50 807 元)的 93.25% 和上海(82 560 元)的 57.38%。2011 年福建人均金融业增加值为 2 318 元,只有广东人均金融业增加值(2 973 元)的 77.97% 和上海人均金融业增加值(9 544 元)的 24.29%。② 同样,从前后两个数据的比较中可以看出,福建在金融业人均发展水平上的落后状态更加突出。

然而,虽然在绝对值方面福建处于落后地位,但是从增长率来看,福建各个总量指标的增长速度却高于广东和上海。图 7-5 和图 7-6 分别是三个省区国内生产总值和金融业增加值的增速。从 2007 年开始,福建的国内生产总值增速一直高于广东和上海,且这种增速优势在扩大。2008—2010 年,福建的金融业增加值增速也一直高于广东和上海,但是这种增速优势在 2011 年丧失了,这可能是由于之前快速增长所导致的增长速度周期性减缓。

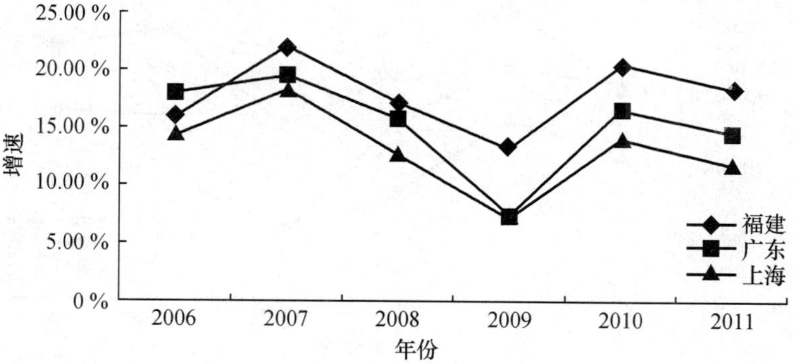

图 7-5 2006—2011 年福建、广东、上海国内生产总值增速

资料来源:CEIC Data Manager。

从人均发展水平上来看,福建亦存在增速优势。图 7-7 是三个省区人均国

① CEIC Data Manager。
② 同上。

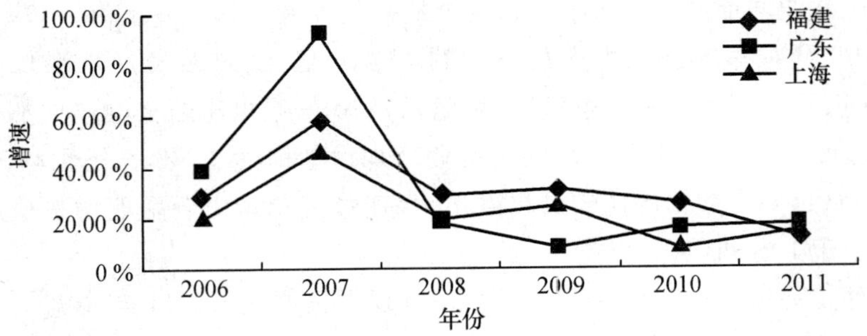

图 7-6 2006—2011 年福建、广东、上海金融业增加值增速

资料来源:CEIC Data Manager

内生产总值的增长速度,同样从 2007 年开始,福建的增速快于广东和上海。再从人均金融业发展水平来看,2008—2010 年福建人均金融业增加值增速分别高达 27.73%、29.61% 和 24.46%,远高于同期广东和上海的人均金融业增加值增速。但是,这种增速优势同样在 2011 年丧失了,福建的增速反而落后于后两者。这是一种快速增长之后的暂时性、周期性增速减缓,还是一种长期性的增速减退?仅从 2011 年的数据还无法进行判断,需要静观这些数值在 2011 年之后的发展变化。

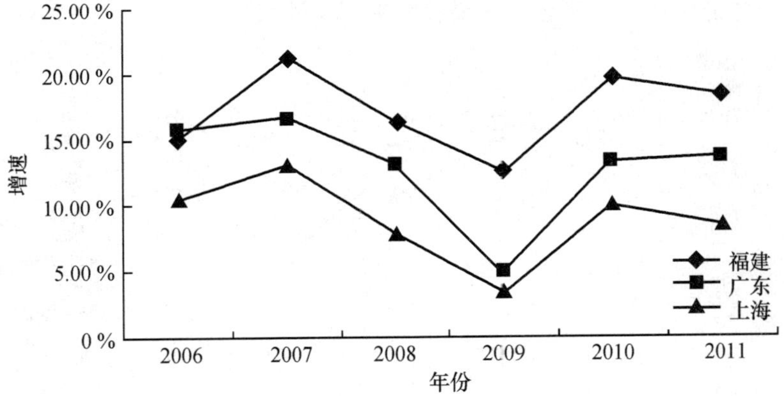

图 7-7 2006—2011 年福建、广东、上海人均国内生产总值增速

资料来源:CEIC Data Manager。

2011 年,福建金融业增加值占国内生产总值比重出现下滑,这是因为国内生产总值的增速超过了金融业增加值的增速。从图 7-8 来看,2006 年以来福建金融业增加值占国内生产总值的比重在稳步上升,到 2010 年时几乎与广东省齐平,但是由于 2011 年的下滑,福建与广东之间的差距又被拉大。这一发展趋势必须引起重视,有必要继续观察数据变化并寻找其背后的原因,从而扭转这种下滑趋势。

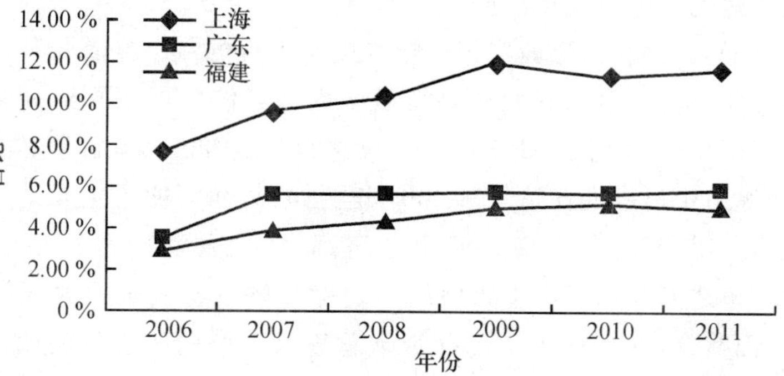

图 7-8 2006—2011 年上海、广东和福建的金融业增加值所占比重

资料来源:CEIC Data Manager。

综上所述,海西区在经济发展水平、金融服务业发展水平上落后于长三角和珠三角,这种落后状态也体现在人均发展水平上,但是在增速的比较中海西区快于后两者,包括总量增速和人均发展水平增速。但是,2011 年福建金融业增加值、人均金融业增加值的增速皆再次落后于广东和上海,从而导致福建金融业增加值在国内生产总值中的比重与后两者的差距再次拉大。尽管从单一年份的数据上还无法对这两项数据指标的发展趋势做出判断,但这必须引起高度警惕。我们认为,造成这种状况的原因更有可能是高速增长之后所出现的短期性、周期性增速回调,随着区域金融中心建设步伐的加快以及与台湾金融合作的加深,海西区的金融业增加值将会再次出现高速增长。同时,现有数据显示海西区金融服务业的增速快于经济增速,说明海西区金融业的发展需要以经济发展作为支撑,同时又不能仅仅依靠经济发展,而要在经济发展的同时通过将资源向金融业倾斜来推动金融业的跨越式发展。因此,海西区的金融业发展就不能仅仅依靠内部资源,而需要通过吸收外部资源,特别是通过与台湾的金融合作来获得发展,并且要引入外部机制和外部人才来完善海西区自身的金融体制。

二、海西区银行业发展所存在的问题

2011 年海西区银行业发展迅速,20 个地级市银行存款余额总计 39 806. 33 亿元,比 2010 年增长 14. 09% ,但是增速分别比 2010 年和 2009 年下跌 9. 09 和 11. 57 个百分点;银行贷款余额总计 31 032. 60 亿元,比 2010 年增长 18. 75% ,但是增速分别比 2010 年和 2009 年下跌 3. 89 和 5. 22 个百分点。与金融业增加值的增速相类似,2011 年海西区银行业存贷款总额的增长速度出现了下滑,不过存款余额增速的下滑情况更加严重。

在总量增长的同时,海西区银行业发展所出现的一个显著特征就是内部结构失衡。福州、厦门、泉州和温州是海西区内部经济发展水平最高的四个地级市,表 7-2 和表 7-3 分别是 2003—2011 年这四个地级市存款和贷款总额在海西区 20 个地级市中所占的比重。从 2007 年开始,海西区四个主要地级市存款余额所占比重一直稳定在 57%—58% 之间,而贷款余额所占比重一直稳定在 64%—65.5%之间。这四个主要地级市的存贷款总量占据了海西区存贷款总量的六成,而其余 16 个地级市的存贷款总量只占海西区总量的四成。这是一种明显的区域内部结构失衡,从 2011 年与 2010 年所占比重的对比来看,这种失衡有改善的迹象,但是改善速度非常缓慢。

表 7-2　2003—2011 年海西区四个主要地级市存款余额所占比重

	福州	厦门	泉州	温州	合计
2003	16.72%	9.87%	10.09%	17.31%	54.00%
2004	17.44%	9.85%	10.05%	16.72%	54.06%
2005	17.30%	10.84%	10.01%	16.51%	54.66%
2006	17.57%	11.11%	9.99%	17.10%	55.77%
2007	17.36%	13.02%	9.77%	17.81%	57.96%
2008	17.12%	12.10%	9.76%	18.29%	57.26%
2009	16.87%	12.29%	9.60%	18.90%	57.65%
2010	17.08%	12.73%	9.39%	18.62%	57.82%
2011	17.01%	11.80%	9.50%	18.96%	57.26%

资料来源:CEIC Data Manager。

表 7-3　2003—2011 年海西区四个主要地级市贷款余额所占比重

	福州	厦门	泉州	温州	合计
2003	18.68%	9.86%	8.93%	17.94%	55.40%
2004	19.07%	10.21%	9.19%	18.80%	57.26%
2005	19.75%	10.99%	9.72%	19.06%	59.53%
2006	19.76%	12.42%	10.22%	19.99%	62.39%
2007	19.10%	15.54%	9.93%	19.68%	64.24%
2008	19.35%	14.90%	10.29%	20.78%	65.32%
2009	19.19%	14.03%	10.14%	21.06%	64.42%
2010	19.15%	13.86%	9.95%	21.11%	64.08%
2011	19.95%	13.99%	10.15%	19.96%	64.05%

资料来源:CEIC Data Manager。

此外,海西区四个主要地级市贷款所占比重一直高出存款所占比重约7个百分点,而且这种差异在2010年和2011年有略微扩大的趋势,这说明这四个主要地级市处于银行资金净流入的状态,海西区的优质银行业资源也集中于这四个主要地级市。如果不扭转这种内部结构失衡的状态,海西区金融业发展不平衡的程度将加剧,而区域内发达地市的发展优势将固化,欠发达地区的落后状态可能会更加严重。

不仅海西区四个主要地级市的银行业发达程度远高于其他地级市,这四个地级市内部亦呈现出明显的发展失衡状态。图7-9是2011年海西区四个主要地级市人均存贷款余额的比较,厦门的这两项指标明显高于其他三个地级市,厦门的人均存款余额几乎相当于泉州的五倍,而人均贷款余额几乎相当于泉州的六倍。可见,这四个地级市内部的失衡状态也很严重。

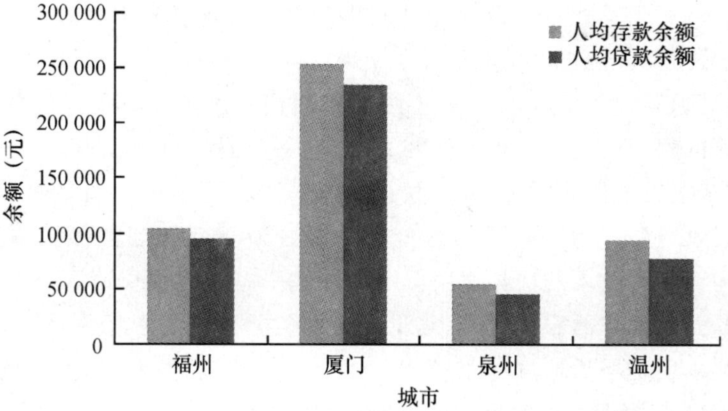

图7-9　2011年四个主要地级市人均存贷款余额

资料来源:CEIC Data Manager。

三、海西区证券保险业发展所存在的问题

2011年海西区证券行业发展速度有所减缓,市场交易总量出现下降。截至2011年年末,福建省境内上市公司A股数量达到80家,比上年增加9家,市价总值5 313.84亿元,比上年年末下降18.4%;上市公司B股数量为1家,市价总值11.68亿元,比上年年末下降54.2%,上市公司的市值出现较大幅度下滑。①

同时,2011年海西区证券交易金额也出现增长缓慢,甚至是下降的状态,由于数据缺失,我们以福州和厦门为例来说明证券交易状况。2011年年末,福州

① 《福建省2011年国民经济和社会发展统计公报》。

共有上市公司 28 家,总市值 2 703.71 亿元;共有证券公司 2 家,证券营业部 82 家,股票、基金交易额 21 817.77 亿元,同比增长 5.99%;共有期货公司 2 家,期货营业部 24 个,期货交易额 27 335.52 亿元,同比下降 4.25%。[①] 截至 2011 年年末,厦门有法人证券公司 1 家,证券营业部 49 家;法人期货公司 2 家,异地期货公司在厦门营业部 20 家,比上年增加 3 家。2011 年年末厦门证券投资者资金开户数 87.43 万户,客户交易结算资金余额 59.82 亿元,同比下降 48.5%,全年证券交易额 1.19 万亿元,同比下降 4.9%。2011 年年末厦门期货投资者开户数 6.04 万户,全年期货交易额 3.55 万亿元,同比下降 13.8%。[②]

可见,随着证券市场行情的下滑,海西区证券交易额也同比出现下降,而且下降幅度比较大,这种状况必然会影响到海西区金融产业的发展,尤其是影响厦门建设海峡西岸金融中心的发展步伐。在全国证券市场行情未有根本性转变的背景下,必须寻找新的发展途径来推动海西区证券行业的发展,在此过程中可以充分考虑利用台湾证券行业的资源。

海西区保险行业呈现出总量偏小、发展缓慢的态势。与长三角和珠三角相比,海西区的保险行业发展水平较低,我们以三个地区的核心省区——上海、福建和广东来进行说明。图 7-10 显示了 2006—2011 年三个省区的保险深度,福建的保险深度接近于广东,但是远低于上海。2011 年福建的保险深度出现下滑,这是因为保费收入的增长速度低于国内生产总值的增长速度。再看三个省区的保险密度,福建落后于广东,远低于上海,虽然 2011 年的保险密度比 2010 年有所增长,但是增长速度非常缓慢。可见,与金融行业和证券行业发展状况相类似,2011 年海西区保险行业的发展速度在减缓。

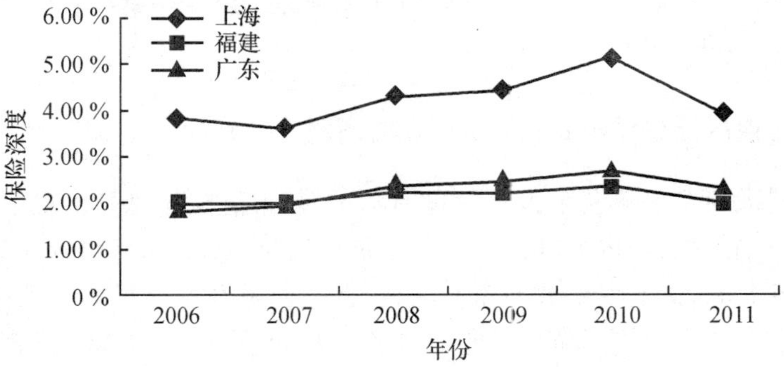

图 7-10 2006—2011 年上海、福建、广东的保险深度

资料来源:CEIC Data Manager。

① 《福建省 2011 年国民经济和社会发展统计公报》。

② 《厦门市 2011 年国民经济和社会发展统计公报》。

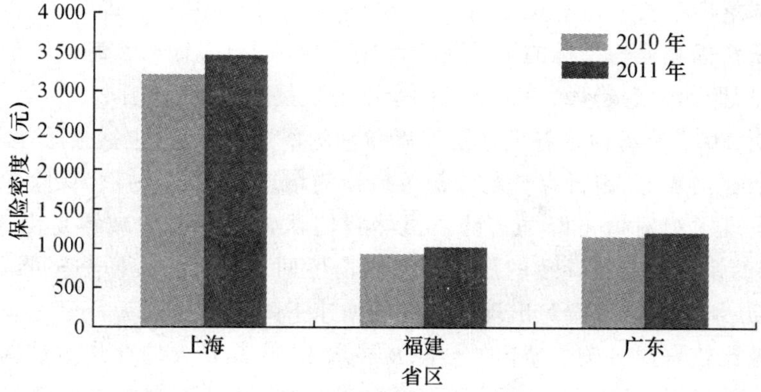

图 7-11　2010 年和 2011 年上海、福建和广东的保险密度

资料来源：CEIC Data Manager。

如同海西区的银行业和证券业一样，海西区的保险业发展也存在严重的区域不平衡现象。图 7-12 是海西区经济和金融发达程度最高的四个地级市的保险密度，这四个地级市的保险密度远高于其他地区，然而在其内部，厦门的指标数据远高于其他三个地级市，厦门的保险密度是泉州的四倍，这种巨大的发展差距必须引起重视。

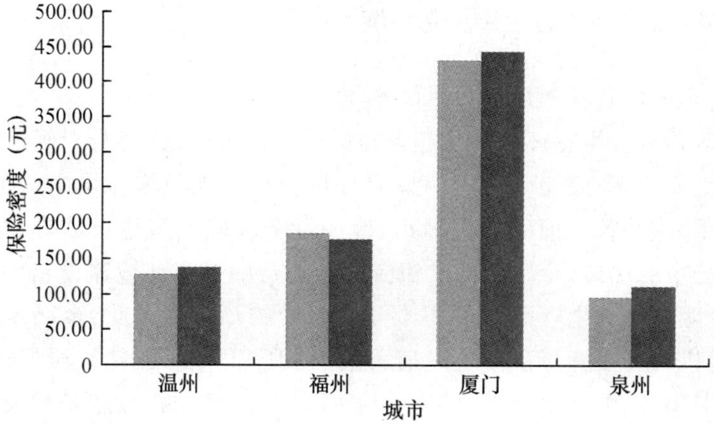

图 7-12　2010 年和 2011 年四个地级市的保险密度

资料来源：CEIC Data Manager 及各个地级市的统计公报和统计年鉴。

四、总结

综上所述，不管从总量还是从人均发展水平来看，海西区的经济和金融发展程度都落后于长三角与珠三角。但从“十一五”期间的发展趋势来看,海西区各种总量指标和人均指标的增长速度都快于后两者,这意味着海西区的后发优势在凸显,照此发展趋势,三个地区的金融业发展水平将会趋同。

然而,2011 年海西区各项金融发展指标的增速在下滑,包括金融业增加值、人均金融业增加值、银行存贷款余额等指标的增速,证券交易额、保险深度等指标甚至出现了绝对值下降的态势。虽然我们认为这种增速减缓是由于“十一五”期间的快速增长所导致的短暂性和周期性回调,但是这种增速回调必须引起重视,必须采取措施避免出现长期性的增速下降。

通过比较海西区核心城市的金融发展水平,尤其是人均存贷款数据和保险密度这几项指标,可以看出,厦门的金融发达程度远高于同为海西区发达地区的福州、泉州和温州,这意味着厦门在该地区处于领头羊地位。因此,厦门提出建设海峡西岸金融中心的设想是顺理成章的,厦门也确实正在成为海峡西岸金融中心及与台湾金融交流合作的桥头堡。

第三节 海西区金融服务业的发展对策与前景展望

一、提升海西区整体金融生态环境

(一) 充分发挥各相关机构部门的作用

作为改善金融生态环境的发起人和倡导者,中国人民银行对辖区金融生态环境负有重要职责,应充分发挥中央银行在金融基础设施建设中的引领、协调和监督作用,调动各方面的积极因素,形成金融基础设施建设的合力。作为金融生态系统中的主体,金融机构应积极参与到金融生态环境建设当中。环境影响主体,金融机构的生存和发展离不开其所处的环境。因此,金融生态环境建设,各金融机构责无旁贷。落实政府部门对相应工作的支持和协调,各级政府要加强组织领导,配合中国人民银行以及其他金融机构在金融基础设施建设中的相关工作。

(二) 加强法律法规建设,加大执法力度,为优化金融生态环境提供有力的法律保障

要完善金融机构市场退出的法律制度,主要是建立金融机构破产和撤销的法律体系,尽快出台一部能有效保护金融机构债权人利益、有效引导金融资源合理配置良性循环的《金融机构破产法》,制定《中小企业信用担保法》,促进中

小企业担保机构的规范化发展。此外,要着力优化金融发展的司法环境,不断提高金融案件的立案率、结案率和执行率。

(三) 加快社会信用建设步伐,为金融业的发展提供良好的社会信用环境

经济是信用经济,社会信用的提高是改善金融生态环境的治本之策。运用法律、经济手段,建立守信奖励机制和失信惩罚机制,对守信的企业和个人进行奖励,提高守信收益;对失信的企业和个人加大惩罚力度,提高失信成本,从而减少逆向选择和道德风险。

(四) 健全完善金融监管体系

金融业的发展受诸多因素影响,潜在风险大,并且一旦产生问题会对地区经济发展、社会稳定带来较广泛的影响,因此在支持金融业发展的同时也要加强对金融主体活动和从业人员的监管,提高行业自律,并鼓励社会监督,促进金融机构的健康正常运行和对地区经济发展的支持。

(五) 着力解决区域内金融业发展不平衡的局面

加强落后地区金融基础设施投资建设,提高落后地区金融支持力度,缩小地区间发展差距,使全区内最广大群众可以共享海西区的经济金融发展成果。

二、海西区金融服务业发展对策

(一) 地方金融机构的发展和区域外金融机构的引进

首先,要继续做大做强地方金融机构,向国内较高水平的同业看齐,在此基础上面向全国,增设网点和分支机构,增强地方金融机构的辐射力和影响力。适时推动境外机构建设,争取早日登陆台湾地区。深化农村金融机构改革,引进外资、民间资本、社会资本等参股农村合作金融机构,促进农村地区金融业发展和对"三农"金融服务的支持。

其次,要创造有利的环境和条件鼓励并吸引区外以及境外金融机构在海西区内设立总部和分支机构,以吸引更多资金和技术,通过对这些机构先进管理方法、运营模式的学习来促进地区金融机构的发展和进步,增强区域内金融机构的实力和影响力。同时,这些机构的引入也可以完善海西区金融体系的建设,形成海西区自己独立而有竞争力的金融市场。

(二) 提升海西区金融机构的创新能力

在夯实基础、借鉴别人经验的同时,也应该培养海西区金融机构的创新意识和能力。在市场竞争如此激烈的大环境下,唯有不断创新才能不被市场淘

汰，始终处于发展的最前沿。金融机构创新包含多方面的内容，比如产品创新、服务创新、管理创新、监管创新等。金融机构应该主动求变，用于尝试新的模式和方法，鼓励从业人员创新；应该出台相应的法律政策鼓励金融机构创新、保护创新成果，使得金融机构有更大的动力和安全感去创新。

（三）提高海西区内金融资源空间流动的活跃程度，加快金融集聚，扩大中心城市的金融辐射能力

首先，具有金融辐射能力的中心城市应明确定位，进一步加大金融集聚能力，扩大金融辐射范围，带动区域内其他城市的金融和经济发展。其次，非中心城市应加快产业发展，扩大引资规模，增加经济和金融存量，更有效地承接中心城市的辐射。

加强海西区与长三角和珠三角的合作。按行业来讲，可以以银行业为基础，扩大各区域间的合作，再进一步扩大到其他金融部门的资源互动和共享，进而缩小海西区金融业发展与其他两地的差距。从地域上来讲，原先被长三角和珠三角经济体“边缘化”的几个城市，在纳入海西区后，可以借力区域间的合作机制来促进其与这两个地区的合作，进而提升各自的综合经济实力，促进自身金融服务业的发展。

（四）理顺地方财政与区域金融发展的关系

地方财政与区域金融发展之间具有高度相关性，只有建立良性的地方财政与区域金融关系，才能更好地发挥二者在配置社会资源中的作用，有效推动地方经济发展。地方财政与区域金融在地区经济建设中的良性关系日趋重要，这种良性关系的构建，关键是处理好地方财政在金融领域的“越位”退出与“缺位”弥补以及发挥好金融在地方财政领域的积极作用。

1. 建立具有约束力的地方政府举债机制

保证地方政府具有稳定的税基，建立统一规范的地方政府债券管理制度框架，完善预算法、转移支付法规，以法律形式明确各级政府的事权、财权，强化预算约束，规范政府举债和担保行为；加强中央对地方政府的债务监管。

2. 加快转变地方政府职能，从源头消除地方政府干预金融和过度举债

加快转变地方政府职能，明确和遵守政府与市场的边界。地方政府投资要从一般性、竞争性领域退出，把有限的政府财力投向公共物品和公共服务领域，杜绝地方政府投资决策的随意性和投资行为的短期化。

3. 促进地方财政在金融生态中的“归位”

一是消除其作为行政上级或者出资人的角色。二是摆正其作为市场参与

者的位置,即地方财政不能把自己当成特殊客户,而应把自己摆在公平市场主体的位置,接受有关金融服务;金融机构也不应把地方财政作为大型机构客户特别对待。三是重点发挥环境建设者的角色。配置财政资源、提供优质公共服务是地方财政在促进区域金融生态建设中的主要职责所在。

(五)支持草根金融发展

为解决海西区内中小企业面临的融资难问题以及"三农"问题,应该着力发展草根金融。在这一问题上,温州已经有所作为。日前,《温州民间融资管理条例》(简称《条例》)送审稿已敲定,并由浙江省金融办上报至浙江省政府。这份备受市场关注的《温州民间融资管理条例》已于2013年9月由浙江省人大常委会审议,最快有望在2013年年底前出台。

《条例》送审稿对民间融资做了诠释和定义,即民间融资包括民间借贷和私募债券、私募基金等货币资金融通活动。在民间融资服务方面,《条例》送审稿还重点就民间融资公共服务机构、民间资金经营管理机构和民间融资信息服务机构的设立、市场准入条件、经营模式和特殊规制等做了规定。海西区内其他城市可以观察温州此举的进展,引以为鉴。

在发展草根金融方面提出以下建议:首先是建立数量众多的草根金融机构。按照"大机构对大客户,中机构对中客户,小机构对小客户,微机构对微客户"的理念,重点建设以小微金融机构为主的草根金融机构体系。其次要创新多样化的草根金融技术产品。包括:创新完善间接融资金融产品;延伸构建多层次资本市场,拓展小型企业直接融资渠道;积极探索发展中小型融资担保机构,发展多样的农业保险。再次是建设中央、地方两级草根金融监管体系。按照"分层次、多方式"的理念,建设"(央、地)两级监管,(央、省、市和省、市、县)三层操作"的草根金融监管体系。最后是继续加强政策扶持,包括财税优惠政策、准入和货币信贷政策等。

三、拓展海西区对台金融合作市场空间的路径

(一)金融机构之间合作的路径

随着金融一体化进程的加快,外资金融机构参与大陆金融市场竞争的路径日趋多样。就海西区对台银行业的首次合作,台资当以参股或收购的方式,借助海西区城市商业银行、城乡信用社现有的资源,短时间内铺开市场。对于区内城市商业银行而言,引进台资不仅能够进行资本、技术、产品、经营和管理等方面的有效嫁接,而且打通了城市商业银行与台湾金融市场、台资企业对接的

通道，增强了核心竞争力；对于区内城乡信用社而言，参股或兼并可以改善经营管理体制，扩充资本金，特别是加强与区内众多台资农业企业的联系。

（二）金融机构与企业合作的路径

一方面，借鉴日本的主办银行制，台资金融机构应与海西区中小规模的股份制企业、私营企业和个体工商户建立长期的合作伙伴关系，建立广泛的信息系统和服务网络。既要为其提供相应的资金支持和保险服务，又要为其提供财务、生产投资、证券投资、信息咨询等服务，拓展中间业务。另一方面，扩大金融机构的资金规模，除争取上市融资外，还可大量吸收社会法人入股，如金融机构吸收台资大中型企业或集团、当地民营企业入股，双方互相参股，特别是金融合作中的非银行金融资本与产业资本的融合有助于向转移企业提供更充分的金融服务。

（三）金融机构与政府合作的路径

首先是经营管理的合作。在控股股东一般是地方政府的股权结构下，金融机构难以建立起有效的公司治理机制，而台资参股能够起到优化治理与改善管理的作用，但良性转化须以台资金融机构与地方政府、各地政府之间有效沟通以及地方政府适度金融退出为前提。

其次是在构建金融生态环境方面的合作。海西区在双边合资、独资金融机构与公检法构建金融案件预防协调机制，对金融诈骗、破坏金融秩序、挪用金融资产、洗钱、假币犯罪等非法金融活动进行打击方面更多地与台湾进行沟通和往来，必要的时候寻求对方帮助，合力解决对双方均有重大影响的金融生态环境问题，提升海西区金融生态环境质量。

再次是人员往来的合作。政府应协助金融机构为赴海西区就业、培训的台湾金融专业人才创造各种便利条件；协助台湾金融机构联络区内国有银行、股份制商业银行、外资银行以及银行业协会、台商协会等，加强行业沟通与合作；支持两地金融界举办金融培训、论坛、研讨会等多种交流活动，提供形式更多样的交流平台；出台相应优惠政策吸引台湾的优秀专业人才，并通过适当的人才培养和保留机制，提升海西区金融服务业的人力资源实力。

最后是争取中央政策支持的合作。尽管《海峡两岸经济合作框架协议》（ECFA）涉及两岸金融市场的相互开放，规范了两岸金融合作的硬性框架，但中央对海西区的支持力度决定了海西区对台金融合作的弹性空间。海西区所拥有的两岸金融合作先行先试的政策优势直接影响金融合作的广度和深度，通过金融机构与政府的合作，共同探讨金融发展的政策机制，提出系统科学的金融发展规划，能够争取中央更多的政策支持，从而解决或规避金融合作中面临的政策约束。另外，我们也看到，两岸金融市场相互开放还是很不对等的，大陆对台湾的开放度更高。因此我们应该进一步加强与台对话和协商，扩大台湾金融业对大陆的开放度，减少台湾金融业对大陆金融机构入驻台湾的限制，寻求更加对等的发展和政策优惠。

四、区域金融风险预警与防范

在当前的经济运行中，在大规模和全局性的金融危机爆发概率较低的情况下，区域性金融危机成为威胁我国经济可持续发展和经济安全的重要因素。区域性金融危机的爆发，大多与地区性的投机性资本过度膨胀、地下融资以及非法借贷盛行有关，从而导致区域性的金融恐慌、资金链条的迅速断裂、企业融资渠道堵塞等经济问题出现，在严重的情况下，还会引发大规模的社会恐慌，对经济社会的稳定和谐造成极大的负面影响。

随着海西区金融服务业的整合和发展，各个部门要更加紧密地联系在一起，在做好必要的监管和检查的基础上，构建区域性金融风险预警与防范机制变得尤为重要。可以由中国人民银行牵头，与政府部门和金融机构共同努力，借鉴国内外成功的经验，探讨构建区域系统性金融风险预警和防范机制的办法，勇于尝试创新，尽快建立海西区金融风险预警机制并制定相应的防范措施，维护海西区金融服务业发展环境的稳定和安全，进而稳定海西区经济金融秩序和社会秩序。

五、海西区金融服务业发展前景展望

根据前面的分析，我们可以预期，在未来较长的一段时期内，海西区金融服务业在以下几个方面必将迎来长远的进步和突破。

首先，对台合作将大有可为。牢牢把握海西区对台的地理位置优势以及国家政策的支持，扩大海西区与台湾金融机构的合作范围和深度，扩大两岸货币双向兑换范围，加快建立两岸货币清算机制，建立两岸金融征信合作机制，积极吸引台资金融机构入驻，推动海西区金融机构进入台湾市场，力求在建设两岸区域性金融中心方面取得突破性进展。

其次，有望实现区域内金融机构的整合和壮大。通过与台湾以及其他区域的金融合作，本区域内的金融机构一方面可以学习外面先进的管理经营理念和技术，增强机构管理效率和创新能力，另一方面可以通过吸引投资扩大规模和经营范围，增加在全国金融服务业的影响力。尤其是对台合作这一部分如果可以取得突破性进展，那么对于海西区金融服务业的发展和完善将有十分长远的意义。

再次，通过理顺地方财政与区域金融发展的关系，我们有望看到金融机构获得更大的机动性和发展动力，解除双方之间一些不必要的约束和限制，增加二者之间有意义和进步性的合作，实现地方政府与金融机构发展的良性互动。金融机构通过配合地方政府的一些产业、金融政策等，可以帮助解决区域内一些根深蒂固的经济发展不平衡和滞后问题。

最后，在区域金融风险预警和防范方面我们希望看到有实质性的进展，这是一项艰巨的任务，但是其他地区一些偶发的金融风险事件必将为海西区地方政府和相关监管部门敲响警钟，提高其风险意识，促使其主动采取相关措施，以控制和防范区域金融风险。应该注意到，风险预警和防范在实际操作起来难度大、效果不确定，因此容易被忽视，然而风险事件一旦发生，负面影响也极大，因此我们希望在这一方面能看到更多的努力。

专题一　泉州金融改革研究

一、泉州金融改革的影响及意义

（一）泉州金融改革对本地发展的作用分析

泉州的金融改革是当地政府主动争取而来的，原因在于泉州不仅具备金融改革的基础条件，更是存在需要凭借金融改革来突破的经济发展困境。由此可见，泉州金融改革对当地的影响作用涵盖了经济结构、产业升级、资本市场构建以及社会民生等诸多领域。

首先，泉州金融改革的主旨在于金融服务实体经济，对当地最重要的作用也正在于此。借助金融改革带来的政策红利和先行先试权，积极突破泉州产业发展面临的资本困境和技术瓶颈。泉州目前的经济发展面临较重的转型压力，以纺织、鞋品、服装为代表的传统产业一直没有摆脱劳动密集型生产和低端技术桎梏的影响，而石油化工、电子信息等新兴产业的规模化同样需要大量的资金支持。泉州的金融改革将彻底改变当地金融服务低端、单一和同质的局面，通过构建多元化、多层次的金融服务体系，充分调动市场金融资本和民间资本共同进入实体经济，实现当地产业升级的发展目标。

其次，泉州金融改革将为当地一直难以监管和利用的民间资本提供"阳光化"的渠道。泉州金融改革有望在民间资本利用领域获得政策支持，实现民间资本参股商业银行和设立民营银行的突破，将地区内颇具规模的民间资本纳入金融市场体系发挥经济促进作用，并产生合理的投资收益。在金融改革过程中引进的诸多证券公司、基金公司、期货公司、股权和债券投资平台等都将为当地民间资本提供专业、可靠、高效的资本管理模式和投资渠道，从而稳定资本市场发展，降低监管难度和风险。

最后，泉州金融改革不是仅仅单纯对金融领域的改革，其配套政策涵盖了当地的工商、税制、司法和教育等方面，是对泉州整个经济环境的变革。泉州在经济领域的多项改革都将对社会各层面形成良性的促进引导作用。主要表现为对教育和人才培养加强投入、提高城市基础设施水平、改善区域生态环境以吸引优质企业和高端人才入泉等。这些改变将在中长期改善当地的人居环境，提升文化教育水平。

（二）泉州金融改革对海西区建设的作用分析

泉州是海西区的经济重镇，泉州的金融改革是海西区建设的重要内容和主要动力之一，有助于提升整个海西区的金融服务水平，并加深两岸三地的金融合作层次。

泉州金融改革试验区的建立将完善海西区整体的金融布局，配合福州海峡两岸金融服务中心和温州金融改革试验区，能够显著提升区域金融服务水平，紧密区域金融联系，增强金融资本流动效率。对于整个海西区而言，区域内的产业结构类似，金融发展水平相近，面对的经济发展问题也相似。因此，泉州金融改革存在以点带面的示范效应和案例作用，当地在金融服务实体经济问题上取得的政策设计和机制体制规划等成果可以在合适的情况下推行至整个海西区，推动整个海西区的金融服务实力。

泉州金融改革能够更大程度地发挥泉州具备的产业优势和涉外经贸合作关系，对海西区的发展具有显著的辐射带动作用。首先，泉州金融改革建立的投资平台以及带动的民间资本能够影响整个海西区，前者将吸引海西区内更多优质企业进入股权和债券交易平台，扩大投资平台规模；后者意味着海西区将成为泉州民间资本的投资区域，带来更多的投资选择。其次，泉台港澳侨的金融合作将进一步紧密海西区对外经济联系，泉州金融改革引进的领先金融服务和高端金融产品能够显著提升海西区的金融服务层次。最后，泉州金融改革带来的人才聚集资源和人才培养机制，将为整个海西区提供长效的金融人才保障和投资管理指导，协助区域高效金融市场的建立和维护。

二、泉州金融改革的目标

（一）金融服务实体经济改革的内涵

以金融市场为主体的虚拟经济掌握着整个实体经济发展所需的资本要素，金融服务于实体经济，要求金融体系发挥其资本导向功能，引导资本进入实体经济各环节，推动经济主体发展，扩大经济规模。虚拟经济与实体经济相辅相成，共同构成整个经济体系的货币和商品循环，当其循环机制受到阻碍时，将造成严重的经济发展隐患，如所谓的信贷泡沫和产业空心化。

目前，我国金融体系尚不完善，其资本导向功能受到内部结构因素和外部政策因素的影响，在实体经济内不能充分实现资本的合理流动，造成金融资本的定价扭曲，资本在逐利过程中越来越倾向于在虚拟经济内部自循环，而不再进入实体经济发挥促进作用，表现为我国正面临的中小企业贷款难、影子银行泛滥以及信贷泡沫等问题。因此，如何矫正金融市场的功能失位、引导资本重新进入实体经济发挥作用，正是金融服务实体经济改革的内涵和目标所在。

在2012年的第四次全国金融工作会议上，总理温家宝首次提出“五个坚持”,并将坚持金融服务于实体经济的本质要求放在了首要位置。随后,2012 年年底,《泉州金融服务实体经济改革综合实验区的总体方案》获国务院批复通过,金融服务实体经济的改革试点正式落户泉州。2013 年 6 月,李克强总理又在国务院常务会议上,进一步确立了我国金融支持实体经济发展的具体措施,包括:① 引导信贷资金支持实体经济;② 加大对“三农”和小微企业等薄弱环节的信贷倾斜;③ 支持企业“走出去”;④ 助推消费升级;⑤ 加快发展多层次资本市场;⑥ 发挥保险的保障作用;⑦ 推动民间资本进入金融业;⑧ 严密防范风险。中央的八大措施为下一阶段的金融改革提出了明确的方向,对于泉州金融改革具有显著的指导意义。

(二) 泉州金融改革的目标

泉州是福建经济发展最快、经济总量最大的城市,其经济总量连续 14 年保持福建首位,为福建全省 1/4 强。当地中小企业数量超过 12 万家,民间资本加上外地侨资保守估计超过两万亿元人民币,扎实的经济基础与规模庞大的民间资本,将为其金融改革试点提供有力的保障。

泉州作为我国第三个国家级金融改革实验区,其金融改革试点被明确界定为金融服务实体经济综合改革,这与温州金融综合改革实验以及珠三角金融改革创新综合实验存在明显的区别。温州金融改革旨在民间融资“阳光化”和鼓励境外直接投资,珠三角金融改革着力于探索金融创新与国际金融发展之路,而泉州金融改革则定位于实体经济,以实体经济规模推动金融服务体系建立,以金融服务体系促进实体经济发展。

概括来讲,泉州金融改革的主要目标是经过五年的努力,基本形成与泉州经济社会发展相匹配、分层有序的金融组织体系,基本建成主体多元、充满活力的金融市场体系,建立完善形式多样、功能完备的金融产品创新体系;着力拓宽资金投入实体经济的渠道,着力解决中小微企业融资难问题,着力支持薄弱领域发展,促进泉州经济又好又快地发展。

从国家层面来看,泉州金融改革的实现具有更广泛的示范意义和样本作用。泉州目前发展所遇到的中小企业贷款难、民间资本效率低等问题,在全国范围内普遍存在,这正是金融改革需要解决的首要问题。泉州金融改革的成果既是我国金融改革的重要组成部分,又将为破解当前诸多经济问题发挥极具价值的指导作用。

三、泉州金融改革的背景及发展现状

(一) 泉州金融改革的历史背景

泉州因其天然的地理环境优势,自古就是我国南部的重要贸易城市,是古代"海上丝绸之路"的起点,在宋、元时期泉州港更被誉为"东方第一大港"。悠久的贸易经济历史形成了当地积极开放的市场氛围以及扎实稳固的经济土壤,在我国改革开放时期,泉州一直凭借其历史积淀和地理人文环境,积极推进当地经济发展。截至 2012 年年底,泉州已连续 14 年经济总量名列福建省第一,其晋江模式和泉州经验在全国范围内得到认可与推广。

泉州的经济发展里程可以看作当地民营经济的发展史。截至 2012 年年底,泉州共有各类民营企业近 13 万家,其中年主营业务收入 2 000 万元及以上工业企业 4 000 余家,上市企业超过 70 家,积累民间资本超过 20 000 亿元。当地发展经验形成的晋江模式与苏南模式、温州模式、东莞(珠三角)模式一起,共同构成我国改革开放中县域经济发展的四大模式。晋江模式的最新描述是:以民营经济为主体,以制造业现代化为先导,以城市化跨越发展为主题,以壮大中间阶层为主流趋势,内发外向、科学发展、和谐共享的新发展模式。

泉州的实体经济完全建立在其民营经济发展的基础之上,因此中小企业发展面临的金融问题对当地的经济发展造成的阻碍更为突出。此次金融改革实验区的批复,正是要求泉州在面对发展转型的压力之下,利用国家政策优势和自身经济潜力,探索解决金融服务实体经济、解决民营经济发展瓶颈的新道路。

(二) 泉州经济发展的整体水平

泉州经济发展一直保持较快的速度,经济总量截至 2012 年年底达到 4 726.49 亿元,连续 14 年位列福建省第一,占到全省总量的 24%。从全市的地区生产总值增速来看,泉州的经济发展一直保持平稳上升的趋势,但受外部因素的影响较大。如图 7-13 所示,2008 年美国金融危机爆发,导致当地 2009 年的经济增速由上年的 18.46% 骤降至 10.98%;2011 年随着我国经济发展放缓,泉州的经济增速再次出现较为明显的下降,由 2011 年的 19.81% 降至 2012 年的 10.67%。但总的来看,泉州经济增长速度一直领跑福建省,也一直高于全国平均水平,2012 年泉州经济增长在全国 288 个城市(包括直辖市和省会城市)中排第 24 位,在地级市中排名第七。这也反映了泉州当地雄厚的经济基础和增长潜力,能够支持金融改革的顺利实施。

从图 7-14 可以看出,泉州在保持 GDP 快速增长的同时,经济结构也在不断

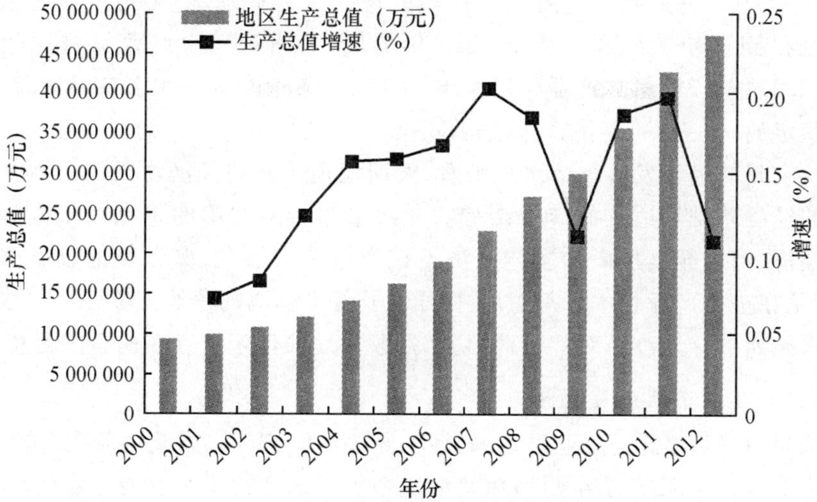

图 7-13　泉州地区生产总值状况图

资料来源：整理自 2000—2013 年《泉州统计年鉴》。

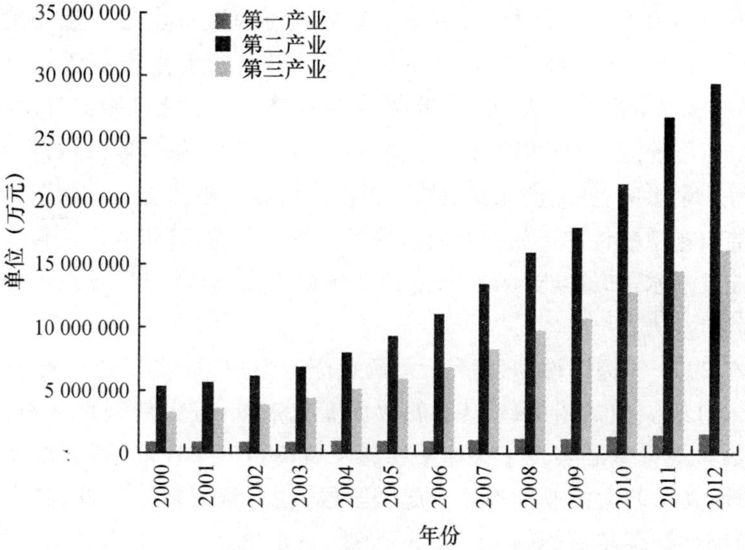

图 7-14　泉州三次产业发展情况图

资料来源：整理自 2000—2013 年《泉州统计年鉴》。

进行调整优化。2000 年，泉州的三次产业结构比例为 8.67∶56.99∶34.34，随着支柱产业的快速发展，第二产业比重迅速增加，同时，泉州重点引进电子信息等高新技术产业,并鼓励以金融业为代表的现代服务业发展,第三产业比重在近几年也得到了快速提高。截至 2012 年年底,泉州的三次产业结构比例达到 3.4:62.22:34.39,第二产业年增长率为 15%,第三产业年增长率为 8.3%,形成了稳定的“二三一”经济产业结构。

从泉州的经济发展整体水平来看,长期稳定快速的经济增长为当地奠定了坚实的经济基础和适宜的产业结构。此次泉州金融改革的重点在于金融服务实体经济,当地颇具规模的实体经济不仅产生了多层次、多领域的金融服务需求,更是在进行产业技术升级过程中出现了亟待解决的资金“瓶颈”,这些问题都要求泉州的金融改革对症下药,切实摆脱当地实体经济存在的金融困境。

(三) 泉州企业发展状况

泉州一直是福建的工业重地,其轻工业以纺织、鞋品、服装为龙头,重工业以石油化工为支柱,带动了泉州当地乃至整个福建地区的工业发展。目前,泉州拥有五大传统产业集群,包括纺织鞋服、建筑建材、工艺制品、食品饮料和机械制造,其中截至 2012 年年产值突破千亿元的产业集群有纺织、鞋品、服装和建筑建材,分别达到 3 809.34 亿元和 1 022.57 亿元。从图 7-15 可以看出,纺织、鞋品、服装在泉州产业发展中具有绝对优势,而机械制造的发展速度一直处于领先地位。同时,图中五大传统产业增长率的拐点反映出泉州传统产业生产主要面向世界市场,受外部需求因素影响较大,在 2008 年世界需求受金融危机冲击时,泉州传统产业生产增速下挫近一半;2012 年由于受世界经济持续不景气以及国内经济下行压力增大等因素影响,各类产业发展增速再次出现显著下降。这一状况是受传统产业自身的市场敏感性和产品技术层次的影响所产生的,泉州的五大传统产业急需提升产业技术水平,提高产品附加值和市场竞争力,以增强自身在市场波动环境下的抗风险实力。

泉州在 2007 年提出推动发展五大新兴产业发展,以实现地区产业的结构调整和技术升级。但从图 7-16 显示的数据变化来看,五大新兴产业中,仅有石油化工凭借其规模基础实现了快速平稳的发展,2007—2012 年达到了年均增长 27.12%。而其余四大产业则都处于起步阶段,在总量规模上偏低,其中电子信息、汽车及配件都保持了 20% 以上的年增速,显示出新兴产业强劲的发展潜力;修船造船以及生物制药因为生产周期较长,初期资本需求量较大,以至于在近几年里增速波动幅度较大,显示出对当地投资变动的敏感性。与传统产业相比,泉州的新兴产业尽管在规模上存在较大差距,但在增长潜力上具有显著优势。截至 2012 年年底,五大传统产业的五年平均增长率为 24.28%,而五大新兴产业的五年平均增长率达到 27.08%。

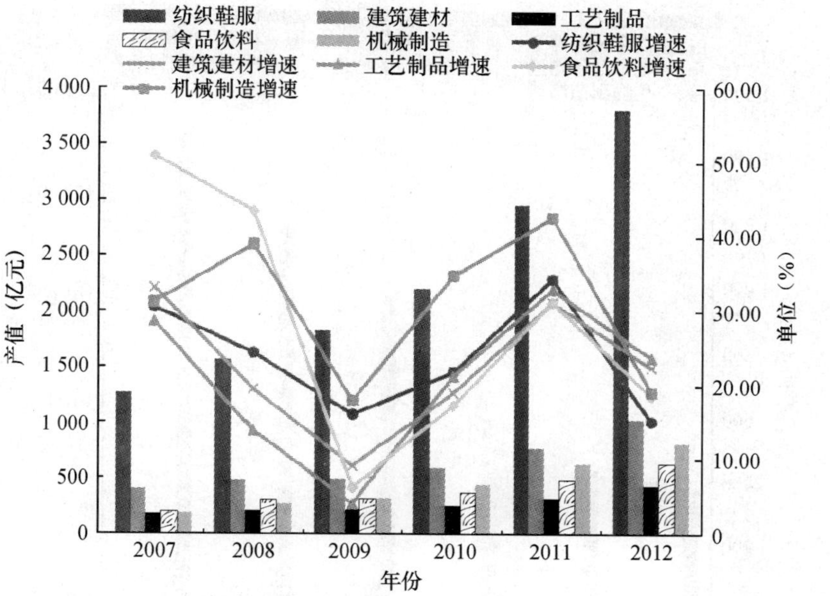

图 7-15 泉州五大传统产业产值情况图

资料来源:整理自 2007—2013 年《泉州统计年鉴》。

从泉州的产业发展状况来看,当地产业结构调整的主要障碍来自企业融资困境,尤其是高新技术产业,在其发展初期由于缺乏稳定的资金支持,严重影响了相关企业发展,减慢了产业链条的建立与拓展。泉州在此时进行金融改革,有助于破解当地产业调整升级面临的资金难题,实现区域整体产业水平的平稳快速提升。

(四)泉州金融发展水平

泉州的金融市场中银行业占有绝对主导地位,以银行贷款方式为主的间接融资是当地企业寻求资金支持的主要渠道。从图 7-17 中反映的泉州金融机构存贷款余额规模来看,当地存款和贷款余额在 2000 年分别仅为 612. 06 亿元和 385. 17 亿元,到 2012 年两者分别达到 4 510. 73 亿元和 3 527. 68 亿元,分别增长了 736. 98% 和 915. 88% ,这表明泉州并不存在明显的资金缺口。当地的贷存比在 2012 年年底达到 78. 2% ,仍低于福建省水平近 10 个百分点,这也反映出当地信贷市场的资金规模应能够支持企业的间接融资需求。但在图中可以看出,尽管泉州的存贷款余额增速一直具有较高的发展速率,但波动幅度较大。2000—2012 年,存款余额年均增速为 18. 17% ,年增速最高达到 24. 67% ,最低为 12. 47% ;而贷款余额的波动更强,年均增速为 20. 48% ,最高达到 34. 53% ,

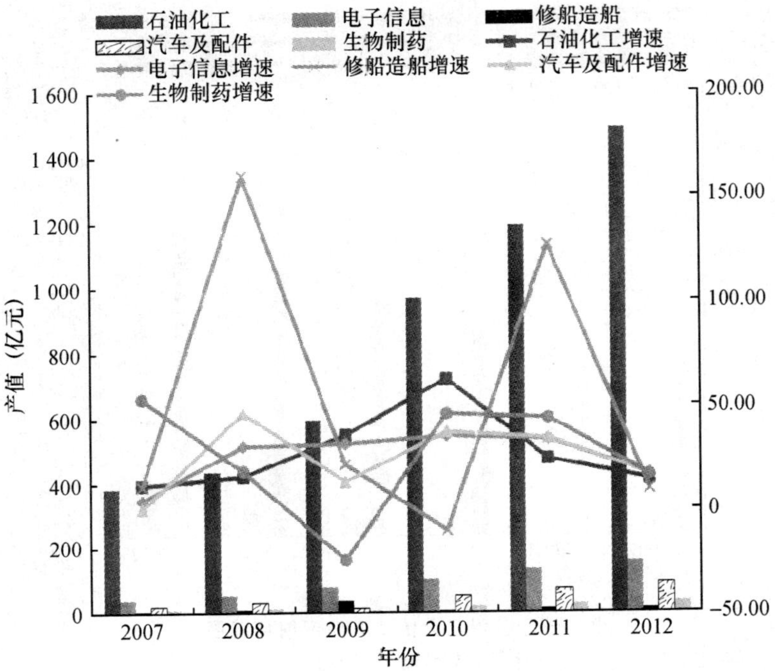

图 7-16　泉州五大新兴产业产值情况图

资料来源：整理自 2007—2013 年《泉州统计年鉴》。

最低却仅有 10.2%。泉州金融机构存贷款余额增速的明显波动，反映出当地金融市场对资本的聚集和再分配效率较不稳定，对地方经济状况、产业结构水平等因素的影响较为敏感。当地金融市场结构不完善、融资方式单一化和同质化是造成这一状况的主要原因。

从图 7-18 可以看出，泉州的金融行业呈现出规模不大但增长迅速的发展态势。截至 2012 年年底，泉州金融业年产值为 180.75 亿元，占地区整个第三产业产值的比重仅高于住宿餐饮业，达到 11.12%。从发展速度来看，2003—2005 年，泉州金融业产值年增长率仅有 7.17%，尤其在 2005 年还出现了 −26.14% 的负增长；随后整个金融业快速发展，金融业产值年年突破新高，年均增长率达到 24.98%，远远超过福建省以及全国平均增速，反映出当地金融业具有强劲的潜力。金融相关率（FIR）是衡量地区金融深化程度的可靠指标，通过计算金融产值占地区生产总值的比重，来确定地区经济金融化水平。从泉州的金融相关率变化情况看，泉州金融业的发展与当地经济联系紧密，并且增速相近，地区内的金融深化有较好的发展基础。

从泉州的金融发展水平来看，金融市场结构单一化、金融服务功能同质化、金

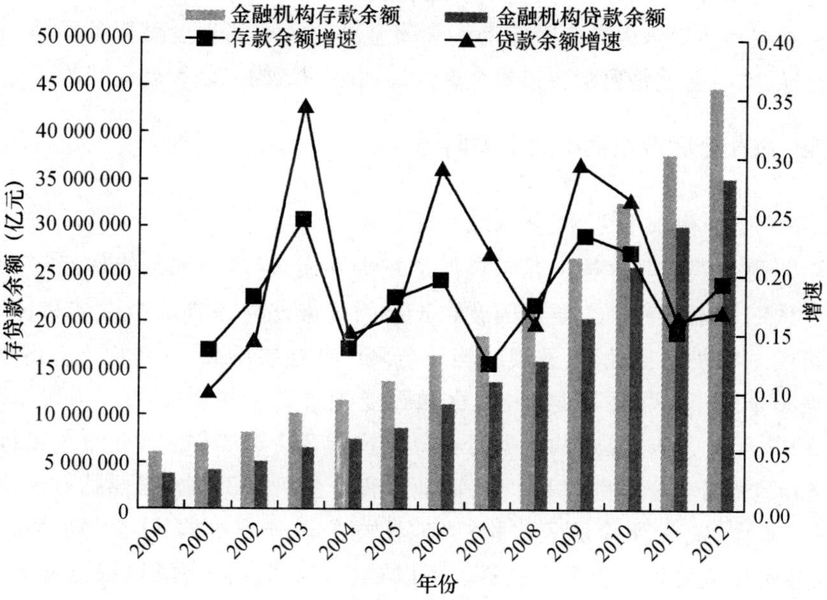

图 7-17 泉州金融机构存贷款余额规模图

资料来源:整理自 2000—2013 年《泉州统计年鉴》。

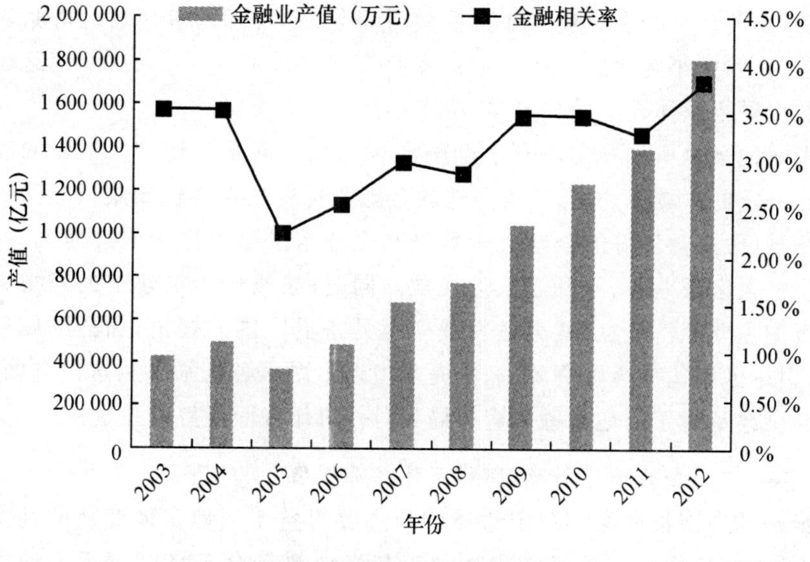

图 7-18 泉州金融业发展状况图

资料来源:整理自 2004—2013 年《泉州统计年鉴》。

融业发展规模有限等因素共同造成了当前泉州经济发展面临的金融短板，阻碍了当地资本在实体经济内的有效流动。泉州金融改革要实现金融服务实体经济的根本目标，本质上就是要解决泉州金融发展面临的结构问题和规模问题。

四、泉州金融改革面临的主要问题

（一）金融体系不完善，金融服务发展滞后

泉州的金融行业尽管近几年获得了较快发展，但与当地的实体经济发展成效相比依旧极不相称。主要原因就在于泉州尚未建立完善的金融体系，金融市场的组织结构仍有待优化，造成了当地金融服务层次不高、覆盖面不广等问题。

泉州金融市场主体不足，三大金融行业发展缺乏规模支持。从数据来看，截至 2012 年 6 月末，泉州共有银行业分支机构 712 个，其中国有四大银行分支机构 430 个，邮储分支机构 151 个，商业银行分支机构 31 个；泉州拥有保险业分支机构 88 个，尚无保险法人机构；当地证券公司分支机构 33 个，期货公司 11 家，证券交易主要集中于个人投资。可以看出，泉州金融市场以银行业为主，资本市场运作相对不发达，且从数量规模上仍与当地的经济发展总量不相称。银行、证券、保险三大行业共同构成完善的金融市场体系，但泉州呈现的“一头重两头轻”的市场状况造成当地金融服务功能面偏窄，抑制了当地企业的直接融资活动，不利于金融引导资本服务实体经济发展。同时，泉州的经济基础以中小企业为主，中小企业的金融服务需求存在多样性和灵活性的特点，这也要求当地的金融组织体系向种类多样、功能互补的方向发展。

泉州的金融机构布局不利于金融市场功能的联系和传导。泉州的经济发展存在一定的区域不均衡，造成当地的金融机构存在选择性聚集，如晋江、石狮以及鲤城区、泉港区等的金融机构数量和服务水平显著强于周边地区，而这将进一步扩大区域差距，不利于长远发展。同时，泉州作为福建省的经济重镇和海西区的主要经济支点，其金融发展应当具备更广阔的视角，加强区域布局和合作，引进区域优势金融资源，加快提升当地金融服务水平。从这一方面来看，泉州金融改革对于当地金融机构布局和对外协作方面还需加强重视。

（二）中小企业融资困难，阻碍实体经济发展

泉州的经济长期保持稳定快速增长主要得益于当地实体经济的扎实基础和无限潜力，而构成实体经济主体的正是当地数量众多且极具活力的中小企业，可以说是中小企业的快速发展带来了泉州的增长奇迹。截至 2012 年年底，泉州拥有民营企业超过 14 万家，其中亿元级企业超过 1 500 家，中小企业占到

总量的80%以上。当前泉州中小企业发展面临的融资难问题,在阻碍实体经济健康发展的同时,必将对泉州整体经济稳定造成显著影响。泉州中小企业面临的融资难题,具有全国范围内的普遍性,这也正是泉州金融改革能够成为国家金融改革范本的原因所在。中小企业融资难题,从泉州来看,具有两方面的原因:

其一,在于中小企业本身。首先,泉州的产业发展存在结构性矛盾,部分行业聚集了大量同质中小企业,既存在内部竞争,又导致行业产能过剩,影响产品的市场收益。其次,泉州中小企业的生产技术水平普遍偏低,产品附加值不高,造成企业发展的抗风险能力较弱。最后,中小企业在资产和技术方面的先天不足,造成了中小企业在融资领域处于弱势和被动地位,难以与大企业或政府支持企业竞争。

其二,在于银行。泉州的资本市场中企业间接融资比重远远超过直接融资比重,实体经济融资主要依赖于银行贷款。银行放贷在"三性"原则(安全性、流动性、盈利性)的要求下,对融资方信用设立了严格的评审机制。在我国现行的利率体制下,银行的贷款机制进一步加剧了资本错配,导致融资需求偏低的大型企业容易获得贷款,融资需求迫切的中小企业由于达不到信用级别而难以获得贷款。

泉州中小企业贷款难题本质上也是上述两方面的原因造成的。要想突破中小企业间接融资的障碍,需要从企业和银行两方面都进行深入改革,以实现金融对实体经济服务的目标。

(三)民间资本颇具规模,但缺乏投资渠道和监管措施

据统计,泉州的民间资本加上侨资总量已超过2万亿元人民币,规模巨大的民间资本在带来强劲增长潜力的同时也存在诸多风险。目前,泉州中小企业与银行存在融资关系的仅占总量的20%左右,绝大多数中小企业都依赖民间资本解决自身中短期的资金问题。然而,民间资本在泉州资本市场上的流动和运用完全依赖于融资方的个人信用与关系网络,缺乏可供监督的正式渠道,这导致民间资本在发挥资本作用的同时存在难以预测和不可控制的信贷风险。

泉州民间资本缺乏间接融资渠道。民间资本可以参与的间接融资渠道包括民间资本组建的小额信贷公司、民间资本入股村镇银行和城市商业银行、民间资本创立的产业投资基金以及民营银行等。泉州民间资本进入间接融资渠道的阻碍在于政策制度的约束,目前随着我国对中小企业贷款融资的进一步支持和对民间资本进入银行业限制的进一步放开,泉州金融改革在民间资本间接融资渠道方面将会有更灵活的政策弹性和改革空间。

泉州民间资本在直接融资渠道上受到的约束主要在于当地的资本市场发

展不完善和市场功能不健全。泉州资本市场一直以银行贷款融资为主，在股权融资、债务融资等领域仍处于起步阶段。截至 2012 年，泉州在境内外上市企业 77 家，直接融资规模约 500 亿元，但相对于当地企业数量和资本规模仍显不足。鼓励民间资本进行直接融资，需要加强当地的资本市场建设，大力发展股权和债务融资，建立当地的场外股权交易市场和股权托管机构以拓展民间资本的直接投资渠道。

泉州利用金融改革的政策优势，将民间资本纳入规范的间接融资和直接融资渠道，有助于完善民间资本监管，降低中小企业的融资风险，提高资本配置效率。这也是实现金融服务实体经济的重要目标之一。

（四）市场信用体系和风险评估管控机制有待完善

金融市场信用体系建设与资本市场的投融资风险以及资本配置效率紧密相关。泉州金融市场的不完善造成当地的信用体系同样存在诸多不足，在银行征信、信用信息共享以及企业和私人信用评级机制等方面仍有待突破。信用体系的缺陷导致当地金融市场的风险评估和管控机制难以发挥风险警示及监督作用，影响金融服务质量。

泉州银行的征信体系沿用全国银行业的标准，在安全性和流动性的要求下，具有严格的信用评审和贷款发放机制。这一机制并不适合泉州目前的企业发展状况和产业调整需要，当地中小企业受限于自身资产和抵押品的约束难以满足现有的征信标准。泉州要解决中小企业融资难题需要借助金融改革的先行先试优势，建立适应地方发展条件的银行征信体系，试点专门针对中小企业的弹性征信和灵活抵押方式帮助企业融资，创新中小企业的增信方式，提升企业间接融资的成功率。

泉州数量众多的中小企业带来了规模巨大的企业信息数据，但当地对这些高价值的信息数据的整合利用尚显不足，政府部门和金融机构等缺乏可靠高效的信息共享平台和运用机制，忽视了信息资源的作用。目前，泉州的税务部门掌握企业的纳税和生产信息，海关部门拥有进出口企业的贸易商品信息，金融部门持有融资企业的债务和财务信息，但这些相关的信息未能实现跨平台整合。这一不足增加了银行在对企业进行贷款审核时的信息获取成本，同时也增大了信息失真和信息伪造等问题出现的风险。

泉州目前仍缺乏行之有效的企业和个人信用评级机制，大多数企业和个人的信用评级都是在融资过程中由投资银行完成，并进入银行的全国信用平台，对当地的信用体系建设作用甚微。泉州在金融改革过程中应推动建立本地企业和个人信用评级机制与信用平台，由政府主导，多家银行参与，对当地的中小企业和个人投资者进行信息登记和信用评级,以实现对当地资本市场参与者更全面的监督和更准确的引导。

（五）进一步扩大对外合作规模,加强经济联系与金融合作

坚持改革开放战略是泉州经济保持快速平稳发展的根本原因。泉州经济具有非常显著的外向性,当地多种商品在世界市场上都占有一席之地。在长期的经济贸易活动中,泉州与台港澳侨形成了稳定的经济联系和合作机制,加强泉台港澳侨金融合作也作为泉州金融改革的八项目标之一获得了国务院的肯定。

进一步扩大对外开放,深化与台港澳侨的经济联系,建立更高层次的金融合作既是泉州金融改革的主要目标,同样也是帮助当地金融改革顺利实现的重要动力。台湾和香港具备完善的金融市场结构、高端的金融服务产品、成熟的金融人才培养机制以及严格的金融监管制度,这些宝贵经验正是泉州金融改革发展所急需的。同样,泉州金融改革所具备的政策红利和发展潜力,将为台港澳侨的金融资本提供广阔的投资空间和可观的投资回报,并帮助当地推进产业结构调整和企业技术水平升级。

五、泉州金融改革规划及实施路径

中国金融改革的推进方式总的来看分为两个层面:其一,是由国家主导、统一部署、自上而下推动的全局性金融改革;其二,则是由地方政府负责,以实验区形式推进的区域性专项金融改革。泉州金融改革属于后者,是与区域经济和社会发展特征相联系的金融改革。地方政府拥有先行先试的政策优势,因地制宜地规划金融改革的进程和方向,探索经验,再总结推广至全国其他地区。

泉州金融改革涉及地区经济发展的方方面面,是一个系统性工程,同时需要政府多领域多层次地提供政策保障,因此具有极强的政策性。在国务院通过泉州金融改革《总体方案》后,泉州市政府紧锣密鼓地展开支持政策的梳理和归类,加快整合构建金融改革所需的政策体系,初步形成了联系国家、省级、市级的整体金融改革支持体系。中央部委层面,中国人民银行和中国银监会都表示将加大对泉州发展地方法人银行、设立泉台合资商业银行、设立地方乡镇银行等方面的支持力度;省级层面,省政府出台的《十一条措施的通知》①和《实施意见》②中都将泉州金融改革作为重点推进目标,中国人民银行福州中心支行、福

① 《福建省人民政府关于金融服务实体经济发展十一条措施的通知》。
② 《关于贯彻落实金融支持经济结构调整和转型升级政策措施的实施意见》。

建银监局等部门也出台了相应的配套支持政策;市级层面,市政府依照国务院批复的《总体方案》研究出台了《鼓励金融业发展的若干意见》《鼓励股权投资业发展的若干意见》等九份金融改革配套支持政策。

（一）泉州金融改革方案分析

通过整理研究泉州金融改革的一系列配套支持政策,可以发现泉州金融改革规划具有明确的推进方向和显著的地方特色。泉州金融改革的定位是服务实体经济发展,泉州经济快速发展也正是来自当地实体经济的不断推动,如何通过地方金融改革破解当地实体经济发展遇到的资金困局和技术瓶颈,正是泉州金融改革的规划目标所在,也是泉州金融改革作为全国金融改革示范样本的意义所在。经过半年的研究思考,泉州对各层级的支持政策加以整合,并对金融改革目标进行深化,确定重点推进四个方面的改革。

1. 改变金融服务实体经济模式的单一化和同质化

泉州金融服务实体经济模式的单一化和同质化主要体现在,当地金融市场结构中银行业一家独大,而市场资金进入实体经济也大都依赖于“银行存款→银行贷款”的间接融资模式。因此,重点推进金融服务实体经济模式改革,一方面需要大力引进金融主体参与泉州金融市场体系构建,另一方面需要创新金融资本进入实体经济的模式。

从泉州金融改革的《总体方案》以及配套支持政策来看,泉州市政府在上述两个方面都做了详尽的规划。在引进金融主体方面:其一,推动符合条件的银行机构、证券和基金公司、信托租赁公司以及保险公司等金融主体在泉州设立分支机构或区域总部;其二,完善金融机构网点的区域布局,扩大现有网点覆盖面,推动实现城乡金融服务均衡;其三,支持地方法人金融机构发展,积极探索民资参股、台资参股以及中外合资建立金融主体的可行性,协调区域金融组织体系。在创新金融服务实体经济模式方面:第一,鼓励在泉银行业金融机构针对中小微企业设立贷款绿色通道,提高放贷效率,加强金融资本与实体经济的联系;第二,积极推动泉州当地龙头企业在境内外上市直接融资,支持已上市企业通过增发配股等方式扩大资本实力,扩展地区金融服务实体经济的直接融资渠道;第三,支持在泉金融机构业务创新、产品创新和服务创新,推动发展农村金融、全产业链融资、区域集优债券融资等项目,提升金融服务实体经济的广度和深度。

2. 改革民间资本进入金融领域的通道限制

如前文所述,泉州民间资本规模庞大,但利用效率较低,只有小部分民间资本通过银行中介进行间接投资进入实体经济,大部分民间资本都依赖于私人信用和关系网络的方式跨过金融领域直接进入实体经济，这样导致民间融资规模和利率难以被监管机构掌握，造成风险监管缺位。在《总体方案》中，泉州对民间资本的合理利用做了深入研究，并提出规范发展民间融资的改革目标。

其一，推动民间投资主体多元化。要将民间资本纳入金融体系内，必须依赖民间投资主体的多元化发展。利用投资主体在投资管理和风险控制方面的专业技术，实现对民间资本投资的合理引导，规避由于民间资本难以监管所导致的投融资风险。其二，支持引进各种金融交易平台，完善民间资本与金融平台的对接，突破通道限制。目前，泉州已经引进天津股权交易所和海峡股权交易中心在泉州设立区域运营中心，建立和完善泉州的区域场外股权交易平台。其三，进一步扩展民间资本的投资空间，积极设立产业投资基金、创业投资基金、资本管理公司等投融资主体，探索民间资本进入城市基础设施、公用事业等领域的政策要求和实现方式。

3. 加强诚信体系建设

诚信体系建设包括两方面的内容：一是信息共享，要求建立准确高效的信息共享平台来实现区域内企业和私人的信用信息能够被政府监管部门、金融投资机构以及融资企业获得，并据此得到可靠的信用评级，以缓解市场信息不对称，提高金融市场效率。二是机制设计，需要建立清晰准确的监管制度和法律法规，并切实执行，以保障诚信体系的真实可靠。在泉州金融改革的《总体方案》中，对加强诚信体系建设的具体步骤做了详细的规划。

第一，着力构建信息基础平台体系。主要包括金融信息综合服务平台和中小微企业信贷征信体系，前者将全市近八万家小微企业和现有金融资源链接到平台上，实现企业融资需求与金融机构产品及服务在平台的有效对接和互动，旨在从根本上解决信息不对称问题；后者则将分散在工商、税务、海关、房产、公检法等部门的信息在安全基础上实现共享，解决信息不健全问题。依靠信息共享平台的建立和完善，泉州将由此展开小微企业信用信息建档评级建设，以缓解中小微企业贷款难困境。第二，完善地方法规，积极支持金融管理部门依法履职，构建金融监管协作机制。泉州通过制定完善《泉州市金融应急预案管理办法》，明确政府监督管理和风险处置责任，并协调各部门推进监测预警、情况通报、监管协调和工作联动等机制建设。第三，建立金融综合改革风险防范机制，加强对金融投资风险和法律法规的宣传教育，培养投资者金融风险防范意识。

4. 积极拓展两岸三地金融合作

泉州经济具备的外向性特征以及当地与台港澳侨长期稳定的经济贸易合

作为拓展两岸三地金融合作提供了扎实基础。泉州与台港澳侨加深金融合作有助于当地在金融改革进程中提升金融服务层次，引进高端金融服务理念，实现区域金融改革的跨越发展。在《总体方案》的目标规划中，泉州将在 ECFA 和《内地与港澳关于建立更紧密经贸关系的安排》(CEPA)框架下，采取先行先试措施，探索泉台港澳侨金融合作的新渠道和新机制。

其一，在现有国家政策框架下，泉州推动建立两岸三地的金融评级互信机制，创造金融资本在地区间无障碍流通的条件。利用金融改革的先行先试措施，降低台港澳侨金融资本入泉的门槛，以此提升当地的资本规模水平。其二，积极引入港台高端金融管理方式和金融产品，实现泉州金融改革高起点快速度的跨越发展。泉州一方面凭借海峡股权交易中心区域经营中心的优势，积极引入台湾上柜交易体制，另一方面也在加强与香港的金融合作，鼓励当地强势企业赴港上市融资。其三，打造两岸三地人才交流和培养机制，充分利用好港台优质金融资源，建立涵盖官、商、学、民的多层次的人才交流平台。

（二）泉州金融服务实体经济改革路径探析

1. 银行业服务实体经济的改革路径

健全完善银行业组织结构，建立依托于银行业的金融服务体系。泉州金融市场银行业独大尽管造成了金融体系的不健全，但有助于形成以银行业为主体，证券、基金、期货、保险为分支的金融服务体系。银行业要实现服务实体经济的目标，需要充分发挥自身具备的吸存放贷、资金托管、股权债券托管等功能，一方面帮助其他金融机构顺利提供各种金融服务，另一方面加强与企业的联系，积极发展潜在客户，拓宽银行业进入实体经济的各种渠道。同时，建立完善的银行业组织体系还需加强银行机构的区域网点布局，尤其是在乡镇范围内鼓励当地银行增设营业网点。积极提高银行业对“三农”的金融服务水平，将农村金融服务纳入泉州整个金融服务体系的建设规划，以缩小城乡金融服务差距，稳定区域金融市场的发展。

创新银行金融服务产品，积极推进全产业链融资服务。所谓全产业链融资，正是银行为解决中小企业贷款困难而进行的贷款服务创新，是指通过对产业链的一体化程度以及其中核心企业的财务状况、信用风险等因素的综合考虑，最终对产业链上的多个企业提供灵活的贷款融资服务。泉州实体经济持续的高增长帮助当地形成了部分规模庞大的产业集群，以纺织、鞋品、服装，机械制造和石油化工等为代表的产业群，不仅产业链条长、涉及企业众多，而且上下游企业之间共生特性显著，产业一体化特征明显。因此，在泉州金融改革中，全产业链融资将会成为银行业服务实体经济的重要渠道之一，结合现行的“联保联贷”模式，利用产业链中龙头企业的实力担保，在帮助整条产业链中众多中小企业打破融资困境的同时，更降低了产业链条资金断裂的风险，有助于整个地区的产业持续稳定发展。

鼓励地区内银行业壮大规模和加强合作，以满足当地推行区域集优债券融资的要求。区域集优债券融资模式是我国在解决中小企业融资难问题上的又一创新，是指一定区域内具有核心技术、产品具有良好市场前景的中小非金融企业，在政府、银行以及增信机构的共同支持下，在银行间债券市场通过发行中小企业集合票据的债务融资方式。在这一过程中，银行承担了企业审核、监督以及债券承销等重要任务。泉州的企业发展状况如前文所述，具有发展区域集优债券融资的条件，政府也出台了《实施方案》推进当地的集优债券融资发展。因此，银行业在泉州金融改革过程中应积极参与区域集优债券融资项目，实现银行服务于实体经济直接债务融资的有效路径。

2. 证券业服务实体经济的改革路径

壮大证券业规模，积极引进各类金融投资机构和交易平台，完善当地的直接融资市场。泉州金融改革实现证券服务实体经济，一方面需要专业化的证券投资机构激活民间资本的投资热情，并组织其成为合格投资主体，引导其进入直接融资市场；另一方面需要多层次的权益交易平台，将优质中小企业的股权、债券等权益证券纳入交易平台，以拓展实体经济的直接融资渠道。当前，泉州应利用金融改革带来的政策优势和先行先试措施，推动当地证券、基金、期货等金融投资主体的发展，引进“新三板”交易市场的区域营运中心，扩展天津股权交易所和海峡股权交易中心两个地区营运中心的交易平台规模和企业数量。针对泉州大量的民间资本，当地应在金融改革阶段设立多层次多类型的投资主体，包括证券投资公司、基金公司、产业投资基金和创业投资基金管理公司、期货交易公司等，借助投资公司在财务管理、投资研究、风险控制等方面的专业技能，合理调动区域内资本的投资方向，充分发挥资本有效配置过程中对产业的调整作用，以实现服务实体经济的改革目标。

支持证券业进行组织创新、业务创新和服务创新，鼓励投资机构结合泉州当地的产业特点和经济状况推出本土化的金融投资产品。泉州市政府设立的股权融资服务中心为企业引进创业投资、股权投资以及到场外交易市场改派融资和改制上市提供了政策支持服务，当地证券机构应借助此类政策优势，充分调动当地的民间资本，运用自身专业能力设立产业投资基金、风险投资基金以及创业投资基金等股权融资平台，满足当地中小企业的直接融资需求。同时，积极创新投资产品，帮助泉州外贸企业规避经营风险。泉州从事对外贸易的企业众多，在当前国际市场环境多变的情况下，企业对避险金融服务存在明显需求。期货公司通过设计适宜泉州企业对外贸易状况的投资产品来规避贸易过程中存在的利率风险和汇率风险，有助于当地外贸产业的平稳发展，加强企业与金融市场的紧密联系。

3. 保险业服务实体经济的改革路径

引进保险机构，创新保险服务产品，深化保险业与银行业、证券业的联系和合作。保险服务能够深入到地方实体经济的各个方面，并有助于银行业和证券业更好地发挥经济促进作用。通过创新保险服务产品，开发针对民营企业的财产保险、责任保险、信用担保保险等，以及针对农业的森林综合保险、茶叶种植保险、海产养殖保险等，这些保险产品一方面能够确保产业发展平稳可靠，另一方面有助于企业在融资过程中实现增信目的，更容易通过信用评审。保险机构与银行、证券等金融机构应进一步加强合作，积极参与到地区企业的融资过程中，开展小额贷款保证保险和信用担保保险的试点工作，以寻找商业保险机构参与中小微企业融资再担保机制。

积极拓展保险资金的投资渠道，提高投资效率，加快建立保险业的监督管控机制。保险资金作为金融市场中投资资金的重要来源，其投资领域对地区的实体经济发展具有显著影响。泉州在金融改革过程中应支持保险资金合理进入当地资本市场，参与企业的股权融资、上市、重组等；并鼓励保险资金通过多种方式进入泉州重点工程、基础设施项目和公共事业等领域，以提高保险资金的投资效率。以防范系统性风险为核心，加强对保险项目的跟踪监管，逐步建立市场监督和风险防范的长效机制。加强保险人才队伍建设，提高保险从业人员的专业素质和风险意识，保障保险业稳定长效地服务实体经济发展。

4. 对外金融合作服务实体经济的具体方式

加大对港台金融机构入驻泉州的鼓励措施，适当降低其执业门槛，以多种形式实现港台资金投资入股地方企业或金融机构组建合资公司。泉州在金融改革过程中应当重视对外金融合作对当地金融服务水平和市场建设的显著作用，通过引进港台资金融机构进驻泉州，在壮大地方金融市场规模的同时，吸收对方带来的先进管理理念、高端投资管理技术以及金融服务产品等，这将有助于提高地方金融服务层次，实现泉州在金融领域的跨越式发展。积极建设泉台港澳侨的金融信息共享机制，提升地区对金融市场风险传导的监督准确度和反馈效率。鼓励泉州对外合作在金融领域实现涵盖官、商、学、民多层次的人才交流平台，建立本地金融人才培养机制和外来金融人才引进机制，帮助泉州迅速提升金融专业管理水平，更好地为金融改革服务。

专题二 福建区域性股权交易市场建设和发展对策

一、我国区域性股权交易市场的发展

我国区域性股权交易市场最早源自全国各产权交易市场中从事股权交易的业务，其独立出现及发展始于2008年天津股权交易所的成立。2008年以来，国务院在批复各地区域改革发展政策规划时，批准天津、重庆、深圳、上海、福建等省市探索建立区域性股权交易市场（见表7-4），随后这些省市开始探索建立区域性股权交易市场。2008年9月，天津股权交易所经天津市政府批准正式成立，开创了我国区域性股权交易市场的先河。天津股权交易所重点为"两高两非"企业（高新区内高新技术企业、非上市非公众企业公司）股权和私募基金份额交易提供服务。2009年10月，天津股权交易所与淄博市签署了《关于建立天津股权交易所淄博分市场的合作协议》，2009年12月，淄博齐鲁股权交易中心挂牌成立，成为天津股权交易所在全国第一家正式运营的分市场。2010年12月，根据山东省委《关于加快经济发展方式转变若干重要问题的意见》关于"完善发展全省性股权交易市场"的精神和开展全省性股权交易市场建设试点的要求，天津股权交易所股权撤出淄博齐鲁股权交易中心，淄博齐鲁股权交易中心与淄博股权托管中心合并成立齐鲁股权托管交易中心，正式建立山东省非上市公司股权托管转让平台。

表7-4 各地探索建立区域性股权交易市场的政策依据

地区	支持探索建立区域性股权交易市场的政策文件
天津	2006年5月，国务院关于《推进滨海新区开发开放有关问题的意见》（国发[2006]20号），明确"鼓励天津滨海新区进行金融改革和创新。在金融企业、金融业务、金融市场和金融开放等方面的重大改革，原则上可安排在天津滨海新区先行先试"。2008年3月，国务院批复的《天津滨海新区综合配套改革试验总体方案》，明确"积极支持在天津滨海新区设立全国性非上市公众公司股权交易市场"。2009年10月，国务院批复的《天津滨海新区综合配套改革试验金融创新专项方案》，明确"支持天津股权交易所不断完善运作机制，规范交易程序，健全服务网络，拓展业务范围，扩大市场规模。充分发挥市场功能，为中小企业和成长性企业提供高效便捷的股权投融资服务"。

（续表）

地区	支持探索建立区域性股权交易市场的政策文件
浙江	2008 年，浙江向国务院请求开展非上市公司股份转让试点的请示（浙政［2008］70 号），获得中国证监会复函原则同意（证监办函［2008］192 号）。
重庆	2009 年 1 月，国务院颁发了《国务院关于推进重庆市统筹城乡改革和发展的若干意见》（国发［2009］3 号），提出“加快发展多层次资本市场，适时将重庆纳入全国场外交易市场体系”。
上海	2009 年 4 月，《国务院关于推进上海加快发展现代服务业和先进制造业建设国际金融中心和国际航运中心的意见》（国发［2009］19 号）明确提出“研究探索推进上海服务长三角地区非上市公众公司股份转让的有效途径”；2009 年 5 月，《上海市人民政府贯彻〈国务院关于推进上海加快发展现代服务业和先进制造业建设国际金融中心和国际航运中心意见〉的实施意见》（沪府发［2009］25 号），进一步提出“在国家金融管理部门的指导下，先行探索建立以上海高新技术类股份有限公司股份为交易对象、以机构投资者为投资主体、由优质证券公司进行保荐的非上市公众公司股份转让市场，并在条件成熟后，逐步向其他领域及长三角地区辐射”。
深圳	2009 年 5 月，国务院批复的《深圳综合配套改革总体方案》，明确了“积极支持在深圳设立创业板市场和场外交易市场，加快构建多层次资本市场”。
福建	2009 年 5 月，《国务院关于支持福建省加快建设海峡西岸经济区的若干意见》（国发［2009］24 号）赋予福建对台合作先行先试优惠政策；2009 年 7 月，《福建省贯彻落实〈国务院关于支持福建省加快建设海峡西岸经济区的若干意见〉的实施意见》，进一步明确“探索引入台湾上柜和兴柜交易机制，推动设立两岸股权柜台交易市场”。
山东	2010 年 6 月，山东省委出台《关于加快经济发展方式转变若干重要问题的意见》（鲁发［2010］10 号），明确提出“完善发展全省性股权交易市场，为实现未上市企业股权转让创造条件”。

资料来源：本研究根据相关资料整理。

2009 年 7 月，重庆根据国务院《关于推进重庆市统筹城乡改革和发展的若干意见》有关“加快发展多层次的资本市场，适时将重庆纳入全国场外交易市场体系”的精神批准设立重庆股份转让中心，2009 年 12 月，重庆股份转让中心正式挂牌，并于 2010 年 10 月正式开业。2010 年 1 月，经中国证监会同意，浙江正式启动浙江未上市公司股份转让试点，目标是建立全省性未上市公司股份合理流动、资源有效配置的公共平台，培育上市公司后备资源。2010 年 6 月，作为浙江省未上市公司股份转让试点工作中的重要组成部分——温州股权营运中心经中国证监会同意正式设立。2010 年 10 月，根据国务院批复的《深圳综合配套改革总体方案》有关“积极支持在深圳设立创业板市场和场外交易市场，加快构建多层次资本市场”的精神批准设立的深圳科技企业柜台交易市场正式启动，主要为科技型中小企业和科技成果转化提供包括私募融资、股权流动等综合金融服务，为深交所创业板、中小企业板培育更多上市资源。由于地方股权交易市场作为体现地方自主金融权的场外交易市场，不仅能成为地方资本市场的标志性组成部分，而且具有类似深沪交易所吸引和聚集各类金融机构、金融资本、企业资源和金融人才的功能，助推地方经济发展，因此，各地方政府非常重视发展区域性股权交易市场，其他省市如安徽、湖南、贵州、广西、福建、吉林、湖北等也纷纷设立股权交易市场（具体见表7-5）。

表7-5　国务院清理整顿前区域性股权交易市场建设情况

名称	成立/启动时间	功能定位
天津股权交易所	2008.9/2008.12	股权交易
安徽省股权交易所	2009.5/2009.7	股权管理、股权交易、股权融资、信息披露、股份制改制和上市服务
重庆股份转让中心	2009.12/2010.10	股权登记托管、股权报价转让
齐鲁股权交易托管中心	2009.12/2010.12	股权托管、股权交易
浙江省未上市公司股份转让试点平台	—/2010.1	股权托管、股份转让
温州股权营运中心	2010.6/2010.6	帮助未上市公司、非国有产权的股权转让和交易，为企业的股权托管、过户登记、股权质押等提供服务
深圳科技企业柜台交易市场	—/2010.10	主要为科技成果、科技型中小企业提供私募融资、股权流动等服务
湖南股权交易所	2010.12/2012.12	为非公众公司、高新技术企业、高成长性企业提供股权融资和交易服务
贵州股权托管交易中心	2011.2/—	为非上市企业提供股权托管、登记、交易、质押融资等服务
广西北部湾股权托管交易所	2011.4/—	为非上市公司提供股权（债权）登记托管、股权质押融资、股权（债权）流转、股权私募及企业融资咨询等服务
福建省创新创业企业股权融资与交易市场	—/2011.6	非上市创新创业企业股权融资、股权交易、技术产权交易和科技项目成果转让等
福建海峡股权交易所	2011.10/2013.7	为非上市公司的股权交易和股权融资、企业债券交易、基金份额交易、项目推介及招商引资等提供服务
吉林股权交易所	2011.5/2013.6	为全省非上市公司提供股权挂牌交易和融资服务
厦门股权托管交易中心	2011.7/2011.9	为非上市公司股权转让提供登记、交易、结算等服务
武汉股权托管交易中心	2011.11/2011.11	股权托管、股权交易

资料来源：本研究根据相关资料整理。

随着2011年11月《国务院关于清理整顿各类交易场所、切实防范金融风险的决定》(国发[2011]38号,以下简称“38号文”)的出台,地方股权交易市场进入了清理整顿阶段,开始自查整改。在这次清理整顿中,地方股权交易市场成为重点,监管层希望借此次清理整顿各类交易所之机,规范发展区域性股权交易市场,使其发展成我国多层次资本市场的有机组成部分之一——区域性场外市场。2012年7月,国务院办公厅出台《关于清理整顿各类交易场所的实施意见》(国办发[2012]37号,以下简称“37号文”),进一步对区域性股权交易市场的交易方式做出不得集中交易、不得标准化连续交易、不得均等份额公开发行、不得突破200人限制等基本规定,成为区域性股权交易市场业务运作的基本红线。各区域性股权交易市场在清理整顿工作结束后,将严格依照国家最新政策法规开展相关业务,这为区域性股权市场进一步规范发展奠定了基础。

在大力清理整顿各类交易所的同时,国务院及相关部门不断出台政策措施促进并规范区域性股权交易市场发展。2012年5月,中国证监会下发了《关于规范区域性股权交易市场的指导意见(征求意见稿)》,首次从政策层面对区域性股权交易市场的行政监管、市场定位、功能定位、基本交易规则、投资者、证券公司参与等做了基本规定。2012年8月,中国证监会下发的《关于规范证券公司参与区域性股权交易市场的指导意见(试行)》(中国证监会公告[2012]20号,以下简称“20号文”),证券公司参与区域性股权交易市场建设正式开闸。20号文还指出,“区域性市场是为本省级行政区划内中小微企业提供股权、债券的转让和融资服务的私募市场”。随后,我国区域性股权交易市场掀起新一轮建设潮,各省市在完成对交易场所的清理整顿之后,以最快速度投入到本地股权交易市场建设中。各地长期低迷不振的股权交易市场出现转机,证券公司、证券交易所以最大热情参与各地区域性股权交易市场建设,据不完全统计,截至2013年年底,共有29家证券公司参与14家区域性股权交易市场建设;上交所、深交所分别参与了3家和6家区域性市场建设(具体见表7-6)。从区域性市场组建模式来看,主要有产权交易机构主导、地方政府主导的事业单位、地方国企主导和券商主导四种模式。其中:由产权交易机构主导的区域性市场,有天津、武汉、湖南等地的区域性市场;采取地方政府主导的事业单位模式的区域性市场,仅有齐鲁股权交易中心;地方国企主导的区域市场,有上海、浙江、广州、大连、青海等区域性市场;券商主导模式的区域性市场,有重庆、前海、海峡、广东金融高新区、甘肃、江苏等股权交易中心。

表 7-6　国务院清理整顿前区域性股权交易市场建设情况

区域性市场	参与券商	参与交易所
重庆股份转让中心	西南证券	深交所
武汉股权托管交易中心	长江证券、天风证券	深交所
上海股权托管交易中心	—	上交所
浙江股权交易中心	浙商证券、财通证券	上交所
大连股权交易中心	—	深交所
辽宁股权交易中心	信达证券、大通证券、中天证券	上交所
前海股权交易中心	中信证券、国信证券、安信证券	深交所
青海股权交易中心	—	深交所
海峡股权交易中心	兴业证券	—
山西股权交易中心	山西证券	—
广东金融高新区股权交易中心	广发证券、招商证券	深交所
新疆股权交易中心	宏源证券	—
北京股权交易中心	中信建投证券、银行证券、首创证券	深交所
甘肃股权交易中心	华龙证券	—
江苏股权交易中心	华泰证券、东吴证券、东海证券、南京证券、国联证券	—
安徽省股权托管交易中心	国元证券、华安证券	—
成都（川藏）股权交易中心	华西证券、深圳证券	—

注：上交所、深交所分别通过所属上证所信息网络有限公司、深圳证券信息公司参与区域性股权交易市场建设。

资料来源：本研究根据相关资料整理。

进入 2013 年，随着大部分省市交易所清理整顿通过国务院验收，各地股权交易市场密集开业或抓紧筹建。据不完全统计，截至 2013 年 7 月底，全国已成立或正在筹建的区域性股权交易市场共有 30 家，正式启动的区域性股权交易市场共有 14 家，2013 年 1—7 月正式启动的有六家。其中：天津股权交易所、重庆股份转让中心、齐鲁股权托管交易中心等三家在国务院清理整顿前启动的区域性市场通过了国务院验收；另外，上海股权托管交易中心、湖南股权交易所、吉林股权交易所、海峡股权交易中心等这些在国务院清理整顿交易所前成立的，在通过清理整顿验收后正式启动。从全国各省区市区域性市场建设来看，广东规划建设三家区域性市场即广州股权交易中心、前海股权交易中心、广东金融高新区股权交易中心，辽宁规划建设两家区域性市场，即辽宁股权交易中心和大连股权交易中心，福建除正式启动的海峡股权交易中心外，厦门区域性股权交易市场正在加快筹建，其他省份基本规划建设一家区域性股权交易市场（具体见表 7-7）。

表 7-7　国务院清理整顿后区域性股权交易市场建设情况

区域性股权交易市场	成立/启动时间	注册资本（亿元）	备注
天津股权交易所	2008.9/2008.12	—	—
重庆股份转让中心	2009.12/2010.10	1.56	2012 年 12 月，通过清理整顿验收，并改制；2013 年 1 月，增资扩股
齐鲁股权托管交易中心	2009.12/2010.12	—	2012 年 11 月，通过清理整顿验收
武汉股权托管交易中心	2011.11/2011.11	0.30	2012 年 11 月，通过清理整顿验收；2013 年 4 月，进行增资扩股
上海股权托管交易中心	2010.7/2012.2	1.20	2012 年 8 月，上交所入股；2013 年 4 月，通过清理整顿验收（未拿到批文）
广州股权交易中心	—/2012.8	1.80	—
浙江股权交易中心	2012.9/2012.10	1.00	—
湖南股权交易所	2010.12/2012.12	0.26	2012 年 7 月，通过清理整顿验收，并获得省政府批复同意其继续运营
大连股权交易中心	—/2013.2	0.50	—
辽宁股权交易中心	2013.2/2013.4	0.50	—
前海股权交易中心	2012.5/2013.5	5.50	2012 年，在深圳新产业技术产权交易所基础上，通过增资扩股、变更名称而设立
吉林股权交易所	2011.5/2013.6	—	2013 年 2 月，通过清理整顿验收
青海股权交易中心	—/2013.7	0.36	2012 年 6 月开始规划；2012 年年底启动组建
海峡股权交易中心	2011.10/2013.7	1.90	2012 年进行增资扩股、变更名称
广东金融高新区股权交易中心	2013.7/—	1.00	—
江西省股权交易所	2011.6/—	—	—
新疆股权交易中心	2012.10/—	1.00	2012 年 9 月，自治区政府批复筹建
北京股权交易中心	2012.12/—	2.00	—
甘肃股权交易中心	2012.2/—	1.00	2013 年 2 月，甘肃省政府研究决定组建
江苏股权交易中心	2013.7/—	2.00	2013 年 5 月，召开创立大会

（续表）

区域性股权交易市场	成立/启动时间	注册资本（亿元）	备注
安徽省股权托管交易中心	2013.7/—	1.00	2013年5月，召开筹建工作会议
成都（川藏）股权交易中心	—	1.00	2013年6月，召开创立大会
河北股权交易所	—	—	在石家庄股权交易所（通过验收）基础上筹建
山西股权交易中心	—	1.00	筹建中
陕西股权交易中心	—	—	2013年6月，省政府原则同意组建方案
厦门区域性市场	—	—	筹建中
广西区域性市场	—	—	筹建中
贵州区域性市场	—	—	筹建中
云南区域性市场	—	—	筹建中

资料来源：本研究根据相关资料整理。

二、福建区域性股权交易市场发展现状

福建区域性股权交易市场的探索最早源于国务院支持海西区建设，2011年6月，福建省创新创业企业股权融资与交易市场试点启动揭开了福建区域性股权交易市场探索的序幕。2011年7月，厦门股权托管交易中心正式成立，成为福建首家股权托管交易中心，拉开了厦门区域性股权交易市场探索的序幕；2011年10月，作为国务院支持海西区建设的重要举措——福建省政府批准在平潭注册成立福建海峡股权交易所。但是随后各地股权交易所进入清理整顿阶段，2012年1月，福建出台《福建省清理整顿各类交易场所工作方案》，福建交易所清理整顿工作进入实质性阶段。2013年1月，厦门清理整顿各类交易场所工作通过联席会议检查验收，2013年6月，福建清理整顿各类交易场所工作通过联席会议检查验收，为福建区域性股权交易市场的规范发展奠定了基础。2013年7月，海峡股权交易中心正式开业运营，揭开了福建区域性股权交易市场的新篇章，在福建资本市场发展过程中具有划时代意义。

（一）福建省创新创业企业股权融资与交易市场试点

作为福建股权交易市场的开创者，福建省创新创业企业股权融资与交易市场的正式筹建始于2011年。2011年1月，福建省政府批准《关于构建福建省创

新创业企业股权融资与交易市场试点方案》，随后福建省创新创业企业股权融资与交易市场正式开始筹建，并于 2011 年 6 月正式启动。福建省创新创业企业股权融资与交易市场是以非上市创新创业企业股权、技术产权为主要服务对象，集投融资、转让交易以及登记托管、见证等基础服务为一体的综合服务市场，其功能定位、主要业务、交易制度和股权挂牌交易条件具体见表 7-8。截至 2013 年 7 月底，福建省创新创业企业股权融资与交易市场累计挂牌企业 8 家，股权融资 14 项，产权交易成交额 2.6 亿元。福建省创新创业企业股权融资与交易市场试点，拉开了福建区域性股权交易市场建设的序幕，为福建区域性股权交易市场的建设进行了积极探索。

表 7-8　福建省创新创业企业股权融资与交易市场基本情况

	具体内容
功能定位	满足非上市创新创业投融资需求；实现非上市创新创业企业股权有效定价和规范化流转融通；为创业投资资本提供进入与退出通道，促进资本流动；为技术经纪提供市场平台，促进科技成果转化和技术转移；以对接创业板、中小板为目标，加快培育上市公司后备资源
主要业务	非上市创新创业企业股权融资；非上市创新创业企业股权交易；技术产权交易和科技项目成果转让；基础性业务，包括非上市股份公司股权登记托管、股权转让见证、企业管理咨询服务、创新创业企业投融资信息服务
交易制度	询价交易、不连续竞价交易
股权挂牌交易条件	持续经营两年以上的有限公司（股份公司），资本和净资产分别不低于 100 万元（500 万元）；至少一项权属清晰的自主知识产权；两年经营业务记录，最近一个会计年度盈利，主营收入净额不低于 800 万元，或最近会计年度主营收入净额不低于 500 万元且增长 20%，或最近一年的净利润不少于 100 万元

资料来源：本研究根据相关资料整理。

（二）海峡股权交易中心的发展

2009 年 7 月，中共福建省委八届六次全会审议通过的《福建省贯彻落实〈国务院关于支持福建加快建设海峡西岸经济区的若干意见〉的实施意见》，首次提出“加快海峡产权市场建设，探索引入台湾上柜和兴柜交易机制，推动设立两岸股权柜台交易市场，打造闽台企业对接的直通平台”的初步构想。2010 年 4 月，《福建省人民政府办公厅关于印发 2010 金融服务海西建设工作要点的通知》提出：“促进场外市场建设”，“研究推动省产权交易中心发展为非上市非公众公司开展私募股权融资和股权转让业务，并争取发展成为海峡两岸股权交易市场，为台资企业和海西区域内的非上市公司股权融资与转让提供区域性的市场平台。”2011 年 2 月，《福建省人民政府办公厅转发人民银行福州中心支行福建银监局、福建证监局、福建保监局关于2011金融服务福建科学发展跨越发展工作要点的通知》进一步明确，“积极争取国家政策支持，借鉴台湾地区上柜和兴柜模式，在省内探索建立台资企业及中小企业股权柜台交易市场（或海峡股权交易所），为中小企业、大陆台资企业融资提供服务”。2011年3月，《福建省人民政府办公厅转发省发展改革委关于2011重点领域改革工作意见的通知》明确指出：“争取设立海峡股权交易所。”至此，在海西区设立海峡股权交易所的规划最终明确。

2011年10月26日，经福建省人民政府批准，海峡股权交易中心由福建省产权交易中心发起并在平潭综合实验区注册成立①。进入2012年，随着证券公司参与区域性股权交易市场建设的开闸，兴业证券入股海峡股权交易中心，成为第一大股东和经营主体，参与福建区域性股权交易市场的建设。与此同时，海峡股权交易中心由一家产权交易机构主导的区域性股权市场转变为券商主导的区域性股权市场。2013年7月，海峡股权交易中心及泉州运营中心先后开业运营，宣告福建区域性股权交易市场正式启动。目前，海峡股权交易中心确立了服务中小微企业、服务投资者、服务地方经济的三大定位，构建了股权交易、债券交易、登记托管、投融资、金融创新、两岸金融合作及综合服务等七个业务平台，设立了挂牌交易、挂牌展示和台资企业三大板块。截至2013年7月底，海峡股权交易中心拥有挂牌企业52家，分布在电器、环保、鞋业、服装、石材、陶瓷、食品等多个行业，各类会员43家，与中国银行、兴业银行、福建省农村信用社、建设银行、工商银行、民生银行、招商银行、光大银行、华夏银行、泉州银行等十家银行业金融机构签署战略合作协议，合计授信额度达120亿元。

（三）厦门区域性股权交易市场的建设

厦门区域性股权交易市场的建设源于国务院支持厦门建立两岸区域性金融服务中心，2011年7月，在厦门市国资委、市金融办等部门的共同推动下，厦门股权托管交易中心在厦门两岸金融中心正式成立，成为福建首家股权托管交易中心。厦门股权托管交易中心由厦门产权交易中心与厦门金圆集团所属的厦门市担保公司共同成立，主要为非上市公司股权转让提供登记、交易、结算等服务，承担股权托管、登记、变更、分红、派息等工作。2011年9月，厦门股权托管交易中心正式启动。国务院和福建省政府高度重视厦门区域性股权交易市场的建设，2011年12月，国务院批复的《厦门市深化两岸交流合作综合配套改

① 2011年注册成立时名为“福建海峡股权交易所”，2012年增资扩股更名为“海峡股权交易中心”。

革试验总体方案》明确支持厦门探索建立服务非上市公众公司特别是台资企业的股份交易市场,推动多层次资本市场体系的建设。2012 年 4 月,《中共福建省委、福建省人民政府关于贯彻实施〈厦门市深化两岸交流合作综合配套改革试验总体方案〉的若干意见》进一步提出,要"依托厦门市股权托管交易中心,建设辐射海西、服务两岸的股份交易市场"。2012 年 12 月,福建省政府出台《关于支持厦门建设两岸区域性金融服务中心的若干意见》,提出支持以厦门市股权托管交易中心为依托,借鉴台湾柜台买卖中心建设经验,建设服务非上市公司特别是台资企业的区域性股权交易市场,为福建中小微企业提供股权、债券的转让及融资服务。在国务院和省市政府的支持下,厦门市股权托管交易中心发展迅速,截至 2013 年 2 月底共托管登记股数达 65 亿股,完成股权交易 2.7 亿元,为小微企业实现股权质押融资 1.27 亿元,成为福建交易量最大的非上市公司股权转让市场,为厦门区域性股权交易市场奠定了坚实的基础。随着 2012 年以来我国区域性股权交易市场定位的明确,厦门加快区域性股权交易市场建设步伐,目前已完成可行性分析报告,准备引入两岸券商,共同参与厦门区域性股权交易市场的建设。

(四) 天津股权交易所在福建区域的发展

2012 年,泉州为推动金融改革,引导民间资本进入实体经济,发挥促进经济发展转型升级的作用,与天津股权交易所合作筹建场外股权交易平台,2012 年 9 月 28 日,天津股权交易所泉州区域运营中心挂牌运营。2013 年 7 月 5 日,天津股权交易所福建龙岩运营中心正式揭牌运营,截至 2013 年 7 月底,福建在天津股权交易所挂牌的企业达到 28 家。

三、与其他省市区域性股权交易市场的比较

自 2012 年我国区域性股权交易市场正名以来,我国区域性股权交易市场呈蓬勃发展之势,截至 2013 年 7 月底,全国正式启动运营的区域性股权交易市场共有 14 家,累计挂牌企业 2 790 家。为深入探讨福建区域性股权交易市场发展状况,本研究将进一步将海峡股权交易中心与其他区域性股权交易市场进行比较。

(一) 市场规模比较

从挂牌企业数量来看,截至 2013 年 7 月底,海峡股权交易中心挂牌企业 52 家,排在第六位[①](具体见表 7-9),其中 2013 年 1—7 月,新增挂牌企业海峡股权

① 广州股权交易中心和前海股权交易中心因挂牌企业标准不同,在这里不进行比较,仅对其他 12 家区域性股权交易市场进行比较。

交易中心排在第二位。从挂牌企业覆盖范围来看,由于区域性股权交易市场以服务当地企业为宗旨,因此挂牌企业以本辖区内企业为主,而中国证监会发布的20号文明确提出"区域性市场原则上不得跨区域设立营业性分支机构,不得接受跨区域公司挂牌"。因此,大多数区域性股权交易市场挂牌企业均来自本区域,如海峡股权交易中心52家挂牌企业均来自福建。目前,14家正式启运的区域性股权交易市场中,仅天津股权交易所、上海股权托管交易中心和重庆股份转让中心存在异地挂牌企业,其中天津股权交易中心315家企业分布于27个省市,上海股权托管交易中心73家企业分布于12个省市,而重庆股份转让中心在2012年12月有一家江苏企业登陆该市场。从总市值来看,天津股权交易所最高为269.7亿元,其次是浙江股权交易中心,为192亿元。从实现融资额来看,天津股权交易所最高为195.72亿元,其次是重庆股份转让中心,为96.68亿元。

表7-9　各区域性股权交易市场规模比较(截至2013年7月底)

区域性股权交易市场	累计挂牌企业(家)	2013年1—7月新增(家)	覆盖范围	总市值(亿元)	融资额(亿元)
海峡股权交易中心	52	52	福建	—	—
天津股权交易所	315	68	27个省区市	269.70	195.72
重庆股份转让中心	101	11	重庆(江苏1家)	98.80	96.68
齐鲁股权托管交易中心	158	23	山东	120.00	78.00
武汉股权托管交易中心	48	27	湖北	75.07	51.17
上海股权托管交易中心	73	25	12个省市	33.00	15.10
浙江股权交易中心	90	35	浙江	192.00	—
广州股权交易中心*	384	242	广东	—	12.48
前海股权交易中心*	1 501	1 501	广东	—	—
湖南股权交易所	6	0	湖南	—	1.63
辽宁股权交易中心	41	41	辽宁	—	—
大连股权交易中心	7	7	大连	—	—
吉林股权交易所	4	4	吉林	—	—
青海股权交易中心	10	10	青海	—	—

注:广州股权交易中心挂牌企业为股份公司、有限责任公司,前海股权交易中心对挂牌企业无法律形式要求,股份公司、有限公司、合伙企业均允许挂牌。

资料来源:本研究根据相关资料整理。

(二)准入门槛比较

区域性股权交易市场准入门槛主要涉及企业挂牌门槛和投资者门槛。对于企业挂牌门槛,海峡股权交易中心各个板块的要求有所不同(见表 7-10)。其中:对企业法律形式,海峡股权交易中心挂牌交易板块与其他大多数区域性一样要求为非上市股份有限公司,而挂牌展示板块与前海股权交易中心一样,允许合伙企业、有限责任公司、非上市股份有限公司挂牌;对于企业经营情况,海峡股权交易中心与重庆、浙江、辽宁、大连、吉林等区域性股权交易市场一样,要求存续期 1 年以上;对企业股东人数,海峡股权交易中心与多数区域性股权交易市场(湖南股权交易所原则上不超过 100 人)一样要求不超过 200 人;对企业财务状况,海峡股权交易中心挂牌交易板块要求股本总额及经审计的账面净资产均不少于 500 万元,比天津股权交易所要求低,与齐鲁、湖南等区域性股权交易市场要求相同,而挂牌展示板块则无要求。

表 7-10 各区域性股权交易市场准入条件

区域性股权交易市场	企业挂牌门槛	投资者门槛
海峡股权交易中心	挂牌交易板块:存续满 1 年的非上市股份有限公司,股本总额及经审计的账面净资产均不少于 500 万元 挂牌展示板块:持续经营 1 年以上的合伙企业、有限责任公司、非上市股份有限公司	注册资本不低于人民币 100 万元的企业法人,合伙人实缴出资总额不低于人民币 100 万元的合伙企业;个人投资者资产总额不低于人民币 30 万元,具有 2 年以上证券投资经验
天津股权交易所	经营 2 年以上的股份有限公司;最近 2 个会计年度累计净利润不少于 1 千万元/股本不少于 1 000 万元/净资产不少于 2 000 万元	机构投资者注册资金或净资产不低于 100 万元;个人金融资产 10 万元以上
重庆股份转让中心	存续 1 年以上的股份有限公司	自然人拥有 20 万元以上金融资产;具有 1 年以上股票投资经验
齐鲁股权托管交易中心	持续经营 2 年以上的股份有限公司;股本总额不少于 500 万元,最近一期期末不存在未弥补亏损等	机构投资者注册资金或净资产不低于 100 万元;个人投资者拥有 10 万元以上金融资产,2 年以上股票投资经验
武汉股权托管交易中心	公司每年利润实现 20 个点的正增长,且净资产为正	未披露
上海股权托管交易中心	股份有限公司,无财务要求	个人投资者具有 2 年以上证券投资经验,拥有 100 万元以上金融资产

（续表）

区域性股权交易市场	企业挂牌门槛	投资者门槛
浙江股权交易中心	股份有限公司,成立满12个月	机构投资者注册资金/净资产总额不得低于100万元;个人投资者拥有50万元以上金融资产
广州股权交易中心	企业无明确要求	未披露
前海股权交易中心	法律形式不限;最近12个月的净利润累计不少于300万元;最近12个月的营收累计不少于2 000万元;净资产不少于1 000万元等	未披露
湖南股权交易所	注册资本金和净资产均不低于500万元;最近2年连续盈利,合计净利润不少于500万元或最近1年净利润不少于300万元等	机构投资者资金/净资产总额不得低于100万元;个人投资者拥有10万元以上金融资产
辽宁股权交易中心	股份有限公司,存续满1年	机构投资者资金/净资产总额不得低于100万元;个人投资者拥有50万元以上金融资产
大连股权交易中心	非上市股份有限公司,存续期满1年	个人投资者金融资产不少于20万元,有证券市场投资经历,且无不良记录
吉林省股权交易所	存续1年以上的股份公司(或有限公司整体变更,年限持续计算)	个人投资者拥有10万元以上金融资产,证券投资经验3年以上
青海股权交易中心	未披露	未披露

资料来源:本研究根据相关资料整理。

对于参与挂牌企业的机构投资者,海峡股权交易中心与多数区域性市场要求相同,企业法人注册资本不低于100万元,合伙企业合伙人实缴出资总额不低于100万元。对于参与挂牌企业的自然人投资者,海峡股权交易中心要求其托管在证券公司的资产或由银行出具证明的资产总额不低于30万元,高于天津、重庆、齐鲁、湖南、大连、吉林等区域性股权交易市场,但低于上海、浙江、辽宁等区域性股权交易市场。与此同时,海峡股权交易中心还要求个人投资者具有2年以上证券投资经验。

（三）制度设计比较

对于企业在海峡股权交易中心的挂牌程序,挂牌交易板块与挂牌展示板块有所不同(具体见表7-11)。企业在海峡股权交易中心挂牌交易板块挂牌的程序与大多数区域性股权交易市场所采取的模式相同,即采取机构推荐和区域性股权交易市场审核的模式，由区域性股权交易市场的推荐会员机构对企业进行挂牌推荐（天津股权交易所称为“保荐”），并由区域性股权交易市场组织审核，审核通过后即可挂牌。而企业在海峡股权交易中心挂牌展示板块挂牌的程序则比较简单，无需推荐机构会员推荐，仅按程序进行材料完备性审核即可。目前各区域性股权交易市场中，海峡股权交易中心采取注册制，这也是前海股权交易中心挂牌企业数量远多于其他市场的原因，同时由于未采取审核制，前海股权交易中心不存在推荐机构角色，且不强制要求企业聘请会计师及律师事务所，因此，前海股权交易中心是唯一一家没有会员机构的市场，各服务机构及投资机构多以合作伙伴身份存在。对于挂牌交易方式，38 号文和 37 文规定不得采取包括集合竞价、连续竞价、电子撮合、匿名交易、做市商等在内的集中交易方式进行交易，因此，通过国务院交易所清理整顿验收的区域性市场均采取单一的协议转让交易方式。目前 14 家区域性股权交易市场中，仅天津股权交易所采取“集合竞价 + 报价商双向报价 + 协商定价”的混合型交易定价模式，也是唯一引入做市商机制的区域性股权交易市场。

表 7-11 各区域性股权交易市场的挂牌机制和交易制度

区域性股权交易市场	挂牌核准方式	交易制度
海峡股权交易中心	交易板块：机构保荐 + 审核 展示板块：审核	协议转让
天津股权交易所	机构保荐 + 审核	集合竞价 + 报价商报价 + 协商定价
重庆股份转让中心	机构推荐 + 审核	协议转让
齐鲁股权托管交易中心	机构推荐 + 审核	协议转让
武汉股权托管交易中心	机构推荐 + 审核	协议转让
上海股权托管交易中心	机构推荐 + 审核	协议转让
浙江股权交易中心	机构推荐 + 审核	协议转让
广州股权交易中心	机构推荐 + 审核	协议转让
前海股权交易中心	注册制	协议转让
湖南股权交易所	机构推荐 + 审核	协议转让
辽宁股权交易中心	机构推荐 + 审核	协议转让
大连股权交易中心	机构推荐 + 审核	协议转让
吉林股权交易所	机构推荐 + 审核	协议转让
青海股权交易中心	机构推荐 + 审核	协议转让

资料来源：本研究根据相关资料整理。

（四）促进区域性股权交易市场发展的政策比较

由于区域性股权交易市场的发展一方面有助于地方打造区域性金融中心，另一方面有助于整合各类金融资源，为区域经济建设服务，促进地方经济发展。因此，各地非常重视区域性股权交易市场的发展，纷纷出台优惠政策促进区域性股权交易市场发展（具体见表7-12）。作为我国区域性股权交易市场的开创者，天津非常重视天津股权交易所的发展，2008年5月，天津股权交易所建设被纳入天津金融改革创新20项重点工作，之后又被列为天津金融改革创新的"重中之重"。作为区域性股权交易市场的早期探索者，重庆、山东同样非常重视区域性股权交易市场的发展，重庆股份转让中心早期是副厅级事业单位，其发展在政策上得到了重庆市政府的大力支持；齐鲁股权托管交易中心是目前全国区域性股权交易市场中唯一的一家事业单位，其发展得到山东各级政府的大力支持。而上海、浙江、安徽、江西、大连等省市也非常重视当地股权交易市场建设，纷纷出台促进当地区域性股权交易市场发展的优惠政策。福建作为国务院支持探索建立区域性股权交易市场的省份之一，也非常重视区域性股权交易市场建设，2013年7月，福建省人民政府办公厅出台的《关于贯彻落实金融支持经济结构调整和转型升级政策措施的实施意见》明确提出"积极引导和推荐优质企业到海峡股权交易中心挂牌，在股权转让、信贷服务、项目合作等方面提供对接服务，研究出台支持海峡股权交易中心发展的政策措施，将挂牌企业优先纳入省级重点上市后备企业资源库"，为推动上市后备企业到海峡股权交易中心挂牌，福建省发展和改革委员会专门下发通知。但是与其他区域性股权交易市场发展较好的省市比较，扶持政策相对滞后，且对区域性股权交易市场建设的重视和推动力有待进一步加强。

表7-12　各地促进区域性股权交易市场发展的政策情况

省市	时间	扶持政策
福建	2013.7	《福建省发展和改革委员会关于推动上市后备企业到海峡股权交易中心挂牌的通知》（闽发改股证[2013]616号）
重庆	2010.7	《重庆市股权登记托管管理暂行办法》（渝府发[2010]69号）
上海	2011.11	《上海市人民政府关于本市推进股权托管交易市场建设的若干意见》（沪府发[2011]99号）
浙江	2012.10	《浙江省人民政府办公厅关于推进股权交易市场建设的若干意见》（浙政办发[2012]129号）
山东	2013.2	《淄博市人民政府关于推动齐鲁股权托管交易中心加快发展的意见》（淄政发[2013]7号）

（续表）

省市	时间	扶持政策
	2013.8	《山东省人民政府关于加快全省金融改革发展的若干意见》（鲁政发[2013]17号）
大连	2013.4	《大连市人民政府关于推进区域性股权交易市场发展的实施意见》（大政发[2013]27号）
安徽	2013.7	《安徽省人民政府办公厅关于推进区域性股权交易市场规范发展的意见》（皖政办[2013]25号）
江西	2013.7	《南昌市关于促进区域性股权交易市场发展的若干政策》（洪府厅发[2013]69号）

资料来源：本研究根据相关资料整理。

四、福建区域性股权交易市场发展面临的困难和问题

（一）政府推动和支持力度有待加强

区域性股权交易市场的发展，特别是建设之初离不开政府支持和政策的推动。福建虽然是早期开始探索建立区域性股权交易市场的省份，但是与发展较好的区域性股权交易市场还存在一定差距。海峡股权交易中心早在2011年10月就已注册成立，但直到2013年7月才正式开业运营；福建省创新创业企业股权融资与交易市场经过两年多的发展，挂牌企业仅八家。而从政府政策支持来看，福建对区域性股权交易市场的重视程度和政策支持力度都不如其他区域性股权交易市场发展较好的省市。因此，福建各级政府和各相关部门要高度重视区域性股权交易市场的建设，积极出台优惠政策，加快促进福建区域性股权交易市场的发展。

（二）新三板及其他区域性股权交易市场的竞争

2013年1月16日，全国中小企业股份转让系统（以下简称新三板）正式揭牌运营，标志着我国全国性场外市场正式建立。由于新三板并非构建在区域性股权交易市场之上，其挂牌条件与区域性股权交易市场相似，加上其在交易制度设计上取得重大突破，交易方式可以采取协议方式、做市方式、竞价方式或其他中国证监会批准的转让方式，而且挂牌公司的股东可以超过200人，因此，新三板对区域性股权交易市场构成严重竞争。随着新三板扩容的加速，2013年6月19日召开的国务院常务会议确定了把中小企业股份转让系统试点扩大至全国的目标，7月国务院出台的《关于金融支持经济结构调整和转型升级的指导意见》明确支持"将中小企业股份转让系统试点扩大至全国"，预计新三板将短

期内从北京中关村以及天津、武汉和上海等四地的国家级高新园区扩展到全国范围,当然也包括福建,届时将对福建区域性股权交易市场的发展直接造成冲击。此外,天津等区域性股权交易市场强势介入福建市场,目前天津股权交易所已在泉州、龙岩设立运营中心,这对新设立的福建区域性股权交易市场的发展构成直接威胁。

(三)政策瓶颈问题

虽然自2012年区域性股权交易市场在政策层面上得到确认后,区域性市场进入战略发展机遇期,但是38号文和37号文从交易制度(不得采取包括集合竞价、连续竞价、电子撮合、匿名交易、做市商等在内的集中交易方式进行交易)和股东人数(不得超过200人)两方面卡住了我国区域性股权交易市场的发展空间。因此,如果后续政策不突破,交易制度和股东人数将成为我国区域性股权交易市场发展的瓶颈问题,特别是交易制度的限制将可能导致区域性股权交易市场交投萧条、投融资平台效应难以发挥。此外,交易制度的限制与国务院支持福建设立两岸股权柜台交易市场的政策存在冲突。2012年,国务院批复的《福建海峡蓝色经济试验区发展规划》,明确了"支持设立两岸股权柜台交易市场,探索引入台湾上柜和兴柜交易机制,开展非上市涉海股份公司代办转让试点",但是台湾上柜交易机制主要采取的是电脑集合竞价方式,兴柜交易机制采取的报价驱动的做市商制均涉及以集中交易方式进行,而集中交易方式在38号文和37号文中被明确禁止采用,因此,推动两岸股权柜台交易市场建设在政策层面还有待突破。

五、加快福建区域性股权交易市场发展的对策和措施

(一)做好顶层设计,加快形成全省区域性股权交易市场体系

目前,我国多层次资本市场的顶层设计基本完成,场外资本市场架构基本明晰,即由全国性场外市场全国中小企业股份转让系统、区域性场外市场区域性股权交易市场和券商柜台市场构成。区域性股权交易市场作为我国多层次资本市场的有机组成部分和地方多层次资本市场的标志性组成部分,对福建两岸区域性金融服务中心的建设具有重要意义。因此,福建要加快推动福建区域性股权交易市场建设和发展,而区域性股权交易市场建设起步阶段首先要做的是做好福建区域性股权交易市场的顶层设计和发展规划。从目前各地区域性股权交易市场的规划来看,广东规划建设三家区域性股权交易市场,即广州股权交易中心、前海股权交易中心和广东金融高新区股权交易中心,辽宁规划建

设两家区域性股权交易市场，即辽宁股权交易中心和大连股权交易中心，而其他省市基本规划建设一家区域性股权交易市场。按照“一省一家”的文件精神，福建可以规划建设一家区域性股权交易市场，同时厦门作为计划单列市也可规划建设一家区域性股权交易市场。因此，福建要抓住我国区域性股权交易市场战略发展机遇期和国务院支持福建探索建立两岸股权柜台交易市场的契机，认真做好福建区域性股权交易市场体系的顶层设计和发展规划。首先，全省明确规划建设两家区域性股权交易市场，明确海峡股权交易中心作为全省区域性股权交易市场，加快福建省创新创业企业股权融资与交易市场和海峡股权交易中心进行整合。其次，厦门规划建设一家区域性股权交易市场，两家区域性股权交易市场形成错位竞争、优势互补、互为犄角之势，省内其他设区市分别规划建设区域性股权交易市场分市场。最后，进一步明确完善海峡股权交易中心和厦门区域性股权交易市场的发展目标、功能定位，积极推动两岸柜台交易市场建设，探索引入台湾上柜、兴柜和创柜交易制度，为两岸企业特别是台资企业提供股权转让、融资等服务。

（二）高度重视，加大政府支持和政策扶持力度

目前，我国区域性股权交易市场发展刚刚起步，其发展离不开地方政府的推动和支持。因此，福建各级政府和各相关部门要高度重视、积极行动，加大政府支持和政策扶持力度。一是加快出台支持福建区域性股权交易市场发展的优惠政策。福建省政府要加快出台关于推动区域性股权交易市场发展的若干意见，各设区市、县市区（管委会）和各相关部门要积极出台扶持区域性股权交易市场发展的相关配套政策，积极鼓励当地企业到福建区域性股权交易市场挂牌融资。二是用好中央赋予福建的对台合作先行先试政策优惠，特别是国家支持福建探索建立两岸股权柜台交易市场的政策优势，积极向国务院及相关部门争取政策支持，实现区域性股权交易市场建设对台合作先行先试，特别是在交易制度上先行先试，探索引入台湾上柜、兴柜和创柜交易制度，推动两岸股权柜台交易市场建设。三是抓住中小微企业和区域性股权交易市场发展战略机遇期，推动中小微企业和区域性股权交易市场共同发展。一方面，大力发展区域性股权交易市场，以此作为促进中小微企业发展的重要举措，鼓励中小微企业到区域性股权交易市场挂牌融资，通过资本市场做强做大；另一方面，通过积极扶持中小微企业发展，反过来推动区域性股权交易市场的发展壮大。四是积极争取证券交易所支持。一方面，积极推动福建省政府与上交所、深交所、新三板等全国性资本市场进行战略合作，签署战略合作框架协议、参股福建区域性股权交易市场，切实加强业务、人才、技术等方面的合作，共建福建区域性股权交

易市场，同时积极探索建立转板机制，对接全国性资本市场；另一方面，积极与台湾金融监管部门进行沟通交流，推动台湾证券交易所、台湾柜台买卖中心积极参与福建区域性股权交易市场建设。五是积极鼓励证券、银行、创投、信托等金融机构以及会计师事务所、律师事务所、资产评估机构等专业服务机构成为福建区域性股权交易市场的会员，夯实福建区域性股权交易市场的专业服务基础。

（三）充分发挥券商专业优势，加快推动区域性股权交易市场发展

自券商参与区域性股权交易市场建设开闸以来，证券公司积极参与各地区域性股权交易市场建设。兴业证券作为海西区的龙头券商，2012年正式获准参与福建区域性股权交易市场建设，兴业证券成为海峡股权交易中心的第一大股东和运营主体。兴业证券的加盟有效推动了福建区域性股权交易市场的建设。因此，为发挥券商的专业优势，加快推动福建区域性股权交易市场的建设和规范发展，要积极鼓励两岸券商参与福建区域性股权交易市场建设。目前注册地在福建的证券公司除兴业证券外还有华福证券和厦门证券，同时福建还在抓紧筹建海峡证券，要积极鼓励这些证券参与福建区域性股权交易市场建设。此外，还要积极鼓励省外券商特别是知名券商以及台湾券商参与福建区域性股权交易市场和两岸股权柜台交易市场建设，使福建区域性股权交易市场成为我国重要的区域性股权交易市场之一。

（四）海峡股权交易中心发展策略

2013年7月，海峡股权交易中心和泉州运营中心开业运营，揭开了福建区域性股权交易市场发展的新篇章，对完善福建多层次资本市场建设具有划时代的意义。为加快海峡股权交易中心发展，推动福建区域性股权交易市场建设：一是加快各设区市分支机构建设。抓住我国区域性股权交易市场和中小微企业发展战略机遇期，抓紧在莆田、三明、漳州、南平、龙岩、宁德等设区市设立分支机构，同时积极争取与厦门市政府进行战略合作，通过参股、共建等形式共同推动厦门区域性股权交易市场建设，尽快形成辐射全省各设区市的区域性股权交易市场体系，有效对接全省各设区市，推动海峡股权交易中心快速发展。二是积极争取政府支持和政策扶持。用好《福建省人民政府办公厅关于贯彻落实金融支持经济结构调整和转型升级政策措施的实施意见》和《福建省发展和改革委员会关于推动上市后备企业到海峡股权交易中心挂牌的通知》的相关政策，积极推动上市后备企业和其他优质企业到海峡股权交易中心挂牌融资。同时积极与主管部门沟通协调，推动福建省政府尽快出台支持海峡股权交易中心发展的若干意见。此外，加强与各地政府合作，签署备忘录、战略合作框架协

议，争取各设区市、县市区（管委会）尽快出台鼓励当地企业到海峡股权交易中心挂牌融资的优惠政策以及支持或参与海峡股权交易中心分支机构建设。三是加强与全国性资本市场合作。推动福建省政府与上交所、深交所、新三板等全国性资本市场进行战略合作，签署战略合作框架协议、参股海峡股权交易中心，加强人才、技术、业务等方面的合作，同时积极探索与全国性资本市场建立转板机制，对接全国性资本市场。四是对台合作先行先试。积极与台湾证券交易所、台湾柜台买卖中心加强合作，签署战略合作协议、参股海峡股权交易中心，共建海峡股权交易中心。同时充分用好福建对台合作先行先试和国务院支持福建建立两岸股权柜台交易市场的政策优势，争取成为两岸股权柜台交易市场运营主体，探索引入台湾上柜、兴柜和创柜交易制度，对接台湾市场，形成独特的对台特色。五是发挥券商的主导作用。海峡股权交易中心是一家券商主导的区域性股权交易市场，兴业证券作为第一大股东并负责经营，因此，要充分发挥兴业证券的专业优势和网点优势，全面提升海峡股权交易中心的专业服务能力，推动海峡股权交易中心全面发展。六是加强服务创新。借助泉州金融改革的特殊政策，加快金融产品创新和试点，同时通过私募股权融资、银行集合授信、股权质押融资、中小企业私募债、信托产品和集合票据等多种融资形式，加强中小微企业融资服务，探索解决中小企业融资难的途径。

（五）厦门区域性股权交易市场发展策略

目前，厦门正大力推动两岸区域性金融服务中心建设，厦门区域性股权交易市场建设对厦门两岸区域性金融服务中心建设具有重要意义。因此，为加快厦门区域性股权交易市场建设：一是做好厦门区域性股权交易市场的顶层设计和发展规划，明确厦门区域性股权交易市场的发展目标、策略及功能定位，作为福建区域性股权交易市场的有机组成部分，与海峡股权交易中心形成错位竞争、优势互补、互为犄角之势。二是积极争取政策支持。抓住厦门两岸区域性金融服务中心建设和国务院批准《厦门市深化两岸交流合作综合配套改革试验总体方案》支持厦门"探索建立服务非上市公众公司特别是台资企业的股份交易市场，推动多层次资本市场体系的建设"的契机，积极争取国家政策支持，推动厦门区域性股权交易市场建设成为国家发展战略，同时力争实现厦门区域性股权交易市场建设对台合作先行先试，成为两岸股权柜台交易市场的运营主体，探索引入台湾上柜、兴柜和创柜交易制度，为大陆台资企业提供股权转让、融资等服务。此外，积极推动福建省政府、厦门市政府出台支持厦门股权交易市场建设的优惠政策，加快厦门区域性股权交易市场建设。三是积极引入两岸券商参与厦门区域性股权交易市场建设，推动厦门与上交所、深交所、新三板以及台湾证券交易所和台湾柜台买卖中心进行战略合作,参股并共建厦门区域性股权交易市场。同时,充分发挥券商的专业、网点优势和资本市场的人才、技术、业务等各方面的优势,推动厦门区域性股权交易市场快速发展。四是充分借鉴其他区域性股权交易市场(包括海峡股权交易中心、厦门股权托管交易中心)以及台湾柜台买卖中心建设和发展的成功经验,积极整合厦门股权托管交易中心,加快厦门区域性股权交易市场的筹建工作。五是加强与海峡股权交易中心合作。推动厦门与海峡股权交易中心进行战略合作,参股并共建厦门区域性股权交易市场,推动福建区域性股权交易市场共同发展。

六、推动两岸股权柜台交易市场建设

2009 年 7 月,中共福建省委八届六次全会审议通过的《福建贯彻落实〈国务院关于支持福建省加快建设海峡西岸经济区的若干意见〉的实施意见》,首次提出设立两岸股权柜台交易市场的概念。2012 年 11 月,国务院批准的《福建海峡蓝色经济试验区发展规划》,进一步明确"支持设立两岸股权柜台交易市场,探索引入台湾上柜和兴柜交易机制,开展非上市涉海股份公司代办转让试点",福建建立两岸股权柜台交易市场上升为国家战略。目前,海峡股权交易中心和筹建中的厦门区域性股权交易市场均在加快推动两岸股权柜台交易市场建设,希望成为两岸股权柜台交易市场的营运主体,为加快推动两岸股权柜台交易市场建设,本研究提出如下意见:

(一) 加强两岸资本市场合作

积极吸引台湾证券交易所、台湾柜台买卖中心参与福建两岸柜台交易市场建设,密切两岸资本市场合作,实现两岸资本市场成功对接。充分利用台湾资本市场特别是台湾柜台市场的成功经验,为两岸股权柜台交易市场建设提供人才、技术、业务等方面的全方位支持,加快两岸柜台交易市场建设,更好地服务大陆台资企业,服务两岸经济共同发展。

(二) 探索引入台湾上柜和兴柜交易机制

台湾柜台交易市场迅速成为亚太地区最具影响力的证券柜台交易市场,一个重要的原因就是其所实行的混合交易模式,即采取集中竞价、连续竞价、分散议价、做市商集中议价等不同组合的证券交易模式。这种混合交易模式有效保障了台湾柜台交易市场的高效运作。2012 年国务院批准的《福建海峡蓝色经济试验区发展规划》,明确"支持设立两岸股权柜台交易市场,探索引入台湾上柜和兴柜交易机制"。因此,应充分用好国家赋予的政策优惠,积极探索引入台湾上柜和兴柜交易机制，针对不同层次场外交易市场主体的特性，采取灵活多样的交易方式，可以弥补单一化交易方式所造成的交易不活跃的缺陷，从而使中小企业有更多的价值发现机会。

（三）参照台湾做法，建立转板机制

一是参照台湾做法，在两岸股权柜台交易市场与主板及新三板之间建立转板机制。台湾柜台交易市场与主板间通过转板机制成功实现无缝对接。大量的上柜公司通过转板实现在台湾证券交易所上市，使一大批中小高新科技企业逐步走上世界舞台，大量的地下非法股票交易和转让也被纳入统一监管、规范的股份报价转让市场。因此，应积极参照台湾做法，在两岸股权柜台交易市场与主板及新三板之间建立转板机制，通过转板机制实现两岸股权柜台交易市场挂牌企业转板至新三板、上交所及深交所挂牌或上市。二是构建两岸"转板绿色通道"。充分用好国家赋予福建对台先行先试的政策优惠，争取中国证监会支持福建建立两岸股权柜台交易市场，成为大陆台资企业上柜、兴柜的唯一场所。借鉴台湾兴柜市场做法，进一步加强与台湾柜台买卖中心合作，引入台湾券商作为推荐会员，参照台湾兴柜交易制度进行设计，在两岸股权柜台交易市场与台湾柜台买卖中心和台湾证券交易所之间建立"转板绿色通道"，即建立一条专属于在两岸股权柜台交易市场挂牌的台资企业及其他企业转至台湾柜台买卖中心或台湾证券交易所的快捷通道，实现台资企业及其他企业通过在两岸股权柜台交易市场培育后，通过双方共同设计的"转板绿色通道"，逐步转板至台湾柜台买卖中心或台湾证券交易所挂牌上柜或上市。

（四）推动两岸柜台市场业务、人才等领域的交流合作

一是加强两岸柜台市场业务合作。与台湾场外衍生品市场相比，大陆场外衍生品市场在产品品种、市场规模、基础性建设方面存在一定差距。从产品品种上看，在台湾地区 OTC 市场上已经交易的利率期权、权益类和商品类场外衍生品、信用衍生品等品种，对大陆而言尚属空白。因此，应加强两岸柜台市场合作，共同开发设计场外衍生品，促进大陆场外衍生品发展繁荣。二是加强两岸人才合作。目前，大陆真正的 OTC 市场建设刚刚起步，OTC 市场运作人才相当匮乏，而台湾 OTC 市场发展成熟，拥有大量的金融、财务、法律高端人才。因此，应积极探索两岸人才合作新模式，加强两岸柜台市场合作，共同培训 OTC 市场运作人才，同时强化两岸的人才相互流动机制，积极引入台湾专业人才，提升大陆柜台交易市场的专业服务能力和创新能力，促进大陆场外市场健康快速发展。

专题三　陆资入台产业分布状况及其发展趋势研究

自大陆改革开放以来,台湾的产业资本一直是大陆吸收外商直接投资的重要组成部分。但与此状况完全不相称的则是大陆产业资本一直无法进入台湾,台湾当局对于大陆资本的投资采取禁绝的措施。扭转如此不对称局面的转机出现于2009年,随着海峡两岸经济合作关系的逐渐深入和ECFA协议的签订,台湾当局亦放开了对大陆资本进入台湾投资的限制,允许陆资入台参与产业投资。

随着大陆经济的快速增长和企业规模及实力的迅速扩张,2000年以来大陆企业积极寻求扩大海外市场,进而在全球开展并购,大陆企业赴台投资的意愿也大幅提升。然而,陆资入台由于起步晚、时间短,而且受到种种附加条件的限制,其投资数量、投资金额和活跃程度处于不温不火的状态,加之海峡两岸政治关系的持续稳定还存在一定障碍,大陆企业对于赴台湾投资一直保持着谨小慎微的心态。这种愿望与现实之间的矛盾必须在两岸政治互信的基础上通过更深入的经贸关系安排来解决。

本专题将研究大陆对台投资的产业分布现状及其所存在的问题与障碍,并展望未来大陆对台投资的产业方向。首先,本专题将回顾大陆与台湾之间的产业投资历史,分析两个经济体之间相互投资的差异。其次,本专题将分析2009年以来大陆对台投资的数量、金额及其产业分布状况,研究对台投资对于大陆产业发展的重要作用。最后,本专题将根据海峡两岸产业结构的差异对比来对未来陆资入台的产业方向进行预测。

一、海峡两岸相互投资发展状况

台湾产业资本一直是大陆吸收外商直接投资的重要来源之一,图7-19显示了1994—2011年大陆来自台湾的外商直接投资实际使用外资金额,在20世纪90年代,每年台商对大陆的直接投资都保持在25亿美元以上,2002年更是高达40亿美元,之后虽然总量有所下滑,但一直维持在20亿美元左右。

然而,与台商对大陆投资形成鲜明反差的是大陆企业对于台湾的投资金额却相当有限。自2009年台湾当局开放大陆产业资本入台投资以来,2009—2011年陆资对台投资金额均未超过1亿美元。2012年这项数值大幅上升至32 806.7万美元,但依然远小于台商对大陆的直接投资金额。海峡两岸之间的相互投资呈现出单向发展的严重不对等格局。

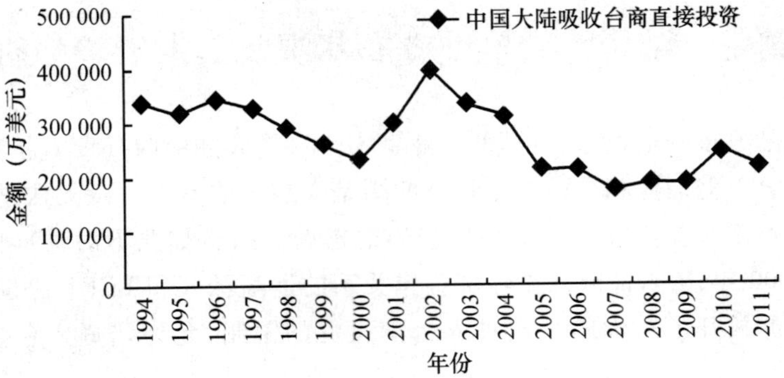

图 7-19　1994—2011 年大陆吸收台商直接投资

资料来源:1995—2012 年《中国统计年鉴》。

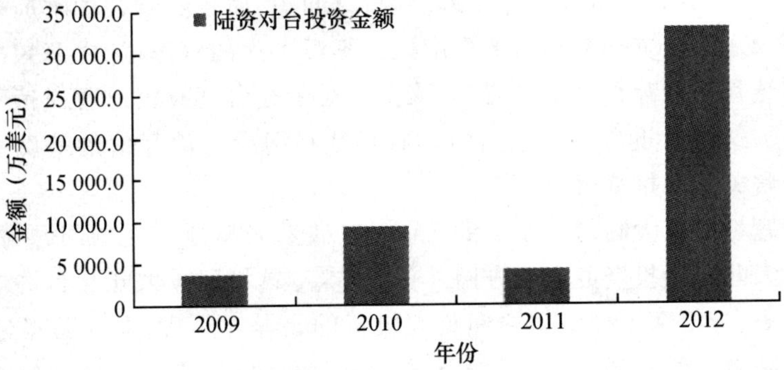

图 7-20　2009—2012 年陆资对台投资金额

资料来源:中国台湾"经济部投资审议委员会"。

不仅如此,陆资在台湾吸收外来投资中所占的比重亦非常小。2009—2012 年台湾所吸收的华侨和外国投资金额分别达到 85 244.5 万美元、36 657.4 万美元、32 958.3 万美元和 92 963.3 万美元①,远高于同期大陆对台湾的投资。可见,从台湾的经济总量和吸收外来资本的总量规模来看,大陆产业资本进入台湾的发展空间和发展前景十分广阔,陆资入台正是方兴未艾。

二、陆资入台阶段进程分析

自 2009 年开始,台湾当局依据先紧后宽、循序渐进、有成果再扩大的原则逐步开放大陆企业入台投资,采用正面表列的方式分阶段开放陆资入台。随着

① 中国台湾"经济部投资审议委员会"。

时间的推进,台湾当局逐步扩大大陆企业投资的产业范围并放宽投资比例,其发展过程大致可以分为三个阶段。

1. 第一阶段:破冰阶段

2009 年 6 月 30 日,台湾“经济部”依据《台湾地区与大陆地区人民关系条例》,制定《大陆地区人民来台投资许可办法》及《大陆地区人民来台投资业别项目》等两份条例并颁布施行,正式受理陆资入台投资申请案件。自此,陆资入台正式破冰。

在第一阶段对大陆企业开放的业别项目中,制造业部分占有 64 项,约占台湾行业标准分类中制造业细类总数的 30%。选取制造业开放业别的原则主要是配合海峡两岸产业合作,尤其是开放已经被列为搭桥项目的重点产业,比如中草药、汽车等产业。另外,上下游产业链是否完整、在国际市场上是否具有竞争力,也是第一阶段选取制造业开放业别的主要原则,如纺织业、橡胶制品制造业、塑料制品制造业等。然而,晶圆、TFT-LCD(薄膜晶体管液晶显示器)等高新产业暂不在第一阶段的开放业别项目中。

第一阶段,服务业当中开放业别项目达 117 项,主要考虑原则是选取有助于推动商业活动及营销通路的服务业,如批发业、零售业等;以及配合海峡两岸已经签署的经贸合作协议,开放观光旅游、海空运输等服务业。不过,凡涉及学历认证、专业证照,如律师、会计师,或需要考虑从业者调适能力的服务业(如营造及相关工程服务业),则暂缓开放。公共建设部分则开放 11 个业别项目,主要是开放以民间参与公共建设的方式进行投资。

在 2009 年 6 月 30 日第一阶段开放 192 项产业业别之后,台湾当局于 2010 年 5 月和 2011 年 1 月分别配合“行政院金融管理委员会”金融三法的修正及 ECFA 服务业早收清单,开放大陆资本入台投资金融业,包括银行业、证券业及保险业等金融服务业 12 项,以及其他运动服务业 1 项。

此阶段是陆资入台的破冰阶段,该阶段台湾当局主要是从海峡两岸经贸合作的相关产业和部分台湾优势产业中选取开放业别。开放业别主要集中于初级制造业和与流通相关的服务业,对于技术含量高的产业以及专业性较强的产业均不予开放。这阶段的产业开放属于试验性质,海峡两岸对于陆资入台的态度都还处于试探和摸索阶段,大陆资本进入台湾的数额亦非常有限。

2. 第二阶段:拓展阶段

2011 年 3 月 2 日,台湾“经济部”正式公告第二波开放大陆资金来台投资的产业名单,此次开放的产业业别有 42 项。第一阶段的产业开放属于试验性质,那么第二阶段的产业开放则更加具有针对性。

此次制造业的开放业别有25项，包括风力发电设备制造、机械设备制造、半导体制造、液晶面板制造等。虽然对于技术含量较高的部分行业，台湾当局除了限制大陆企业的股权份额之外，还不允许大陆企业对该行业拥有实际控制能力，但此阶段开放的产业业别，在产业结构中明显处于高端产业部分，属于资本、技术密集型产业，远甚于第一阶段的劳动密集型产业。服务业的开放业别有8项，包括空中缆车运输服务、港埠经营、普通仓储业等；公共建设部分开放9项，包括民用航空站与其设施的维修棚厂、污水下水道、重大商业设施之国际会议中心等。

从第一阶段的初级制造业到第二阶段的高端制造业，台湾当局对于大陆资本的开放领域逐渐放宽，更多的高新技术产业和台湾具有优势的产业进入了开放目录，大陆资本的活动领域大为拓展。当然，从同时颁布的诸多限制条件来看，台湾当局依然十分抵触大陆资本接触到台湾的核心产业技术。

3. 第三阶段：完善阶段

2012年3月30日，台湾"行政院"再次对《大陆地区人民来台投资业别项目》进行了修改，这标志着开放大陆企业入台投资业别项目进入第三阶段。这项投资业别项目修正案新增开放业别161项，包括制造业115项、服务业23项和公共建设23项，并修正部分已开放陆资入台制造业项目的限制条件。

至此，台湾当局对大陆资本入台所开放的产业名录已渐趋完善，具体情况见表7-13。制造业累计已经开放204项产业业别，开放幅度达97%；服务业累计已经开放161项产业业别，开放幅度达51%；公共建设累计已经开放43项产业业别，开放幅度达51%。

表7-13 陆资入台开放业别项目数

单位：项

	第一阶段（2009.6.30—2011.3.2）	第二阶段（2011.3.2—2012.3.30）	第三阶段（2012.3.30至今）	总计
制造业	64	25	115	204
服务业	130	8	23	161
公共建设	11	9	23	43

资料来源：本研究根据相关资料整理。

三、陆资入台产业分布现状分析

2009—2012年，大陆对台投资总额达50 363万美元，投资项目数达342项，具体情况见表7-14。2012年大陆对台投资金额大幅增长，陆资入台出现了井喷态势；同时，每项投资的平均规模从2011年的428.8千美元/项大幅提升至

2 377.3 千美元/项，这说明有更多规模较大的实力企业入台投资。

表 7-14　2009—2012 年陆资入台投资项目数及金额

	投资项目数（项）	投资金额（万美元）	平均投资规模（千美元/项）
2009	23	3 748.6	1 629.8
2010	79	9 434.5	1 194.2
2011	102	4 373.6	428.8
2012	138	32 806.7	2 377.3

资料来源：中国台湾“经济部投资审议委员会”及本研究根据相关资料整理。

虽然大陆企业对台投资的金额增长迅速，但是投资业别却相对集中。图 7-21 是 2009—2012 年大陆企业对台投资业别统计图。尽管大陆企业对台投资业别广泛，但是各个业别投资金额却相差悬殊。

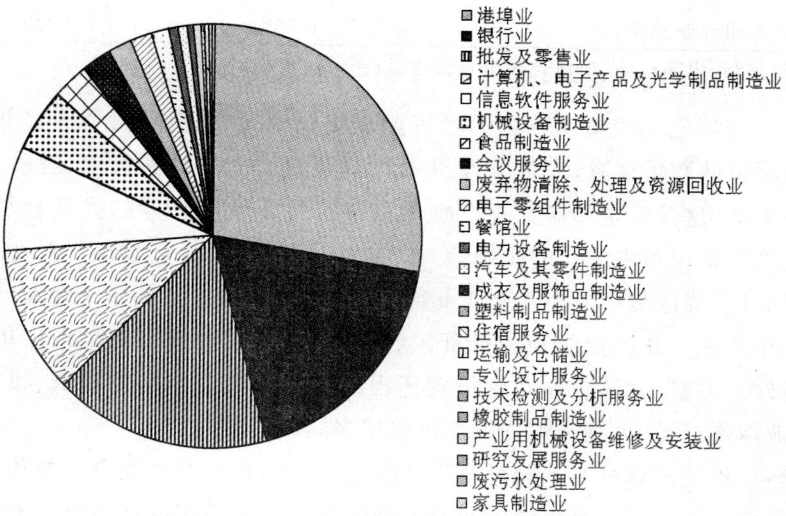

图 7-21　2009—2012 年大陆对台投资产业业别

资料来源：中国台湾“经济部投资审议委员会”及本研究根据相关资料整理。

从具体的投资金额来看，排名前十位的产业业别的投资总额占到了全部投资总额的 95.04%，表 7-15 显示有四个产业的投资金额所占比例超过 10%，其所占比例总和达到 73.75%。可见，大陆企业对台投资的产业过于集中，投资领域显示出单一、重叠的特征。港埠业、批发及零售业、信息软件服务业都属于第三产业，银行业亦属于第三产业。而大陆对台的制造业投资较少，主要集中于计算机、电子产品及光学制品制造业和机械设备制造业，其余的传统制造业如塑料制品制造业的投资占全部陆资对台投资总额的比例只有 0.5%，橡胶制品制造业和家具制造业等行业的投资比例甚至低于0.1%。

表 7-15　2009—2012 年大陆对台投资前十大产业

产业业别	所占比例	投资金额(千美元)
港埠业	27.62%	139 108
银行业	18.16%	91 481
批发及零售业	16.71%	84 165
计算机、电子产品及光学制品制造业	11.26%	56 728
信息软件服务业	7.84%	39 491
机械设备制造业	4.88%	24 578
食品制造业	2.74%	13 775
会议服务业	2.35%	11 813
废弃物清除、处理及资源回收业	1.82%	9 183
电子零组件制造业	1.66%	8 355

资料来源：中国台湾"经济部投资审议委员会"。

虽然港埠业的投资金额占总投资金额的比例最大，但其投资项目并不多。从投资项目的数量来看，大部分投资项目都集中于批发及零售业、运输及仓储业和餐馆业，这三者是传统第三产业的代表。批发及零售业的投资金额较小，其在全部投资项目中所占的比例最大。同时，大陆对台投资不仅产业业别过于集中，而且投资区域也集中于台湾北部，有超过90%的投资集中于台北、新北和新竹三个地区。从产业业别和投资区域来看，大陆对台投资都呈现出单一、重复的弊端。并且，大陆企业对台投资还出现了诸如产业结构层次低、投资规模小、企业运作缓慢、后续政策支持不足等诸多问题。

第一，投资产业分布不均且投资层次低。大陆企业对台投资主要集中于港埠业、批发及零售业等传统第三产业以及银行业。传统第三产业是一种资源和劳动密集型行业，技术含量低，市场竞争激烈，而且主要是以价格竞争为主，加之这些行业相对饱和，因而利润率低下。台湾的优势产业在于光电、半导体等电子信息产业，尤其以计算机硬件设施行业为代表，这些产业的技术水平引领全球。然而大陆企业在这方面的投资却很少，无法充分达到利用产业投资吸引国外先进技术的目的。这固然有台湾方面保护产业先进技术的原因，但更重要的原因是中国大陆企业的投资倾向于技术壁垒和资本壁垒较低的传统第三产业。这就造成大陆企业对台投资的产业层次较低，投资领域和投资区域单一、重叠，尚未形成良好的产业投资层次体系。这既不利于大陆的产业结构调整，又有可能加大台湾内部传统第三产业的市场竞争程度。

第二,投资项目规模小,企业运作缓慢。从表7-14可以看出,虽然大陆企业对台投资的平均规模在上升,但是2012年的平均投资规模也只有237万美元/项。投资规模小与投资领域及投资区域的单一、重叠特征是相联系的,大量的投资项目集中于传统第三产业,投资规模小正是批发及零售业、运输及仓储业、餐馆业等产业的特征。投资规模小限制了企业的长远发展。很多企业之所以选择对台投资,其一是想要寻求短期利润,因而将投资集中于见效较快的传统第三产业,尤以批发及零售业和餐饮业为代表;其二是想要寻求占有固定资产和各种基础设施资源,尤其是占有房地产资源,尤以运输及仓储业为代表。在这种短期投资及快速占据资源的心态驱动下,大陆对台投资企业就缺乏长远的企业规划,企业运作缓慢,甚至在投资之后并没有实际的商业行为和企业运营行为。

第三,企业持续发展能力受限。虽然大陆与台湾同宗同源,社会文化相近,但是海峡两岸实行不同的政治制度,经济发展制度不同,商业文化亦有所差异。这种差异性的社会经济制度很容易造成大陆对台投资企业“水土不服”,无法真正融入台湾经济并获得长足发展。况且陆资入台才刚刚起步,熟悉台湾经济制度、法律体系和商业文化的投资人才严重欠缺,这是影响对台投资企业持续发展的一个重要因素。此外,台湾经济发达,消费者对产品的要求很高,尤其注重品牌体验和售后服务,企业之间的品牌竞争非常激烈。在品牌建设方面,大陆对台投资企业并无优势可言,难以形成自身的独特市场竞争力,因此投资项目的持续发展能力严重受限。

第四,投资产业优势不明显。传统第三产业多为劳动密集型产业,其成本构成中劳动力成本占有较大比重,劳动力的大量供给导致了低廉的工资水平,在大陆传统第三产业具有先天的发展优势。但是这种发展优势在台湾并不存在,因为台湾的劳动力工资水平远高于大陆,同时土地利用成本和商务成本亦高于大陆。相反,台湾在计算机硬件方面的技术处于全球领先地位,半导体、电子信息产品等行业是台湾的优势产业,而大陆企业在这方面的投资却很少,产业优势并不明显,也无法发挥对大陆产业结构升级的带动作用。如果还是遵循现有的产业结构水平进行对台投资,投资过度集中于优势不明显且发展前景并不广阔的传统产业,那么这种投资状态无法形成大陆与台湾的产业优势互补,甚至会加重传统产业的恶性竞争。

第五,后续政策支持不足。大陆企业对台投资是一个连续、长期的过程,需要海峡两岸双方不断给予政策支持并根据现实状况适时改变政策措施。台湾当局已经公布了陆资入台的产业业别和投资比例限制,但这只是一个宏观层面的许可投资表列,并未涉及陆资入台的细节问题。诸如陆资企业人员的赴台居留问题,大陆资金的汇入汇出问题,陆资在台的房屋购买与租赁问题等与陆资企业相关的经营问题,需要台湾当局给予更多的政策支持,这样才能推动陆资企业的长久发展。后续政策的支持力度将决定大陆赴台投资企业的发展速度与发展前景。

四、陆资入台的影响因素分析

一个国家或地区引进外资的产业偏好与其产业结构现状以及未来的产业发展和产业布局息息相关。与此同时,投资国本身的优势产业分布、两个国家或地区之间的政治联系以及投资双方的合作关系也是决定产业投资的重要因素。具体来讲,陆资入台受到如下几个重要因素的影响。

第一,台湾的产业结构。台湾市场容量有限,大陆具有优势的劳动密集型产业在台湾已经趋近饱和,台湾的产业结构现状及未来发展趋势对未来大陆对台投资的产业分布有重要影响。自20世纪50年代以来,台湾经历了两次产业结构大调整:一次是由以农业为主的产业结构转向以工业为主的产业结构,实现了工业化;另一次是由以工业为主的产业结构转向以服务业为主的产业结构。至2011年,台湾国民生产总值中农业、工业和服务业所占的比重分别为1.8%、29.5%和68.7%。[①] 可见,台湾是一个以服务业为主的后工业化经济体。并且,台湾当局在未来的产业规划中提出将全面升级传统制造业,加快文化创意和旅游观光产业的发展,未来台湾的产业发展将以新兴高科技产业和文化创意产业为支柱产业。台湾的未来产业发展方向将是陆资入台产业选择的一个重要考量因素。

第二,海峡两岸的政治关系及台湾对于陆资入台的政策持续性。未来两岸之间的政治关系将是影响陆资入台的最重要的政治因素。马英九当局认为陆资入台是大势所趋,其在政策上也逐渐放宽对于陆资入台的限制条件。但为了防止陆资入台对台湾本土产业的冲击,同时也为了消除来自台湾民进党的政治压力,马英九当局在陆资开放政策上偏于保守,谨小慎微,在宏观层面开放陆资入台的同时还保持诸多微观层面的限制条件,比如投资股份比例限制、陆资企业员工居留限制等。这些限制条件能否更改或放开将决定陆资入台的步伐和企业运营发展状况。

第三,大陆对于赴台投资企业的政策支持。大陆对两岸经贸合作一直持非

① 2012年《中国统计年鉴》。

常积极的态度,也十分鼓励大陆企业对台投资。然而,陆资入台是一项系统性复杂工程,需要大陆政府在行政审批、税收优惠、企业资金信贷等方面给予优惠政策,特别是要培养能够帮助企业完成对台投资并具有经营管理能力的复合型人才。与此同时,大陆政府要从宏观层面和中观层面上为陆资企业提供台湾经济发展趋势和产业发展趋势的信息,引导陆资企业的产业投资方向。

五、陆资入台产业发展趋势分析

台湾的产业结构以第三产业为主,尤其是金融服务业较为发达,未来台湾当局重点扶持高新技术产业和文化创意产业发展,并且台湾在电子信息产品行业具有技术领先优势。这些都是陆资入台选择产业投资方向时需要考虑的重要因素。未来陆资入台的产业分布,要在稳固传统第三产业投资的基础上,加大金融服务业的投资力度,同时利用台湾技术优势加快制造业投资或是与台湾企业的合作,通过高新技术产业投资来带动大陆产业结构转型升级。具体而言,未来陆资入台应该从如下几个重要产业展开。

(1) 传统第三产业:深化发展,面向全球建设产业品牌。传统第三产业尤其是批发及零售业是推动经济成长的重要产业,也是吸纳就业能力较强的产业。由于其投资见效快,进入门槛低,技术和人才要求不高,未来传统第三产业依然是陆资入台的重点投资方向。但是,陆资企业在传统第三产业的投资不能仅仅满足于在台湾设立分支机构,而是要充分利用台湾的全球化优势深化发展,利用台湾的全球营销网络和商业理念来扩大自身的经营范围和经营档次,建立具有全球竞争力的产业品牌。

(2) 制造业:利用台湾的技术优势加快合作。企业选择对外投资的原因和所求目标众多,借鉴和吸收被投资国家或地区的先进技术就是其中一个重要目标。台湾在信息产品方面的产业优势有理由使信息产品制造业成为大陆企业投资的重点领域,这亦是大陆产业发展的转型方向。然而,技术的吸收与改进是一个缓慢的过程,又涉及知识产权问题,大陆企业不能操之过急,要在产业发展过程中加强与台湾企业的合作融合。

(3) 金融业:合作步伐不断加快,未来前景可期。截至 2012 年,从投资总额来看,金融服务业在大陆对台投资产业业别中排名第二。在 ECFA 签订之后,海峡两岸金融合作的步伐不断加快,金融业成为两岸产业合作热度最高的行业。台湾的金融机构运行效率较高,其混业经营的管理模式对于大陆金融机构具有指导意义,大陆金融机构可以通过对台投资借鉴台湾金融机构的管理经验。未来大陆金融机构在台湾设立分支机构或是参股台湾本地金融机构已是大势所趋,前景可期。

(4) 交通运输业:基础牢靠,发展前景广阔。截至 2012 年,在陆资企业对台投资总额中港埠业的投资金额最高。港埠业是海峡两岸外向型经济发展的重要基础,在台湾企业对大陆投资快速增长和两岸贸易往来频繁的背景下,两岸在港口物流方面的合作已有相当牢靠的基础,同时台湾港口众多,航运业自然极为发达。这预示着海峡两岸在以港埠业为代表的交通运输业方面的合作前景非常广阔。

(5) 高新技术产业:未来产业投资的重点发展方向。高新技术产业是台湾产业规划中的重要产业,为了推动技术进步,台湾当局在引进外资方面也会考虑自身的产业布局,同时高新技术产业是大陆产业转型升级的方向。在共同的产业发展规划下,投资于台湾的高新技术产业是大陆企业的远期发展目标。但是在当前,大陆资本依旧很难接触到台湾的核心高新技术,其个中原因除了台湾当局的产业技术保护政策之外,大陆企业本身的研发创新能力不足也是一个很大的障碍。未来大陆若要提升对台产业投资的层次,必须依托海峡两岸产业升级的大背景,提高自身的创新能力,提升大陆高新技术产业的内部结构,促进两岸在高新技术产业方面的合作。

六、结论

在台湾当局务实的两岸政策推动下,台湾对于大陆资本的开放程度将会越来越大,很多限制条件将会越来越宽松甚或取消。海峡两岸相互之间产业投资单向不对等的局面有望逐渐改善,两岸的产业合作与金融合作将会不断加快,共同推动两岸产业结构转型升级。然而,目前陆资入台依然处于起步阶段,受两岸政策尤其是台湾当局政策的影响较大。大陆企业对台投资产业层次较低、产业优势不明显、企业投资规模小且运作缓慢、企业持续发展能力不足等问题还需要海峡两岸共同解决。

本课题通过研究陆资入台政策的发展历程、大陆企业对台投资产业分布现状及其所存在的问题,分析预测未来陆资入台的产业发展趋势。从短期来看,批发及零售业、运输及仓储业是陆资入台的重点产业领域;从中期来看,大陆资本对于台湾金融服务业的投资将会大幅提升;从长期来看,台湾具有技术优势的制造业和高新技术产业才是大陆资本的重点投资方向。在未来对台产业投资中,大陆应该着眼于通过投资实现优势互补,促进要素整合,形成海峡两岸共同发展的产业格局。

第八章

福建海洋经济

人类早期的海洋经济活动还仅限于“舟楫之便,鱼盐之利”,但随着时代的发展,尤其是科学技术的进步,海洋经济活动已成了人类经济活动中不可或缺的部分,2001 年 5 月,《联合国海洋法公约》的缔约国文件中明确提出“21 世纪是海洋世纪”。如今,许多国家和地区都把发展海洋经济作为自己的战略选择,我国也于 2003 年颁布了《全国海洋经济发展规划纲要》,根据国家的战略安排,各省、自治区以及直辖市都制定了相应的海洋经济专项规划,此后“十一五”“十二五”规划纲要分别做出了更进一步的战略部署。福建作为一个海洋大省,无疑正处在发展海洋经济的战略机遇期,尤其是 2011 年 3 月,国务院批复了《海峡西岸经济区发展规划》,在规划中明确提出,“加大政策扶持力度,支持福建开展全国海洋经济发展试点工作,组织编制专项规划,鼓励体制机制创新,努力建设海峡蓝色经济试验区”。可以预见,福建海洋经济在福建的经济版图,甚至在全国的经济版图中,都将会变得越来越重要。

第一节　福建发展海洋经济的资源禀赋

福建由于其独特的地理条件,在发展海洋经济方面具有重要的禀赋优势，大体来说，福建在发展海洋经济方面具备四方面的优势，它们分别是得天独厚的地理环境、丰富的海洋资源储备、优越的区域位置以及深厚的文化沉淀。

一、福建发展海洋经济的地理环境优势

福建地处我国东南沿海，三面环山、一面靠海，大部分地区属中亚热带，东南部分地区属南亚热带，地理位置优越，与台湾隔海相望，北接浙江，南邻广东。全省共有福州、泉州、漳州、莆田、宁德等六个城市靠海，海域面积为 1 360 万公顷，大陆海岸线总长为 3 752 千米，位居全国第二，海岸线曲折率 1:7.01，居全国第一位。全省共有海岛 2 215 个，其中面积大于 500 平方米的海岛有 1 321 个，数量居全国第二位；海岛的全部面积为 11.56 万公顷。此外，福建拥有众多的港湾，沿海分布着大小港湾 125 个，可建万吨级泊位的深水海岸线长 210.9 千米，其中三都澳、罗源湾、兴化湾、湄洲湾、厦门湾、东山湾等六大港湾可建 20 万—50 万吨级泊位的深水岸线 47 千米，位列全国第一；有大量的适合养殖的浅海滩涂。可以说福建发展海洋经济的硬件，即地理环境，是得天独厚的。

二、福建发展海洋经济的海洋资源优势

福建因其独特的地理条件，造就了丰富的海洋资源优势：

(1) 海洋生物资源。福建海域面积 13.6 万平方千米，比陆地面积大 12.4%；沿岸海域已发现的浮游生物有 600 多种，底栖生物 1 200 多种，游泳生物 300 多种；有闽东、闽中、闽南、闽外和台湾浅滩等五大渔场，海洋生物种类 2 000 多种，其中经济鱼类 200 多种，贝、藻、鱼、虾的种类居全国前列。

(2) 滨海矿场资源。主要是滨海砂矿，福建地质结构复杂，已发现的矿产有 60 多种，其中工业价值明显的有 21 种，矿产地超过 300 处；砂、花岗石、叶腊石等探明的储量居全国前列。此外，盐业资源丰富，盐田总面积 11.02 万公顷，适合产盐的滩涂大于 2.67 万公顷，同时拥有可以大规模使用的盐化工业品氯化镁、奥素、石膏、钠镁盐、加碘盐等。另外，海峡西岸有三个成油凹陷，即厦澎凹陷、乌丘屿凹陷、澎北隆起建设油气田，勘测的油气总量达 2.9 亿吨。

(3) 海洋能源资源。福建沿海地热梯度较大，可供开采的地热资源比较丰富；风能资源极为丰富，可利用时数达 7 000—8 000 小时；沿海可利用潮汐发电

的海水面积达3 000平方千米，潮汐能理论装机容量达3 425万千瓦，可开发装机容量1 033万千瓦，占全国的49.2%，居首位。

三、福建发展海洋经济的区位优势

海洋经济与陆域经济总是有着千丝万缕的关系，大体上说，两者既相互兼容，也相互促进。一方面是海洋经济的发展离不开陆域经济的发展，即陆域经济的发展是海洋经济得以发展的基础；另一方面是陆域经济的发展同样也离不开海洋经济的发展，海洋中的矿物、能源储备、生物资源以及海洋运输都为陆域经济的发展提供了强大的物质保障和发展空间。正是基于这样的原因，福建在发展海洋经济的区位优势上具有双重意义。第一，发展陆域经济的区位优势。首先，福建处在珠江三角洲经济圈和长江三角洲经济圈之间，可以大力发展与这两个经济圈的合作；其次，福建还可以以港口和物流为纽带，与湖南、湖北以及江西等省份展开跨省区合作；最后，福建与台湾隔海相望。第二，发展海洋经济的区位优势。福建本身就已是海峡蓝色经济试验区，北面与作为海洋经济发展示范区的浙江相邻，南方则与作为海洋经济综合试验区的广东接壤，而更为重要的是，隔海相望的台湾在发展海洋经济上实力雄厚，台湾在海域资源开发上经验丰富，在资金、技术、设备以及管理方面都处于领先优势，且在海域资源禀赋与开发能力上与福建存在着比较大的差异，因而海峡两岸完全可以在发展海洋经济上展开深入、广泛的合作。

四、福建发展海洋经济的文化优势

福建三面环山，一面临海，这样的地理环境决定了海洋活动在福建经济活动中的位置，从而也造就了福建独特的文化，即海洋文化。福建的海洋文化历史悠久，福州的昙石山文化距今已有五千年，这是福建海洋文化发端的见证。此后随着历史的推进，福建的海洋文化得到不断的发展、丰富：三国时福州为东吴的海军基地；宋元时期，泉州为东方第一大港，是海上丝绸之路的起点；明朝时郑和下西洋，在福建建造了大量的船只；而晚清的福州马尾更是成了近代中国最早的船舶工业基地和海军人才的摇篮。在几千年的历史长河中，在福建这片土地上孕育出来的海洋文化不仅是中国海洋文化的重要组成部分，也是世界海洋文明中不可或缺的一部分。福建设的九个区市中有六个分布在沿海地区，因此这些地区都有着底蕴深厚、多姿多彩的海洋文化，其中比较著名的有福州的船政文化、昙石山文化、郑和下西洋文化以及陈靖姑文化，莆田的妈祖文化，泉州的海上丝绸之路文化、郑成功文化，厦门的郑成功文化，以及漳州的开漳开台文化。

第二节 福建海洋经济的发展水平

一、福建海洋经济在全国海洋经济中的地位和变化

（一）福建海洋经济总产值在全国海洋经济中的地位

2005 年以来，中国的海洋经济取得了长足的发展，海洋经济总产值逐年增加，增长速度也是稳中有进。这一方面得益于中央政府和地方政府颁布了一系列的政策文件，为海洋经济的发展创造了良好的宏观环境；另一方面得益于中国经济的高速发展，从而在微观市场上增加了对海洋产品的需求，有力地促进了海洋经济的快速发展。在这个过程中福建的海洋经济也取得了长足的发展，但福建海洋经济对全国海洋经济的贡献是逐年波动的，并没有稳定的趋势。如表 8-1 所示，从 2005 年福建的海洋经济总产值占全国海洋经济总产值的 8.98% 到 2010 年的 9.31%，这个过程中充满了反复。此外，从表 8-3 可以看出，在 2006 年到 2010 年之间，福建海洋经济的增长速度大都低于全国海洋经济的增长速度。

表 8-1 福建海洋经济总产值占全国海洋经济总产值的比重 单位：%

年份	2005	2006	2007	2008	2009	2010
福建海洋经济总产值占全国海洋经济总产值的比重	8.98	9.57	9.14	9.07	9.92	9.31

资料来源：历年《中国海洋统计年鉴》。

然而不可否认的是，在过去的六年间不仅仅是福建的海洋经济取得了重大的发展，沿海 11 个省市的海洋经济都取得了长足的发展，那么福建的海洋经济在沿海 11 个省市中，到底处在怎样的位置呢？表 8-2 和表 8-3 分别列出了沿海 11 个省市过去六年的海洋经济总产值和过去五年的海洋经济总产值的增长速度。

表 8-2 沿海 11 个省市海洋经济总产值 单位:亿元

省市	2005 年	2006 年	2007 年	2008 年	2009 年	2010 年
天津	1 447.49	1 422.00	1 601.0	1 888.70	2 158.1	3 021.5
河北	324.58	420.70	1 232.9	1 396.60	922.9	1 152.9
辽宁	1 039.91	1 468.60	1 759.8	2 074.40	2 281.2	2 619.6
上海	2 296.45	3 202.00	4 321.8	4 792.49	4 204.5	5 224.5
江苏	739.58	985.00	1 873.5	2 114.50	2 717.4	3 550.5
浙江	2 298.75	2 788.40	2 244.4	2 677.00	3 392.6	3 883.5
福建	1 503.79	1 944.70	2 290.3	2 688.20	3 202.9	3 682.9
山东	2 418.11	3 002.60	4 477.8	5 346.30	5 820.0	7 074.5
广东	4 288.39	4 530.00	4 532.7	5 825.00	6 661.0	8 253.7
广西	147.21	171.39	343.5	398.40	443.8	548.7
海南	250.87	383.05	371.1	429.61	473.3	560.0

资料来源:历年《中国海洋统计年鉴》。

表 8-3 全国及沿海 11 个省市海洋经济总产值增长率 单位:%

省市	2006 年	2007 年	2008 年	2009 年	2010 年
天津	-1.760980	12.587900	17.97002	14.263780	40.00741
河北	29.613650	193.059200	13.27764	-33.918100	24.92144
辽宁	41.223760	19.828410	17.87703	9.969148	14.83430
上海	39.432600	34.971890	10.89106	-12.269000	24.25972
江苏	33.183700	90.203050	12.86362	28.512650	30.65798
浙江	21.300710	-19.509400	19.27464	26.731420	14.46973
福建	29.319920	17.771380	17.37327	19.146640	14.98642
山东	24.171360	49.130750	19.39569	8.860333	21.55498
广东	5.634049	0.059603	28.51060	14.351930	23.91082
广西	16.425510	100.420100	15.98253	11.395580	23.63677
海南	52.688640	-3.119700	15.76664	10.169690	18.31819
全国	21.266980	23.281120	18.29389	8.931464	22.59950

资料来源:历年《中国海洋统计年鉴》。

为了进一步分析福建海洋经济在沿海 11 个省市中的位置,有必要对沿海相关省市的海洋经济发展状况进行聚类分析。因为聚类分析可以根据研究对象的特征,把具有相似特征的对象归结为一类,即实现在同一类中的个体的相似程度达到最高,在不同类中的个体之间的相异程度达到最大。这个过程就是,在聚类开始之际,让样本中的各个变量自成一类,然后通过计算变量之间的相似性或距离，把最相似或距离最短的两个变量归为一类；然后再计算类与类之间的相似性或距离，把最相似或距离最近的类合并为一类，这样不断地进行合并直到所有的变量都归结为一类为止。本章采用分层聚类分析方法（Hierarchical Cluster）对表 8-2 和表 8-3 中的数据进行分析。其中对类与类之间距离的度量与合并采用在实际中广为使用的离差平方和法（Ward's Method），并用 Z-scores 方法对定距数据和计数数据进行标准化处理。用 SPSS 19.0 对表 8-2 进行聚类分析的结果如表 8-4 和图 8-1 所示。

表 8-4　表 8-2 中的数据分为 2、3、4 类时的聚类结果

Cluster Membership			
Case	4 Clusters	3 Clusters	2 Clusters
1:天津	1	1	1
2:河北	2	2	1
3:辽宁	1	1	1
4:上海	3	3	2
5:江苏	1	1	1
6:浙江	1	1	1
7:福建	1	1	1
8:山东	3	3	2
9:广东	4	3	2
10:广西	2	2	1
11:海南	2	2	1

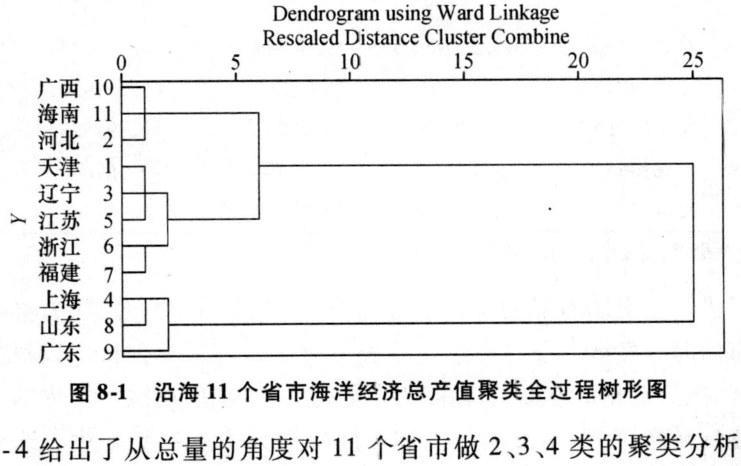

图 8-1　沿海 11 个省市海洋经济总产值聚类全过程树形图

表 8-4 给出了从总量的角度对 11 个省市做 2、3、4 类的聚类分析时，每个

省、市所属类别的情况：

分为4类时：(1) 广东；
(2) 山东、上海；
(3) 天津、辽宁、江苏、浙江、福建；
(4) 海南、广西、河北。

分为3类时：(1) 广东、山东、上海；
(2) 天津、辽宁、江苏、浙江、福建；
(3) 海南、广西、河北。

分为2类时：(1) 广东、山东、上海；
(2) 天津、辽宁、江苏、浙江、福建、海南、广西、河北。

从以上的分类可以看出，不管分为几类，广东、上海以及山东的海洋经济始终处在全国海洋经济的一线行列，而福建的海洋经济基本上处在第二线的水平，而这也符合表8-2中数据的直观反映，因为根据表8-2的数据可以发现福建海洋经济的总产值在沿海11个省市中始终徘徊在第四、第五位，除了2007年和2008年总产值排名第四外，其他年份都排在第五。根据表8-2中的数据，在把沿海11个省市分为4类的情况下，图8-2至图8-5分别显示了各类所对应的省市的海洋经济总产值占全国海洋经济总产值比重的逐年变化情况。从这些图中可以很直观地发现福建的海洋经济始终处在全国的第二梯队，除了图8-2、图8-3所示的第一梯队的广东、山东以及上海，接着便是浙江和福建，从图8-4中可以发现，在同类的省份中，浙江、福建的海洋经济始终领衔于其他省份。而图8-5中各省份的海洋经济总产值在全国海洋经济总产值中的比重始终不超过5%。

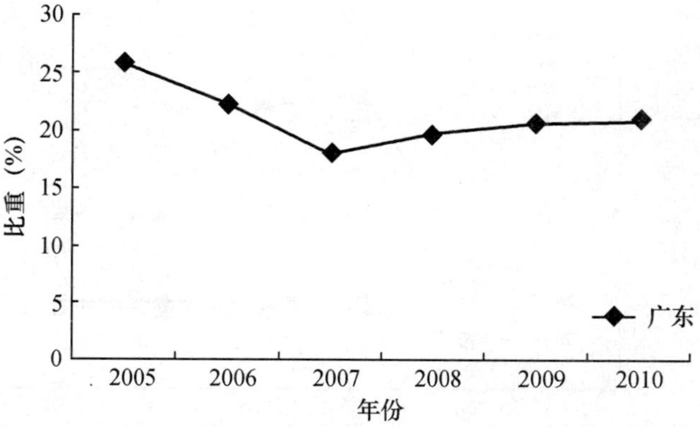

图8-2　2005—2010年一类省份海洋经济总产值占全国海洋经济总产值的比重

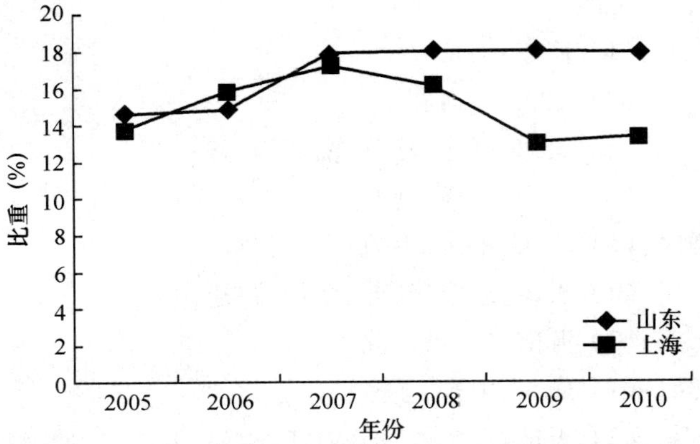

图 8-3 2005—2010 年二类省份海洋经济总产值占全国海洋经济总产值的比重

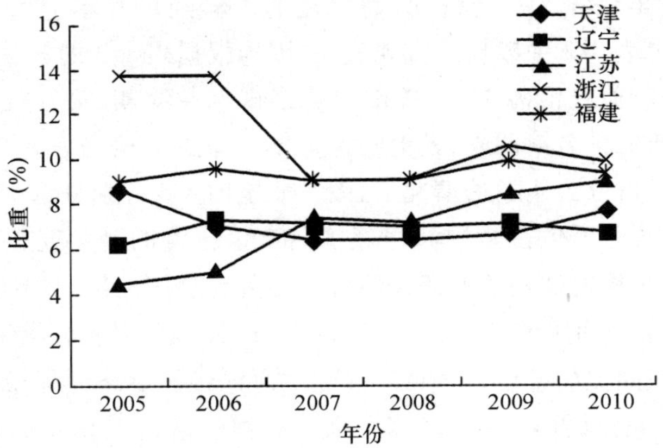

图 8-4 2005—2010 年三类省份海洋经济总产值占全国海洋经济总产值的比重

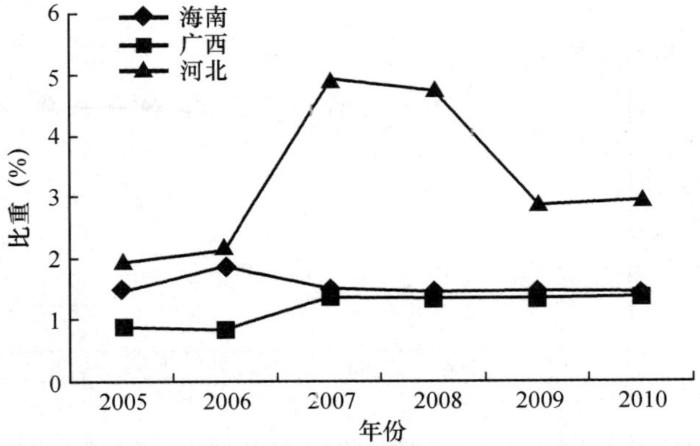

图 8-5 2005—2010 年四类省份海洋经济总产值占全国海洋经济总产值的比重

使用同样的聚类方法，对表 8-3 中的数据进行聚类分析，得到的结果如表 8-5 和图 8-6 所示。

表 8-5 表 8-3 中的数据分为 3、4 类时的聚类结果

Cluster Membership		
Case	4 Clusters	3 Clusters
1:天津	1	1
2:河北	2	2
3:辽宁	3	3
4:上海	4	3
5:江苏	4	3
6:浙江	3	3
7:福建	3	3
8:山东	4	3
9:广东	1	1
10:广西	4	3
11:海南	3	3

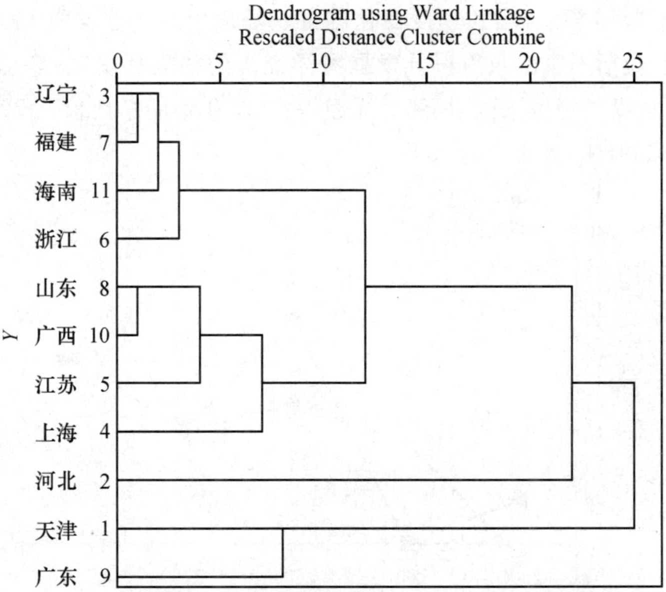

图 8-6 沿海 11 个省市海洋经济增长速度聚类全过程树形图

表 8-5 给出了从增长速度的维度对 11 个省市做 3、4 类聚类分析时,每个省市所属类别的情况:

分为 4 类时:(1) 山东、广西、上海、江苏;
(2) 浙江、福建、辽宁、海南;
(3) 天津、广东;
(4) 河北。

分为 3 类时:(1) 山东、广西、上海、江苏、浙江、福建、辽宁、海南;
(2) 天津、广东;
(3) 河北。

从表 8-3 的数据可以看出,2006—2010 年间大多数省市海洋经济总产值的增长速度变化的幅度都很大,但是从聚类结果可以发现,那些属于同一类省市的海洋经济总产值增长速度的变化趋势还是比较接近的。根据表 8-3 中的数据,在把沿海 11 个省市分为 4 类的情况下,图 8-7 至图 8-10 分别显示了各类所对应的省市的海洋经济总产值增长速度逐年变化的情况,从图 8-7 到图 8-10 直观地反映了属于同类省市海洋经济总产值增长速度变化趋势接近的现象,从而也反映出聚类分析较好地对沿海 11 个省市进行了分类。从图 8-9 可以看出,福建海洋经济总产值增长速度的变化幅度并不大,其实 2006—2010 年,在沿海 11 个省市中福建海洋经济增长速度变化的方差是最小的。这说明了福建发展海洋经济的环境,包括国家的政策以及发展海洋经济的物理环境,始终都处于比较稳定的状态。从增长规模来说,福建海洋经济在 2010 年的总产值比 2005 年的总产值增加了 144.91%,处于中游水平。

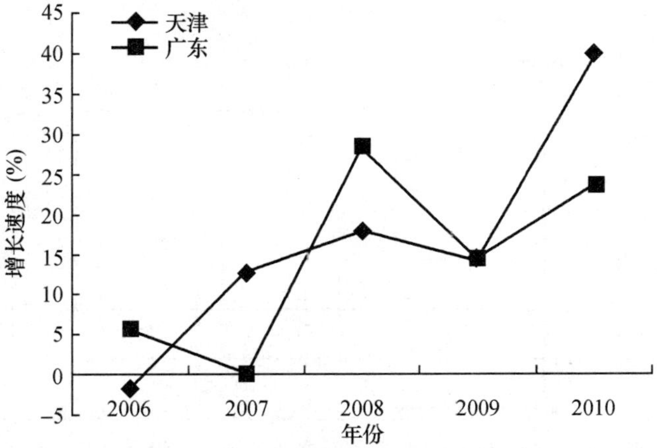

图 8-7 2006—2010 年一类省份海洋经济总产值增长速度

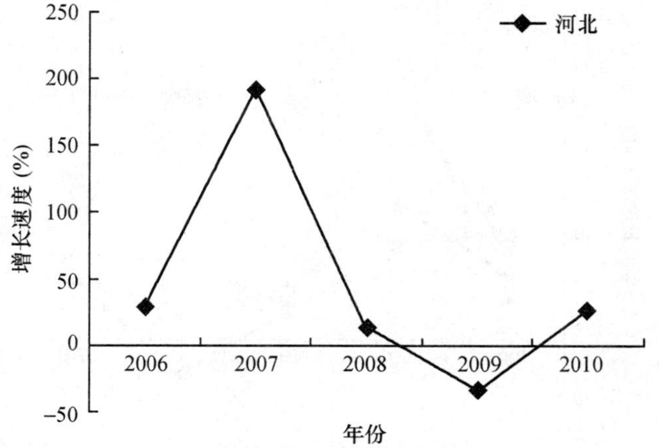

图 8-8　2006—2010 年二类省份海洋经济总产值增长速度

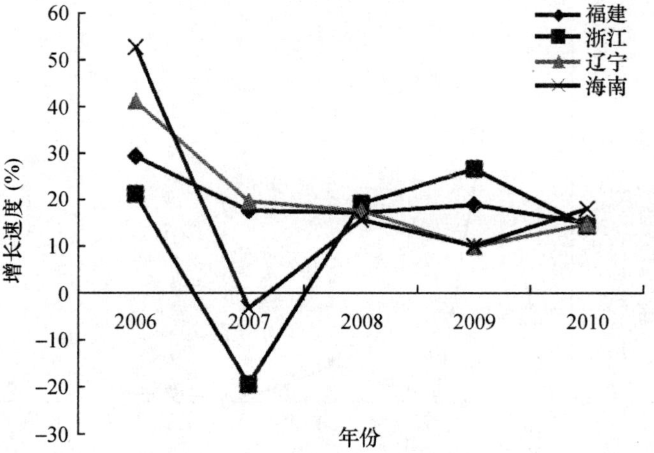

图 8-9　2006—2010 年三类省份海洋经济总产值增长速度

从以上两种不同角度进行聚类的结果可以看出，在分 4 类进行聚类时，福建、浙江以及辽宁按前后两种不同的维度进行聚类都属于同一类别，上海和山东也属于同一类别，但其他的省市在不同的维度下都分别属于不同的类别。这不仅说明了沿海各省市在发展海洋经济的资源禀赋上存在着重大的差别，也反映出各省在支持发展海洋经济的政策上存在着重大的差别，再就是说明了不同的省市还处在发展海洋经济的不同阶段，相对而言，广东、山东、上海处于比较成熟的阶段，而海南、广西以及河北处于比较初级的阶段，福建则处于中级阶段。从图 8-11 可以发现，海洋经济总产值属于全国最低行列的三个省份的增长速度的方差却属于全国最高的行列，其中河北、广西位分别位居第一和第二，而

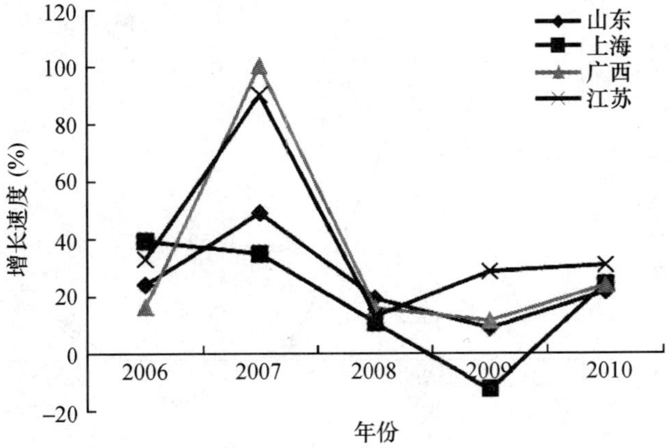

图 8-10　2006—2010 年四类省份海洋经济总产值增长速度

海南则处于第五的位置。

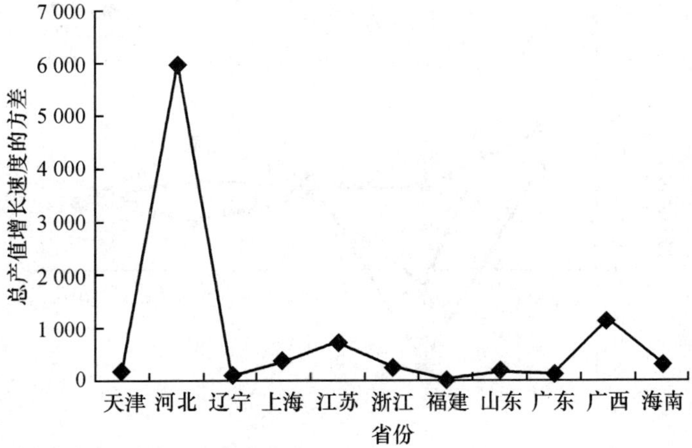

图 8-11　2006—2010 间沿海 11 个省市海洋经济总产值增长速度的方差图

资料来源:根据历年《中国海洋统计年鉴》数据计算而得。

(二) 福建海洋经济第一、第二、第三产业在全国海洋经济中的地位

根据产业划分方法,海洋产业可以划分为三类,其中海洋第一产业是以直接利用海洋生物资源为特征的产业,如海洋捕捞、海洋养殖等;海洋的第二产业是以对海洋资源的加工再加工为主要特征的产业,如海盐、海滨砂矿等;海洋的第三产业是以提供非物质财富为特征的产业,如海洋运输、海洋旅游等。根据这个标准,图 8-12 直观地反映了 2005—2010 年间福建海洋经济三次产业产值占全国海洋经济三次产业产值比重的变化过程。

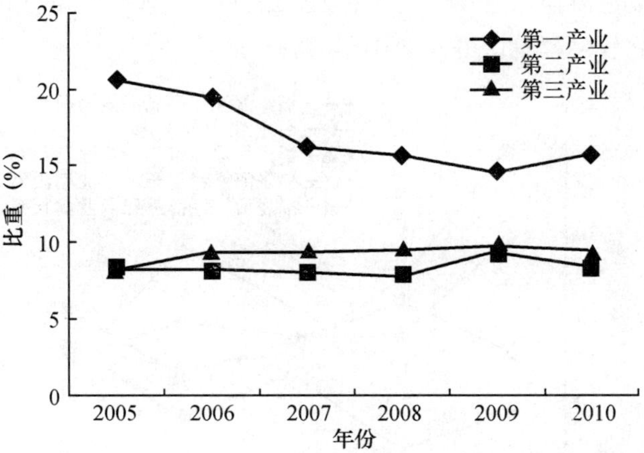

图 8-12 2005—2010 年福建海洋经济三次产业产值占全国海洋经济三次产业产值的比重

从第一产业来看,2005—2010 年福建海洋经济第一产业所占的比重是呈下降的趋势,而福建海洋经济第二产业所占的比重是有升有降,至于第三产业所占的比重则一直都处于上升的趋势。表 8-6 列出了福建海洋经济三次产业 2006—2010 年逐年的增长速度。从表 8-6 可看出,除了 2010 年外,福建海洋经济第二、第三产业的增长速度都远远超过了第一产业的增长速度。

表 8-6 2006—2010 年福建海洋经济三次产业的增长率 单位:%

	2006 年	2007 年	2008 年	2009 年	2010 年
第一产业增长率	8.7102	3.8706	13.4113	7.9762	16.7585
第二产业增长率	24.4817	13.7749	20.7192	28.3502	13.7412
第三产业增长率	40.0899	24.4029	15.4975	13.7019	15.8223

资料来源:2005—2010 年《中国海洋统计年鉴》。

二、福建海洋经济在福建经济中的位置

从 2005 年以来,不管是福建的 GDP 还是福建的海洋经济都取得了重大的发展。GDP 从 2005 年的 6 554.69 亿元增加到 2010 年的 14 737.12 亿元,增幅达 124.83%;福建的海洋经济总产值则从 2005 年的 1 503.79 亿元增加到 2010 年的 3 682.9 亿元,增幅达 144.91%,这也说明了福建的陆域经济与海洋经济在总体上是协调发展的。但是从图 8-13 可以发现,福建海洋经济的增长速度和福建 GDP 的增长速度是一高一低交替变化,这说明了福建在制定发展海洋经济和陆域经济的政策上缺乏长期一致性和相互之间的协调性,这一点也可以从福建海洋经济第一、第二产业的增长速度都处于震荡的状态反映出来。此外,从图

中也可看出,福建海洋经济第三产业的增产速度从 2006 年到 2008 年处于明显地下降状态,此后降幅趋缓并在 2010 年略有回升。

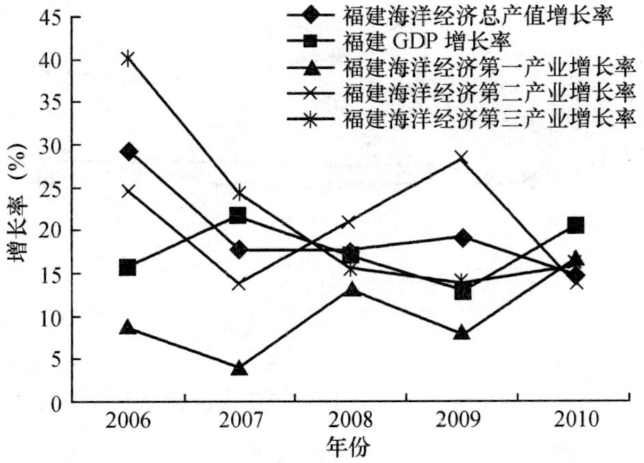

图 8-13 2006—2010 年福建 GDP 和福建海洋经济增长率

资料来源:海洋经济数据来源于历年《海洋经济年鉴》,GDP 数据来源于国家统计局。

虽然福建海洋经济的增长速度存在高低震荡的现象,但从表 8-7 可以直观地看出福建海洋经济对福建经济的贡献还是处于上升的状态,从 2005 年占福建 GDP 的 22.94% 上升到 2010 年的 24.99%。在这个过程中,海洋经济中不同产业对福建经济的贡献还是存在着重大的差异,其中海洋经济第一产业的产值在福建 GDP 中的比重始终处于下降的势头,海洋经济第二、第三产业对福建经济的贡献则是有升有降,总体处于上升的趋势,不仅如此,福建海洋经济第二、第三产业对福建经济的贡献水平都远远超过了海洋经济第一产业的贡献水平,而第三产业对经济的贡献又高过第二产业的贡献水平。这也说明福建海洋经济在宏观层面上与其经济发展还是高度协调的,即转变经济增长方式,实现经济由粗放型增长转向集约型增长。

表 8-7 福建海洋经济三次产业占福建 GDP 比重 单位:%

年份	2005	2006	2007	2008	2009	2010
海洋经济占福建 GDP 比重	22.94	25.64	24.76	24.84	26.17	24.99
第一产业占福建 GDP 比重	3.0021	2.8207	2.4025	2.3284	2.2237	2.1558
第二产业占福建 GDP 比重	9.7950	10.5383	9.8318	10.1423	11.5139	10.8740
第三产业占福建 GDP 比重	10.1451	12.2836	12.5306	12.3672	12.4373	11.9611

资料来源:海洋经济数据来源于历年《海洋经济年鉴》,GDP 数据来源于国家统计局。

三、福建海洋经济结构与全国海洋经济的结构的比较

（一）福建海洋经济和全国海洋经济的结构模式

随着经济的发展，不管是陆域经济还是海洋经济，经济中的第一产业、第二产业以及第三产业都会朝着“三二一”的模式发展，即三次产业在经济中的比重第三产业最大，第二产业次之，第一产业最小。从表8-8可以发现我国的海洋经济总体上已是处于“三二一”的发展模式，但不容否认的是第二、第三产业的比重并不存在明显的区别，尤其是2008年之后，而这也就意味着我国还有一些省份的海洋经济并不处于“三二一”的模式。

表8-8　2006—2010年全国海洋经济三次产业结构表　单位：%

年份	第一产业	第二产业	第三产业
2006	5.83	45.59	48.58
2007	5.50	45.30	49.20
2008	5.40	47.30	47.30
2009	5.80	46.40	47.80
2010	5.10	47.80	47.10

资料来源：2006—2010年《海洋经济年鉴》。

由于我国沿海南北跨度极大，从而各省的海洋经济结构存在重大的差别，这种情况可以直观地从表8-9中反映出来。其中江苏就从“三二一”的结构模式转变为“三一二”的结构模式，广西的情况则是反过来，从“三一二”的结构模式转变为“三二一”的结构模式。天津、河北以及山东始终都处于“三一二”的结构模式，此外，2006—2009年间辽宁也处于“三一二”的结构模式。海南的结构模式是比较独特的，它是唯一在“三二一”模式和“二三一”模式之间来回变动的省份。其他省份，上海、浙江、福建以及广东始终都处于“三二一”的结构模式之下。在“三二一”结构模式之下的省份中，福建的海洋经济三次产业的分布是最均匀的。

表 8-9　2006—2010 年沿海 11 个省市海洋经济结构表

单位:%

年份	产业	天津	河北	辽宁	上海	江苏	浙江	福建	山东	广东	广西	海南
	第一产业	0.26	2.27	9.90	0.09	5.08	7.42	9.71	8.34	4.44	15.19	18.30
2006	第二产业	65.81	50.72	53.50	48.25	42.51	39.65	40.23	48.55	39.88	43.12	29.21
	第三产业	33.93	47.01	36.60	51.66	52.41	52.93	50.06	43.11	55.68	41.69	52.49
	第一产业	0.30	1.90	11.20	0.10	4.50	6.90	9.70	7.60	4.60	15.20	23.40
2007	第二产业	64.40	51.40	51.10	45.40	46.40	40.50	39.70	48.10	38.30	42.80	22.60
	第三产业	35.30	46.70	37.70	54.50	49.10	52.60	50.60	44.30	57.10	42.00	54.00
	第一产业	0.20	2.00	12.10	0.90	4.10	8.70	9.40	6.80	3.80	14.80	20.30
2008	第二产业	66.50	51.40	51.80	41.70	45.80	42.00	40.80	48.90	46.70	43.50	26.50
	第三产业	33.30	46.60	36.10	57.40	50.10	49.30	49.80	44.30	49.50	41.70	53.20
	第一产业	0.20	4.00	14.50	1.10	6.20	7.00	8.50	7.00	28.00	21.20	24.50
2009	第二产业	61.60	54.60	43.10	39.50	51.70	46.00	44.00	49.70	44.60	37.70	21.80
	第三产业	38.20	41.40	42.40	60.40	42.10	47.00	47.50	43.30	52.60	41.10	53.70
	第一产业	0.20	4.10	12.10	0.10	4.60	6.90	8.60	6.30	2.40	18.30	23.20
2010	第二产业	65.50	56.70	43.40	39.40	54.30	45.40	43.50	50.20	47.50	40.70	20.80
	第三产业	34.30	39.20	44.50	60.50	41.10	47.70	47.90	43.50	50.10	41.00	56.00

资料来源:2006—2010 年《海洋经济年鉴》。

（二）海洋经济产业结构变动值指标

通过上一节的分析，我国沿海 11 个省市的海洋经济显然不存在一致的结构模式，不同省市之间的海洋经济结构模式存在重大的差别，就是在相同结构模式下的省市，不同产业之间所占的比重也存在很大的差别。如同为“三二一”结构模式下的上海、浙江、福建以及广东，上海的海洋经济第一产业的比重不超过 1%，而福建海洋经济第一产业所占的比重都超过了 8%。为了确定福建海洋经济结构相对于沿海其余 10 个省市海洋经济结构的变动程度，这里引入海洋经济产业结构变动值指标的概念。产业结构变动值指标是反映不同时期产业结构变动程度的一个统计指标，其数值的大小反映产业结构变动的程度。其计算公式如下：

$$K = \sum_{i}^{3} | q_{i1} - q_{i0} |$$

其中，K 为产业结构变动值指标；q_{i1} 为第 i 产业的产值在报告期占总产值的比重；q_{i0} 为第 i 产业的总产值在基期占总产值的比重；$i=1,2,3$ 分别表示海洋经济的三次产业。如果 K 值大则说明该地区海洋经济结构变动幅度比较大，反之，则说明该地区海洋经济结构的变动幅度比较小。本章以 2006 年为基期，2010 年为报告期，并利用表 8-9 中的数据计算出沿海 11 个省市的 K 值，如表 8-10 所示。

表 8-10 沿海 11 个省市的 K 值表

省市	天津	河北	辽宁	上海	江苏	浙江	福建	山东	广东	广西	海南
K 值	0.74	15.62	20.2	17.7	23.58	11.5	6.54	4.08	15.24	6.22	16.82

为了更加直观地反映出福建海洋经济结构的变化情况，把沿海其余 10 个省市的海洋经济结构变动值指标与福建的海洋经济结构变动值指标进行比较，其计算公式如下：

$$R_d = (K_d - K_{福建}) / K_{福建}$$

其中，d 为天津、河北、辽宁、上海、江苏、浙江、山东、广东、广西以及海南，从而可得到沿海 10 个省市对福建海洋经济三次产业结构变动的指标，如表 8-11 所示。

表 8-11 沿海 10 个省市与福建海洋经济结构变动值比值指标

指标	比值	指标	比值
$R_{天津}$	-0.886850	$R_{浙江}$	0.758410
$R_{河北}$	1.388379	$R_{山东}$	-0.376150
$R_{辽宁}$	2.088685	$R_{广东}$	1.330275
$R_{上海}$	1.706422	$R_{广西}$	-0.048930
$R_{江苏}$	2.605505	$R_{海南}$	1.571865

表 8-11 的数据表明，在沿海其余的 10 个省份中只有天津、山东以及广西三省的海洋产业结构变动速度低于福建，而在沿海 10 个省市中广西的海洋产业结构变动速度是最接近福建的，只比福建低了近 5 个百分点；江苏、辽宁的海洋产业结构的变动速度更是超过福建 200 多个百分点，其中江苏甚至高出福建 260 多个百分点；上海、海南以及河北等省市的海洋产业结构变动速度分别高出福建 100 个百分点以上；就是与福建毗邻的浙江和广东两省的海洋产业结构变动速度也分别超过福建近 70 多个和 130 多个百分点。由此可见，福建海洋产业结构调整的速度不仅在海峡西岸的省市中是最慢的，就是在沿海 11 个省市中也是位列最慢的行列。与此同时，这也说明了福建海洋经济还是存在着巨大的发展空间，要加大海洋经济的调整步伐。

（三）海洋经济结构质变分析

海洋经济结构的变动不仅存在着量变的问题，更为重要的是还要了解海洋经济结构的质变问题。为了研究福建以及沿海其余省市海洋经济结构的质变情况，这里引入产业结构信息熵数的概念。在信息理论中，信息熵是对事物所包含的信息量的一个量度，即信息理论认为信息是对事物不确定性的一种度量，事物的不确定性越大，那么所蕴含的信息量就越多，因此定义了一个平均的信息量，即信息熵。当把这个概念用于分析产业结构时，便成为产业结构的信息熵数，其计算公式如下：

$$e_t = \sum_{i=1}^{3} W_{it} \ln(1/W_{it})$$

其中，e_t 为 t 期产业结构熵数值，W_{it} 为 t 期第 i 产业占海洋经济总产值的比重，$i=1,2,3$ 表示海洋经济第一、二、三产业。产业结构熵数值把产业的结构变化视为产业结构的干扰因素，是用来综合反映产业结构变化程度的大小的，它可用于度量产业结构的质变关系。一个地区的海洋经济在三次产业中分布越均匀，那么该地区的产业结构熵数值就越大，反之则越小。大体上来说，产业结构熵数值越大,则说明该地区的产业发展越趋于多元化;反过来,产业结构熵数值越小,那么该地区的产业发展越趋于一元化。根据表 8-9 中的数据,计算的沿海 11 个省市的海洋经济产业结构熵数值如表 8-12 所示。

表 8-12 2006—2010 年沿海 11 个省市海洋经济结构熵数值表

省市	2006 年	2007 年	2008 年	2009 年	2010 年
天津	0.657563	0.668398	0.649899	0.678498	0.656591
河北	0.785077	0.772972	0.776147	0.824262	0.81978
辽宁	0.931462	0.956042	0.964093	1.006549	0.97812
上海	0.699153	0.696211	0.725774	0.678337	0.67791
江苏	0.853627	0.845095	0.834873	0.877686	0.838666
浙江	0.896528	0.888479	0.925463	0.898212	0.89608
福建	0.939145	0.937758	0.93521	0.924375	0.925661
山东	0.920719	0.908576	0.893312	0.896062	0.882225
广东	0.830933	0.829181	0.827935	0.798163	0.789388
广西	1.013728	1.013914	1.009595	1.062061	1.042208
海南	1、008582	1.008722	1.011372	1.010546	0.99026

从表 8-12 可看出,不同省市之间的海洋产业结构熵数值还是存在着重大的差异。河北、上海以及天津三个省市的海洋产业结构熵数值就属于全国最低的行列,说明这三个省市的海洋经济主要集中于几个产业之上;广西、海南、辽宁三省的海洋产业结构熵数值则处于全国最高的行列,辽宁省的熵数值更是处于明显的上升阶段,这也就说明了这些省份的海洋结构产业比较多元化。福建海洋产业结构熵数值总的来说仅次于辽宁,这也说明了福建的海洋产业还是处于比较多元化的状态。相对而言,海洋经济比较不发达的省份其所对应的海洋产业结构熵数值比较大,如广西、海南两个省份的海洋产业结构熵数值始终都处在全国最高的行列;但是在海洋经济发达的省份,海洋产业结构熵数值并不处于最低的行列,如广东和山东。图 8-14 直观地说明了 2006—2010 年沿海 11 个省市海洋产业结构熵数值的平均值。从表 8-12 可以发现在沿海 11 个省市中除了广东的海洋产业结构熵数值一直处于递减状态外,其他省份的熵数值都有增有减,而广东的熵数值并不处于最低的行列,这也反映了沿海 11 个省市的海洋经济还处在不断发展、不断分化的阶段。

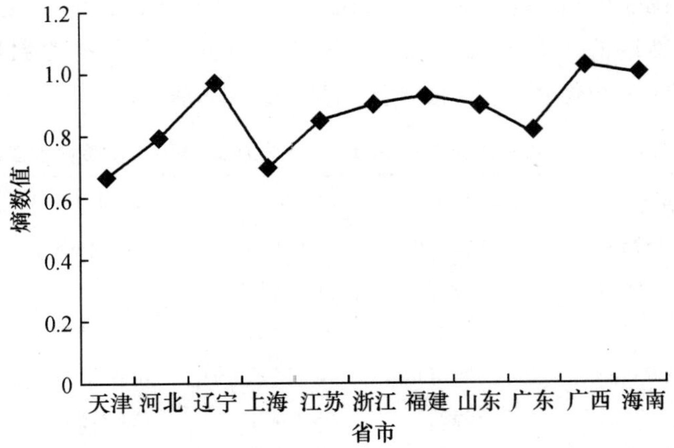

图 8-14　2006—2010 年沿海 11 个省市海洋产业结构熵数值的平均值

四、福建主要海洋产业的发展情况

“十一五”期间福建的海洋经济得到了快速的发展，逐渐形成了以海洋渔业、海洋交通运输业、滨海旅游业、海洋船舶工业以及海洋化工业等为主要产业的海洋经济产业体系，同时一些新兴的海洋经济产业也取得了重大的发展。

（一）福建海洋渔业的发展情况

福建的海洋渔业不仅在数量上取得了稳步增长（如表 8-13 所示），在质量水平上也在不断提高。2010 年福建海洋渔业，包括养殖、捕捞、渔业服务，实现产值 674.18 亿元，同比增长 4.2%。在这数字增长的背后，是福建海洋渔业的发展方式在改变，以及福建海洋渔业的结构不断得到优化。2010 年全省已批复下达 2 525 万元资金用以建设 16 家现代渔业苗种繁育基地。水产养殖、水产加工、远洋渔业以及休闲渔业的结构不断得到改善；2010 年水产品的加工产值达到 362.99 亿元，加工业处于全国的领先地位；远洋渔业已形成产、销、工、贸一体化，而且捕捞的范围也扩大到三大洋公海和 21 个国家 200 海里专属经济区域。福建的休闲渔业也得到迅速发展，如小嶝休闲渔村的建设，使其获得“水乡渔村”的称号，已接待游客 3 万人，产值达 500 万元；推动了“五缘湾垂钓基地”的建设；再就是促成厦门休闲垂钓协会的成立；所有这些都已形成了一定的品牌影响力。此外，闽台渔业的合作也逐步深化，闽台两地渔业的合作涵盖了水产加工、渔业贸易、远洋渔业等方面，总投资达 8 543.5 万美元。成功举办了 2010 年海峡渔业周暨第五届海峡渔业博览会。2010 年全省水产品出口台湾 6.18 万吨，达 4.64 亿美元，分别同比增长 47.85% 和 84.86%。

表 8-13 2005—2010 年福建海洋渔业产值　　单位:亿元

年份	2005	2006	2007	2008	2009	2010
渔业产值	396.78	410.75	474.32	549.35	565.58	674.18

资料来源:2005—2010 年《福建统计年鉴》。

（二）福建海洋交通运输业的发展情况

“十一五”期间福建的海洋交通运输业进入快速发展的阶段,福建的港口规划、建设、生成以及管理方面都取得了巨大的成就(见表 8-14)。

表 8-14 福建港口基础设施情况

福建	2005 年	2010 年
年综合通过能力(万吨)	13 738	32 102
其中:集装箱吞吐能力(万标箱)	539	1 282
生产性泊位(个)	343	444
其中:万吨级以上泊位(个)	66	123

资料来源:《福建省交通运输“十二五”发展规划》。

2010 年,福建完成港航投资 82.03 亿元,同比增长 16.7%。全年新建 19 个生产性泊位,到 2010 年年底,全省拥有港口生产性泊位达到 529 个,泊位的年设计能力达到 3.32 亿吨。其中沿海港口生产性泊位拥有 443 个,泊位年设计能力为 3.27 亿吨,集装箱 1 282 万标准箱,万吨级以上泊位 123 个。集装箱专用泊位 39 个,同比增加 4 个。这就使得福建港口建设的规模化、集约化、大型化以及专业化的水平提高到一个新的层次。此外,腹地范围逐步扩大,周边省份从福建港口进出的货物量快速增长。2010 年,福建共为外省中转大宗散货 826.44 万吨,同比增长 78.5%,其中厦门港中转大宗散货 572.63 万吨,同比增长 29.4%;福州港中转 133.81 万吨,同比增长 551%;厦门港国际集装箱中转量约 33.88 万标箱,同比增长 93.7%,约占厦门港集装箱吞吐量的 6%。再就是,对台客运设施条件加快改善,闽台“三通”快速发展。福建全面完成了福州、厦门、泉州、湄洲岛等对台码头设施的改造和提升,极大地改善了对台客运软硬件设施条件。2010 年,全省沿海主要港口共开通对台集装箱班轮航线 23 条,是 2009 年的 3 倍多。

（三）福建滨海旅游业的发展情况

福建不仅是海洋大省,同时还有着悠久的海洋经济活动历史,再加上得天独厚的地理环境,在发展滨海旅游上具备良好的先天条件。

经过几十年的发展,到 2010 年福建的国内旅游人数和旅游收入都达到了一个新的水平。全省接待国内旅游人数 11 417.07 万人次,同比增长 17.6%;国内的旅游收入达到 1 135.07 亿元,同比增长 18.8%。而且随着海西区建设效应的显现以及两岸经贸文化交流的进一步发展,闽台的旅游合作与往来也得到进一步的发展,规模不断扩大。2010 年全省共接待台湾同胞 156.92 万人次,同比增长 27.1%。与此同时,港澳的市场也取得稳步增长,全省全年共接待港澳同胞 95.94 万人次,同比增长 5.7%。外国人入闽旅游也在持续增加,并且客源的市场逐渐多元化,2010 年接待外国人首次突破百万大关,达到 115.27 万人次。近几年来,福建滨海旅游业已成为滨海地区的主要产业之一,并带动了第三产业的发展,滨海旅游正朝向海洋旅游迈进。

(四) 福建海洋船舶工业的发展情况

福建船舶工业主要经济指标在"十一五"期间保持连续增长。

截至 2010 年年底,福建具备修造万吨级以上船舶企业 45 家,拥有船台 65 座,总容量达 125 万吨,其中 3 万—5 万吨船台 13 座,5 万—10 万吨级船台 6 座,最大单船建造能力 8 万吨,年造船生产能力 360 万载重吨。船坞 41 座,坞容量 218 万吨,其中建成或即将建成的 20 万—30 万吨级船坞 5 座,10 万—20 万吨级船坞 6 座,5 万—10 万吨级船坞 4 座。基本实现"十一五"发展规划中年造船生产能力 350 万载重吨和船坞容量 200 万吨的目标。2005—2009 年福建海洋船舶制造业情况如表 8-15 所示。

表 8-15 福建海洋船舶制造业情况

福建	2005 年	2006 年	2007 年	2008 年	2009 年
海洋修船完工量(艘)	1 384	1 716	2 622	2 431	1 761
海洋造船完工量(万综合吨)	33.66	46.05	53.87	109.66	93.92

资料来源:2005—2009 年《中国海洋统计年鉴》。

(五) 福建海洋化工业的发展情况

2010 年,福建海洋化工业实现增加值 102.52 亿元。"十一五"期间,福建大力推进、实施石化产业调整和振兴规划,石化产业总产值年均增长 23.7%,沿海石化基地建设也取得较好成效。

产业布局向沿海集聚。福建石化产业主要集中在泉州和厦门两个沿海城市,分别实现工业总产值 791.9 亿元和 320.9 亿元,占全省的 67.6%;莆田、福州、漳州实现产值 88 亿元、84.3 亿元和 63.9 亿元,这 5 个沿海地区的石化产业总产值占全省的 82%。另一个沿海城市宁德年实现产值 15.1 亿元,同比增长 32.4%。

产业集中度明显提高。分行业看,精炼石油产品制造业、橡胶制造业、合成材料制造业、专用化学品制造业和基础化学原料制造业产值分别为601.7亿元、306亿元、207.9亿元、189.6亿元和140亿元,这5个行业的产值占全省的87.8%,产业集聚明显。

主要产品生产方面。据统计数据,2010年海洋石化产业相关产品产量增减不一。比较突出的是原油加工量及石油制品总量规模大且增幅显著,其中原油加工量1 134.5万吨,同比增长60.7%;汽油149.6万吨,增长22.3%;煤油94.7万吨,增长193.3%;柴油388万吨,增长41.9%;乙烯84.5万吨,增长316.5%。

表8-16 福建部分海洋化工相关产品产量 单位:万吨

福建	2005年	2006年	2007年	2008年	2009年	2010年
盐酸(含量31%以上)	14.02	14.81	13.61	13.66	11.84	7.07
烧碱(折100%)	25.51	26.24	31.36	28.35	21.64	20.11
纯碱	19.23	21.15	19.79	18.86	19.91	17.79
合成氨	94.15	103.72	100.52	100.73	100.83	102.13
氮肥(折含氮100%)	55.70	60.15	59.19	65.44	57.25	55.37

资料来源:2005—2010年《福建统计年鉴》。

沿海石化基地建设方面。福建着力推进石化工业基地化、园区化建设,重点建设的四大石化基地正按规划推进。2010年,湄洲湾石化工业基地实现工业总产值超过600亿元。漳州古雷石化工业基地两个启动项目80万吨/年PX和150万吨/年PTA已经动工建设。

(六)福建新兴海洋产业的发展情况

"十一五"期间,福建传统的海洋经济产业得到迅速发展的同时,一些新兴的海洋经济产业也取得了重大的发展。

1. 海洋生物医药业

"十一五"以来,福建加大对海洋医药生物技术的研发力度,依托厦门海洋科技力量的领先优势,开发海洋生物活性物质和海洋药物的综合利用技术,以及以大宗水产品为原料的海洋功能食品、生物材料、精细化工制品,形成了具有一定规模的产业链体系。拥有国家海洋三所、厦门大学生物医学工程研究中心、福州大学生物和医药技术研究院等一批生物医药研发机构;截至2010年年底,福建海洋科技进步对海洋经济贡献率达59%,比2005年增加6个百分点。

2. 海水利用业

一系列高新技术的使用,极大地促进了海水的综合利用。如"纳米催化微电解净化消毒技术”的使用;“电膜法海水淡化技术及成套设备”和“电膜法苦咸水脱盐净化集成技术”都已达到国内领先水平;此外,海岛、船舶专用小型海水淡化整装设备已投入批量生产。已实现年电厂冷却利用海水 6.98 亿立方米,海水脱硫达每小时 4.3 吨,烟气脱硫效率达 90% 以上。

3. 海洋电力业

2009 年,大唐漳浦六鳌风电场三期工程风电机组正式投产并发电,漳浦的海上风电场也在着手规划建设之中。同一年,宁德市政府与有关方面签订了《国家海上风力发电暨宁德示范工程项目战略合作协议》,该项目投资达 400 多亿元,将在闽东建造一个 200 万千瓦级的海上风力发电示范工程。

4. 游艇经济

游艇经济已成为厦门的重要海洋经济,同时也成为厦门的特色产业。2009 年,厦门海洋渔业局出台了《关于加快游艇产业发展的若干意见》。2010 年,厦门成功承办了“2010 厦门海洋游艇产业发展论坛”;协办了“2010 中国(厦门)游艇帆船展览会”,扶持五缘湾帆船港建设,2010 年五缘湾帆船港交易额达 4.5 亿元。

第三节 福建发展海洋经济存在的问题

从纵向的角度来看,福建的海洋经济可以说是取得了巨大的发展,但从横向的角度来看,福建的海洋经济发展还存在许多问题。大体而言,福建发展海洋经济存在四方面的问题:第一,福建的海洋经济在规模上还偏小,还处于初步发展阶段;第二,福建海洋经济的产业结构还不合理;第三,福建的陆域经济与海洋经济不能充分协调发展;第四,福建的海洋产权制度建设滞后,从而造成了福建的海洋经济发展水平与其自身的禀赋优势不相称。

一、福建海洋经济的发展水平偏低

从总量和增长速度的角度进行聚类分析,福建海洋经济的发展水平都处于二线的行列,但福建海洋经济的发展水平,不管是在数量上还是质量上,都还处于比较低的水平。这一点在图 8-15 中可以得到直观的体现,福建的海岸线与广东相似,2005—2010 年,除了 2007 年福建的海洋经济总产值达到广东海洋经济总产值的 50.528% 外,在其他年份里福建的海洋经济总产值都没有达到广东海洋经济总产值的 50%。

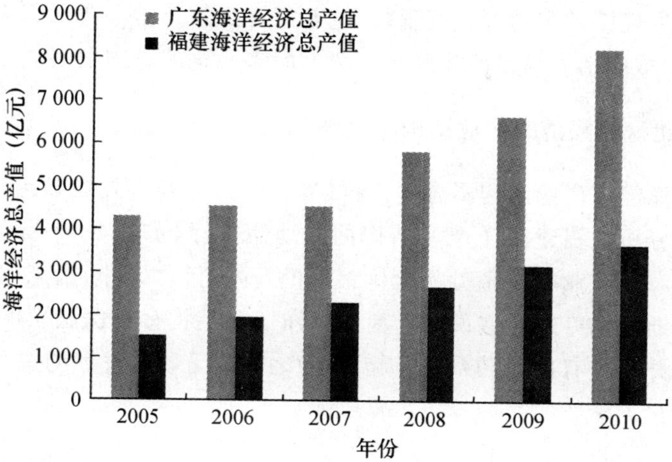

图 8-15　2005—2010 年福建和广东海洋经济的逐年总产值

资料来源：历年《中国海洋统计年鉴》。

主要有两个方面的原因造成了福建海洋经济发展水平偏低：

（一）海洋经济的开发水平不高

近海、内海捕捞渔业产量的增加主要是依靠渔船数量、总吨位以及渔船功率的增加；有很大比例的海水养殖都属于低值的水产品，造成了福建渔民增产不增收；水产品加工企业规模普遍偏小、技术含量低，尤其是水产品的加工比例很小，2010 年用于加工的水产原料只占海洋水产品总量的 46.88%；船舶制造企业规模小，且普遍缺乏船舶工业的各类人才，管理落后，技术开发能力很弱；港口规划不科学，货物通关速度偏慢；滨海旅游的产品单一、附加值低，不但没有形成规模，还极为分散，旅游交通基础设施发展滞后。海洋文化产业粗放经营、简单化，很少有专门经营海洋文化的企业，大部分企业是附带兼营海洋文化的。

（二）发展海洋经济的金融市场滞后

融资困难的问题使得以下几个问题在福建海洋经济发展的过程中极为显眼。第一是福建港口资源优势明显，港口建设发展虽快，但滞后于长三角、珠三角，全省可建深水泊位的天然良港占全国的 17.6%，但深水泊位数为沿海 11 个省市的倒数第一，港口吞吐量为倒数第二。第二是福建涉及海洋经济的企业规模都很小，尤其是那些民营企业在融资上困难重重。第三是渔民的融资往往依靠亲友，还有就是民间的“做会”——在闽东一带极为普遍的一种融资方式。第四是目前的金融机构基本上都是银行主导，从而使得金融在促进海洋经济发展时大都是通过规模扩张的方式实现的，这与海洋经济产业参差多态的模式极为不相适应，严重抑制了福建海洋经济产业朝向多元化的方向发展。

二、福建海洋经济的产业结构不合理

福建海洋经济产业结构不合理，使得福建的海洋经济发展缺乏活力。在第二节中也已分析过福建海洋产业结构的变动值指标（如图 8-16 所示），从中可以发现福建海洋产业的 *K* 值处于全国最低的行列，仅比天津、山东以及广西高，远低于邻省浙江和广东。这说明了福建海洋产业结构存在深层次的矛盾，各海洋产业之间并不是有机地联系在一起，产业之间缺乏联动发展的关系。

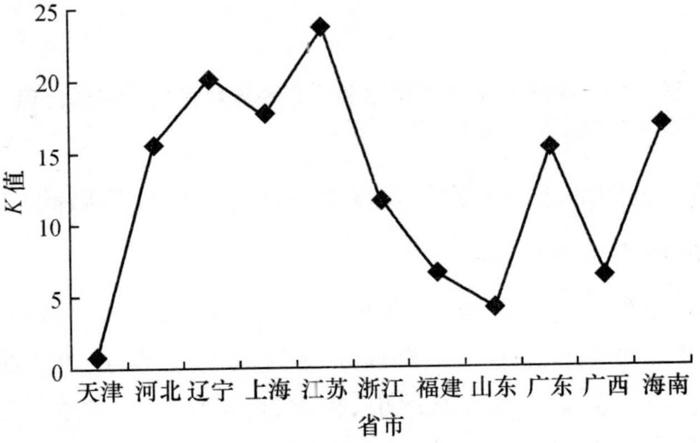

图 8-16　沿海 11 个省市的海洋产业结构变动指标 *K* 值

资料来源：表 8-10。

福建的海洋产业发展虽已进入“三二一”的发展模式，但是海洋经济第二、第三产业占的比重还是偏低，与发达的省市还是存在差距。根据表 8-9 中的数据可以计算出来，2010 年福建海洋经济第二、第三产业的产值占海洋经济总产值的比重为 91.4%，仅比海南、广西以及辽宁三省的比例高。此外，福建的海洋经济产值过于集中于几个部门，海洋渔业、海洋运输业以及滨海旅游业的产出占全部海洋产出的 60% 以上。

三、福建陆域经济与海洋经济的发展缺乏协调性

福建陆域经济与海洋经济的发展缺乏协调性主要体现在两个方面：

一是在政策层面，发展陆域经济的政策与发展海洋经济的政策缺乏协调性，使得二者的发展步伐不一致，在陆域经济增长速度趋高的时候，海洋经济的增长速度往往趋低，反之亦然。

二是陆域经济与海洋经济之间缺乏综合管理的机制，使得陆域经济的发展严重破坏了海洋经济的发展，其表现形式有：

1. 陆源入海排污口排污

2011 年资料显示：福建共监测陆源入海排污口 73 个，其中，工业和市政排污口占 90%，排污河和其他类排污口占 10%。从排污口邻近海域功能区分布来看，设置在海洋保护区、渔业资源利用和养护区周边的入海排污口数量为 23 个，占监测排污口总数的 31%。监测表明：全省排污口超标排污的为 51 个，需要加强监督管理的 A 级、B 级、C 级的排污口分别为 3 个、9 个、24 个。全省监测的排污口污水排海总量约为 105.9 亿吨，同比增加 15.3%，主要污染物排放总量 49.0 万吨，氨氮 6 340.4 吨，总磷 1 093.3 吨，石油类 985.0 吨，重金属 40.6 吨，砷 7.8 吨。

2. 江河入海污染物排放

2011 年，全省监测的 11 条主要江河入海污染物排放总量为 143.9 万吨，同比增加 58.3%。其中，化学需要量 137.9 万吨，氨氮 4.2 万吨，总磷 1.2 万吨，石油类 0.2 万吨，重金属 0.3 万吨，砷 93 吨。

3. 重点涉海工程

监测结果表明，57 个涉海工程项目未发现违规现象。12 个重点涉海工程跟踪监测中有 6 个存在污染物超标排放的现象，对附近海域环境产生了一定的影响，从而造成福建的海洋水环境持续恶化、海洋有害沉积物持续增加以及海洋生物质量不断下降。

四、福建海洋经济制度建设滞后

随着经济的发展，福建海洋资源产权制度建设的滞后性所带来的危害越来越明显，主要体现在以下三个方面。

（一）不具有排他性的海洋资源产权

当前的法规规定了只有取得渔业捕捞许可证的个人或企业才能进入海洋捕捞，但这在现实中并不具备可操作性，根本无法阻挡大量非法渔船的存在，而且对那些已获得捕捞许可证的个人或企业在捕捞的数量和大小上无法产生有效的约束，使得“过量”捕捞普遍存在，造成了海里渔获物的形体趋小型化、低质化，近海、内海的渔业资源日趋枯竭；此外，在福建滨海的砂矿开采中使用的是无偿使用制度，采富弃贫、许多砂矿中有价值的矿物被随意丢弃等现象随处可见，不仅造成了极大的浪费，也破坏了海洋环境。

（二）多龙治水

近年来，福建海洋产业结构发生明显变化，海洋产业逐渐向高附加值、高技术含量的第二、第三产业演化，渔业所占比重持续下降。海洋产业结构的演化引起了海域资源在不同海洋产业部门间的重新配置，具体表现为：港口物流业、海洋旅游业、临海工业及海洋新兴产业用海规模不断扩大，沿海滩涂、近海海域等养殖用地被改作建设用途，渔业水体范围趋于萎缩，渔业与非渔业之间用海矛盾凸显。另外，由于海域使用涉及多部门、多利益，各部门在开发利用海域的同时，难以做到统筹兼顾，使得寻租现象屡屡发生。

（三）排污的权利体系不明晰

由于排污的权利体系不明晰，个体在做决策时只是根据自己的边际成本和边际收益的原则，这样就不可避免地造成了过度污染。尤其是随着城市化进程的加快和临海工业的快速发展，生活污染物、工业污染源入海量不断增加，海上溢油、危险化学品泄漏等污染事故也时有发生，致使宁德沿海近岸、罗源湾、闽江口、泉州湾和厦门近岸海域污染有加重趋势，沿海滩涂湿地面积缩减，海洋生态环境面临较大压力。由于渔业利益当前主要靠扩张规模获得，以及转产转业困难等因素影响，渔民会非理性地扩大养殖面积，养殖废水大量排放使得沿岸海水富营养化，造成水体缺氧和赤潮频繁发生，渔业资源锐减，渔业经济效益下降。正是排污权利体系的不明晰，使得市场在解决污染问题上变得无用武之地，仅靠政府的管制不仅效率低下，而且极易滋生寻租、腐败现象。

第四节　福建发展海洋经济的政策建议

一、总体方向

福建是一个海洋大省，但还不是一个海洋强省，不管是为了促进陆域经济的发展，还是为了缓和人口、资源与环境之间的紧张关系，都应该把发展海洋经济作为一种战略来对待。

（一）构建现代海洋产业体系

现代经济的竞争，其实是科技的竞争，所以现代海洋经济体系必须是以现代科技支撑的海洋体系。所以福建不仅要大力发展以高新技术为核心的新兴海洋产业，还要大力促使传统海洋产业的转型升级。在这个过程中既要坚持技术水平领先、产品质量高端，而且还要确保低耗能、低污染以及产业发展多元化，更要根据福建自身的资源禀赋，发展出具有自己比较优势的现代海洋产业体系，只有这样才能促进福建海洋经济快速发展以及使福建迅速跨入海洋强省的行列。

一是要大力发展海洋高新技术产业。海洋高新技术产业指那些风险与收益并存、技术先进以及资本密集型的现代海洋高端产业，主要包括海洋能源与资源产业、海洋生物医药业、海水综合利用产业、海洋装备产业以及海洋信息服务产业等，就福建目前来说主要集中于海洋生物医药、游艇、海水综合利用、海洋可再生能源以及海洋工程装备制造等新兴产业，但随着将来福建资源禀赋的变迁，未尝不能发展其他的海洋新兴战略性产业。

二是要大力发展现代海洋服务业。利用现代信息技术，建立大型数据库，加大相关行业的信息整合。深入挖掘福建的旅游资源，使之形成一定的品牌效应；优化港口物流业的流程，加大其辐射范围；促进海洋信息服务社会化、产业化，完善海洋通信基础传输网络，加快“数字海洋”建设，提高信息服务水平；积极发展海洋商贸服务、中介服务等海洋服务业。

三是大力发展现代海洋渔业。提高育苗、水产养殖的技术含量以及提高其经济价值，发展现代远洋捕捞业，尤其是水产品的深加工及其配套的服务业。

四是实现海洋运输政策、海洋法规、海洋程序、海洋经济技术标准的统一，为产业信息的协调及高透明度提供便利。

（二）加强陆海经济协调发展

不管是在开发海洋资源时还是在发展临海的陆域经济时，都要统筹兼顾，使二者能够发挥各自的优势，从而促进海陆经济相互发展，海陆经济的技术可相互补充，海域水产养殖、捕捞与陆上的水产品加工、流通销售相互配套，陆海旅游相互协调，最终实现陆海经济产业规划相互衔接，使海洋产业布局与沿海地区的工业化、城市化、城镇化以及区域经济的发展有机联合起来，形成陆海经济专业化发展、结构合理、功能互补的陆海产业格局。

（三）走可持续发展的道路

海洋开发、经济发展的规模与速度不超过海洋资源环境的承受力，对生态脆弱区要实行有效的保护措施，要继续加强海西区海域的综合治理，进一步规范用海秩序，做好已被污染的生态环境的修复工作；海岸带的新建项目、改造项目必须严格实行环保措施的同时到位，力争实现海洋生态环境退化零增长。

二、具体的对策

现代海洋经济发展的主要特点就是技术变革和产业结构变化，一个地方最优的海洋经济产业结构，意味着该经济不仅在国内市场上具有强大的竞争力，就是在国际市场上也具备强大的竞争力，所以福建在制定海洋经济政策时就应该确保福建能建立起自己最优的海洋经济产业结构政策。要按比较优势原则建立起福建最优的海洋产业结构，就要确保存在一个能反映福建禀赋结构中生产要素相对稀缺性的价格体系。按比较优势原则建立起来的海洋经济产业体系，才会给各种投入要素、资本以合理的回报，从而实现资本的积累，尤其是人力资本的积累，最终促使福建的海洋经济产业结构不断升级。

（一）制度建设

1. 海洋资源的产权制度建设

海洋资源的所有权、使用权、收益权以及转让权要界定清楚并且明确确权到市场的参与者，大力发展二级产权市场。要大力扭转目前产权集体所有或是国家所有造成产权主体虚化的局面，尽最大可能减少寻租的制度空间。

2. 加大行政管理部门改革步伐

目前的各涉海行政管理部门既有行业管理机构形式的“条条管理”，也有以各级地方政府管理为基础的“块块管理”，形成“条块分割”的局面，造成各种海洋管理职能交叉重叠、权责不明确、互相逐利又相互推诿的现象。

3. 建立排污市场

从社会整体福利最优的角度出发，确定每年或是一定的时间段内的排污水平，并把排污的权利界定到具体的市场参与者，可通过拍卖的方式，同时建立排污权转让的二级市场。

4. 加强知识产权保护

加大现有的知识产权保护力度，建立保护海洋高新技术、产品的产权交易平台，确保海洋高新技术能够在市场中进行自由交易；建立人力资本的企业产权制度。

（二）金融市场建设

海洋经济产业投资周期性长、融资数目大、风险高且具有非常强的专业性，因此为促进海洋经济的发展，必然要有多元化的金融市场。

1. 政策扶持

对那些基础性的研究，以及涉海的大型项目，应该在财政以及信贷上给予适当的扶持。

2. 发展多元化的融资渠道

大力发展专业性的银行机构和非银行机构，推动现有金融机构的整合，开放民间资本，推进海域使用权抵押贷款业务，以及涉海保险等业务。大力发展股票市场、债券市场等直接融资的资本市场。

（三）大力发展区域合作

福建有着独特的区位优势，故在发展海洋经济时能否发挥这个优势，将深刻影响福建海洋经济的发展。

1. 发挥对台优势

福建与金门、台湾地理相近、人文相通、血脉相亲，经贸文化交流比较紧密。福建海洋经济发展应该突出对台区位特色，加强与台湾的合作。一是福建要密切关注台湾产业转移动态，加强与台湾企业协会、同业公会的联系。二是吸引台商投资现代服务业。鼓励台商投资港口码头的基础设施建设，引导台商参与福建旅游资源的开发，稳步扩大对台旅游服务。三是推进两岸渔业技术合作，提高福建渔业的生态养殖水平。

2. 加强与东南亚地区的合作

福建地处东南亚到东北亚的海上交通要冲，与菲律宾等东南亚国家邻近，海港、空港交通便捷。一是继续创造条件，积极引进东南亚华商参与福建海洋资源的开发，鼓励东南亚华商投资福建海洋高新技术的开发与应用；二是继续创造条件，扩大福建与东南亚国家的经贸合作。

3. 加强海陆合作和区域合作

福建要成为海洋经济发展的龙头，必须突破区域界限，加强区域协作。在港口航运业方面，要形成一个互联互动的大组合港口群，并努力往国际枢纽港的方向发展。与此同时，要积极开拓福建通往粤东、赣南、赣东、浙南、湘南、湘东的通道，建设腹地市场和疏运体系，加强对内陆腹地的揽货力度，实现向内陆腹地的拓展。

专题 福建省港口与城市经济发展协调度评价及互动关系实证研究

——以厦门、福州、泉州为例

福建省有着丰富的海岸线资源，绵延 3 752 公里的海岸线上分布着大大小小 125 个港湾，其中深水海岸线长达 246.3 公里，有 7 处可建 10 万吨级至 50 万吨级超大型深水码头，位列全国之首。但是，长期以来福建省的港口优势并没有得到充分发挥，根据《2010 中国航运发展报告》，位列前十名的港口并没有福建省港口的身影。近几年，在国务院支持和推动福建省加快建设海西区、国家发展和改革委员会规划海西区发展的政策形势下，海西区港口群日益成为牵动、辐射区域经济快速发展的重要力量。2009 年 11 月，福建省省委、省政府审议通过了《福建省港口体制一体化整合总体方案》，根据该方案，福建省将原有港口整合成三大港口群：北部福州与宁德两市港口整合；中部泉州和莆田两市港口整合；南部厦门与漳州两市港口整合。在福建省"十二五"规划中，进一步提出加强三大港口，全面推进"大港口、大通道、大物流"建设，加快依托于港口的现代物流业的发展；2015 年初步建成东南沿海物流中心。因此，针对海峡西岸港口物流对区域经济效应进行分析、评价，有着重要的理论意义和现实意义。

本专题根据相关数据，先采用主成分分析法分别计算厦门、福州、泉州三大港口与城市两个子系统的综合发展值，再根据两个子系统的综合发展值计算二者的协调系数，以评价其协调水平。为考察三大港口与城市两个子系统的互动作用，本专题采用单整性检验、协整关系检验和格兰杰因果关系检验进行实证研究，并对检验结果进行回归分析。

一、三大港口与城市子系统综合发展程度评价

（一）评价方法

在本部分，我们采用主成分分析法分别计算厦门、福州、泉州三地港口发展和城市经济两个子系统的综合发展值。首先将两个子系统的数据进行无量纲化处理，方法如下：

$$\begin{cases} x_i' = \dfrac{x_i - \bar{x}}{\sigma_i}, & \text{当 } x_i \text{ 为正向指标} \\ x_j' = -\dfrac{x_j - \bar{x}}{\sigma_j}, & \text{当 } x_i \text{ 为负向指标} \end{cases}$$

其中，x 为原指标值，$\bar{x}$ 表示历年平均水平，σ 为历年水平的标准差。

经过标准化后，我们得到 p 维随机向量 $x=(x_1,x_2,\cdots,x_p)'$，再考虑如下的线性变换：

$$\begin{cases} y_1 = a_{11}x_1 + a_{12}x_2 + \cdots + a_{1p}x_p \\ y_2 = a_{21}x_1 + a_{22}x_2 + \cdots + a_{2p}x_p \\ \quad\cdots\cdots \\ y_p = a_{p1}x_1 + a_{p2}x_2 + \cdots + a_{pp}x_p \end{cases}$$

其中，$\sum_{j=1}^{p} a_{ij} = 1(i = 1,2,\cdots,p)$，$y_i$ 的方差逐渐递减，y_i 即为第 i 个主成分量。总方差第 i 个主成分量 y_i 所占比例为：

$$k_i = \frac{\lambda_i}{\sum \lambda_i}$$

其中，λ_i 为向量 x 协方差矩阵从大到小排序的特征值，k_i 也被称作 y_i 所能解释的百分比。

以主成分方差贡献率为权重，取累积贡献率达到一定程度的前 s 个主成分进行综合评价，我们最终得到福州、厦门、泉州各个年份两个子系统的综合发展值 F_i：

$$F_i = \sum_{j=1}^{p} k_j y_{ij} \tag{1}$$

式(1)中，i 为年份，k_j 为第 j 个主成分的方差贡献率，y_{ij} 为第 i 年第 j 个主成分的因子得分，p 为抽取主成分的个数。

（二）指标体系及数据

1. 港口子系统指标体系

参照港口竞争力评价的研究文献，我们选取物流规模、港口基础条件以及其他因素作为一级指标；选取港口投资额（$X1$）、集装箱吞吐量（$X2$）、生产性泊位数（$X3$）、旅客吞吐量（$X4$）、对台集装箱（$X5$）以及外贸吞吐量（$X6$）作为二级指标。具体见图 8-17。

2. 城市子系统指标体系

由于是对“港城互动”关系进行分析，所以，对于城市子系统指标，除了一些

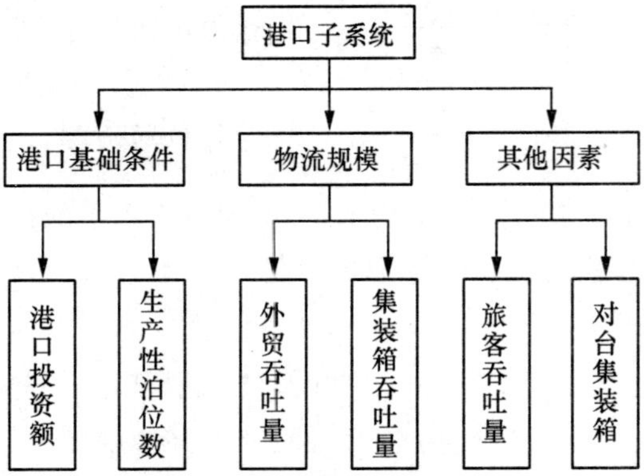

图 8-17 港口子系统指标体系

基本反映城市经济发展情况的指标外,还应考虑到城市经济发展中,与港口有着密切关系的相关衡量指标。综合港口对腹地经济影响的相关文献资料,我们筛选经济发展和运输规模作为一级指标;选取外贸净出口额(*Y*1)、工业总产值(*Y*2)、货运量(*Y*3)、铁路货运量(*Y*4)、实际 GDP(*Y*5)、第三产业(*Y*6)、第二产业(*Y*7)为二级指标。具体见图 8-18。

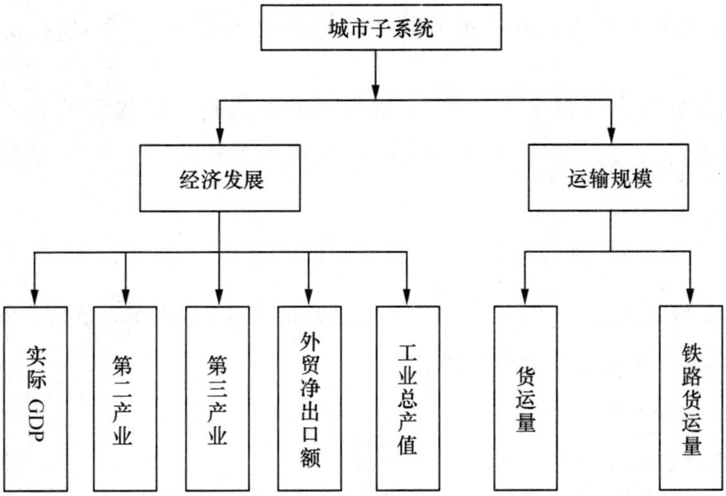

图 8-18 城市子系统指标体系

(三) 数据处理

厦门港的相关数来源于历年的《中国港口年鉴》《厦门经济特区年鉴》以及走访厦门港口管理部门及相关港口企业获得。福州港的数据来源于历年的《福建省港口航道统计年鉴》《中国港口年鉴》《福州统计年鉴》以及走访福建省港航管理局获得。泉州港的数据来源于历年的《福建省港口航道统计年鉴》《中国港口年鉴》《泉州统计手册》以及走访福建省港航管理局获得。厦门、福州、泉州的经济数据均来自三地历年的统计年鉴。

1. 厦门

（1）厦门港港口子系统综合发展评价

根据厦门港2005—2011年的原始数据，我们使用SPSS软件进行主成分分析[①]，再计算出厦门港港口子系统各主成分的特征值和方差贡献率，如表8-17所示。

表8-17　解释的总方差

成分	初始特征值		
	合计	方差的百分比	累积百分比
1	**4.155**	**69.252**	**69.252**
2	**1.304**	**21.734**	**90.986**
3	**0.442**	**7.365**	**98.351**
4	0.069	1.152	99.503
5	0.029	0.485	99.988
6	0.001	0.012	100.000

根据表8-17，前三个成分的方差贡献率累积达到95%以上，提取其作为港口子系统的主成分，计算出其因子得分；把三个主成分历年的因子得分以及主成分的方差贡献率分别代入式（1），得到厦门港港口子系统的历年综合发展值，如表8-18所示。

表8-18　2005—2011年厦门港港口子系统综合发展值

年份	2005	2006	2007	2008	2009	2010	2011
综合值	-1.0449	-0.4851	-0.1658	-0.1128	-0.0689	0.7664	1.111

2002年，厦门港的投资额为3.97亿元，2005年为15.19亿元。2006年厦门港进行了一次大整合，港口内体制一体化，由厦门港口管理局统一管理；厦门港港区由过去的五个港区，加入原漳州辖内的后石、石码和招银港区，整合为八大港区。整合的当年度港口，投资额就达到26.5亿元。港区整合成功地破解了厦门港港口资源开发和吞吐能力趋于饱和的瓶颈，深水岸线因此延长了14公里，可容纳深水泊位也大大增加，万吨级及以上深水泊位达到40个。

由于厦门港所辐射的经济腹地较小，存在一定程度的产能过剩，因此，厦门

① 本专题所选取的指标均为正向指标，SPSS在进行主成分分析时会自动进行无量纲化处理。

港开始大力发展集装箱国际中转业务，以弥补货源的不足。2004 年，厦门成为“区港联动”的试点城市，这为厦门港的发展赢得了政策优势。2005 年集装箱吞吐量占到福建省港口集装箱吞吐量的近七成，并连续四年位列大陆沿海港口的第七位。同时，厦门港也积极开展深入内地的“多式联运”。继 2004 年实现“海铁联运”零的突破后，开始向内地纵深深入，与内地合作的城市不断增加，厦门港“海铁联运”的增速也在这段时间内大大提高，2004 年仅为 496 标准箱，2011 年已经达到 3.2 万标准箱。

(2) 厦门城市子综合发展评价

计算步骤同港口子系统，此处从略，现将厦门城市子系统综合发展值的结果显示如表 8-19。

表 8-19 2005—2011 年厦门城市子系统综合发展值

年份	2005	2006	2007	2008	2009	2010	2011
综合值	-1.3117	-0.8774	-0.3437	0.0933	0.1353	0.8173	1.4869

由表 8-18、表 8-19 可以看出，2005—2011 年厦门港口子系统和城市子系统的综合发展值均呈稳步上升趋势，说明两个子系统的总体情况在不断改善，发展势头良好。

2. 福州

(1) 福州港港口子系统综合发展评价

根据数据的可获得性，我们对福州港的指标体系做适当调整。一级指标不变，二级指标如下：港口投资额（$X1$）、万吨级生产性泊位数（$X2$）、货物吞吐量（$X3$）、外贸吞吐量（$X4$）、集装箱吞吐量（$X5$）、旅客吞吐量（$X6$）。根据 2005—2011 年的原始数据，依照上述的数据处理流程，我们计算出福州港口子系统各主成分的特征值和方差贡献率，如表 8-20 所示。

表 8-20 解释的总方差

成分	初始特征值		
	合计	方差的百分比(%)	累积百分比(%)
1	**3.062**	**51.038**	**51.038**
2	**1.950**	**32.495**	**83.533**
3	**0.752**	**12.526**	**96.059**
4	0.196	3.272	99.331
5	0.036	0.607	99.938
6	0.004	0.062	100.000

根据表 8-20，前三个成分的方差贡献率达到 95% 以上，已涵盖了绝大部分的数据信息，故提取前三个成分作为港口子系统的主成分。根据式(1)，得到福州港港口子系统的历年综合发展值，如表 8-21 所示。

表 8-21　2005—2011 年福州港港口子系统综合发展值

年份	2005	2006	2007	2008	2009	2010	2011
综合值	-0.8951	0.0305	-0.5834	-0.1993	0.7273	0.1806	0.7394

2005—2008 年，福州港的港航投资额稳步上升，之后投资水平保持在相对稳定的水平。2007 年前，生产性泊位数稳定在 140 多个的水平，2007 年之后则略有下降，稳定在 120 多个的水平。不过，生产性泊位数的减少并不能说明港口建设停滞，2005—2011 年间，万吨级以上的生产性泊位数一直保持增长态势。2006 年，福州港第一次明确提出“南北两翼”的概念，将港口规划成“南集北散”格局，充分发挥专门化的规模优势。2008 年，福州港建成福建省首座 15 万吨级散货泊位。截至 2009 年，“南北两翼”工程共建深水泊位 17 个，其中 14 个为 5 万吨级泊位，新增吞吐能力达到 4 876 万吨。

2005—2011 年，福州港集装箱的吞吐量以年均 12.85% 的速度稳步增长。吞吐量的增长与港航投资的增加以及港口设施建设的不断完善密切相关。特别是得益于“南北两翼”工程的推进，福州港“大港口”化带来的效益也日益凸显。2008 年全年“南北两翼”共计引航 1 061 艘，完成货物吞吐量 1 842.03 万吨，集装箱吞吐量 40.38 万 TEU，占全港当年 34.3% 的份额，2010 年“南北两翼”港口吞吐量更是占到福州港总吞吐量的五成以上。

2011 年 9 月，福建省政府正式批复《福州宁德港口管理体制一体化实施方案》，将福州港和宁德港合并，行政管理权统一归属福州港口管理局，此举意味着两港口各港区之间的规划、建设、管理将实现一体化。

(2) 福州城市子系统综合发展评价

计算步骤同前，我们得到福州城市子系统综合发展值的结果，如表 8-22 所示。

表 8-22　2005—2011 年福州城市子系统综合发展值

年份	2005	2006	2007	2008	2009	2010	2011
综合值	-0.8064	-1.0332	-0.2845	0.0806	0.0237	0.5753	1.4445

由表 8-21、表 8-22 可以看出，近十年来福州港口子系统的综合发展值呈现一定程度的波动，说明该系统还存在某些不稳定性，而城市子系统综合发展值

总体上呈稳步上升趋势,说明该系统发展情况相对较好。

3. 泉州

(1) 泉州港港口子系统综合发展评价

泉州港的指标体系及选择时段与福州港相同,其港口子系统各主成分的特征值和方差贡献率如表 8-23 所示。

表 8-23 解释的总方差

成分	初始特征值		
	合计	方差的百分比(%)	累积百分比(%)
1	**5.395**	**89.911**	**89.911**
2	**0.430**	**7.172**	**97.083**
3	0.148	2.473	99.556
4	0.021	0.354	99.910
5	0.005	0.088	99.998
6	0.000	0.002	100.000

根据表 8-23,前两个成分的方差贡献率达到 95% 以上,已涵盖了绝大部分的数据信息,故提取前两个成分作为港口子系统的主成分。根据式(1),得到泉州港口子系统的历年综合发展值,如表 8-24 所示:

表 8-24 2005—2011 年泉州港港口子系统综合发展值

年份	2005	2006	2007	2008	2009	2010	2011
综合值	-1.3391	-0.8031	-0.283	-0.0523	0.4671	0.759	1.2514

2007 年后,泉州港港航建设投资额稳定在每年 10 亿元的水平。2011 年作为"十二五"开局之年,投资额上升到 15.4 亿元;全港生产性泊位数稳定在 100 个上下,其中万吨级以上泊位为 19 个。与福州港、厦门港不同,泉州地区民营企业较为发达,按照"谁投资,谁受益"的原则,港口建设资金一部分来自民间投资和外资,港口投融资渠道因此进一步拓宽。2006 年,共有 5.8 亿元港口建设资金来自民间,占当年投资总额的 84%;同年,中远集团旗下的中远香港太平洋有限公司加盟泉州港建设,也极大地提升了泉州港的投资水平。到 2010 年,泉州港已经基本形成大中小码头泊位优势互补、配套设施相对完善的码头群体,能够满足服务地区经济发展的需要。

泉州港以内贸为主,2007 年集装箱吞吐量首次突破 100 万 TEU,2008 年更是跻身全国沿海内贸港口前五强。值得一提的是,泉州港的临港工业相对也较为发达。2008 年泉州港福炼"一体化"30 万吨级原油专用码头、福建炼油乙烯项目成品油码头等一系列临港产业项目工程建成并投产，泉州港泉港区已成为国家九大炼油基地之一。凭借上游原材料和全国前五内贸港的区位优势，“一体化”项目的带动效应强劲，使得泉港区石化产业呈现井喷式增长，2010 年上半年实现产值 295.33 亿元。

2008 年 8 月，福建省省委常委会和省长办公会议研究通过《湄洲湾港口体制一体化建议方案》，湄洲湾港口体制一体化改革进程开始启动。自 2009 年 8 月 3 日起，福建省湄洲湾内泉州市港口管理局所辖的肖厝、斗尾港区与莆田市港口管理局所辖的秀屿、东吴港区合并组成新的湄洲湾港，成立福建省湄洲湾港口管理局。这标志着中部港口一体化迈出关键步伐。

（2）泉州城市子系统综合发展评价

计算步骤同前，我们得到泉州城市子系统综合发展值的结果，如表 8-25 所示。

表 8-25　2005—2011 年泉州城市子系统综合发展值

年份	2005	2006	2007	2008	2009	2010	2011
综合值	-1.0448	-0.4851	-0.1658	-0.0028	-0.0689	0.7664	1.1110

由表 8-24、表 8-25 可以看出，泉州港口子系统和城市子系统的综合发展值总体上均呈稳步上升趋势，没有太大的起伏。

二、三大港口协调发展程度评价

（一）评价方法

协调发展程度评价是对系统中各子系统发展过程接近程度的定量描述，也即各子系统中的实际观测值与其协调理想值[①]的接近程度。除此之外，系统本身的波动程度也对这一协调程度有较大影响（王维国，2000）。

协调系数的构造方法简述如下：

$$u(i/j) = \exp[-k(X_i - X_{i/j})^2] \tag{2}$$

其中，$u(i/j)$表示第 i 系统对第 j 系统的协调系数，X_i 表示第 i 系统综合发展水平实际观测值，$X_{i/j}$表示与第 j 系统实际值 X_j 相协调的第 i 系统综合发展水平理想值，$k=\frac{2}{S^2}$，S^2 为第 i 系统实际值的方差。

由式（2）可知，i 系统实际观测值 X_i 和与第 j 系统相协调时的理想值 $X_{i/j}$越

① 协调理想值，为某一系统与另一系统相适应时的理想数值。

接近，协调系数 $u(i/j)$ 就越大，协调程度越高，其值处于[0,1]区间内。在本专题中，实际观测值 X 即为前面所求的综合发展值 F。协调值 $X_{i/j}$ 表示当第 j 系统发展水平为 X_j 时，为了保持与第 j 系统协调发展，第 i 系统所应达到的发展水平。我们可以使用一个系统对另一系统的回归方程来探究二者的依存关系：对于系统 j 对系统 i 做回归模型 $X_i = a + bX_j$，即当两系统协调发展时，当 X_j 变化一个单位，X_i 就需要相应变动 b 个单位，所以 $X_{i/j} = bX_j$。

当 $u(i/j)$ 与 $u(j/i)$ 相等时，说明两系统完全协调；当 $u(i/j) > u(j/i)$ 时，说明 i 系统超前发展于 j 系统，反之则相反。所以对于两系统模型来说，两系统之间的协调程度由下式确定：

$$u(i,j) = \frac{\mathrm{Min}\{u(i/j), u(j/i)\}}{\mathrm{Max}\{u(i/j), u(j/i)\}} \tag{3}$$

而对于协调系数的具体评价，张萍、严以新（2006）根据港口运行一般经验、港口负荷系数等因素，将 0.8 定义为系统失调与和谐状态的分界线。具体划分标准如表 8-26 所示。

表 8-26 协调度等级划分

协调度	0—0.3	0.3—0.5	0.5—0.7	0.7—0.8
协调等级	极度失调	严重失调	中度失调	濒临失调
协调度	0.8—0.85	0.85—0.9	0.9—0.95	0.95—1.0
协调等级	初级和谐	中级和谐	良好和谐	优质和谐

资料来源：张萍、严以新（2006），"港口与城市协调发展的评价模型及其应用"，《港工技术》，(12)。

（二）实证分析

根据第一部分计算出的港口子系统和城市子系统的综合发展值，我们测算二者的协调系数，以考察二者的协调水平。

1. 厦门

我们先将表 8-18、表 8-19 两子系统综合发展值绘制成图 8-19。

由图 8-19 可以直观地看出，厦门港口、城市子系统的综合发展趋势基本一致，而且，从二者的相关性看，港口子系统与城市子系统的波动基本一致。从实际情况看，2008 年和 2009 年，由于受全球经济危机的影响，厦门经济发展受到较大影响，大部分指标都出现了明显的增长趋缓或下降，在这种经济不景气的情况下，厦门港集装箱吞吐量一改往年增长态势，下降了 7.04%；而在 2009 年之后，经济逐渐回暖，城市子系统的综合指数重新转变为上升趋势，港口子系统

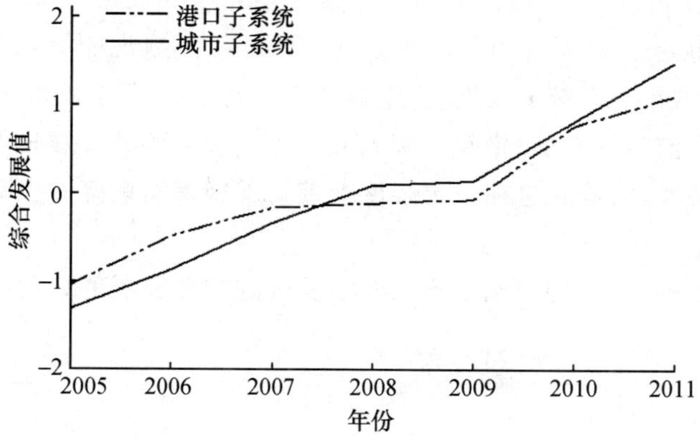

图 8-19　2005—2011 年厦门港口、城市子系统综合发展值比较

的发展也呈现出良好的发展态势。这说明,厦门城市经济发展对港口经济发展的影响更明显一些,本专题第三部分的实证检验也表明了这一点。

接下来,我们把表 8-18、表 8-19 两个子系统历年实际综合值的数据分别代入式(2),求得 $u(i/j)$ 和 $u(j/i)$,再代入式(3),求得最终的 $u(i,j)$,如表 8-27 所示。

表 8-27　2005—2011 年厦门两个子系统的协调系数

年份	2005	2006	2007	2008	2009	2010	2011
协调系数	0.9857	0.9687	0.9938	0.9988	0.9991	0.9702	0.9930

根据表 8-27 数据,绘制成图 8-20。

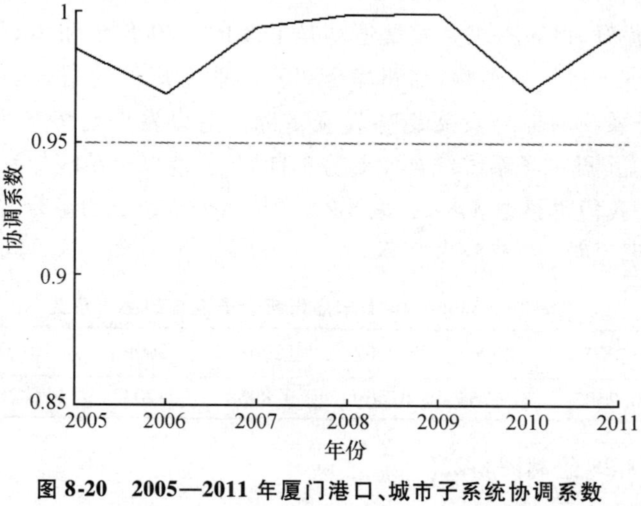

图 8-20　2005—2011 年厦门港口、城市子系统协调系数

由图 8-20 可以看出，厦门港口子系统和城市子系统在 2005—2011 年间保持着较高的协调度，均高于 0.95，属于“优质和谐”。这说明厦门两个子系统之间相辅相成，城市子系统的发展，为港口提供了足够的货源和相应的配套服务，以支持和促进港口的发展；港口子系统的发展，也为其经济腹地形成成熟的产业集群创造了条件，同时也在一定程度上带动了城市子系统的投资和就业。

2. 福州

同上述步骤，我们先根据福州两个子系统的综合发展值绘制成图 8-21。

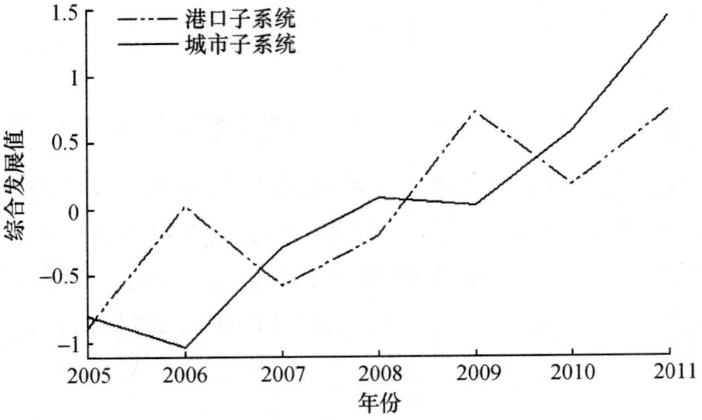

图 8-21　2005—2011 年福州港口、城市子系统发展趋势比较

由图 8-21 可以直观地看出，福州港口子系统和城市子系统的综合发展趋势呈现较大的不一致性，2005—2007 年、2008—2010 年两个时间段二者的波动方向基本上是相反的。从实际情况看，2005—2006 年港口子系统综合发展值呈现较大幅度的提升，但城市综合发展值却是下降的。2008 年和 2009 年受全球金融危机和经济不景气的影响，福州净出口和工业总产值的增长陷入停滞，受其拖累，城市子系统的综合发展趋势放缓，然而，港口发展趋势却呈明显上升趋势。2009 年后，城市子系统综合发展势头良好，但港口子系统却呈现下降趋势。

接下来，我们再根据表 8-21、表 8-22 福州两个子系统的综合发展值，求得二者历年的协调系数，如表 8-28 所示。

表 8-28　2005—2011 年福州两个子系统的协调系数

年份	2005	2006	2007	2008	2009	2010	2011
协调系数	0.2593	0.1756	0.4098	0.8968	0.2038	0.6428	0.1720

根据表 8-28 绘制图 8-22。

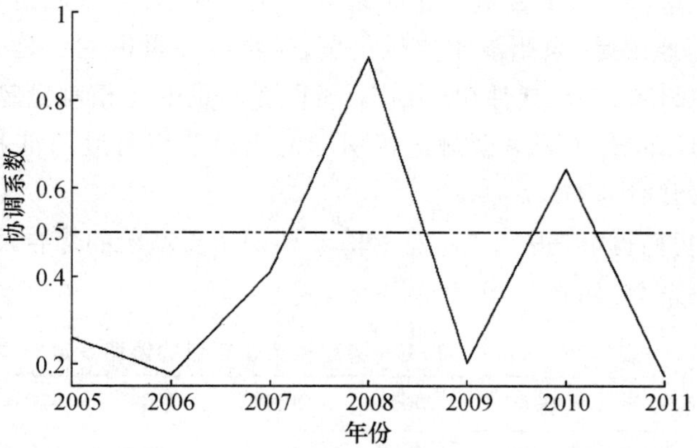

图 8-22　2005—2011 年福州港口、城市子系统协调系数

从图 8-22 可以看出，除了个别年份（如 2008 年）外，福州的港城协调度相对较低，2006 年、2009 年以及 2011 年甚至出现"严重失调"情况。这说明福州港口和城市两个子系统存在发展不协调的问题，城市经济的发展对港口的发展带动作用不明显，而 2005—2006 年和 2008—2009 年福州港口的两次提升对城市经济发展的影响几乎可以忽略，2009 年二者的协调水平甚至达到近年来的最低点。

3. 泉州

同上述步骤，我们先根据泉州两个子系统的综合发展值绘制成图 8-23。

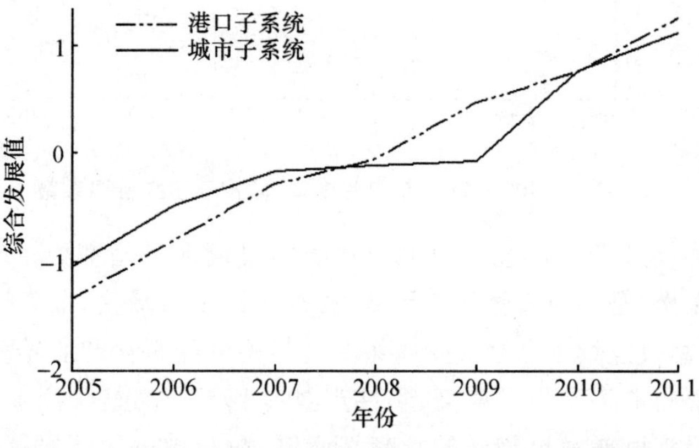

图 8-23　2005—2011 年泉州港口、城市子系统发展趋势比较

由图 8-23 可以直观地看出，泉州两个子系统的综合发展趋势总体上平稳，而且比较接近。2007—2009 年，受外部因素的影响，泉州城市子系统综合发展趋势出现一定程度的停滞，2010 年之后才回暖上升。而与此同时，泉州港口子系统综合发展趋势并没有受到城市子系统发展停滞的影响，而是继续保持原有的增长势头。原因是，泉州港主要做内贸，货物吞吐量中主要是矿石、煤炭等，作为生产的原材料，需求弹性相对较小，所以吞吐量变化相对稳定，而外贸占比常年低于 20%，2008 年全球金融危机引起的出口萎缩对厦门港和福州港影响较大，但对泉州港影响较小。

接下来，我们再根据表 8-24、表 8-25 泉州两个子系统的综合发展值，求得二者历年的协调系数，如表 8-29 所示。

表 8-29　2005—2011 年泉州两个子系统的协调系数

年份	2005	2006	2007	2008	2009	2010	2011
协调系数	0.9749	0.9436	0.9922	0.9966	0.9579	0.9366	0.9368

根据表 8-29 绘制图 8-24。

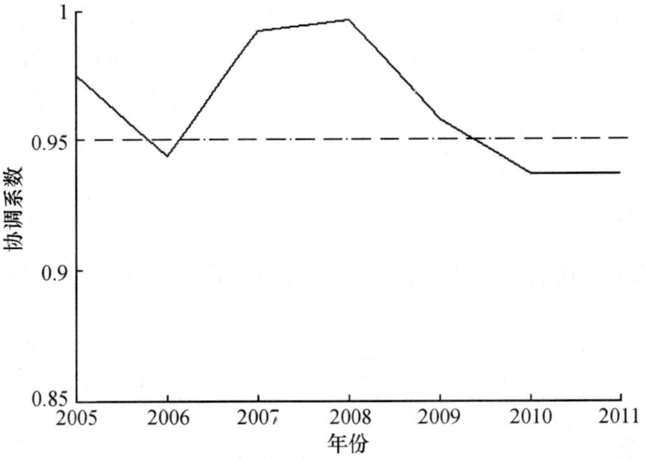

图 8-24　2005—2011 年泉州港口、城市子系统协调系数

由图 8-24 可以看出，泉州两个子系统的协调水平基本处于“优质协调”。泉州地处闽东南，是福建省经济最活跃、民营经济发展最快、最具增长潜力的区域之一，经济总量连续十年稳居全省第一。泉州港的石化产业等相关临港产业发展程度与福州港相比相对要高，临港产业有利于带动整个产业链的发展，从而对城市的经济发展做出相应的贡献。所以，在与城市经济发展的协调性上，泉州港要明显高于福州港。另外，泉州地区经济虽以出口加工业为主，拥有众多出口加工业企业，但因厦门港的政策优惠，绝大多数外贸货物经由厦门港出口，外贸所占份额不大，所以泉州港口和城市的协调度又比厦门略低。

三、港口与城市发展的互动关系实证分析

(一) 港口与城市发展的互动关系

港口与城市两大系统之间存在着潜在的矛盾,例如港口作业所带来的污染、噪声、交通拥挤是经常被提及的敏感问题,而城市活动有时也会干扰或打断港口作业的循环。但港城的矛盾并非不可调和,两大系统若能够作为一个整体的概念,在经济、文化和空间的明确框架下协同合作,充分发挥港口城市的资源优势,以港兴城,以城促港,必会促进港口与城市经济的共同发展。早在 1963 年,英国地理学家 Bird 就提出了"港口通用模型"(Anyport 模型),用于分析港城相互作用的机理。Pawson(1979)认为运输发展存在着前向效应和后向效应,前向效应是运输条件改善潜在地增进经济发展,而后向效应则是"乘数效应",即对港口物流的投资引起的连锁反应,从而带来国民收入的数倍增加。

港口对城市发展的效应首先表现在港口经济是城市经济发展的增长极,港口经济关联性极强,对城市经济发展的带动作用大。其通过前向关联效应和后向关联效应可以带动关联行业的发展。港口的发展既需要仓储、运输、物流、加工、贸易、金融、保险、代理、信息、口岸相关服务的支持,也会带动这些行业的发展。首先,集中在一个或几个主导产业或地区,港口经济凭借其无可比拟的集聚性质已经成为城市经济的增长极。其次,港口是调整本地区产业结构的重要力量。经济的发展离不开各种资源,而资源空间分布存在着不均衡性,这就需要靠运输进行调节。港口作为海上货物运输和陆上货物运输的结合点,具有利用外部资源发展本地区经济的独特优势。同时,现代化港口也为城市参与全球竞争提供了高速便捷的通道,降低了区域经济发展中的交易成本。因而,港口使各种资源向港口周边地区集中,集中的效果使相关产业链条产生,从而促进了城市产业结构的升级。港口与城市两大子系统的相互作用如表 8-30 所示。

表 8-30 港口与城市两大子系统的相互作用

港口对城市的贡献	城市对港口的贡献
直接就业	提供综合物流活动空间和内陆运输联运通道
间接就业和经济发展机会	为下述领域提供优异的服务:金融、管理咨询、技术支援、应用研究、信息通信
与国外的经济文化交流	支持港口的竞争

资料来源:王丹阳(2006),"大连港口与城市互动发展实证分析与对策研究",大连理工大学硕士论文。

反过来,城市对港口最直接的贡献表现在为港口提供综合物流活动空间和

内陆运输联运通道。任何一类交通线路单靠自身的延伸都是极其有限的,其延伸必有一定的约束范围,如港口受到航道、腹地的限制,机场、公路、铁路受到地形、地貌的限制等。因此在交通规划中,特定“节点”之间总是采用最适宜的运输方式而排除其他方式,同时如果连接两条不同交通线路或是延伸某一特定交通线路,人们往往采用“补断”的方式将“线路”组接,如在港口与机场、火车站之间加修高速公路,使海运、航空、铁路组接等。港口与其他“节点”和“线路”的组接,是通过城市发展尤其是城市基础设施建设实现的,港口的发展离不开城市这个载体。此外,城市对港口的重要贡献还包含对港口提供金融、管理咨询、技术支援、应用研究和信息通信等高技术领域的支持,帮助区域内港口提高综合实力参与地区间横向竞争等。城市对港口的具体贡献如表8-30所示。

当然,二者的互动关系如何,取决于地区经济的具体运作状况。在实际当中,有可能前者对后者的推动作用更为显著,或者相反。

(二)数据与方法说明

1. 数据

本部分的数据来源与前两部分相同。

2. 格兰杰因果关系检验

格兰杰因果关系检验是用于分析经济变量之间的因果关系的办法。在时间序列情形下,两个经济变量 x、y 之间的格兰杰因果关系定义为:若在包含了变量 x、y 过去信息的条件下,对变量 y 的预测效果要优于只单独由 y 的过去信息对 y 进行的预测效果,即变量 x 有助于解释变量 y 的将来变化,则认为变量 x 是引致变量 y 的格兰杰原因。进行格兰杰因果关系检验的一个前提条件是时间序列必须具有平稳性,否则可能会出现虚假回归问题。因此,在进行格兰杰因果关系检验之前首先应对各指标时间序列的平稳性进行单位根检验,通常采用ADF检验法来分别对各指标序列的平稳性进行单位根检验。

格兰杰因果关系检验假设了有关 y 和 x 每一变量的预测的信息全部包含在这些变量的时间序列之中。检验要求估计以下的回归:

$$y_i = \sum_{i=1}^{q} \alpha_i x_{t-i} + \sum_{j=1}^{q} \beta_j y_{t-j} + u_{1t} \quad (4)$$

$$x_i = \sum_{i=1}^{s} \lambda_i x_{t-i} + \sum_{j=1}^{s} \delta_j y_{t-j} + u_{2t} \quad (5)$$

其中,白噪音 u_{1t} 和 u_{2t} 假定为不相关的。

式(4)假定当前 y 与 y 自身以及 x 的过去值有关,而式(5)对 x 也假定了类似的行为。对式(4)而言,其零假设为 $H_0: \alpha_1 = \alpha_2 = \cdots = \alpha_q = 0$。对式(5)而言,

其零假设为 $H_0:\delta_1=\delta_2=\cdots=\delta_s=0$。

为了检验这两个假设,用 F 检验,即:它遵循自由度为 q 和 $(n\text{-}k)$ 的 F 分布。如果在选定的显著性水平 α 下计算的 F 值超过临界值 $F\alpha$,则拒绝零假设,这样滞后 x 项就属于此回归,表明 x 是 y 的原因。同样,为了检验 y 是否是 x 的原因,可将变量 y 与 x 相互替换,重复步骤。

格兰杰因果关系检验对于滞后期长度的选择有时很敏感。其原因可能是受检验变量的平稳性的影响,或是样本容量的长度的影响。不同的滞后期可能会得到完全不同的检验结果。因此,一般而言,常进行不同滞后期长度的检验,以模型中随机干扰项不存在序列相关的滞后期长度来选取滞后期。

值得注意的是,格兰杰因果关系检验的结论只是统计意义上的因果性,不能作为肯定或否定因果关系的最终根据。不过,即使格兰杰因果关系不等于实际因果关系,也并不妨碍其参考价值,因为统计意义上的因果关系也是有意义的,对于经济预测等仍然能起很大的作用。

（三）实证分析

1. 厦门

(1) 评价指标

为了简化分析,需要选取一定的指标来分别表征港口经济和腹地经济的发展,结合以往国内外学者的经验以及数据的可得性,本部分选取厦门港货物吞吐量(TTL)来表征港口经济的发展,选取 GDP 总量来表征厦门经济的发展。为了消除数据单位差异的影响,现分别对 GDP 和 TTL 取自然对数,记为 GDPL 和 TTLL,二者的变化趋势如图 8-25 所示:

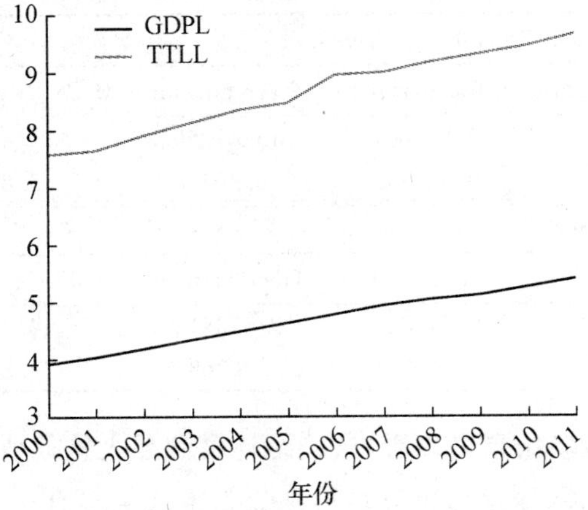

图 8-25　厦门城市经济与港口经济发展变化趋势图

由图 8-25 可以看出,将原始数据 GDP 和 TTL 取自然对数之后,所得新数据 GDPL 和 TTLL 变化趋势的趋同性非常明显。

(2) 单整性检验

为了避免出现虚假回归问题,首先要判定模型所涉及时间序列数据的单整性,本部分采用 ADF 检验法,运用 Eviews 6.0 软件对 GDP、GDPL、TTL 和 TTLL 四个时间序列数据分别进行单位根检验,结果如表 8-31 所示。

表 8-31 单位根检验

检验变量	ADF 检验值	临界值 1% 显著水平	临界值 5% 显著水平	临界值 10% 显著水平	结论
GDP	6.9798	-4.0044	-3.0989	-2.6904	非平稳
GDPL	0.2367	-4.0044	-3.0989	-2.6904	非平稳
DGDPL	-3.1557	-4.0579	-3.1199*	-2.7011*	平稳
TTL	3.3662	-4.0579	-3.1199	-2.7011	非平稳
TTLL	0.7587	-4.0044	-3.0989	-2.6904	非平稳
DTTLL	-4.4048	-4.0579*	-3.1199*	-2.7011*	平稳

注:DGDPL、DTTL 分别为 GDPL 和 TTLL 的一阶差分,* 指在该显著水平下数据平稳。

由 ADF 检验结果可以看出,GDP、GDPL、TTL 和 TTLL 在 1%、5%、10% 三种显著水平下均不平稳,但是 GDPL 和 TTLL 的一阶差分在 5% 和 10% 的显著水平下均表现出平稳性,所以我们可以得出结论:GDPL 和 TTLL 数据是平稳的,二者之间可能存在协整关系。

(3) 协整关系检验

运用 Eviews 6.0 对 GDPL 和 TTLL 进行协整关系检验,结果如表 8-32 所示。

表 8-32 协整关系检验

Unrestricted Cointegration Rank Test (Trace)				
Hypothesized No. of CE (s)	Eigenvalue	Trace Statistic	0.05 Critical Value	Prob.**
None*	0.542007	15.67850	15.49471	0.0469
At most 1*	0.408823	6.307681	3.841466	0.0120
Unrestricted Cointegration Rank Test (Maximum Eigenvalue)				
Hypothesized No. of CE (s)	Eigenvalue	Trace Statistic	0.05 Critical Value	Prob.**
None*	0.542007	9.370818	14.26460	0.2566
At most 1*	0.408823	6.307681	3.841466	0.0120

由表 8-32 的检验结果可以看出,迹统计量和最大特征值统计量均大于 5% 显著水平下的临界值,因此协整方程的个数为零或至多有一个为零的假设均被拒绝,即协整方程的个数大于一个。据此,我们可以判定 GDPL 和 TTLL 之间存

在协整关系。

(4) 格兰杰因果关系检验

运用 Eviews 6.0 对 GDPL 和 TTLL 进行格兰杰因果关系检验,结果如表 8-33 所示。

表 8-33 格兰杰因果关系(1)

滞后两期			
Null Hypothesis:	Obs	*F*-Statistic	Prob.
TTLL does not Granger Cause GDPL	13	7.60813	0.0141
GDPL does not Granger Cause TTLL		8.00720	0.0123
滞后三期			
Null Hypothesis:	Obs	*F*-Statistic	Prob.
TTLL does not Granger Cause GDPL	12	1.32695	0.3640
GDPL does not Granger Cause TTLL		3.44679	0.1081
滞后四期			
Null Hypothesis:	Obs	*F*-Statistic	Prob.
TTLL does not Granger Cause GDPL	11	2.79981	0.2801
GDPL does not Granger Cause TTLL		26.4026	0.0368

由表 8-33 的检验结果可知,在滞后两期和 5% 的显著水平下,TTLL 不是 GDPL 格兰杰原因的假设与 GDPL 不是 TTLL 格兰杰原因的假设被拒绝;在滞后三期的情况下,TTLL 不是 GDPL 格兰杰原因的假设与 GDPL 不是 TTLL 格兰杰原因的假设被接受;在滞后四期和 5% 的显著水平下,TTLL 不是 GDPL 格兰杰原因的假设被接受,GDPL 不是 TTLL 格兰杰原因的假设被拒绝。

因此,从总体上看,对于厦门而言,GDPL 与 TTLL 互为格兰杰原因,其中 GDPL 是 TTLL 的格兰杰原因更为显著。也就是说,从计量经济学的角度来说,在厦门经济增长和厦门港发展的互动关系中,厦门港的发展与厦门的经济增长是互相促进、互相推动的,而且厦门的经济发展对厦门港发展的推动作用更大。

(5) 回归分析

根据格兰杰因果关系检验结果,以 TTLL 作为被解释变量,GDPL 作为解释变量,进行回归,回归结果如下:

$$\begin{aligned}\text{TTLL} = \; & 2.4174 \quad + 1.3354\text{GDPL} \\ & (10.88) \qquad (27.17) \\ & (0.00) \qquad\;\; (0.00) \\ & R^2 = 0.98\end{aligned}$$

从模型的回归结果看，厦门 GDP 与厦门港吞吐量 TTL 的自然对数之间存在着正相关关系，GDPL 每上升 1 个百分点，TTLL 随之上升 1.34 个百分点。

2. 福州

采取相同的评价指标与方法对福州港城互动关系进行计量分析，单位根与协整关系的检验均满足要求，此处从略，下面仅显示格兰杰因果关系检验结果，如表 8-34 所示。

表 8-34 格兰杰因果关系(2)

滞后两期			
Null Hypothesis:	Obs	*F*-Statistic	Prob.
TTLL does not Granger Cause GDPL	13	2.53250	0.1406
GDPL does not Granger Cause TTLL		0.22772	0.8013
滞后三期			
Null Hypothesis:	Obs	*F*-Statistic	Prob.
TTLL does not Granger Cause GDPL	12	2.69708	0.1564
GDPL does not Granger Cause TTLL		0.71807	0.5825
滞后四期			
Null Hypothesis:	Obs	*F*-Statistic	Prob.
TTLL does not Granger Cause GDPL	11	1.10100	0.5271
GDPL does not Granger Cause TTLL		0.94464	0.5724

由表 8-34 的检验结果可以看出，无论是滞后两期、三期还是四期，在 10% 的显著水平下，TTLL 不是 GDPL 格兰杰原因的假设与 GDPL 不是 TTLL 格兰杰原因的假设被接受，即 GDPL 不是 TTLL 的格兰杰原因，TTLL 也不是 GDPL 的格兰杰原因。

因此，从总体上看，对于福州而言，GDPL 与 TTLL 互不为格兰杰原因。也就是说，在福州经济增长和福州港发展的互动关系中，二者的互相推动作用并不显著。

根据格兰杰因果关系检验结果，我们分别对 TTLL、GDPL 作为解释变量进行回归，回归结果如下：

$$
\begin{aligned}
TTLL = \ & 2.1289 \quad + 1.228GDPL \\
& (2.373) \qquad (6.974) \\
& (0.03) \qquad (0.00) \\
& R^2 = 0.79
\end{aligned}
$$

$$GDPL = -0.2983 + 0.6426TTLL$$
$$(-0.386) \qquad (0.643)$$
$$(0.71) \qquad (0.00)$$
$$R^2 = 0.79$$

从第一个模型的回归结果看，福州 GDPL 每上升 1 个百分点，福州港 TTLL 随之上升 1.23 个百分点。从第二个模型的回归结果看，福州港 TTLL 每上升 1 个百分点，福州 GDPL 随之上升 0.64 个百分点。对比两模型不难发现，福州经济对福州港发展的作用显著大于福州港对福州经济的推动。另外需要说明的是，这里的回归结果仅说明二者之间存在相关关系，并不影响前文格兰杰因果关系检验得出的结论。

3. 泉州

采取相同的评价指标与方法对泉州港城互动关系进行计量分析，单位根与协整关系的检验均满足要求，此处从略。下面仅显示格兰杰因果关系检验结果，如表 8-35 所示：

表 8-35　格兰杰因果关系(3)

滞后两期			
Null Hypothesis:	Obs	*F*-Statistic	Prob.
TTLL does not Granger Cause GDPL	13	0.25768	0.7790
GDPL does not Granger Cause TTLL		2.88943	0.1136
滞后三期			
Null Hypothesis:	Obs	*F*-Statistic	Prob.
TTLL does not Granger Cause GDPL	12	0.36068	0.7847
GDPL does not Granger Cause TTLL		11.5723	0.0109
滞后四期			
Null Hypothesis:	Obs	*F*-Statistic	Prob.
TTLL does not Granger Cause GDPL	11	0.24778	0.8902
GDPL does not Granger Cause TTLL		1.51785	0.4342

由表 8-35 的检验结果可以看出，在滞后两期和 5% 的显著水平下，TTLL 不是 GDPL 格兰杰原因的假设与 GDPL 不是 TTLL 格兰杰原因的假设被接受；在滞后三期和 5% 的显著水平下，TTLL 不是 GDPL 格兰杰原因的假设被接受，GDPL 不是 TTLL 格兰杰原因的假设被拒绝；在滞后四期的情况下，TTLL 不是 GDPL 格兰杰原因的假设与 GDPL 不是 TTLL 格兰杰原因的假设被接受。

因此，从总体上看，对于泉州而言，GDPL 是 TTLL 的格兰杰原因较为显著。

也就是说,在泉州港城发展的互动关系中,泉州的经济增长对泉州港的发展有明显的带动作用,但泉州港的发展对泉州经济增长的带动作用不显著。

根据格兰杰因果关系检验结果进行回归,回归结果如下:

$$TTLL = 1.0881 + 1.3623GDPL$$
$$(4.718) \quad (30.557)$$
$$(0.00) \quad (0.00)$$
$$R^2 = 0.98$$

从模型的回归结果看,泉州 GDP 与泉州港吞吐量 TTL 的自然对数之间存在着正相关关系,GDPL 每上升 1 个百分点,TTLL 随之上升 1.36 个百分点。

当然,这里有必要指出的是,在做以上数据分析时,我们仅仅选取港口吞吐量这一指标来衡量港口经济的发展,没有考虑到港口发展对经济发展的间接促进作用,如就业岗位的增加,以及对相关行业如对外贸易行业、储运、保险、金融等行业发展的推动作用。如果要把港口发展对城市经济的带动作用完整地勾勒出来,还须做更深入细化的分析。

四、结论

在当代经济全球化、市场相互依存和多式联运占优势的情况下,港城的互动关系不可或缺,港口是城市发展的基础和动力,城市是港口发展的载体和支撑,港口与城市两个子系统的合作存在着客观的必然性。就福建省的三大港口而言,港城协调发展和互动关系存在一定程度的差异性,厦门港口子系统与城市子系统优质协调,二者之间互相推动,不过城市经济对港口发展的推动作用更为显著些;福州港口子系统与城市子系统发展协调性较差,某些年份甚至出现严重失调的情况,二者的相互推动作用也不显著;泉州港口子系统与城市子系统优质协调,城市经济对港口的发展有推动作用,而港口对城市经济的拉动作用还没有充分体现出来。总体上看,福建省三大港口的发展更多地得益于城市的发展,而港口对城市经济的贡献则略显不足。因此,在今后的发展中,在政策制定方面,应根据厦门、福州、泉州各自的情况采取有针对性的发展方案。一是有效拓宽港口建设的融资渠道,充分发挥港口发展给城市经济所带来的乘数效应,二是促进临港产业的发展,完善港口相关配套服务。通过临港产业的发展,扩大港口投资产生的乘数效应,促进港口子系统和城市子系统互动发展,形成良性循环,真正实现"港兴城兴"。

第九章

海西区文化产业

第一节　海西区文化产业发展现状

海西区内文化资源丰富、品类多样。借助本区域经济发展、文化需求增长和对外引进交流，凭借先行先试的政策机遇，加之地方政府的积极扶持，海西区文化产业持续快速发展，已经呈现出日渐兴盛、前景光明的态势，在社会经济发展中的地位和作用不断提升。伴随“十一五”规划的完成和“十二五”规划的开局，海西区文化产业发展的状况可圈可点，值得总结和评价。

一、文化资源丰富多彩，文化产业基础初步奠定

鉴于数据的可得性并受本报告篇幅的限制，关于海西区文化产业发展状况的归纳和描述，我们采取以福建省为主体、其他 3 省 11 市采撷相关信息重点介绍的方式，对海西区文化产业的发展做出总结和评价。

（一）福建省

2011 年年末，海西区主体福建全省文化系统共有艺术表演团体 93 个，公共图书馆 89 个，文化馆 85 个，博物馆 96 个（详见表 9-1）。文化系统各类艺术表演团体演出 1.18 万场，观众 980.28 万人次；各级公共图书馆组织各类讲座

2 050 次，书刊文献外借 1 415.6 万册，总流通人数 1 370.07 万人次；各级文化馆组织举办展览 732 个，组织文艺活动、培训班和公益性讲座 5 292 次，共有 683 万人次参加；博物馆共举办 315 个基本陈列和 454 个展览，共有 1 747.79 万人次参观。省内同期共有影院 143 个，影院放映 58.77 万场次。广播电台 10 座，电视台 10 座，广播电视台 61 座，教育电视台 1 个。有线电视用户 657.13 万户，有线数字电视用户 382.32 万户。年末广播节目综合覆盖率 98.04%；电视节目综合覆盖率 98.58%。全年出版图书 3 697 种，总印数 0.89 亿册；报纸 44 种（不含校报），总印数 11.33 亿份；期刊 177 种，总印数 0.36 亿册；音像电子出版物复制 0.45 亿盒（张）。年末全省共有各级各类档案馆 113 个，已开放各类档案 267.50 万卷（件）。

表 9-1　福建各类文化事业机构数

年份	表演团体	表演场所	公共图书馆	博物馆	艺术馆	文化馆	文化站
2007	92	67	85	85	14	77	1 050
2008	90	68	85	89	10	82	1 090
2009	90	53	85	93	10	84	1 093
2010	93	51	86	94	10	85	1 095
2011	93	49	89	96	10	85	1 104

就既有文化资源而论，闽台地区是全国戏剧、民间音乐最丰富的地区之一。福建戏曲文化历史悠久，种类丰富，风格多样，有 22 个地方戏曲剧种，居全国第二位。其他一些非物质文化遗产还包括：

（1）福建土楼。由永定县、南靖县和华安县三地土楼组成，尤以前两个县为多。仅永定客家土楼就有 23 000 多个，相当可观。

（2）福建茶叶。安溪铁观音 2005 年获国家“原产地域地理标志产品保护”，并作为中国唯一代表出席在意大利帕尔玛召开的“全球地理标志保护研讨会”，是目前全国唯一一个涉茶的“中国驰名商标”。

（3）福建地方戏。福建的南音、妈祖信俗、中国传统木结构营造技艺（其中含“闽南传统民居营造技艺”一个福建项目）、中国剪纸［其中含“漳浦剪纸”“柘荣剪纸”“泉州（李尧宝）刻纸”三个福建项目］为人类非物质文化遗产代表作名录。

（4）福建祭祀文化。湄洲妈祖庙位于被称为“海上明珠”、形如秀眉的湄州岛的北端，初建于宋代雍熙四年（公元 987 年），是为纪念妈祖而设立的。

总之，福建的地方文化品种繁多，如福州的闽都文化、莆田的妈祖文化、泉州的海丝文化、南平的朱子文化以及闽南文化、客家文化、红土地文化等，都极具鲜明个性，都是发展文化产业的优势所在。例如，现代文明小戏正是在莆仙戏陷入困境时推出的创新形式，使莆仙戏重焕光彩；三坊七巷则是闽都文化的重要载体，福州投入巨资进行保护性修复后，成了福州名片、旅游龙头；通过两岸合作及政策资金的支持，福建主要城市的动漫业迅速崛起，成了福建文化产业新的亮点。

（二）海西区福建省外其他重要城市

1. 温州

2011 年年末全市有文化站 131 个，文化馆 12 个，公共图书馆 13 个，博物馆 6 个，艺术表演团体 10 个，电影放映单位 27 个。全年艺术表演团体演出 1 269 场次；电影放映 79 145 场次，观众 248.68 万人次；农村数字电影放映 52 395 场次，观众 1 215 万人次。年末拥有国家级非物质文化遗产名录项目 26 个，省级非物质文化遗产名录项目 78 个，市级非物质文化遗产名录项目 227 个。公共图书馆藏书 408.4 万册（件），年总流通量 438.77 万人次。全市广播综合人口覆盖率 98.6%，电视综合人口覆盖率 98.8%，有线电视用户 165.69 万户。目前，温州有文化产业单位 15 000 家（其中法人单位近 5 000 家），拥有资产 210 亿元，从业人员 15 多万人。

2. 衢州

2011 年年末共有各类艺术表演团体 15 个，其中专业团体 2 个。公共图书馆 7 个，面积 12 593 平方米，藏书量 1 375 千册。博物馆 3 个，面积 21 997 平方米。有广播电台 6 座，广播综合人口覆盖率 97.51%。电视台 7 座，电视综合人口覆盖率 97.85%。全年城市影院观看电影观众 89.76 万人次，票房收入 2 326.05 万元。全市日均发行《衢州日报》6.06 万份，《衢州晚报》7.7 万份。年末共有综合档案馆 7 个和国家专门档案馆 1 个，面积 21 205 平方米，馆藏档案全宗 1 082 个，共计 63.41 万卷、18.97 万件。全年查阅档案、资料 3 万人次，59 457 卷（件）次。2011 年，衢州规模以上文化用品制造企业 53 家，占规模以上工业企业总数 785 家的 6.8%，限额以上文化产品批发零售业企业 25 家，占限额以上批发零售业企业总数 243 家的 10.3%，限额以上文化服务业企业 48 家，占限额以上服务业企业的 14.8%。

3. 丽水

2011 年年末，丽水市共有艺术表演团体 7 个，文化馆 10 个、文化站 179 个，公共图书馆 9 个，博物馆 9 个。广播、电视综合覆盖率分别达到 95.15% 和 97.38%。数字电视用户数 46.88 万户，入户率 55.6%。全市公开发行的报纸 3 种，年发行量 3 950 万份，平均每千人每天拥有 41.4 份报纸。全市共有综合档案馆10个，馆藏各类档案1 643个全宗，共计98.08万卷，其中已开放全宗1 222个，共计26.8万卷。

4. 汕头

2011年年末，汕头市共有文艺表演场所9个，其中剧场9座，分属于9个专业文艺表演团体。全年艺术团体演出场次共1 658次，观众人数287万人次。年末全市共有广播电台4座，自办电台广播节目6套，广播人口覆盖率98.04%。同期全市共有电视台4座，自办电视节目6套，电视人口覆盖率97.20%。此外，南澳县还设有县级广播电视台1座。2011年年末，汕头市共有公共图书馆8个，藏书总量107万册，其中图书99万册。全年邮局杂志期发数20.5万份，地方报纸发行量5 515万份。全市还有文化馆和群众艺术馆8座，博物馆5座，档案馆10座。

5. 揭阳

2011年年末，揭阳市共有电影放映单位5个，电影院、剧院8座，观众人数121.2万人次。专业文艺表演团体20个，全年艺术团体演出逾1 000场。年末全市共有广播电台5座，自办电台广播节目5套，广播人口覆盖率97%。同期全市共有电视台5座，自办电视节目5套，电视人口覆盖率97%。2011年年末，揭阳市共有公共图书馆6个，藏书总量71.72万册，其中图书63万册。此外，全市还有文化馆和群众艺术馆6座，博物馆6座。

6. 鹰潭

全市共有艺术表演团体2个，文化馆4个，博物馆和纪念馆3个，公共图书馆4个。全市有广播电台1座，电视台1座，广播人口覆盖率94.82%，电视人口覆盖率96.67%。成功承办了江西省首届畲族文化艺术节。群众文化生活丰富多彩，建成了150个农家书屋、17个乡镇综合文化站、11个社区文化中心（室）和124个广播电视“村村通”工程。

鹰潭历史文化遗存丰厚，市内拥有3 500多年前商代制陶工艺的“角山文化”；拥有土生土长、根系发达、影响广泛的道教文化；拥有年代久远、扑朔迷离的崖墓文化；拥有多姿多彩、独具特色的地方民俗文化；拥有蕴含着革命传统的苏区文化；拥有充满时代气息的现代化工业的铜文化；这些得天独厚的文化资源，为全市“十二五”文化产业的科技发展奠定了基础，也为文化产业的科技发展创造了宽松的空间和良好的氛围。

7. 抚州

2011年全市有艺术表演团体3个，演出554场，观众697.02千人次，艺术表演场所11个，演映55场，艺术研究机构1个，公共图书馆13个，总藏书

1 209 338 册，群众艺术馆、文化馆 12 个；组织文艺活动 440 次，博物馆(纪念馆) 9 个，文物保护管理单位 7 个，文物藏品总量 13 543 件，其他文化事业单位 1 个。

二、文化产业发展受到政府重视，各种政策措施初见成效

(一) 福建省

2011 年福建省文化产业实现增加值达 802. 32 亿元，同比增长 33. 3%，占地区生产总值的 4. 6%，对经济增长的贡献率达 7. 5%；文化产品进出口额达 20. 4 亿美元(其中出口 20. 3 亿美元)，同比增长 54. 5%，居全国第二位。2012 年第一季度，全省文化产业实现增加值 166. 72 亿元，同比增长 25. 6%，福建省文改办提供的上述数据表明，福建省文化产业在全省经济中所占的比重越来越大(详见表 9-2)。

表 9-2 福建省文化产业主要经济指标

年份	增加值(亿元)	资产总计(亿元)	从业人员(万人)	主营业务收入(亿元)
2005	163. 39	819. 21	49. 04	864. 41
2006	210. 05	1 027. 36	52. 76	1 116. 34
2007	276. 52	1 132. 65	53. 68	1 227. 91
2008	352. 36	1 291. 78	55. 33	1 427. 63
2009	461. 05	1 541. 22	61. 21	1 736. 49
2010	601. 66	2 140. 48	69. 27	2 082. 16
2011	802. 32	2 631. 05	75. 82	2 697. 54

2011 年，福建省属骨干文化企业(集团)营业收入、利润总额、总资产比改革前平均增长 131. 99%、171. 53%、133. 38%，发展活力与核心竞争力不断增强。其中，动漫游戏业总体水平居全国前列，2011 年全省全行业收入 56 亿元，同比增长 42%；全省共有 46 部动画作品获得播出许可证，总时长 26 079 分钟，比上年增长 227%。

"十一五"期间，全省财政文化支出 89. 4 亿元，年均增长 16%，人均文化事业费 27. 82 元，比"十五"时期增长 133%。建成福建广播电视中心、福建大剧院、闽台缘博物馆、昙石山遗址博物馆、厦门海峡艺术中心等一批重点文化设施。城市中每 10 万人拥有公共文化服务机构数达 4. 37 个，比"十五"时期增长 4. 8%。新增和改建乡镇文化站 599 个；建成农家书屋 8 450 个，覆盖全省 56% 的行政村；提前实现 20 户以上自然村通广播电视目标，基本实现农村电影数字放映和"一个行政村一月放映一场电影"，圆满完成农村中央广播电视节目无线覆盖工程建设任务。

文化艺术精品不断涌现。连续两届实现全国精神文明建设“五个一工程奖”的“满堂红”,并获得“组织工作奖”。先后有 21 部剧目获国家级以上大奖,5 人次获“中国戏剧梅花奖”,1 人次获“文华表演奖”;754 种出版物在省级以上各类评奖中获奖,奖项达 881 个,其中 2 种出版物获“五个一工程奖”,2 种出版物获“中国出版政府奖”,15 种出版物获“中华优秀出版物奖”;85 件广播影视作品获得国家级大奖,16 部动画片被推荐为优秀国产动画片;2 部作品获“鲁迅文学奖”;成功举办 1 届福建艺术节、2 届中国国际钢琴比赛、1 届(国际)世界合唱节、2 届全省戏剧会演和“武夷奖”中青年演员比赛、1 届福建省音乐舞蹈节。

建成省级以上文化产业示范基地 71 家,其中国家级 6 家;厦门和福州分别获评“国家动画产业基地”和“国家影视动画综合实验园”,产业集中度和聚集效应进一步提升。打造文化经贸活动平台,成功举办了 3 届海峡两岸(厦门)文化产业博览交易会、5 届海峡两岸图书交易会、2 届海峡印刷技术展览会、1 届海峡版权(创意)产业精品博览交易会。其中,海峡两岸(厦门)文化产业博览交易会累计签约项目 329 项,总金额超过 244 亿元。民营企业进入动漫、印刷、工艺美术等产业取得较大进展,3 家民营印刷企业在深交所上市。2006—2010 年,全省文化及相关产业增加值年均递增 30%,增幅高于地区生产总值平均增长水平。2010 年文化产业增加值达 601.66 亿元,占 GDP 的 4.2%。福建省主要文化产业各行业经济指标如表 9-3 所示。

表 9-3 福建省主要文化产业各行业经济指标

类别	增加值(亿元)	资产总计(亿元)	从业人员(万人)	主营业务收入(亿元)
1. 现代传媒业				
报刊服务业	24.66	92.55	2.41	64.18
出版发行业	42.21	173.21	6.00	166.66
广播影视业	27.17	94.90	3.71	60.14
演艺娱乐业	49.47	113.80	7.19	93.54
2. 文化休闲旅游业	40.58	227.82	3.43	155.52
3. 网络及计算机服务业				
动漫游戏业	8.52	18.16	0.79	12.77
4. 广告会展业				
文化会展业	2.74	32.17	0.32	6.08
广告业	33.41	147.18	4.01	119.80
5. 文化音乐艺术业				
工艺美术业	185.12	417.82	27.88	667.86

福建土楼成功列入世界文化遗产名录，新增全国重点文物保护单位40处、中国历史文化名镇5个、中国历史文化名村13个，三坊七巷等3条历史文化街区入选中国历史文化名街。新发现不可移动文物23 312处，总量比"十五"期间增加69.5%。新增公共博物馆（纪念馆）10座，5座博物馆达到国家一级馆标准。南音等6项非物质文化遗产列入世界非物质文化遗产名录；设立了国家级"闽南文化生态保护实验区"和省级"湄洲妈祖文化生态保护实验区"。全省共有省级非物质文化遗产项目288项，其中84项列入国家级非物质文化遗产项目；省级非物质文化遗产项目代表性传承人411名，其中88名为国家级非物质文化遗产项目代表性传承人。

文化创意产业是福建省重点发展的十大文化产业之一，目前仅福州就有该产业重大项目61个，总投资830.24亿元，其中投资10亿元以上项目19个，预计年内将建成福州海峡创意产业园等项目19个，实现投资47亿元。融自然山水、茶文化、现代艺术于一体的福建省首个大型山水实景演出《印象大红袍》，自2010年3月公演以来，创演出757场、观众92万人次、收入1.17亿元的佳绩，推动了旅游业的升级。

动漫游戏业总体水平居全国前列，2011年全省全行业收入56亿元，同比增长42%；全省共有46部动画作品获得播出许可证，总时长同比增长227%，居全国第五位；11部动画片获国家广电总局推荐的优秀国产动画片奖，排名全国第三。

2011年，全省新闻出版业营业收入约618亿元，同比增长15.3%；3年内，福建省将动建武夷山下梅文化旅游综合体项目等26个新闻出版产业重大项目，累计投资额64.87亿元（不包括入驻园区企业的投资）。

（二）海西区福建省外其他重要城市

1. 温州

2010年，温州文化产业增加值100.58亿元，比上年增长22.70%，文化产业增加值占全市GDP总量的比重由上年的3.1%提升到3.47%。2010年，全市电影票房突破1亿元大关，同比增长40%以上；2011年票房收入12 767.5万元，同比增长30.3%，观众280.5万人次，同比增长24.4%，再创温州电影票房纪录。2010年，全市印刷业、文化用品制造业增加值47.18亿元，比上年增长9.05%，占全市文化产业增加值的比重高达46.91%。制笔业已成为该细分市场的全国龙头，被授为"中国制笔之都"，2010年总产值为35亿元。永嘉桥下镇被命名为"中国教玩具生产基地"，其中游乐设备占全国市场的50%以上，2009年获得"浙江省文化产业示范基地"提名。全市共有体育用品制造企业88家，年产值约20亿元。全市现有图书发行网点808处，年销售额5亿余元；音像制品批发零租售点 467 处,年销售额 1.3 亿元左右。全市共有市、县广播电视台 9 座。2010 年,全市共有各类广告企业 1 734 户,营业总收入接近 13 亿元。文化策划服务业和会展业呈现出良好的发展势头。温州工艺美术设计和产品制作基础厚实,共有瓯瓷、瓯塑、瓯绣、黄杨木雕、石雕、贝雕、细纹刻纸等 30 多个传统工艺美术品类、120 多个品种、300 多家工艺美术企业。温州被誉为"百工之乡",2010 年工艺美术业年产值 123 亿元,出口交货值 35 亿元。详细数据见表 9-4。

表 9-4 2010 年温州文化产业增加值 单位:亿元

大类	核心层			外围层			相关层		
行业	新闻出版	广播影视	文艺服务	数字服务	休闲娱乐	广告会展	印刷	文化用品	文化销售
增加值	6.25	6.77	10.74	2.2	11.03	5.11	26.39	20.79	11.30
合计	23.76				18.34			58.48	

2. 衢州

2011 年全市 GDP 为 890.29 亿元,增长 17.8%(现价,下同),文化产业增加值达到 26.15 亿元,增长 28.2%,增幅高于同期 GDP 现价增幅 10.4 个百分点。其中文化产品制造业、文化产品批发零售业、文化服务业分别实现增加值 15.10 亿元、0.63 亿元和 3.17 亿元,三者之比为 79.9:3.3:16.8。可见,当前衢州文化产业主要以文化产品制造业为主,其次为文化服务业。2011 年,衢州文化产业增加值占 GDP 的比重为 2.9%,比上年提高了 0.2 个百分点。文化产业核心层增加值为 7.18 亿元,占文化产业增加值的比重达到 27.5%。衢州文化产业发展指数如表 9-5 所示。

表 9-5 衢州文化产业发展指数

	2010 年	2011 年	增长率(%)
文化资源支撑力	84.39	114.53	30.41
文化价值引领力	179.43	179.67	0.24
公共文化服务力	171.06	163.57	-7.49
文化产业竞争力	9.36	18.02	8.66
区域文化创新力	41.42	63.97	22.55
公众评价	99.57	99.57	0.00

3. 丽水

2011 年 1—11 月,全省 450 家限额以上文化、体育和娱乐业企业完成营业收入128.1亿元，比上年同期增长18.7%；实现营业利润27.1亿元，比上年同期增长1.4倍，增幅为限额以上服务业企业各行业之首；累计应付工资福利总额17.3亿元，比上年同期增长26.1%；从业人员累计平均人数3.37万人，增长15%。

4. 赣州

赣州被列为全国文化体制改革试点城市，文化产业发展速度比该市GDP增速高出12个百分点。目前，该市有文化产业经营单位1 510家。仅2011年，全市文化产业主营业务收入达94.36亿元，增加30.59亿元，同比增长26.4%。目前，全市有省、市级文化产业重点项目6个，滚动计划项目73个，预计项目总投资近600亿元。

5. 抚州

全市已挖掘整理出17大类5 706条非物质文化遗产线索资源和716条项目资源。其中，民间文学2 234条，传统音乐745条，传统舞蹈324条，戏曲99条，曲艺59条，杂技5条，传统美术69条，传统技艺501条，生产商贸习俗63条，消费习俗233条，人生礼仪256条，岁时节令138条，民间信俗255条，民间知识216条，传统体育、游艺与竞技136条，传统医药283条，其他90条。

6. 鹰潭

鹰潭现已引进丽华工艺、神州古典工艺等20多家工艺雕刻企业，产品涵盖佛檀、铜雕、玉雕、木雕、工艺饰品等6大类3 000多个品种，其中木雕产品的产量和出口额均居全国首位。

2012年以来，先后投资1.16亿元动工兴建总面积逾1.62万平方米的鹰潭文化艺术中心，投资9 500万元兴建面积达9 000平方米的鹰潭博物馆；面积为3 500平方米的市图书馆改扩建工程也全面启动，10个社区文化中心（室）已全部竣工。在农村，乡镇综合文化站建设全部竣工；建成农家书屋297个，覆盖九成以上行政村；建成了农村文化信息资源共享工程县（市、区）支中心，文化信息资源共享站（点）覆盖全市321个行政村。

三、文化体制改革逐步推向深入，文化产业基地和园区建设方兴未艾

（一）福建省

“十一五”期间福建省非常重视经营性文化单位转企改制深入推进。为推动出版单位改制，省新闻出版局制定了《关于福建省出版发行系统体制改革方案》，并获得省委、省政府通过。福建新华发行集团整体改制后发展态势良好，2008年实现销售码洋27.4亿元，资产总额19.7亿元，与转企前相比分别增长

20.7%和24.3%。为推动影视单位改制，省电影公司2007年实施转企改制、自主经营，组建省中兴电影院线和农村数字电影院线公司，加盟单位达223家，改制以来总资产增加1 400多万元。为积极支持有条件的文艺院团转企改制，省杂技团改制方案征求各方意见，部分院团先行先试。为积极探索新闻媒体宣传经营两分开，福建日报报业集团组建报业投资控股有限公司，形成了广告经营、网络经营、印务经营的产业链，经营收入由2001年的2.8亿元增长到2008年的9.1亿元；厦门广电集团成立厦门广播电视广告、节目、产业发展和数字传媒等企业公司，销售收入和利润实现较大增长。

同时，福建省公益性文化事业单位内部改革也不断深化。为整合资源，福建日报报业集团和福建省广播影视集团进一步增强了主流媒体的实力与影响力。为推进文化场馆内部人事、劳动、分配制度改革，一些图书馆、博物馆、文化馆、纪念馆等单位撤并、转让部分经营机构，集中精力抓好公益服务。为积极探索文艺院团内部制度改革，省京剧院、实验闽剧院、歌舞剧院等6个省属院团围绕岗位设置、聘用分流、收入分配等，实行"一院一策"改革，增强市场竞争力，2007年、2008年连续实现演出超千场，收入超千万。

在文化产业投融资体制改革方面，"福建海峡文化产业投资基金"于2011年26日正式签约。这一基金将立足福建省，面向海西区，辐射全国，主要采取股权投资方式，实行市场化运作，重点投资于新闻出版和发行、广播影视、文化艺术、文化科技、文化休闲、网络文化以及相关行业内符合条件的未上市企业，推动文化企业跨地域、跨行业改制重组和并购以及文化资源的整合与结构调整。

尤其值得一提的是，福建省国有经营性事业单位转企改制取得实质性进展。全省70家发行单位、16家出版单位、5家报刊社、10家电影公司、5家电影院、12家新闻网站、1家艺术院团完成转企改革。福建新华发行集团、厦门音像出版社被评为"全国文化体制改革先进企业"。通过整合相关资源，福建省组建海峡出版发行集团有限责任公司、海峡世纪（福建）影视文化有限公司。由于文化宏观管理体制改革成效良好，全省出版、广电系统实现政事分开、政企分开、管办分离，文化市场综合执法改革和市县两级文化行政主体整合工作步伐加快。公益性文化事业单位内部机制创新持续深化。

（二）海西区福建省外其他重要城市

1. 温州

《温州市文化产业发展"十二五"规划》提出"强化一核、提升两翼、发展四副、全面推进"的文化产业发展空间新布局，以带动温州市域范围乃至浙南闽北的文化产业跨越发展，确立温州作为浙江省文化产业三大中心城市、长三角和海西区文化产业发展重要中心城市的地位。截至2010年年底，温州共有全国重点文物保护单位15处、省级文物保护单位50处。乐清细纹刻纸、瑞安活字印刷、泰顺廊桥3个项目被列为世界非物质文化遗产名录，瓯塑、瓯绣、乐清黄杨木雕等27个项目被列为国家非物质文化遗产入选或扩展名录，78个项目进入浙江省非物质文化遗产保护名录。温州种类繁多的文物保护单位、非物质文化遗产和民俗文化，充实了文化旅游的内涵，拓宽了文化旅游的阵地。同时，温州演出娱乐业繁荣发展，2010年全市共有KTV、舞厅、迪吧、夜总会及演艺场所等娱乐场所576家，游戏机室和网吧约1 100家，营业收入约5.28亿元。共有健身、网球、游泳、羽毛球等各类健身锻炼服务场所2 580家，年经营收入4.38亿元。温州戏剧演出和说唱艺术在全国独树一帜。温州大剧院自2009年12月开业1年内，演出144场，上座率70%以上，观众近20万人次。温州各类戏曲演出扎根农村，全市共有60多个民间职业剧团，每年演出近2万场，2010年经营收入3 692.4万元。

2. 丽水

丽水文化广电新闻出版局完成了和市体育局的分设工作，市体育局单独设立。建立了丽水市广播电视监测中心。市本级以及青田县、景宁县成立了非物质文化遗产保护中心。实施农村文化队伍素质提升工程，对从事文化、艺术领域的骨干和乡镇文化员、村级文化管理员进行了分层次培训，专兼结合的公共文化服务队伍素质不断提升。

（1）重大文化活动亮点纷呈。成功承办了省首届体育大会开幕式和撤地设市10周年等大型文艺表演活动，丽水国际摄影文化节、景宁中国畲乡三月三、遂昌汤显祖文化节、缙云仙都旅游文化节、庆元香菇文化节、青田石雕文化节、龙泉剑瓷文化节、云和木制玩具节、松阳开茶节等重大节庆文化活动影响力不断扩大，提升了城市的魅力。

（2）群众文化活动品牌逐步打响。市本级“绿谷之声”音乐会、“绿谷大舞台”广场文艺演出、“绿谷风”文化大篷车每年开展活动150场以上，形成了深受群众欢迎的“三大文化活动品牌”；松阳“文艺轻骑兵”、庆元“月山春晚”、莲都“欢乐莲城”、云和“民间民俗文化艺术月”等大批优秀群众文化活动丰富了群众文化生活。

（3）“送文化”和“种文化”工作全面推进。全市每年组织送戏下乡1 000场以上，送电影下乡2万场以上，送书下乡10万册次以上。以乡村为舞台、农民当主角的乡村文化艺术节共举办3届，参与群众累计达96.4万名以上，较好地丰富了农村文化生活。外来务工人员、残疾人等特殊群体的文化生活得到关注重视，公共文化服务均等化不断深入实施。

四、两岸文化交流日益密切，文化市场逐渐扩大

目前，福建省 5 家媒体赴台驻点，50 多种闽版期刊在台发行；组织"福建文化宝岛行"等活动 140 多项，形成"妈祖之光"等一批入岛精品项目。

2012 年 10 月 26 日，由中共中央台湾工作办公室、文化部、广电总局、新闻出版总署、福建省人民政府联合主办的第五届海峡两岸文化产业博览交易会在厦门举行。本届海峡两岸文博会总展览面积近 65 000 平方米，其中，台湾地区的文化企业和机构参展数量达 600 家、展位数 700 多个。海峡两岸文博会已成为促进海峡两岸文化产业交流合作与投资交易的重要平台。

设立闽台书城和台闽书城，与台湾每年轮流举办图书展；"十一五"期间，全省输往台湾的出版物累计达 3 亿元人民币码洋，是大陆对台出口图书最多的省份；近 20 家动漫企业与台湾相关企业开展交流合作；民间交流交往日益频繁。闽台文化交流人次比"十五"期间增长 3.89 倍。闽台缘博物馆建成以来共接待游客 387.15 万人次，其中台胞 27.52 万人次。在境外举办福建国际图书展、民间工艺美术展、文化周、影视周等活动，推动文化产品和服务"走出去"。在海外华文媒体推出福建专版 2 700 多个，发行侨刊乡讯超过 2 000 多万份，福建省对外影响力不断提升。

在福州，据报道，海峡两岸文化发展协同创新中心 2011 年已在福州揭牌成立，中心定位为海峡两岸文化发展研究中心、人才培养高地和文化交流前沿平台。中心由福建师范大学牵头，依托有特色、高水准的学科平台，联合已有合作基础的两岸高等学校、科研院所组建而成，主要参与单位有国务院台湾事务办公室研究局（国台办）、中国社会科学院台湾研究所、台湾大学台湾文学研究所、台湾艺术大学等 10 个研究机构。目前已确定文化发展战略研究、历史文化研究等 8 个研究方向。

在莆田，2011 年年底，一尊以翡翠雕刻而成的妈祖神像从福建省莆田湄洲祖庙出发，在两岸信众的护送下渡过海峡，分灵台湾。遥想几个世纪前，闽南先民冒险跨越曾被称作"黑水沟"的台湾海峡，"海神"妈祖随船庇佑并播传宝岛。同一条海路，同一种信仰，联结着历史，牵系着两岸，见证了千秋一脉的流传。

在厦门，作为对台交流的创新平台，厦门举办了第四届海峡两岸文博会，已确定的台湾文化企业和文化机构展位数已逾 500 个，较上届增加 25%。同期在厦门举办的第七届海峡两岸图书交易会，目前报名参展的台湾出版机构已有

269 家，规模为历届之最。

在宁德，举办陈靖姑金身巡游台湾、族谱展等入岛文化交流活动，邀请台湾文化人士参加甘国宝文化论坛、第二届海峡两岸茶叶博览会、中国临水夫人陈靖姑文化学术研讨会等文化活动，增进两岸文化交流。

在泉州，不断拓宽文化交流领域，先后组织 92 团次 1 582 人次对港澳台和对外文化交流，邀请 96 团次 1 551 人次抵泉做文化交流。泉州连续举办 4 届"闽台对渡文化节暨蚶江海上泼水节"、5 届"泉州澎湖乞龟民俗活动"、4 届"海峡两岸闽南语歌星选拔赛"、1 届"海峡两岸关帝文化节"、2 届"温陵妈祖会"、1 届"郑成功旅游文化节"、1 届"南安国际凤山文化旅游节"、1 届"海峡两岸(安溪)茶机具博览会"等对台文化活动，基本实现对台文化交流月月有项目；成功开办"刺桐之声"广播和闽南语电视频道。"刺桐之声"有 3 个栏目落地台湾。与国台办主办的"中国台湾网"确立了战略合作关系，成为该网站合作方中唯一的广播媒体；电视闽南语频道信号覆盖金门县全境，并以新媒体形式，实现节目落地台湾本岛。成功举办"欢乐泉州 走进金门"文艺活动。积极开辟渠道，与台湾传媒机构合作，开办《唐山过台湾》《台湾好滋味》等栏目，组织"海峡两岸主持新人大赛"等活动。中国闽台缘博物馆接待台胞 27 万余人次。

在漳州，先后举办了"海峡两岸开漳圣王文化节""东山关帝文化节""保生大帝文化节""三平祖师文化旅游节""南靖土楼文化节""海峡两岸木偶艺术节""芗剧(歌仔戏)艺术节"等对台节庆活动，在大陆率先开设漳台族谱对接网。

第二节　海西区文化产业发展存在的问题

以福建省为核心的海西区文化产业发展有了较好的基础，进入了快速发展的重要时期，在促进经济增长和加快经济发展方式转变中的作用日益凸显。与此同时，也要清醒地看到，海西区文化产业发展水平还不高，文化产品与服务的"有效供给"相对不足，与人民群众日益增长的精神文化生活需求还不相适应。

一、产业管理体制改革不完善，缺乏文化产业化发展观念

海西区文化产业不适应市场需求的现象表现为产品、服务不适应经济社会发展，低水平重复建设现象仍然突出，城乡文化产业发展差距较大，文化产业区域分布还不平衡。比如报刊中，以市民为主要读者对象的都市报总量太多，同

类产品供过于求，造成恶性竞争；出版物发行中，教材教辅比重太大，平均发行量占销售总额的一半以上；一般图书适合大众口味的出版品种少。由于长期将文化部门视为需政府养育的部门，人们还未普遍认识到文化产业在经济发展中的地位与地区经济社会发展中的作用，依然存在着“吃大锅饭”和“等、靠、要”的思想。政府公款消费文化的观念在一些文化部门和单位的人们脑海中还没完全消除，过分地强调了文化产品的宣教功能，而宣教效果往往不如预期；城乡文化产业发展存在差距，2009 年福建省城镇居民人均用于文化娱乐服务的支出 497 元，是农村居民 59.6 元的 8.3 倍，福建省城乡居民人均文化教育娱乐消费支出占消费性支出的比重总体偏低；从文化产业区域分布上看，福建省文化产业主要集中于福州、厦门、泉州、莆田等地，闽东、闽西、闽北等地文化市场发展水平较低，文化产业相对滞后。

二、文化投融资体制制约了文化产业的进一步发展

由于只讲投入不注重产出，政府投资效益不佳；另外，没有专业的引导和保护，民间和外国投资也存在重复与无效的现象，投资回报率不高。从投资机制看，文化产业的投融资体系尚未形成。表现为：一是投资渠道单一，投资渠道不畅，文化企业融资困难，绝大多数文化企业属国有企业，社会各界参与投资很少，与发展文化产业和扩大文化市场所需要的资本扩张能力不相适应。二是政府对企业的投入虽然主要是退税方式，但投入方向的随意性较大，运用过程中缺乏必要的监督与保证机制，投入与产业不协调，甚至有的只问投入，不管产出，财税政策的示范性和导向性作用有待进一步发挥。三是文化产业扶持力度有待增强。多渠道投融资体系尚未形成，文化产业自我发展、自我完善的发展机制很弱，尽管每年各级政府对文化产业发展的投入都有不同程度的增长，但由于文化建设经费基数低、底子薄，文化产业的扶持力度有待加强，文化政策法规体系尚不健全，动漫、网络游戏、手机影视等新兴文化产业领域有待拓展。这些都使得文化产业投资不足，进而严重制约了文化产业的发展进程。

三、缺乏对文化资源的保护和开发

海西区有丰富的文化资源，各地民间文化氛围浓厚，有丰富的民俗文化活动，但市场运行不成熟，加上一些急功近利的行为，导致真正意义上的文化弘扬不够。尽管海西区内许多地方有着人所共知的悠久灿烂的历史文化，但是，客观上对它们的认知和开发都是很有限的，是总体罗列的、浅表的，是有限的、初级化的。总的来说，海西区的文化资源开发利用在传统与现代的结合上还有较

大距离,文化资源并未充分实现市场价值。虽然也开发了一些艺术品,但没有形成规模,没有形成品牌,缺乏精致包装和宣传,生产方式还需进一步创新,开发力度也需进一步增强。除此之外,财政投入不足,文化企事业单位经费短缺,文化设施、设备日趋老化也是对文化资源缺乏保护和开发的一个方面。一些传统的地方艺术无法得到继承和发展,虽然有政府的拨款和民间资助,但远远无法满足运营的资金需要。如莆仙戏、高甲戏、木偶戏等一批传统剧团的表演具有悠久的文化历史,虽然在民间老年群体仍有一定市场,但因引导和投入不足,人才流失严重,后继乏人,传统的表演艺术濒临失传,脸谱、服饰和音乐声腔正在被外来剧种和其他艺术形态同化,艺术的独特性正在削弱,新创反映社会主义优质文化的剧目少见,在年轻群体中逐渐失去影响,剧团的生存状况不乐观。电影市场日渐萎缩,收入下滑,目前的经营情况也非常不好。在收集民间有纪念意义的传统广告、剧照、整理民间剧本等方面经费短缺,这对于发展地方特色的文化是极其不利的,可能面临破产或文化无法传承的后果。

四、缺乏一大批文化产业经营管理人才

一方面,由于文化产业门类众多,业务范围广,文化产品技术含量高,专业性强,而不少文化产业部门的领导是从文艺团体中提拔上来的,其中一些又是来自特殊演艺专业。他们从小就训练、演出,没有更多的时间学习,退出专业领域后,又疏于学习专业理论和管理知识。他们综合素质低下,无法正确理解和处理多层次、多渠道、多样化不断发展的文化产业信息,以及文化产业与文化生产力、政治经济制度、价值观念等之间的关系,从而影响文化产品的生产与经营,制约了文化产业的发展。另一方面,由于缺乏对管理和经营人才综合素质的培训,他们往往是依靠自己摸索的经验和个人权威处理问题,因而造成了文化产业许多领域管理水平偏低。

第三节 海西区文化产业发展对策

总体来看,海西区内各地文化产业结构相同、问题相似,集中表现在产业规划、资源转化、技术创新、品牌创立、市场整合、人才引进和培养等方面。为此,社会各界不断探讨,主动借鉴境内外先进经验,力争突破制约本地文化产业发展的主要瓶颈。

具体的措施包括但不限于:

一、加强海西区文化建设的沟通协调

建立联席会议制度。成立由福建省分管副省长为组长、四省文化厅长为副组长、各地文广局长为成员的海西区20个城市(实验区)文化战略合作领导小组,作为协调机构,统一负责海西区20个城市(实验区)文化战略合作事宜。联席会议每年举行一至两次,由各成员单位轮流举办,研究协调区域文化合作规划、重大举措、具体政策,强化文化合作统筹协调、政策衔接,搭建文化交流合作重要平台。

建立联络员制度。由各成员单位确定本单位联络员,加强平时的沟通与协调,促进文化交流与合作经常化、制度化。

建立信息互通制度。各成员单位之间切实加强信息沟通与交流,定期不定期地通过宣传刊物、资料、网站等进行交流,畅通各种信息渠道,及时通报文化重大活动、重要信息、重要政策情况和各类信息。

二、加强海西区艺术生产创作展演的交流合作

积极鼓励与促成海西区20个城市(实验区)文化艺术院团(校)缔结友好、姐妹院团(校),双方进一步在歌仔戏、潮剧、越剧、婺剧、赣剧、山歌剧、采茶戏、瓯剧、永嘉昆剧、南音、梨园戏、高甲戏、木偶戏、闽剧、莆仙戏、南词曲艺、南词戏、三角戏、四平戏、汉剧、京剧、歌剧、舞剧、话剧等剧种间进行交流,同时联手开展文化艺术创作,共同打造文艺精品。

加强海西区20个城市(实验区)文化艺术中介机构合作,建立海西区文化演艺市场网络,联合推动文化艺术活动的交流和商业性演出。

推进海西区艺术教育科研、剧目创作研讨的合作,共同提升艺术教育科研水平,培养创作演艺人才,提升各类剧目创作水平。打造海西区高水平的文化艺术研究机构和舞台艺术创作基地。

三、加强海西区公共文化服务体系共建共享

加强海西区国家级公共文化服务示范区和示范项目的合作交流,相互交流好的政策措施、好的经验做法。促进海西区各类图书馆、博物馆、艺术馆、美术馆、艺术研究单位建立学术研究或业务协作关系,联合举办文化专题论坛、免费开放、加强文化战略发展研讨等。

共同探索信息共享工程、乡镇文化站、社区文化中心、村级文化中心及协管员、艺术扶贫、农家书屋、广播电视“村村通”、激情广场大家唱、图书馆延伸服

务、文博会、美术作品互展等公共文化服务形式及方法的提升和发展。

四、加强海西区文化产业的互动协作

加强引导海西区20个城市(实验区)之间文化产业的对接和产业链的延伸配套,探索成立"海峡西岸经济区文化产业战略联盟",优化文化产业空间布局,建立文化产业重大项目推进联动机制,建立海西区文化产业重大项目库,联手向上申报项目、争取政策,在更大范围内实现资源要素优化配置。

海西区20个城市(实验区)文化部门相互支持举办各类文化博览会、展览会等会展活动,积极组织企业和人员参会参展;充分利用海西区的特殊政策,研究制定灵活的鼓励办法,吸纳台胞团体或个人来海西区投资文化产业,推进生产基地、地区总部、研发及营销中心等的建立。以重大台资文化项目为龙头,进一步延伸文化产业链,重点加强与台湾在文化旅游会展业、动漫游戏业、演艺娱乐业、美术工艺品业等方面的对接;利用台湾在文化创意人才等方面的优势,推动海西区文化产业人才聚集,把海西区建设成全国重要的文化产业基地。

加强海西区文化市场管理与交流合作,推进连锁网吧、游戏娱乐等方面的建设和管理。加强文化执法队伍建设和合作,提升文化综合执法水平。

五、加强海西区文化遗产的保护传承

海西区20个城市(实验区)文化部门共同整合文化资源,打造一批地域特色明显、在国内外具有较大影响力的文化品牌。重点保护发展闽南文化、客家文化、妈祖文化、潮汕文化、畲族文化、吴越文化、闽都文化、陈靖姑文化、朱子文化、红色文化等特色文化。深入推进文化生态保护区建设,积极探索科学合理的建设模式和整体性保护方式。共同推进非物质文化遗产生产性保护,积极探讨非物质文化遗产生产性保护示范基地建设模式与经验。

共同探讨提高文化遗产保护与利用水平,共同推进涉台文物保护工程的落实。做好文化遗产保护基础设施建设,提高文化遗产保护装备水平,完善历史文化名城基础设施,妥善保护历史文化街区。积极支持海上丝绸之路史迹、闽浙赣廊桥等申报世界文化遗产。注重地方特色文化的开发与弘扬,培育具有地方特色的优势文化品牌。积极推动文化遗产教育和传承进校园、进课堂、进社区、进家庭。充分发挥海西区自然和文化资源优势,增强对两岸游客的吸引力,使之成为国际知名的旅游目的地和富有特色的自然文化旅游中心。

六、加强海西区对台文化的交流合作

海西区 20 个城市(实验区)文化部门积极做好祖地文化、民间文化交流,进一步增强闽南文化、客家文化、妈祖文化、潮汕文化、吴越文化、畲族文化、闽都文化、陈靖姑文化、朱子文化、道教文化和三山国王庙文化等连接两岸同胞感情的文化纽带作用,共同建设两岸文化交流的重要基地。

海西区联合向上级部门争取对台文化交流合作的先行先试政策,共同搭建对台文化交流合作互动平台,共同打造对台文化交流品牌。

共同提升各类涉台展会层次,把海西区建设成为两岸重大经贸文化活动中心。突出抓好海西区列入文化部、国台办年度重点涉台文化交流平台建设。以"向南移""向下沉"为工作重点实施入岛战略,广泛参与岛内举办的两岸重要文化交流。

深入开展两岸文化、美术、广播影视、新闻出版、艺术教育科研等方面的交流互动。推动宗亲文化、民间信仰的交流,推进闽台、粤台、浙台、赣台族谱对接,吸引更多的台湾同胞来海西区寻根谒祖、探亲访友。做好祖祠、祖居、祖墓的保护维修,充分发挥祖地文化在台湾同胞回祖籍地寻根谒祖中的积极作用。充分发挥道教文化等传统文化在海峡两岸的凝聚作用,积极参与和办好"海峡两岸道教文化论坛"。通过海西区村镇与台湾乡镇村结对子的方式,组织开展"点对点、村对村"的宗亲文化交流互动,增强台湾同胞对"根""祖""脉"的认同。注重涉台文物在两岸文化交流中的作用,进一步提升闽台缘博物馆功能,积极开展两岸文化遗产保护学术交流活动。

附录一　福建省文化产业发展战略(节选)

1. 做大做强"十大"文化产业

文化创意业。以沿海中心城市为重点,打造创意研发设计、产品生产、推广销售等创意产业链,建设若干个海西区创意产业集群。培育省级创意产业园区(基地),实施创意产业发展工程,重点发展创意设计、数字服务创意、文化创意、时尚设计及咨询服务创意等四大领域。

动漫游戏业。推进福州、厦门国家级动漫(动画)游戏产业基地建设;重点培育一批动漫原创与核心技术研发能力强的动漫企业和具有中国风格、福建特色、国际影响的动漫品牌;原创动画和网络游戏生产能力明显增强,动漫游戏产业的总体水平位居全国前列;动漫游戏衍生品产业快速发展,形成布局合理、层次分明、核心突出、分工明确的动漫游戏产业链。

报刊服务业和出版印刷发行业。期刊出版业以省会城市为重点区域,报纸出版业以福州、厦门、泉州为重点区域,调整晚报都市类报纸布局,形成辐射周边、带动全省的现代报刊市场体系。出版物发行业以福州为中心,其他设区的市为重点,县(市、区)和农村集镇为新发展空间,构建覆盖全省的发行网络。印刷业以福州、厦门、泉州、漳州为重点区域,完善现代印刷产业基地布局。

广播影视业。加快在影视制作、网络经营、电影、新媒体等各领域选择培育一批骨干影视企业,引导鼓励并壮大广播影视内容生产,进一步推进动画产业和影视基地发展,加强新媒体新业务培育和发展,加快电影市场的发展和繁荣。

演艺娱乐业。以组建福建省演艺集团为重点,培养带动一批跨地域演艺集团公司。重点扶持一批连锁娱乐企业,鼓励扶持有条件的演艺娱乐企业上市融资。促进演艺院线形成,做大连锁网吧企业,发展一批大型娱乐项目,促进演艺娱乐业与旅游业结合,打造若干高收益的文化旅游演艺精品。

文化旅游业。深入挖掘八闽文化独特内涵,重点打造福建土楼、湄州岛、泰宁古城、马尾船政、三坊七巷、武夷山古汉城、闽南文化生态保护实验区、客家文化(闽西)生态保护实验区、安溪海峡茶博园、德化陶瓷文化旅游基地、宁化客家始祖文化园等文化旅游精品,注重开发宗教文化和民间信俗旅游产品,积极发展旅游文化创意产品、主题公园和演艺产品。加强历史文化街区和历史文化名镇、名村的保护开发,支持海上丝绸之路泉州史迹、鼓浪屿、闽南红砖建筑、闽浙赣廊桥等申报世界文化遗产。打造以红色文化为主题的旅游精品,以古田会址为龙头,重点开发龙岩市红色旅游系列景区、三明市红色旅游系列景区、闽北红色旅游系列景区、闽东红色旅游系列景区等红色旅游资源。

文化会展业。建好用好文化会展场馆,加强与国内外会展组织的合作交流,在办展交流的同时扩大文化投资贸易,做大做强海峡两岸(厦门)文化产业博览交易会、海峡两岸图书交易会、中国(莆田)海峡工艺品博览会等主要文化会展项目。

广告业。培育一批拥有自主品牌和技术先进、主业突出、特色明显、核心竞争力强的广告实力企业,促进沿海与山区广告市场共同繁荣和广告业协调发展,形成以福州、厦门、泉州为中心,辐射和带动其他区域广告业发展,加强与台湾广告业的对接与合作,建立完善广告业公共服务管理体系,初步形成布局合理、结构优化的广告产业体系,广告企业逐步做强做大,广告市场日益繁荣有序。

工艺美术业。加快工艺美术产业结构调整,突出抓好地方特色产业,形成以重点产区为中心、优势产业为支柱、重点产品为骨干的产业体系。进一步壮大工艺美术特色产业区域、产业基地,建设一批特色产业园区,扶持一批能带动行业发展的龙头企业、重点项目和品牌产品，推动福建省成为工艺美术产业发达、市场体系完善、创新能力强、行业服务水平高、国际竞争力强的全国工艺美术强省。

2. 推出重点文化产业发展工程

重大创意产业园区建设。包括海西动漫创意之都、德化陶瓷创意产业基地、泉州鲤城源和1916创意产业园、海峡文化创意产业基地、武夷山创意产业园、莆田仙游工艺产业园、厦门国家动画产业基地、闽台（漳州）书画创意市场、龙岩新罗志高动漫科技产业园、台湾群创创意产业园、三明闽台（永安）文化创意产业园、海峡闽中动漫创意文化产业园等（见表9-6）。

表9-6 福建省主要的文化创意产业园区

文化创意产业园区	所属行业门类
芍园壹号文化创意园	文化休闲旅游业、时尚消费业
海西（网龙）动漫创意之都	动漫游戏业
海峡（时代华奥）文化创意产业基地	动漫游戏业、文化音乐艺术业、广告会展业
榕都318文化创意艺术街区	文化音乐艺术业、文化休闲旅游业、设计服务业
动漫游戏产业基地	动漫游戏业
海峡木根雕展示交易市场	文化音乐艺术业、广告会展业
新华文化创意园	文化音乐艺术业、设计服务业、广告会展业
福建海峡（永泰）影视基地	现代传媒业、文化休闲旅游业
福万动漫总部大楼	动漫游戏业
永泰文化创意园	文化休闲旅游业
集美文化创意园	文化音乐艺术业、设计服务业
源和1916创意产业园	文化休闲旅游业、设计服务业、时尚消费业
“183”创意空间	文化音乐艺术业、广告会展业
六井孔音乐文化创意产业园	文化音乐艺术业
“T淘园”文化创意产业园	文化休闲旅游业、时尚消费业

影视产业园区建设。建设省级海峡（永泰）影视文化创意产业基地、厦门国际影视产业基地、三明影视基地、清水岩影视产业园（安溪）、武夷山下梅文化旅游综合体、闽台文化影视城（漳州）等。

数字影院建设。2012年年底前，实现所有县（市）城区均有数字影院；到2015年，实现每个设区市有一块以上3D银幕，每个区各有1个4厅以上影院，每个县（市）各有1座多厅影院，省定综合试点小城镇各设有数字影厅。

文艺演出院线建设。打破地域界限、市场分割，降低演出流通成本，推动主要城市演出场所连锁经营。

新闻出版产业基地(园区)建设。重点建设海峡出版产业合作基地、海峡两岸图书物流中心、中国包装印刷产业(晋江)基地、海峡印刷工业园(南靖),组织申报(福州)海峡西岸国家级数字出版基地。

附录二 海西区内其他重要城市文化产业发展对策

1. 丽水

(1) 整合特色文化资源。瓯江作为丽水的“母亲河”,孕育着丰富的特色文化元素,瓯江文化是绿谷文化的核心组成部分。实施市、县两级文化品牌战略,对摄影文化和巴比松油画文化、黄帝文化、畲族文化、剑瓷文化、石雕文化、华侨文化、好川文化、汤显祖文化、廊桥文化、香菇文化等特色文化资源进行重新梳理,进一步确立瓯江文化的全市性大品牌地位。重视对瓯江文化的挖掘和研究,推动各种文化元素的挖掘、整理、综合和提升,形成一批有较高学术价值的研究成果。加强对瓯江文化的扶持和培育,结合瓯江流域生态保护和综合开发,大力实施“瓯江文化长廊”工程,建成一批瓯江文化精品项目。以瓯江为主轴,整体谋划,分步实施,以点成线带面,加强瓯江各种文化元素的开发和利用,努力形成以瓯江文化为核心的特色文化体系。组织“瓯江文化会亲”“瓯江大家乐”“瓯江文化精品展”“瓯江文化论坛”等活动,充分发挥特色文化优势,积极开展瓯江文化的展示和对外交流,推动瓯江流域文化的交融、互促与共振。

(2) 实施文化精品工程。大力培养高素质的绿谷文化创作队伍,巩固和发展摄影、巴比松油画、畲族歌舞、音乐、中青年书法等创作群体。继续组织实施“绿谷文化奖”,油画展、书画展和摄影大赛、原创歌曲大赛、文学创作大赛,充分调动广大文艺工作者的创作积极性,促进文化精品的生产和优秀人才的成长。建立健全精品创作生产的组织化和市场化机制,打造一批体现优秀历史文化、反映时代精神、富有丽水特色、具有较高水准的精品力作,努力形成摄影、美术、戏剧、文学、音乐、书法、舞蹈等各个门类的文艺精品。加强规划,切实抓好“五个一”工程、“全国少数民族文艺汇演”等重大奖项参展参赛作品的创作生产。

(3) 发展重大文化节庆品牌。立足文化资源优势,通过节庆平台充分展示绿谷文化的个性和内涵,注重市县联动,重点办好丽水国际摄影文化节、景宁中国畲乡三月三、缙云黄帝文化节、青田石雕文化节、庆元香菇文化节、龙泉剑瓷文化节、云和木制玩具文化节、遂昌汤显祖文化节、松阳开茶节、莲都欢乐莲城等特色节庆活动,使之成为区域性乃至全国性、国际性的文化展示交流平台,形成一批独特魅力的瓯江文化节庆品牌,努力使丽水成为在国内外具有一定影响力的文化艺术交流中心,不断提升丽水对外的知名度和影响力。

2. 梅州

(1) 创建“中国客家文化生态保护区”。以客家文化核心区——梅州市行政区域内的自然环境和社会环境为依托,对客家文化的诸多表现形式,尤其是对以活态传承的非物质文化遗产实施整体性保护。实施文化强市战略,以文化先进镇创建为抓手,扎实推进文化名城建设,着力巩固提升客家文化的影响力、凝聚力。建立优秀客家传统文化传承机制,继续申报国家级、省级非物质文化遗产保护名录,重视培养和保护非物质文化遗产传承人,创建“中国客家文化生态保护区”。积极申报一批国家级和省级文物保护单位,建设一批历史文化名镇、名村。评选命名一批体现客家特色、具有保护价值的古村落、古民居、古建筑,全力推动围龙屋申报世界文化遗产。按国家一级馆的标准,完善中国客家博物馆和剑英图书馆的建设。扶持壮大一批文化企业,促进文化产业与文化事业协调发展。强化梅州城区的文化集聚和辐射功能,发挥客家公园、东山教育基地等重点文化工程的示范作用,推进城乡文化事业协调发展。

(2) 提高文化旅游的管理效益。通过对旅游企业、休闲者、客家文化旅游资源、旅游产品、总体的客家文化旅游环境等实行全程全面的管理,对旅游目的地进行品牌经营,提高文化旅游的管理效益。例如,围龙屋是梅州客家民居的代表性建筑,可是现在真正住在围龙屋里的客家人却寥寥无几,有些围龙屋已几乎废弃了,青砖地面缝中长出了杂草,到处一片寂静,这使得“活”围龙屋变成了“死”围龙屋。因此,政府或企业可考虑对围龙屋采取市场和客家文化结合开发管理的模式,由政府来主管,或由旅游开发公司进行开发、政府监管,进而从微观管理效益提升到宏观管理效益或者从宏观管理效益着手到微观管理效益,实现客家民居文化资源管理效益的质量性的突破。客家酒多数为小作坊似的经营,自然灵活性比较强,但正是规模小,使得收集到的信息不对称。规模化的经营能够增强梅州客家酒产业的竞争能力。例如,可以将梅州客家的一些酒作坊组织起来,共同协商创新,在某些方面实行规模化和集团化经营,加大宣传力度,打造客家酒文化品牌,打响客家酒文化知名度。客家菜作为梅州饮食文化的代表,目前在广东地区已拥有一定数量的客家餐饮名店,已形成连锁经营,走出广东,遍布全国,走向世界。这样才能使国内外旅游消费者深刻了解客家饮食文化,进而对客家文化产生好奇,带动客家旅游文化市场的国际化。

(3) 打造“客家文化长廊”,擦亮“世界客都”品牌。为推进客家文化旅游产品走向市场、占领市场,梅州在“千里客家文化长廊”这个大品牌下,以“纵情客家山水,品位客家文化”为主题,以自驾游为载体,共同推介“千里客家文化长廊”各条线路的组合产品,使梅州的旅游市场营销主动融入“千里客家文化长廊”这个区域品牌。为积极做好梅州客家文化旅游的市场营销工作,要重点突出“世界客都 文化梅州”的主题,加强宣传以“纵情客家山水,品味客家文化”为客家旅游主体的营销口号,打造出“客家文化长廊”,擦亮“世界客都”品牌。一是要加强“世界客都”整体形象宣传与推介。可以借助互联网传播更新信息。二是要继续丰富和完善梅州文化旅游宣传品,进一步完善“客都旅游网”等宣传平台建设,突出整体营销、联动营销、主题营销方式,加大宣传梅州客家文化力度,推动梅州客家文化与旅游的繁荣发展。三是要举办以客家文化为主题的各类旅游节庆活动,突出传统客家文化与旅游市场的对接,打造客家文化旅游精品,要把两年一届的“客家山歌旅游节”和一年一度的“广东自驾旅游日暨梅州精彩‘世界客都’自驾旅游周系列活动”打造成为梅州旅游的特色节庆品牌,全面展示“世界客都 文化梅州”和“世界客都 休闲梅州”的无穷魅力;站在“世界客都”的独特位置,定期举办“世界客商大会”等高层次的会议,进一步开展投资论坛、客商文化研讨等活动,吸引广大海内外客商,在“世界客都”这片热土上进行投资建设,共同把世界客都梅州建设成客家文化名城。

(4) 努力创建“客家文化产业城”。依托“世界客都”这一系统性的文化资源,坚持大精品表现、大集团运作、大景点支撑、大服务引领,将客家文化资源转变为现实生产力,把梅州建成“全国知名的客家文化产业城”。利用市场机制,推动文化与旅游、商业融合,发展文化会展业,规划新建代表梅州文化形象的地标性重点文化工程。打造国际客家山歌文化节、世界客商大会等节庆文化品牌,建好客商会馆,办好客商大会。盘活客家文化特色资源,实施文化精品工程,以粤港澳文化交流合作(梅州)示范点为平台,以客家山歌、广东汉剧、广东汉乐、民俗表演、非物质文化遗产、文化生态保护区和文博展览为项目题材,积极创作体现客家文化特色的文艺精品,排演客家原生态歌舞表演节目,尤其要策划一部老少皆宜、吸引力强、富有特色、经久不衰的主题晚会,拍摄一批反映客家题材的影视大作,打造提升《客家意象》等一批在国内外有影响的、叫好又叫座的客家文艺精品。塑造富有客家特色、知名度较高的国际山歌文化节等品牌,培育一批山歌大师、汉乐大师、文艺大师。做强做特一批文艺院团,建设以亮胜客家艺术中心、市山歌剧团、广东汉剧院为主体的创作演出基地,加快建设电影院线等文化网络,推进客家文化有形化、市场化,发展客家文化休闲娱乐业。加强规划和引导,打造客家文化艺术品街区、客家小吃文化街区等特色商业街区。以客家文化创意为核心,承接发达地区文化产品制造等产业转移,加快规划建设文化创意园区,加快推进麓湖山国家文化产业园、林风眠艺术园、千佛塔文化旅游区、足球文化产业园等文化重点工程建设,积极开发传媒出版、动漫游戏、影视制作、音乐创作、广告设计和网络广播电视等新兴文化产业，培育两至三家有客家特色、竞争力强的文化骨干企业，力争在文化产业方面闯出一条新路。健全文化产品、服务和要素市场，建立文化产权交易平台，培育文化中介行业，延伸产业链条，逐步把文化产业建成支柱产业。

3. 潮州

充分发挥潮州文化资源丰富、文化特色鲜明的优势，全面提升潮州文化软实力，努力实现文化对经济社会发展、精神文明建设的提升和支撑作用，打造国内外有重要影响力的历史文化名城。主要从三个方面入手：一是发挥人文优势，注重传承创新，增强区域文化统领力。二是注入文化元素，提升产业素质，增强产业核心竞争力。三是整合文化资源，发展文化旅游，增强文化经济的支撑力。

第四节　海西区文化产业发展趋势和前景展望

当前，随着《海峡西岸经济区发展规划》的批准实施，海西区文化产业发展面临难得的战略机遇期，可以预见的是文化产业将成为经济转型升级的新引擎；文化产业发展结构将呈现重大调整；高新技术将对文化产业发展产生重大影响；全球化背景将加快文化产业“走出去”步伐。

一、福建省

1. 文化产业将成为福建省经济转型升级的新引擎

福建省正处于人均 GDP 不断跨越向前的阶段，城乡居民精神消费需求快速增长，影视、动漫、数字内容、体育、文化旅游等领域的消费热点不断涌现，文化产业的成长性与可持续性明显增强，这将有效促进经济结构调整和产业转型升级，特别是后金融危机时代，文化产业作为扩大内需、促进消费的重要支撑力，将真正成为福建省经济转型升级的新引擎。充分利用福建省文化底蕴深厚、文化资源丰富和民间资本充裕等优势，加快建设具有福建特色、富有发展活力、产业优势明显的文化产业，实现文化产业成为福建省国民经济支柱性产业。

2. 福建省文化产业发展结构将呈现重大调整

随着文化体制改革的深入推进，在市场导向和政府推动的合力下，文化产业结构面临全方位的战略性调整。从所有制结构看，转企改制后的国有文化集团市场竞争力明显增强，民间资本将进一步增强在文化产业领域的话语权，一批跨地区、跨行业、跨所有制的大型文化产业集团将成为文化市场上的主导力量。从行业结构看,文化服务业发展规模不断扩大,新兴业态层出不穷,并已呈现高速增长态势,文化制造业将向"微笑曲线"两端转型。从空间结构看,文化服务业将更多向人口密集区域集聚,传统制造类文化产业将更多向园区集聚,并可能向我国中西部地区以及发展中国家转移。这些趋势将使福建省文化产业发展结构发生比较剧烈的调整。

3. 高新技术将对福建省文化产业发展产生重大影响

材料科技、装备工艺等高新技术的发展,将极大地提升传统文化产业的科技含量,实现产业链和价值链的延伸,推动传统文化产业的转型升级。与此同时,高新技术的运用和新业态的出现,也加剧了文化产业内部不同渠道间的竞争,传统文化业态的生存压力不断增大。为此,福建省将策划重大文化产业项目,推动有实力的文化龙头企业跨地区、跨行业、跨所有制兼并重组,延伸文化产业链;支持一批文化产业重点园区(基地)、重点企业发展,推进形成一批文化创意产业聚集区,培育研发设计、产品生产、推广销售等文化创意产业链;依托"6·18"、文博会等平台,集中推介一批科技含量高、带动力强的文化创意成果,促进文化创意产学研对接。

二、海西区内其他重要城市

1. 温州

至"十二五"期末,将文化产业发展为温州国民经济支柱性产业,将温州真正建设成为与宁波、浙中城市群并列的省文化产业发展三个增长极之一,确立温州作为长三角、海西区和浙江海洋经济发展示范区的重要文化创意之都的地位,成为以文化创新创意为主导和引领的新型城市。

(1) 产业规模明显扩大。至2015年,全市文化产业增加值达到376亿元,文化产业增加值占全市GDP总量的比重从2010年的3.47%,增加到2015年的8%,超出浙江省五年规划目标1个百分点。

(2) 产业结构和布局优化合理。实现从文化制造业为主向文化创意产业为主转变,文化产业对温州大都市建设和温州经济社会转型升级的引擎作用显著加强,推动"温州制造"走向"温州创造"。

(3) 形成特色鲜明的产业体系。通过重点实施"五个十大"工程,形成特色鲜明、充满活力的产业体系。一是大力发展十家重点文化骨干企业,二是全力建设十大重点文化产业园区,三是狠抓十个重点文化项目,四是努力打造十大著名文化品牌,五是着力培育十大展会项目。

2. 丽水

到2015年,丽水文化建设取得新的全面进步,文化发展的环境更加优化,文化软实力显著提升,有利于文化科学发展的体制机制逐步健全,建立起与全面小康社会相适应的文化发展格局,文化强市的各项主要任务和重要指标基本完成,公共文化服务体系、特色文化品牌体系和文化产业发展体系建设取得明显成效,逐步形成与经济社会发展水平和人民群众精神文化需求相适应的瓯江文化大发展大繁荣格局,努力把丽水建设成为"文化事业繁荣、文化特色鲜明、文化产业较快发展"并在全省、全国具有较大影响力的文化名城。具体包括:

(1) 文化的精神支柱作用进一步彰显,对提升丽水综合实力的作用更加突出。

(2) 公共文化服务体系不断完善,基本公共文化服务均等化逐步实现。

(3) 实施市、县两级文化品牌战略,特色文化品牌体系基本确立。

(4) 以旅游带动会展相关文化产业的发展,文化产业发展体系逐步成型。定位更加明确,政策导向机制逐步健全,市场体系初步完善,产业结构得到优化,建成一批重点文化项目,培育一批重点文化产业,壮大一批重点文化企业,形成一批特色产业区块。文化及相关产业增加值的年均增长速度高于同期经济增长速度,到2015年力争使文化产业增加值占GDP比重达到7%。

(5) 文化遗产的保护与利用措施不断优化,基本形成较为完善的文化遗产保护体系。

3. 衢州

发展文化产业,力争实现"四个明显变化":

(1) 产业地位明显变化。"十二五"期间,全市文化产业发展要能够表现出清晰的发展思路和发展战略,表现出明显的发展势头,确保文化产业规模的显著扩大,经济实力的显著增强;不断缩小与周边城市的差距,力争在全省文化经济发展排名中有所上升。

(2) 产业贡献明显提高。"十二五"期间,文化产业要继续保持接近全市国民经济和整个服务业的增长速度,争取到2015年使文化产业总收入相当于生产总值的比重达到0.4%以上,培育1—2个以文化产业为主导的县市,把20%以上的生态乡镇建设成为旅游经济发达的文化生态旅游乡镇,使文化产业对市域经济的贡献率明显提高。与此同时,要进一步提高文化产业对全市相关产业的带动作用,进一步提高文化产业对全市城乡就业和农民增收的贡献,使文化产业成为富民强市和生态富民的重要产业。

(3) 重点项目建设明显突破。"十二五"期间,全市要围绕重点项目,狠抓实干,确保突破。加强重点项目的设计,完成重大项目的招商,为重点项目推进配套支撑政策,力争到"十二五"期末,全市能够基本完成60个以上实施类项目的建设,形成明显的产业集群和王牌景区。

（4）可持续发展明显增强。加强文化资源开发和文化产业创新,把文化产业培育成可持续发展的优势产业。大力推进文化与工业、农业、林业、水利等以及战略性新兴产业的融合发展。充分发挥文化产业在资源环境保护和优秀文化传承等方面的重要作用,提倡低碳旅游和绿色消费。充分发挥文化产业综合带动作用,不断增加就业机会,推行本地居民文化消费优惠制度,让文化产业发展切实造福人民。在生态、资源、环境以及人民满意度方面,创造最大和谐,形成文化产业可持续发展势头。

4. 潮州

围绕"加快转型升级,建设幸福潮州"的总体要求,力争至2015年全市人均生产总值保持在全省中等以上水平,实现"五年大变化,十年大发展"的奋斗目标。在文化产业发展方面,力争至2015年,全市专利授权量突破3 000件,基本实现特色产业高端化、文化经济产业化、港口经济规模化。非物质文化遗产传承有序,文化场馆基本完备。体育竞技水平进一步提高,全民健身运动蓬勃发展。法治环境明显优化,服务型法治政府基本建成,政府公信力和执行力不断提高。至2020年,建成"一名城两基地三宜城市",实现更高水平的小康社会。

5. 梅州

以"打造全国知名文化产业城"为目标,大力弘扬客家文化,创建文化名城。增强世界客都的认同感,创建"全球客家人的心灵家园",在开发中保护、保护中开发客家历史文化遗产。抓住国家发展十大文化生态保护区的机遇,全力打造全国首个"客家文化生态保护区"。大力发展文化事业和文化创意产业,深入挖掘和努力提升梅州的历史文化品牌价值。

6. 上饶

文化旅游业目标:力争"十二五"期间,接待境内外游客年均递增15%以上,旅游总收入年均递增20%以上。到"十二五"期末,接待境内外游客突破4 300万人次,力争达到5 000万人次,其中境外游客超过110万人次;旅游总收入超过360亿元,占全市GDP的15%以上,基本完成旅游产业的转型升级,形成较为完善的文化旅游产业体系,使上饶成为全国旅游强市。

7. 鹰潭

总体目标:到2015年,建成五个以上特色文化产业基地(园区)和五个文化产业专业市场,培育十个具有自主知识产权、业务收入超亿元的文化产业龙头企业，全市文化产业科技发展主营业务收入力争达到20亿元，年均增长25%以上，文化产业增加值占地区生产总值的比重超过6%，成为全市经济结构优化的重要推动力和经济发展的重要增长点。

附录三 2011年福建省文化产业发展大事记

- 漳平奇和洞入选"全国十大考古新发现"

4月，福建省漳平奇和洞遗址入选2011年度"全国十大考古新发现"。漳平奇和洞是目前福建省发现得最早的新石器时代遗址，对分析海峡两岸古人群的迁徙和文化交流以及对南岛语族的起源与扩散等课题的研究都具有重要的意义。

- 福建侨批档案入选《世界记忆亚太地区名录》

侨批，是海外侨胞寄给国内亲人的书信与汇款凭据的合称。2011年5月，由闽粤两省联合申报的侨批档案成功入选《世界记忆亚太地区名录》。

- 文华书城退出福州

8月底，民营书店文华书城正式退出福州。文华书城表示，其盈利模式没有错，还会回到福州。

- 福建省"五个一工程"实现"满堂红"

9月，在全国第十二届精神文明建设"五个一工程"评选活动中，福建省共有七部作品获奖，包括电影《爱在廊桥》，电视剧《红色摇篮》，戏剧《蝴蝶之恋》，歌曲《我要去延安》《两岸一家亲》，广播剧《英烈回家》，文艺类图书《我的唐山》，福建省省委宣传部荣获组织奖。福建省再次实现"满堂红"。

- 海峡两岸文博会升格

10月，第五届海峡两岸（厦门）文化产业博览交易会在厦门举行。本届文博会除了正式升格为"国家级"，还把厦门国际动漫节和海峡两岸民间艺术节等活动整合进来同期举办。

- 福建省五个项目入选《中国世界文化遗产预备名录》

11月，国家文物局公布了重新设置的《中国世界文化遗产预备名录》，福建省申报的海上丝绸之路、闽浙木拱廊桥、鼓浪屿、三坊七巷、闽南红砖建筑等五个项目入选。

- 第五届福建艺术节举行

12月8日，第五届福建艺术节在龙岩开幕，这是福建艺术节第一次走出省会城市。

专题一　福建省文化产业关联效应分析

一、文化产业概念及范围的界定

尽管世界各国对文化产业从不同角度进行了不同的定义，但文化产品的精神性、娱乐性等基本特征不变，因此，文化产业是具有精神性、娱乐性的文化产品的生产、流通、消费活动。

文化产业基本上可以划分为三类：一是生产与销售以相对独立的物态形式呈现的文化产品的行业（如图书、报刊、影视、音像制品等行业）；二是以劳务形式出现的文化服务行业（如戏剧舞蹈的演出、体育、娱乐、策划、经纪业等）；三是向其他商品和行业提供文化附加值的行业（如装潢、装饰、形象设计、文化旅游等）。

文化产业统计指标体系不仅仅是一个统计工具，某种意义上也反映了文化产业政策，带有很强的导向性。而我国文化产业统计使用的是2004年文化产业统计分类指标体系。时至今日，我国的文化产业发展已经进入一个新的时期，有了很多新的变化，因此，国家统计局发布了《文化及相关产业分类2012》，文化产业指标统计分类体系进一步完善和健全。本分类规定的文化及相关产业是指为社会公众提供文化产品和文化相关产品的生产活动的集合。文化及相关产业被分为十个大类，其中"文化创意和设计服务"分类首次在《文化及相关产业分类2012》中被提出，如表9-7所示。

表9-7　文化及相关产业的类别名称

第一部分　文化产品的生产	
一、新闻出版发行服务	包括新闻、出版和发行服务
二、广播电视电影服务	包括广播电视、电影和影视录音服务
三、文化艺术服务	主要包括文艺创作与表演、图书馆与档案馆、文化遗产保护、群众文化、文化艺术培训服务等
四、文化信息传输服务	包括互联网信息、增值电信服务（文化部分）、广播电视传输服务
五、文化创意和设计服务	包括广告服务、文化软件服务、建筑设计服务和专业设计服务
六、文化休闲娱乐服务	包括景区游览服务、娱乐休闲服务和摄影扩印服务

（续表）

七、工艺美术品的生产	包括工艺美术品的制造以及园林、陈设艺术及其他陶瓷制品的制造和工艺美术品的销售
第二部分　文化相关产品的生产	
八、文化产品生产的辅助生产	包括版权服务、印刷复制服务、文化经纪代理服务、文化贸易代理与拍卖、文化出租服务、会展服务等
九、文化用品的生产	主要包括办公用品的制造、乐器的制造、玩具的制造、视听设备的制造和焰火、鞭炮产品的制造、文化用纸的制造等
十、文化专用设备的生产	包括印刷专用设备的制造、广播电视电影专用设备的制造、其他文化专用设备的制造、广播电视电影专用设备的批发和舞台照明设备的批发

改革开放三十多年来，福建省经济持续快速增长，城镇居民生活水平不断提高，文化需求旺盛并向高品质、多样化和个性化发展。随着文化体制改革的深入推进、文化产业发展相关规划及文化强省建设相关政策措施的深入实施，福建省的文化经济功能明显增强，经济的文化含量不断提高。“十一五”期间，全省财政文化支出达 89.4 亿元，年均增长 16%，人均文化事业费 27.82 元，比“十五”时期增长 133%。建成福建广播电视中心、福建大剧院、闽台缘博物馆、昙石山遗址博物馆、厦门海峡艺术中心等一批重点文化设施。城市中每 10 万人拥有公共文化服务机构数达 4.37 个，比“十五”时期增长 4.8%。新增和改建乡镇文化站 599 个；建成农家书屋 8 450 个，覆盖全省 56% 的行政村；提前实现 20 户以上自然村通广播电视目标，基本实现农村电影数字放映和“一个行政村一月放映一场电影”，圆满完成农村中央广播电视节目无线覆盖工程建设任务。然而，文化产业对拉动福建省经济增长的影响力和感应度水平如何？文化产业与福建省其他产业间具有何种关联？文化产业的辐射效应如何？本专题以 2007 年福建省投入产出表为数据基础，采用产业关联的分析方法，探讨了福建省文化产业关联程度与波及效应。

二、投入产出表

投入产出表是由美国经济学家沃西里·列昂惕夫在前人的研究基础上提出的，全面反映在一定时期内（通常为一年），它是根据国民经济各部门生产中的投入来源和使用分配纵横交叉组成的一张棋盘式平衡表，用来揭示各部门经济技术的相互依存、相互制约的数量关系。中国的投入产出表主要由统计局公布,每五年公布一次。目前最新的表是 2012 年发布的 2007 中国投入产出表。

投入产出模型是用数学形式体现投入产出表所反映的经济内容的线性代数方程组。投入产出分析就是通过投入产出模型来反映和分析国民经济活动中各产业之间的投入与产出、供给与需求的经济技术联系的数量分析方法。

2007 年福建省投入产出表提供了 144 个产业部门的投入产出数据,包括感应度系数表、列昂惕夫矩阵表、完全消耗系数表、影响力系数表、直接消耗系数表和总表。本专题对投入产出表中文化及其相关产业投入产出数据进行了相应整理与分析。

三、文化产业关联性分析

(一) 产业关联:直接消耗系数与完全消耗系数

产业之间的关联可以用直接消耗系数和完全消耗系数来反映。直接消耗系数是指某产业部门在生产经营过程中单位总产出直接消耗各部门的货物或服务的价值量,反映产业之间存在的相互直接提供产品的依赖关系。计算公式为:

$$ja_{ij} = \frac{X_{ij}}{X_i}$$

其中,a_{ij}是 j 产业对 i 产业的直接消耗系数;X_{ij}是 i 产业对 j 产业的中间投入值;X_i是 i 产业总产值。

直接消耗系数大于 0,表明这些产业间存在关联;直接消耗系数大于 0.01,表明这些产业间存在比较紧密的关联。

完全消耗系数是指某产业部门生产单位产品对其他产业的直接消耗量和间接消耗量之和,反映产业之间存在的直接和间接的依赖关系,是对直接消耗和间接消耗关系的全面反映。计算公式为:

$$B = (I - A)^{-1} - I$$

其中,A 和 B 分别表示直接消耗系数矩阵和间接消耗系数矩阵,I 为单位矩阵。

从 2007 年 144 部门 ×144 部门的投入产出表中可以整理得出文化及相关产业对其他产业的消耗程度。表 9-8 至表 9-12 列出了文化艺术业,新闻出版业,广播、电视、电影和音像业,旅游业,工艺品及其他制造业对其他部分产业的直接消耗系数与完全消耗系数。

表 9-8 文化艺术业消耗其他产业的直接消耗系数与完全消耗系数

产业部门	直接消耗系数	产业部门	完全消耗系数
城市公共交通业	0.04054308	电力、热力的生产和供应业	0.05451940
住宿业	0.03581640	石油及核燃料加工业	0.04308899
餐饮业	0.02747490	城市公共交通业	0.04202354
航空运输业	0.02601906	住宿业	0.03852856
电子计算机制造业	0.02362428	电子计算机制造业	0.03495206
电信和其他信息传输服务业	0.02146338	餐饮业	0.03197810
电力、热力的生产和供应业	0.01425833	航空运输业	0.03024891
印刷业和记录媒介的复制业	0.01298799	电信和其他信息传输服务业	0.02550819
石油及核燃料加工业	0.01199536	造纸及纸制品业	0.02007903
其他服务业	0.01081168	道路运输业	0.01978093

在其他 143 个部门中，文化艺术业与电力、热力的生产和供应业，石油及核燃料加工业，城市公共交通业，住宿业，电子计算机制造业，餐饮业，航空运输业，电信和其他信息传输服务业的关联最大，完全消耗系数基本在 0.02 以上。

表 9-9 新闻出版业消耗其他产业的直接消耗系数与完全消耗系数

产业部门	直接消耗系数	产业部门	完全消耗系数
造纸及纸制品业	0.36482624	造纸及纸制品业	0.62262907
道路运输业	0.03680722	电力、热力的生产和供应业	0.11294077
电子计算机制造业	0.03088865	道路运输业	0.08082477
餐饮业	0.02631200	废品废料	0.06995498
住宿业	0.02418098	电子计算机制造业	0.05354297
电信和其他信息传输服务业	0.02313783	银行业	0.05000716
电力、热力的生产和供应业	0.02300556	石油及核燃料加工业	0.04358604
建筑装饰业	0.02019104	零售业	0.03891712
零售业	0.01758942	餐饮业	0.03768641
批发业	0.01515921	电信和其他信息传输服务业	0.03197165
保险业	0.01230795	批发业	0.03193781

新闻出版业与造纸及纸制品业，电力、热力的生产和供应业，道路运输业，废品废料，电子计算机制造业，银行业，石油及核燃料加工业，零售业，餐饮业，电信和其他信息传输服务业，批发业的关联最大，完全消耗系数全部在 0.03 以上。

表 9-10 广播、电视、电影和音像业消耗其他产业的直接消耗系数与完全消耗系数

产业部门	直接消耗系数	产业部门	完全消耗系数
电子计算机制造业	0. 07634616	电力、热力的生产和供应业	0. 16566041
电力、热力的生产和供应业	0. 06945026	电子计算机制造业	0. 10292543
餐饮业	0. 04776753	电子元器件制造业	0. 05871148
电信和其他信息传输服务业	0. 04196996	专用化学产品制造业	0. 05715362
建筑装饰业	0. 03246145	餐饮业	0. 05587595
其他服务业	0. 03241437	石油及核燃料加工业	0. 05570667
租赁业	0. 03150792	电信和其他信息传输服务业	0. 04955261
专用化学产品制造业	0. 02068393	银行业	0. 04547201
石油及核燃料加工业	0. 01986616	其他服务业	0. 04346337
仪器仪表制造业	0. 01807349	建筑装饰业	0. 03781303

广播、电视、电影和音像业与电力、热力的生产和供应业，电子计算机制造业，电子元器件制造业，专用化学产品制造业，餐饮业，石油及核燃料加工业，电信和其他信息传输服务业，银行业，其他服务业，建筑装饰业的关联系数最大，完全消耗系数全部在 0. 03 以上。

表 9-11 旅游业消耗其他产业的直接消耗系数与完全消耗系数

产业部门	直接消耗系数	产业部门	完全消耗系数
装卸搬运和其他运输服务业	0. 19802750	装卸搬运和其他运输服务业	0. 20270366
公共设施管理业	0. 16519539	公共设施管理业	0. 16769879
住宿业	0. 11656010	住宿业	0. 12705855
餐饮业	0. 06505300	电力、热力的生产和供应业	0. 10881228
石油及核燃料加工业	0. 03584276	餐饮业	0. 08615563
保险业	0. 02592792	纺织服装、鞋、帽制造业	0. 07392297
租赁业	0. 01498717	石油及核燃料加工业	0. 06673162
道路运输业	0. 00761689	塑料制品业	0. 06101002

旅游业与装卸搬运和其他运输服务业，公共设施管理业，住宿业，电力、热力的生产和供应业，餐饮业等的关联较大，完全消耗系数在 0. 06 以上，最高达到了 0. 2。

表 9-12 工艺品及其他制造业的直接消耗系数与完全消耗系数

产业部门	直接消耗系数	产业部门	完全消耗系数
砖瓦、石材及其他建筑材料制造业	0.14534462	砖瓦、石材及其他建筑材料制造业	0.27176397
钢压延加工业	0.10584745	钢压延加工业	0.22534478
塑料制品业	0.06107551	电力、热力的生产和供应业	0.14027281
棉、化纤纺织及印染精加工业	0.04733045	棉、化纤纺织及印染精加工业	0.13811069
针织品、编织品及其制品制造业	0.04366799	塑料制品业	0.08914054
非金属矿及其他矿采选业	0.04218992	合成材料制造业	0.08398008
合成材料制造业	0.03736657	基础化学原料制造业	0.07181111
零售业	0.03125854	零售业	0.06816717
生产税净额	0.03032430	道路运输业	0.06672986
电力、热力的生产和供应业	0.02678777	非金属矿及其他矿采选业	0.06153642

工艺品及其他制造业与砖瓦、石材及其他建筑材料制造业，钢压延加工业，电力、热力的生产和供应业，棉、化纤纺织及印染精加工业，塑料制品业，合成材料制造业，基础化学原料制造业，零售业等的关联较大，最大的达到了 0.27。

综合以上数据可以看出，文化及相关产业与第三产业的关联较大，其次是第二产业，而与第一产业的关联十分小。

(二) 产业波及:感应度系数与影响力系数

通常，一个产业受到其他产业的波及作用称为感应度，影响其他产业的波及作用称为影响力。

1. 感应度系数

感应度系数反映了国民经济各部门都增加一个单位最终产品时，第 i 部门受到的需求感应程度。计算公式为:

设 A 为直接消耗系数矩阵，$\tilde{B}=(I-A)^{-1}$ 为列昂惕夫逆矩阵，则感应度系数为:

$$E_i = \frac{\frac{1}{n}\sum_{j=1}^{n}\tilde{b}_{ij}}{\frac{1}{n^2}\sum_{i=1}^{n}\sum_{j=1}^{n}\tilde{b}_{ij}}$$

若感应度系数大于 1，说明该产业感应能力在全部产业中居于平均水平之上，感应程度高于全社会平均感应水平。一个产业的感应度系数越大，越容易受到其他产业发展的影响，国民经济的发展对该产业的拉动作用越大。

从表 9-13 可以看出,文化及相关产业的感应度普遍偏低,如文化艺术业的感应度为 0. 38433311,这意味着如果国民经济各产业部门均增长 1 万元,将带动文化艺术业最终产品(增加值)增长 0. 38433311 万元,说明文化及相关产业受到的需求压力不大,文化产品的消费和需求大致反映了发达程度。发达地区的文化产品的消费都占有较大的比重。而福建省虽然整体上进入了小康社会,但小康化的水平还不高,人们更多地围绕物质产品进行消费。另外,文化产业中的造纸及纸制品业的感应度系数较大,这说明,造纸及纸制品业对经济发展有较大的制约作用,但造纸及纸制品业与文化核心产品距离较远,仅属于文化产品的一种载体,其本身更多地为教育业和商业所用。

表 9-13　感应度系数

电力、热力的生产和供应业	6. 71886417	电气机械及器材制造业	0. 72
化学工业	3. 70	交通运输设备制造业	0. 72
农业	3. 40150952	印刷业和记录媒介的复制业	0. 71696173
造纸及纸制品业	3. 02460442	木材加工及家具制造业	0. 71
交通运输及仓储业	2. 07	建筑业	0. 70
金属冶炼及压延加工业	2. 03	家用视听设备制造业	0. 67396783
通信设备、计算机及其他电子设备制造业	1. 99	水的生产和供应业	0. 65347255
废品废料	1. 85421975	信息传输、计算机服务和软件业	0. 65
金属制品业	1. 70382755	娱乐业	0. 63068401
工艺品及其他制造业	1. 59522418	文教体育用品制造业	0. 59419059
纺织业	1. 44	燃气生产和供应业	0. 56929932
纺织服装鞋帽皮革羽绒及其制品业	1. 40	邮政业	0. 51521129
非金属矿物制品业	1. 30	通用、专用设备制造业	0. 54
金融业	1. 28	公共管理和社会组织	0. 48109098
批发和零售业	1. 24	文化、办公用机械制造业	0. 47949044
食品制造及烟草加工业	1. 11	新闻出版业	0. 44715805
石油加工、炼焦及核燃料加工业	1. 13	旅游业	0. 39018092
住宿和餐饮业	0. 94	广播、电视、电影和音像业	0. 38706131
租赁和商务服务业	0. 86	文化艺术业	0. 38433311

2. 影响力系数

影响力系数是指某产业的生产发生变化时引起其他所有产业的生产发生相应变化的程度。计算公式为:

$$F_j = \frac{\frac{1}{n}\sum_{i=1}^{n}\tilde{b}_{ij}}{\frac{1}{n^2}\sum_{i=1}^{n}\sum_{j=1}^{n}\tilde{b}_{ij}}$$

若影响力系数大于1,说明该产业的影响力在全部产业中居于平均水平之上。一个产业的影响力系数越大,说明该产业对其他产业的拉动作用就越大。

从表9-14来看,文化及相关产业整体的影响力居于平均水平以上,即大于1,其中,家用视听设备制造业的影响力系数为1.37777063,文化、办公用机械制造业的影响力系数为1.24831677,且文教体育用品制造业、工艺品及其他制造业、旅游业都在平均水平以上。但是广播、电视、电影和音像业、娱乐业、文化艺术业却在平均水平以下。这说明,文化产业整体对经济有较大的辐射作用,能够带动相关产业的发展,并促进就业;文化制造业所起的作用非常显著,而文化服务业还没有起到较大的辐射作用。结果同样表明,我国文化产业中的核心产业尚处于比较尴尬的位置,未能发挥出像发达国家那样的作用。

表 9-14 影响力系数

家用视听设备制造业	1.37777063	木材加工及家具制造业	1.06680680
通信设备、计算机及其他电子设备制造业	1.33089724	食品制造及烟草加工业	1.06339584
纺织业	1.31761862	住宿和餐饮业	1.04810100
交通运输设备制造业	1.29143818	租赁和商务服务业	1.03126756
纺织服装鞋帽皮革羽绒及其制品业	1.28460418	旅游业	1.03022308
化学工业	1.27698789	石油加工、炼焦及核燃料加工业	1.02631623
金属冶炼及压延加工业	1.26162851	电力、热力的生产和供应业	1.01857776
文化、办公用机械制造业	1.24831677	燃气生产和供应业	1.00508205
文教体育用品制造业	1.24123727	水的生产和供应业	0.99562122
电气机械及器材制造业	1.18318284	广播、电视、电影和音像业	0.95958787
工艺品及其他制造业	1.17555731	交通运输及仓储业	0.86125349
废品废料	1.16634870	娱乐业	0.83751466
金属制品业	1.15930908	信息传输、计算机服务和软件业	0.78503693
建筑业	1.13915347	公共管理和社会组织	0.78020382
通用、专用设备制造业	1.12761086	邮政业	0.77681732
造纸及纸制品业	1.12572832	农业	0.74706960
印刷业和记录媒介的复制业	1.12447696	文化艺术业	0.67430884
新闻出版业	1.10593233	批发和零售业	0.58982777
非金属矿物制品业	1.08792785	房地产业	0.55681392

四、结论

本专题主要研究了福建省文化产业的关联效应。通过对直接消耗系数、完全消耗系数、感应度系数、影响力系数的计算整理发现：

（1）文化产业与第三产业的关联最大，第二产业其次，与第一产业的关联较小。其中与电子计算机制造业，电信和其他信息传输服务业，电力、热力的生产和供应业，石油及核燃料加工业这几个产业的关联较为紧密。

（2）文化产业属于服务性产业，影响力系数明显大于感应度系数，福建省体育产业的影响力系数和感应度系数低于全省平均水平。与其他非生产性服务产业的特点相似，文化产业属于大服务性产业范畴。文化产业影响力系数明显高于感应度系数，在国民经济中是作为使用者的地位和作用，对其他产业的推动力高于其他产业对其的需求。

（3）文化产业的前向关联度较小，后向关联度较大。这说明，整个社会在文化产品方面的消费还比较少，但是文化产业对其他相关产业能够产生较大的辐射作用，带动其他相关产业的发展，促进劳动力的就业。

专题二 海西区文化产业财政支持政策研究：台湾的经验借鉴

文化产业已经成为现代经济的重要支柱，是国家综合实力的重要标志，是国民经济新的增长点，被称为21世纪的“朝阳产业”。大力发展文化产业，对于我国社会主义现代化经济、政治、文化、社会建设和谐发展，全面实现小康社会目标有着战略性的意义。改革开放以来，海西区各地政府高度重视文化产业发展。《福建省建设海西区经济发展纲要》中指出，要“推动文化繁荣发展。以不断满足人民群众日益增长的精神文化需求为根本出发点，大力推进文化建设，激发全社会文化创造活力，推动形成设施先进配套、市场繁荣有序、区域特色鲜明、产业优势明显和群众文化丰富多彩的文化大发展大繁荣新格局”①。

一、海西区文化产业现状

（一）海西区文化资源基础

海西区有丰富的文化资源。闽南文化、客家文化、畲族文化、妈祖文化、华侨文化等都有着鲜明的特色。其中，客家文化是海西区的代表性文化，是中国文化的重要组成部分。客家总人数约为5 500万人，主要分布在粤闽赣边三角地区。客家文化是在特定的历史条件下形成的、以地域性为代表的地域性文化。妈祖文化则是链接海峡两岸文化交流的重要纽带。

此外，海西区拥有丰富的旅游资源。区域内的城市大多风光秀丽，环境优美，拥有武夷山、鼓浪屿、土楼建筑群等旅游热点。这些旅游资源给海西区文化产业的发展提供了良好的平台。

（二）海西区文化产业发展现状

1. 文化产业发展迅速，初具规模

海西区地处我国东南沿海，地理位置优越，交通便利，经济比较发达，人民生活水平较高，文化消费潜力巨大。虽然海西区文化产业起步较晚，但是发展速度较快，经过改革开放三十多年的发展，已经初具规模。近年来，福建省文化产业增加值逐渐递增，在GDP中所占比重不断加大，增幅也超过全国平均水平。“十一五”期间，福建省文化产值年均增长29.8%，从表9-15中可以看出，即使

---

① http://www.fujian.gov.cn/ztzl/jkjshxxajjq/zcwj/201005/t20100526_250281.htm。

在金融危机的影响下,2009 年也实现了逆势上升。2012 年,文化产值顺利突破千亿元大关,又是一个里程碑式的跨越。

表 9-15　福建省文化产业增加值

年份	2006	2007	2008	2009	2010	2011	2012
文化产业增加值(亿元)	210.05	276.51	352.36	446.00	601.66	802.32	1 000.00
占本省 GDP 的比例(%)	2.68	2.99	3.26	3.64	4.20	4.60	5.00
增长速率(%)	—	31.60	27.40	26.60	34.90	33.30	24.00

资料来源:根据政府发布数据计算得出。

2. 文化产业内部各行业不断发展,结构日趋合理

一方面,传统文化产业继续保持发展势头。目前,海西区的会展业形成了国家级、省级、市级等不同层次的专业会展,拥有许多著名品牌性会展。传媒业发展强劲,已经形成了网络、电视媒体和平面媒体交互的文化产业发展模式,如福建省广播影视集团、福建日报报业集团等一批企业成为领头羊。文化体育用品制造业成为具有比较优势的行业。另一方面,新兴文化产业凸显优势,初具规模。2012 年,福建省动漫产业产值突破百亿元,同比增长 78.52%。抚州的演艺、影像等休闲娱乐产业也逐渐形成规模。汕头已经初步形成了金平和龙湖的包装印刷业、潮阳的光盘音像业、澄海的动漫玩具业、潮南的文具业等四大聚集度高的区域性优势产业。

3. 与台湾交流密切

海西区与台湾仅一水之隔,有更多的机会同台湾进行文化交流。目前,福建省五家媒体在台湾设有驻点,在台发行的期刊达 50 多种。两岸举行的相关交流活动也有上百项。频繁的交流活动为海西区文化产业的发展注入新鲜血液。

(三)海西区文化产业发展存在的问题

1. 文化产业发展不平衡

尽管海西区的文化产业发展较快,但文化服务业发展相对滞后,产品、服务质量不能适应经济社会发展,低水平重复建设的情况依然存在。从区域分布上看,区域文化产业主要集中在福州、厦门、泉州、温州、汕头等市,其他地区的文化产业发展水平则相对较低。

2. 投资体系不完善

投资机制比较落后,投资渠道单一、投资渠道不畅造成文化企业融资困难,因此,绝大部分文化企业属于国有企业,民间参与投资比例很小,不利于发展文

化产业和扩大文化市场。

3. 文化资源的保护和开发不足

海西区有丰富的文化资源，各地民间文化氛围浓厚，民俗文化活动种类丰富，但因保护力度不够，市场化程度不高，一些传统表演艺术无法得到继承发展，已经濒临失传。① 传统艺术的创新力不足，无法吸引年轻观众，影响力日益下降。

二、台湾文化产业发展现状

1995 年，台湾“文建会”提出了“文化产业化、产业文化化”。在这一理念的引导下，台湾的文化产业得到了初步发展，并成为台湾社区建设的重要内容。2002 年 5 月，台湾当局将“文化创意产业发展计划”列入“挑战 2008：‘国家’发展重点计划(2002—2007)”，以期通过行政力量营造环境，推动文化产业发展。“文化创意产业发展计划”包括“成立文化创意产业推动组织”“培育艺术、设计及创意人才”“整备创意产业发展环境”“促进创意设计重点产业发展”及“促进文化产业发展”等五大部分。

经过近二十年的发展，台湾文化创意产业有了较快增长。在 2008 年金融危机的影响下，台湾文化创意产业出现负增长趋势。在此转折点，台湾“行政院”2009 年提出《创意台湾——文化创意产业发展方案》，适时给予台湾文化创意产业辅助与政策激励，产生了显著效果。2010 年，台湾文化创意产业营业额较 2009 年增长 16.1%，达 6 616 亿元新台币，为历年来最高。表 9-16 为 2006—2010 年台湾文化创意产业营业额情况。

表 9-16 2006—2010 年台湾文化创意产业营业额

年份	2006	2007	2008	2009	2010
台湾文化创业产业营业额(百万元新台币)	599 758	617 415	609 137	569 834	661 597
占 GDP 的比例(%)	4.9	4.9	4.8	4.6	4.9
增长速率(%)	—	2.9	-1.3	-6.5	16.1

资料来源：《2011 年台湾文化创意产业发展年报》。

2010 年，台湾文化创意产业从业人数达到 17 万，比 2009 年增长 3.9%。文化创业厂商大约五万家，与 2006 年相比，平均每家厂商营业额增加 200 万元新台币。其中，“媒体类”是最大的产业，营业额所占比例为 54.7%。影视方面，

① 虽然有政府的拨款和民间资助，但依然存在较大缺口。

近年来台湾佳片不断,《赛德克·巴莱》《那些年我们一起追的女孩》等不仅缔造票房纪录,在海内外也收获多项大奖。“艺文类”强势增长,首次突破千亿元新台币。

同时,岛内各地纷纷建立文化创意产业园区,逐渐形成以台北华山创意文化园区、台北故宫博物院以及台中、花莲、嘉义和台南创意文化园区为核心的区域性文创产业集聚。这些文化创意产业园区通过整合民俗文化和当地的旅游资源,实现区域内和产业内的良性互动。

三、海西区文化产业财政支持政策现状

(一)财政支持政策现状

近年来,从中央到地方,各级政府不断推行有利于文化产业发展的财政政策。中央政府大幅增加中央财政“扶持文化产业发展专项资金”和文化体制改革专项资金规模,不断加大对文化产业发展和文化体制改革的支持力度。2007年,中央财政安排扶持动漫产业发展专项资金2亿元,重点用于加强动漫市场监管、公共技术服务平台建设、原创动漫作品扶持等。2008年,中央财政设立文化产业发展专项资金,当年安排10亿元,除继续支持动漫产业发展外,还重点支持了文化体制改革重点企业、文化产品和服务出口等方面。据统计,目前全国已有20多个省份设立了文化产业发展专项资金,在推动地方文化产业发展方面发挥了积极作用。

福建省各级财政对文化事业的投入总量持续增长,2007年首次突破6亿元大关,2008年达到6.73亿元,2009年则超过了8.96亿元。人均文化投入也从“十五”期末的15.28元上升到了2009年的24.69元。2009年,财政对文化事业费投入总量超1.3亿元的有省本级2.37亿元、厦门1.84亿元和泉州1.39亿元;投入总量超0.7亿元的有福州0.84亿元、龙岩0.72亿元;投入总量低于0.4亿元的有莆田0.22亿元和南平0.34亿元。全省人均文化事业费最高的是厦门,为73.17元,最低的是莆田,为7.67元,两者间的绝对差额达65.5元。这一现象表明,在当前财政运行体制下,财政对文化投入的地区间差异比值有不断拉大的趋势。

就比较层面来看,2010年海西区地方一般性财政预算支出总计为3 255.1亿元,其中用于文化体育传媒业的财政支出总计59.77亿元,占前者的1.84%。同期,全国财政预算用于文化体育传媒方面的支出总计1 542.7亿元,占全部财政预算总支出89 874.6亿元的1.72%。这样,按区域熵方法计算,两者的比例为1.07,说明海西区对文化体育传媒业的财政支出不仅超过了全国同类支出的

平均水平,而且相对具有较大贡献,反映出该区域在产业结构调整和振兴文化产业的大背景下,对发展体育文化传媒业的高度重视和大力支持(见表9-17)。

表9-17 海西区与全国的财政预算支出比较

比较项目	海西区	全国
地方一般性财政预算支出(亿元)	3 255. 10	89 874. 60
用于文化体育传媒业的财政支出(亿元)	59. 77	1 542. 70
文化体育传媒业的财政支出占财政支出的比例(%)	1. 84	1. 72
按区域熵方法计算两者的比例	1. 07	

资料来源:洪永淼(2012),《海峡西岸经济区发展报告2012》,北京大学出版社。

另外,为扶持福建省对台出版(含数字出版)、印刷、发行、版权等领域项目,设立对台出版交流合作专项资金,由省新闻出版局设立专户管理并制定使用管理办法,用于福建省属于"海峡两岸出版工程"的对台交流合作项目的资金配套或资助等。

具体而言,海西区各主要城市都出台了相应的财政扶持政策,以促进文化产业的发展。2012年,三明市新增设立第三产业发展专项资金1 000万元、文化产业发展专项资金1 000万元。而厦门市市政府制定出台《厦门市促进文化产业发展财政扶持政策实施细则》,对促进文化产业发展的扶持政策以及具体操作办法做了详细的规定:一是对新引进大中型文化企业和新设立中小文化企业采取不同扶持办法;二是明确被厦门市认定为文化产业基地、文化产业集聚区的运营商以及重点文化企业的奖励内容和奖励幅度,旨在鼓励厦门市重点文化企业做强做大;三是对投资1 000万元以上的商品油画、艺术品制造、钢琴制造培训、艺术品交易项目和投资500万元以上的影视制作、动漫网游、商业演出的项目贷款进行贴息扶持;四是对厦门市被国家部委直接评定为文化产业示范基地或授予国家级称号的文化企业进行奖励;五是明确了为文化企业提供担保融资服务、政府采购、参加国际国内相关补贴等现有优惠政策。宁德市出台《宁德市促进文化产业发展若干意见》,在土地使用政策、财政税收政策、投融资政策、市场准入政策、人才政策等五大方面为文化产业发展提供了一系列优惠措施。其中明确指出,从2012年至2016年,市级财政每年将统筹安排1 000万元设立市级文化产业发展专项资金,用于支持和引导文化产业发展。南平市颁发《南平市文化产业发展专项资金管理办法》。莆田市涵江财政全力推进海西区文化创意产业城建设:计划总投资10亿元,2011年计划投资3 000万元,主要规划建设油画产业区、动漫制作区、木雕创意加工区、工业设计创意区、品牌产品展示区、商务活动区和配套管理区、成龙国际影视城、国际雕塑主体公司。作为省会城市的福州市,2011 年公共财政文化体育与传媒支出 59 263 万元,比上一年增加 20 078 万元,增长 51.24%。2012 年,福州市安排 3 000 万元资金推动文化产业发展。近年来,福州市积极推进文化创意产业园区建设,已建成国家级文化产业示范基地 1 个、省级 18 个和市级 19 个。当前,福州市有 61 个文化创意产业重大项目正在建设或前期推进中,总投资达 830.24 亿元,其中投资 10 亿元以上的项目 19 个,投资 10 亿元以下的项目 25 个。目前,福州市正重点推进闽台文化创意产业园建设,邀请台湾成功大学进行策划,委托中国人民大学文化创意产业研究中心制定了《闽台文创园建设发展专项规划》,正在积极申报国家级文化产业示范园区。先后颁布实施了《福州市文化强市纲要》《福州市推动动漫游戏产业发展的若干政策》《福州市保护发展传统工艺美术的实施意见》和《福州市加快文化创意产业发展的意见》等产业政策,为文化创意产业创造了良好的发展环境。通过不断加大文化创意产业发展的资金扶持力度,采取贷款贴息、项目补助、资助和奖励等方式,扶持文化创意产业龙头企业、重点基地和重点项目等。据初步统计,每年仅市本级财政用于文化创意产业的发展资金就超过 5 000 万元。莆田市进行了相应的资金政策支持:一是安排文化产业基金 600 万元,做大做强文化创意产业。计划到"十二五"期末,将该基金提高到每年 1 000 万元。同时,对被评为国家、省、市级文化产业基地的,经文化部门确认后将一次性给予奖励 30 万元、20 万元、10 万元。二是持续拓展妈祖文化旅游业。共投入 2 022 万元用于湄洲岛妈祖文化建设,支持妈祖信俗申报世界非物质文化遗产,推动文化旅游发展等。三是采取"以奖代补"形式,支持《妈祖》电视剧拍摄。一次性拨付 300 万元用于《妈祖》电视剧拍摄,并对该剧在央视一套晚上黄金时间播出、获得中国电视金鹰奖或飞天奖以及获得全国精神文明建设"五个一工程"奖,每集将分别给予 5 万元、8 万元和 10 万元奖励。四是不断加大对莆仙戏传承保护的投入力度。多方筹措资金 18 120 万元建设莆仙戏大剧院,从 2011 年起每年统筹安排 300 万元,用于莆仙戏的传承和保护。至今共已拨付 335 万元,用于编写《莆仙戏传统剧目丛书》和支持莆仙戏申报世界非物质文化遗产。

财政支持政策的具体方式有以下几种:

1. 直接奖励

例如,福建省针对文化产业发展制定了相应的奖励措施,极大地鼓舞了文化产业的发展。主要奖励措施如下:

(1) 对获得国家部委授予"国家级文化产业示范基地"称号的园区(基地),福建省一次性给予 50 万元的奖励。

(2) 对获得国际、国内重要奖项的福建省原创文化精品、优秀出版物、版权精品、演出市场长演不衰的优秀舞台艺术作品和民间文化产品、民营演出娱乐机构创作生产的优秀演艺产品，根据申请和行政主管部门审核认可，可根据获奖等级给予适当奖励，单次最高不超过 20 万元。同一企业获得两项或两项以上的国家和国际荣誉称号的，自获得第二项荣誉称号起，每增加一项荣誉称号，增加最高不超过 10 万元。

（3）对福建省规划确定的重点题材和能够带动福建省旅游、出版等相关待业产业链发展的影视（含动画片）项目，经省广电局组织的专家委员会认定，给予剧本创作或拍摄制作奖励。优秀剧本每年奖励不超过 2 部，每部最高不超过 50 万元；重点题材影视剧（含动画片）拍摄每年奖励不超过 2 部，每部最高不超过 100 万元。对获得国家广电总局正式推优的福建省原创影视剧（含动画片），根据获奖等级给予适当奖励，每部最高不超过 50 万元。

（4）对当年独立制作并获准发行 2 000 分钟以上动画节目的影视动画企业，给予奖励 50 万元。

2. 补贴

针对文化产业的补贴政策主要有：

（1）需贷款贴息扶持的项目：影视制作、动漫网游、数字出版、非物质文化遗产开发利用、重点文化产业网站投资额在 500 万元以上的项目，其他文化产业投资额在 1 000 万元以上的项目。

（2）福建省支持 10 个省重点文化产业园区，每个园区给予补助 100 万元。

（3）在省重点文化产业园区和基地内的公共服务平台建设项目，可申请专项资助，单个项目资助金额最高不超过 100 万元。

（4）对举办文化产业领域的全国性、全省性重大活动项目，或者在福建省有重要影响的文化产业论坛、赛事、产业化文化艺术活动，可申请专项资助，原则上每个活动项目根据活动情况最多可给予项目运作实际发生费用 30% 的补贴，资助金额最高不超过 50 万元。

（5）为支持福建省数字影院发展，从 2010 年至 2012 年年底，对尚未有数字影院的县（市）和设区市新建或改造的，在获得当地广电部门审批和工商管理部门批准登记注册后，给予每家影院数字放映设备补助 50 万元。

（6）扶持全省演艺市场院线公共服务平台建设，3 年内每年补助 100 万元，3 年内建成覆盖全省主要城市的文艺演出院线，促进全省演出网络形成。

3. 促进投资、融资

投资、融资的财政支持主要表现在如下几个方面：

（1）加大金融支持。鼓励银行业金融机构加大对文化企业的金融支持力度。积极倡导鼓励担保和再担保机构大力开发支持文化产业发展、文化企业“走出去”的贷款担保业务品种。支持有条件的文化企业进入主板、创业板上市融资,鼓励已上市文化企业通过公开增发、定向增发等再融资方式进行并购和重组,迅速做大做强。支持符合条件的文化企业发行企业债券。

(2) 设立中国文化产业投资基金。按照有关管理办法,由中央财政注资引导,吸收国有骨干文化企业、大型国有企业和金融机构认购。基金由专门机构进行管理,实行市场化运作,通过股权投资等方式,推动资源重组和结构调整,促进国家文化发展战略目标的实现。

(3) 福建省委宣传部、中国人民银行福州中心支行、省财政厅制定了《金融支持福建省文化产业振兴和发展繁荣的实施意见》:① 创新抵押类贷款产品。大力拓展土地、厂房、房产等传统不动产抵押贷款业务,支持文化企业融资。大力发展文化企业设备抵押贷款业务,推广海峡银行“设备抵押超值贷”贷款业务,适当提高设备抵押贷款成数,增强文化企业融资能力。② 创新质押类贷款产品。鼓励金融机构积极开展对上下游企业的供应链融资,支持企业开展并购融资,促进产业链整合。对于具有稳定物流和现金流的企业,鼓励发放应收账款质押、仓单质押贷款。建立健全无形资产(如版权、商标权)价值评估体系,制定有关无形资产价值评估标准,建立无形资产价值评估中介机构和抵(质)押登记、交易平台,在有效防范信贷风险的基础上,积极探索文化企业版权、专利权、商标专用权等权利质押贷款业务,增强文化企业的融资能力。③ 创新信用保证类贷款产品。对处于成熟期、经营模式稳定、经济效益较好的文化企业,鼓励金融机构加大信用贷款投放。对处于产业集群或产业链中的中小文化企业,鼓励商业银行探索联保联贷等方式提供金融支持。鼓励有条件的金融机构开展事业法人账户监管融资和法人账户透支业务,通过账户现金流情况确定配套贷款额度,支持文化事业单位转型发展。对于融资规模较大、项目较多的文化企业,鼓励金融机构加强合作,以银团贷款等方式提供金融支持。④ 拓宽符合文化产业资金需求特点的多元化融资渠道,完善文化产业股权融资机制。发挥风险投资基金、私募股权投资基金等风险偏好型投资者支持初创期文化企业融资发展的积极作用,逐步建立以政府资金为引导、民间资本为主体的文化产业创业资本筹集机制和市场化的创业资本运作机制,完善创业投资退出机制,促进文化产业风险投资健康发展。加大对文化企业改制上市的支持力度,完善文化企业上市培育机制,建立宣传文化部门与各级上市办信息交流合作机制,优先将符合条件的文化产业企业列入省级重点上市后备企业名单,支持、推动文化产业企业利用沪深主板、中小板、创业板市场及海外资本市场上市融资和再融资,进一步拓宽融资渠道。发挥福州、厦门产权交易中心在文化产业融资中的作用，积极开展文化产业产权融资。⑤ 探索推动文化企业通过债券市场融资。支持符合条件的文化企业通过发行企业债、公司债等方式融资。积极发挥省级再担保公司和中债信用增进投资股份有限公司等专业机构的作用，为中小文化企业通过发行短期融资券、中期票据、集合票据等方式融资提供便利。对于运作比较成熟、未来现金流比较稳定的文化产业项目，探索以优质文化资产的未来现金流、收益权为基础，探索开展文化产业项目的资产证券化试点。⑥ 大力发展融资租赁业务。对于设备投入大的文化企业，支持银行业金融机构与融资租赁公司加强合作，通过直接融资租赁、售后回租等方式满足企业设备购置的各项融资需求。对融资租赁企业购买设备可能出现的资金缺口，鼓励银行业金融机构积极予以支持。发挥中国人民银行融资租赁公示登记系统作用，提高租赁物登记公信力和取回效率，为发展文化产业融资租赁业务创造良好的外部环境。加强对融资租赁业务的指导监督，促进融资租赁行业规范化、管理统一化、合同统一化，在规避风险的同时促进融资租赁业务有序、规范发展。

（二）税收优惠政策现状

在税收方面，国家为支持文化产业的发展，先后在增值税、营业税、所得税、关税和其他税种方面出台了一系列的政策。由于税法的制定权在中央政府手中，海西区的税收优惠政策主要通过国家在文化产业方面的税收优惠政策得以体现。

1. 增值税税收优惠政策

增值税方面，目前我国对文化产业所采用的优惠政策主要包括运用增值税税率下降、出口退（免）税、免征进口环节增值税、先征后退、免税等政策手段，在生产、出口、销售等环节，对经营性文化事业单位转制、重点文化产品生产企业、国务院批准成立的电影制片厂、经国务院广播影视行政主管部门批准成立的电影集团及其成员企业等机关单位及组织进行扶持。2009 年 1 月 1 日起，对图书、报纸、杂志的增值税税率下调为 13%。对属于增值税一般纳税人的动漫企业销售其自主开发生产的动漫软件，按 17% 的税率征收增值税后，对其增值税实际税负超过 3% 的部分，实行即征即退政策。对古旧图书，直接用于科学研究、科学试验和教学的进口仪器、设备免征增值税。自 2009 年 1 月 1 日至 2013 年 12 月 31 日，对广播电影电视行政主管部门按照各自职能权限批准从事电影制片、发行、放映的电影集团公司和电影制片厂及其他电影企业取得的销售电影拷贝收入、转让电影版权收入、电影发行收入以及在农村取得的电影放映收入免征增值税。对出口图书、报纸、期刊、音像制品、电子出版物、电影和电视完成片按规定享受增值税出口退税政策。对党报、党刊将其发行、印刷业务及相应的经营性资产剥离组建的文化企业，自注册之日起所取得的党报、党刊发行收入和印刷收入免征增值税。

2. 营业税税收优惠政策

营业税方面，国家主要采用不征、免征营业税两种手段对门票收入、电影发行收入及文化服务收入实行优惠。从 2009 年 1 月 1 日至 2013 年 12 月 31 日，广播电影电视行政主管部门按照各自职能权限批准从事电影制片、发行、放映的电影集团公司和电影制片厂及其他电影企业取得的销售电影拷贝收入、转让电影版权收入、电影发行收入以及在农村取得的电影放映收入免征营业税。文化企业在境外演出从境外取得的收入免征营业税。对部分省市有关单位根据省级物价部门有关文件规定标准收取的有线数字电视基本收视维护费，自 2009 年 1 月 1 日起，3 年内免征营业税。纪念馆、博物馆、文化馆、文物保护单位管理机构、美术馆、展览馆、书画院、图书馆等举办文化活动的门票收入以及宗教场所举办文化、宗教活动的门票收入，也可免缴营业税。

3. 所得税税收优惠政策

所得税方面，国家采用的所得税优惠原则是利用加计扣除、减免税等政策鼓励文化企业发展，扶持以高新技术为依托的新兴文化产业发展。从 2009 年 1 月 1 日至 2013 年 12 月 31 日，在文化产业支撑技术等领域内，按规定认定的高新技术企业，减按 15% 的税率征收企业所得税；文化企业开发新技术、新产品、新工艺发生的研究开发费用，允许按国家税法规定在计算应纳税所得额时加计扣除。出版、发行企业库存呆滞出版物，纸质图书超过五年，音像制品、电子出版物和投影片超过两年，纸质期刊和挂历年画等超过一年的，可以作为财产损失在税前据实扣除。已作为财产损失税前扣除的呆滞出版物，以后年度处置的，其处置收入应纳入处置当年的应税收入。对经营性文化事业单位转制为企业的，自转制注册之日起免征企业所得税。从 2009 年 1 月 1 日起，经认定的动漫企业自主开发、生产的动漫产品，可申请享受国家现行鼓励软件产业发展的所得税优惠政策。其中包括：① 软件生产企业实行增值税即征即退政策所退还的税款，被企业用于研究开发软件产品和扩大再生产的，不作为企业所得税应税收入，不予征收企业所得税。② 我国境内新办软件生产企业经认定后，自获得年度起，第一年和第二年免征企业所得税，第三年至第五年减半征收企业所得税。③ 国家规划布局内的重点软件生产企业，如当年未享受免税优惠的，减按 10% 的税率征收企业所得税。④ 软件生产企业的职工培训费用，可按实际发生额在计算应纳税所得额时扣除。⑤ 企事业单位购进软件，经主管税务机关核准，其折旧或返销年限可以适当缩短，最短可为两年。

4. 关税和其他税种优惠政策

国家对文化产业的优惠除了体现在增值税、营业税与所得税方面,同时还在关税和其他税种方面给予了一定的优惠,例如,规定从2009年1月1日至2013年12月31日,为生产重点文化产品而进口国内不能生产的自用设备及配套件、备件等,按现行税收政策有关规定,免征进口关税。由财政部门拨付事业经费的文化单位转制为企业,自转制注册之日起对其自用房产免征房产税等。

四、台湾文化产业财政支持现状

(一) 财政投入支持现状

1994年,台湾提出《十二项建设计划》作为未来施政的重点。其中,“充实省(市)、县(市)、乡镇及小区文化软硬件建设”成为十二项建设计划之“文化建设”的具体内容。该计划共分三大类12项子计划,三大类即文化资产保存与发展、加强县市文化活动与设施、加强乡镇及社区文化发展。自1994年该计划实施以来,台湾每年投入大量文化预算,进行地方文化软硬件建设。像“文艺季”“加强地方文化艺术发展计划”“辅导县市主题展示馆设立及文物馆充实计划”“小型国际文化艺术活动”等文化软件建设,获得了台湾的大量补助经费。

2002年5月,台湾明确将文化创意产业发展计划列入“挑战2008:‘国家’发展重点计划(2002—2007)”,“经济部”“新闻局”“文建会”及“教育部”2002—2009年投入文化创意产业的总经费,合计已超过98亿元(如表9-18所示)。[①]

表9-18 2002—2009年台湾“行政院”各部会投入文化创意业务经费汇整表

单位:亿元新台币

部门	2002	2003	2004	2005	2006	2007	2008	2009
“经济部”	0.46	4.10	4.66	5.62	4.31	4.47	4.05	2.85
“新闻局”	0.00	2.93	2.76	3.00	2.85	0.71	4.60	4.80
“教育部”	0.00	0.65	0.62	0.77	0.85	1.05	0.35	0.55
“文建会”	0.00	6.00	5.00	3.22	5.41	5.70	7.85	8.30
合计	0.46	13.68	13.04	12.61	13.42	11.93	16.85	16.50
占GDP比重(0.01%)	0.04	1.24	1.11	1.05	1.07	0.90	1.29	1.28

资料来源:台湾“行政院”“文建会”及《中国统计年鉴》。

---

① 其中“经济部”主要负责广告产业、设计产业、数字休闲娱乐产业、设计品牌时尚产业、创意生活产业等相关产业的培育与发展;“新闻局”则主管电影产业、广播电视产业、出版产业;“文建会”对文化创意产业的推动范围主要是视觉艺术产业、音乐与表演艺术产业、文化表演设施产业、工艺产业。

具体而言，台湾的文化产业财政支持表现在以下四个方面。

1. 区分行业进行投入

2009年的《创意台湾—文化创意产业发展方案》中，对2009—2013年对文化创意投入的预算制定如表9-19所示，总经费达到262.65亿元新台币，主要投入两个板块：环境整备和旗舰产业。环境整备是指对于所有文化创意产业整体面临的共通性问题，思考因应策略，着重于健全文化创意产业发展的相关方面，包括提供多元资金的导入、强化融资及创投机制、促进文创产业研发及辅导、建立人才培育及媒合机制、拓展国内外市场、扩展产业群聚效应等。旗舰产业则从现有各产业范畴中，择取发展较为成熟、具有产值潜力、产业关联效益大的业别，包括电视、电影、流行音乐、“数位内容”、设计及工艺产业，针对其发展特性及需求提出规划，予以重点推动，以期能在既有基础上再做强化和提升，并借以发挥领头羊效益，带动其他未臻成熟的产业。对于未纳入旗舰产业的业别，尚需加强扶植及辅导，因此借由环境整备各项项目的执行，建置产业共通性之良好发展环境，让其得以成长茁壮，并由主管部会各自拟订项目推动计划。

表9-19　2009—2013年对文化创意投入的预算制定表 单位：亿元新台币

计划名称	2009	2010	2011	2012	2013	小计
环境整备	4.95	9.36	18.97	11.56	12.02	56.86
电视内容产业	2.84	4.31	9.00	11.80	12.80	40.75
电影产业	2.97	4.41	15.00	15.00	15.00	52.38
流行音乐产业	0.72	1.75	5.10	4.85	4.85	17.27
“数位内容”产业	7.53	7.83	7.83	7.83	7.84	38.86
设计产业	2.81	4.89	7.61	3.70	3.70	22.71
工艺产业	3.34	4.12	8.91	8.80	8.65	33.82
合计	25.16	36.67	72.42	63.54	64.86	262.65

资料来源：《创意台湾—文化创意产业发展方案》。

2. 补助文化消费，培育文化市场

2010年台湾当局新出台的“文化创意产业发展法”中第十四条规定：为培养艺文消费习惯，并振兴文化创意产业，“中央”主管机关编列预算补助学生观赏艺文展演，并发放艺文体验券。其第十五条规定：为发展“本国”文化创意产业，“政府”应鼓励文化创意事业以优惠之价格提供原创产品或服务，其价差由“中央”主管机关补助之。这明确说明了台湾当局对文化创意产业的协助与补助。

3. 建立产业补助机制

2010年，"文建会"颁布"文化创意产业补助作业要点"，向研发生产组、品牌行销组、市场拓展组，每年分别提供新台币150万元、200万元、500万元的资金补助。对正处于创业或起步阶段的个人、工作室或小微企业，每年通过比赛、选秀等遴选方式，直接提供500万元新台币以下的种子基金，并鼓励学术单位设立专门的产业创新育成中心进行产业孵化，加速同市场机制的衔接。

4. 支持完善融资与投资机制

台湾当局鼓励商业银行根据文化创意企业特点，建立无形资产评价体系，合理确定其受信额度。2010年年底，"文建会"又启动250亿元新台币的文化创意产业优惠贷款，贷款最高额度为1亿元新台币，贷款范围由以往的有形资产、无形资产、周转资金放宽至新技术研发、人才培训等五个方面，贷款利息按中长期资金计算，由财政补贴利息差额。投资方面由"行政院国发基金"200亿元新台币的专项基金主体推动，并形成了多层次的投资结构。1亿元新台币以上的大型项目由"国发基金"结合大型法人直接投资；5 000万元至1亿元新台币的中型项目采取间接投资的方式，由"国发基金""经济部""文建会"共同成立"文创投资审议委员会"，下设创投公司，并积极吸纳民间资本进入，以"政府"资金49%、民间资金51%的方式进行投资和投资后管理。5 000万元新台币以下的小微项目则由"经济部中小企业处"委托7家投资公司进行投资管理。

（二）税收政策支持现状

台湾税收政策对文化产业的支持主要体现在"文化创意产业发展法"中，具体可以从税种上得以体现。

1. 所得税优惠

"文化创意产业发展法"第二十六条规定："营利事业之下列捐赠，其捐赠总额在新台币一千万元或所得额百分之十之额度内，得列为当年度费用或损失，不受所得税法第三十六条第二款限制：一、购买由国内文化创意事业原创之产品或服务，并经由学校、机关、团体捐赠学生或弱势团体。二、偏远地区举办之文化创意活动。三、捐赠文化创意事业成立育成中心。四、其他经中央主管机关认定之事项。通过让企业在所得税方面得到相当大的优惠，鼓励企业为文化事业捐赠。""文化创意产业发展法"第二十七条规定："为促进文化创意产业创新，公司投资于文化创意研究与发展及人才培训支出金额，得依有关税法或其他法律规定减免税捐。"

2. 营业税优惠

在台湾营业税法中规定，出版业发行经主管教育行政机关审定之各级学校所用教科书及经政府依法奖励之重要学术专门著作免征营业税。

3. 其他税收优惠

“文化创意产业发展法”第二十八条规定:文化创意事业自国外输入自用之机器、设备,经“中央”目的事业主管机关证明属实,并经“经济部”项目认定国内尚未制造者,免征进口税捐。

五、海西区文化产业发展的财政支持政策建议

通过对比海峡两岸现有的财政政策,我们发现,总体而言,台湾对文化产业的支持力度不一定大于海西区,但是在财政政策方面至少体现了三个方面的亮点,即支持文化消费、区分行业支持和有效的产业补助机制。此外,我们还应注意到,台湾对文化产业的财政支持立足于本岛已经拥有数量可观的文化产业人才这一现实背景。因此,通过对海峡两岸文化产业财政支持政的梳理,我们认为海西区政策应该从以下几个方面予以加强,以更好地促进本地区的文化产业发展。

(一) 强化财政支持效果

1. 进一步增加财政投入资金

文化产业的发展离不开稳定的资金支持,所以要进一步增加海西区政府财政拨款中的文化经费比例,不断改善投入方式和调整投资结构。在预算的安排上要尽可能达到合理的比例,以集中相对有限的财政投入资金,来确保重点公共文化服务项目的提供及优质的文化产品产出。同时,要形成相对稳定的文化经费保障机制,以此保证对文化建设项目的财政支持能够不间断。

2. 配合文化产业总体发展战略,财政重点支持发展龙头企业

财政资金总体较为有限,为了更好地发挥财政资金效果,财政支持方面应该做到重点突出。其中,最合适的参照对象就是本地区文化产业的总体发展战略。海西区政府在制定正确的文化产业总体发展战略之后,应将财政资金主要投入到文化产业中的龙头企业。力图通过龙头企业发展,辐射带动其他文化产业发展。

3. 切实提供培养和引进文化产业人才的财力保障

文化人才缺乏始终是海西区文化产业发展的瓶颈。海西区政府应专门设立文化产业人才引进基金,用该基金来为引进的文化产业人才提供生活和工作的物质保障。此外,还应设立文化产业发展教育基金,用于支持文化产业相关人才的教育。

4. 刺激文化消费需求,培育文化市场

文化产业发展离不开文化消费需求,海西区政府应从财政方面拉动文化消

费需求。例如,海西区拥有数量非常可观的地方戏剧,很多剧团都因资金短缺面临关门窘境。财政部门可以拨付资金鼓励他们到基层排演,政府买单群众消费。这既能够丰富群众的精神生活,又能够保障剧团资金,培育传统戏剧文化市场。

5. 鼓励对台文化交流,提升文化产业水平

台湾文化产业发展较为成熟,海西区的文化产业仍有待于进一步发展。海峡两岸的地理特征决定了它们具有很多的文化共性,借鉴台湾文化产业发展经验将能较快促进海西区文化产业发展。海西区政府可以专门拨付一笔资金,用以资助海西区企业或个人到台湾考察文化产业,尤其是传统文化产业,如戏剧等的发展经验。这将开拓海西区企业和个人经营文化产业视野,有利于文化产业的发展。

(二) 完善文化产业税收政策

1. 进一步强化战略发展意识,完善文化产业税收制度体系

鉴于近年来我国文化产业在政策层面上已经受到了一定的关注,但还是相对不足的情况,为进一步挖掘我国文化产业的发展潜力,政府部门应统一认识,将扶持文化产业的发展作为国民经济发展的重点,从制度层面确立文化产业优先发展的战略方向,以培养一批健康积极、具有国际竞争力的文化企业为目标,给文化产业提供长期稳定的外部发展环境。我国文化产业税收制度体系的建立应遵循公平税负、平等竞争的原则,改变以往按所有制性质制定税收优惠政策的传统思路,在2009年7月国务院制定的《文化产业振兴规划》的基础上,结合近年来我国税收工作实际,借鉴发达国家通过税收政策促进文化产业发展的经验,清理和完善业已执行的税收优惠政策,建立起规范统一、目标明确且针对性强的促进文化产业发展的税收制度体系。

2. 税制设置要有自动更新机制

这是文化产业具有知识密集、创意驱动和高附加值等产业特征,文化发展与其他产业发展并不完全同步所致。以版权保护为例,法国政府为了保护知识产权,于1985年设立了私人复制版税。消费者购买的每一种能为音像做空白载体的产品价格中均包含着这种版税。这种版税因载体的不同而有不同的税率。最近,法国政府打算对互联网公司征收广告收入税,即"谷歌税",以达到知识产权保护和补贴本国文化产业的目的。

3. 营造公平的税收环境

发挥税收对文化产业的支持作用,不仅要有科学、健全的税收政策和制度安排,而且要能落实各项税收政策,确保税收政策的现实效用。为此,营造公平

税收环境十分必要。首先,完善税收法制。要加强对各地文化企业税源、税负的分析评估,深入了解现实的税收环境,完善税收法制,提高各地文化产业税收依法征管水平。其次,落实税收优惠政策监督机制。确保国家调整产业结构、支持文化产业发展的税收优惠政策不打折扣地落实,并防止优惠政策的滥用。最后,完善税务公开制度。要积极推进税务公开,加强部门间协调,增强税收政策的可操作性和执法透明度,为文化产业发展创造公平、稳定的税收环境。

4. 增强文化产业税收政策的信息透明度

在我国,不仅境外投资者在国家税务总局的网站上或其他公开渠道中难以查询到有效而透明的税收法规,就连专业的财务工作人员也对各个部门、各个时期发布零散的各种财税政策通知和批复无所适从。税收政策的信息不透明已成为国际投资者投资我国文化产业的一大障碍。与此形成强烈对比的是,在英国、美国、加拿大等国的税务局网站上,境外投资者可以及时、方便地了解各种针对文化产业的最新税收法规,能够了解其将要从事的文化活动、文化产品的交易将涉及哪些税种并承担怎样的税收负担,从而可以评估其纳税风险,为经营活动的顺利开展奠定良好的基础。因此,建议国家税务总局在其网站上考虑用简洁、明了的方式将文化产业的税收政策予以公布,以方便投资者和各界人士查阅。

(三)建立完善文化产业投融资体系

1. 开辟多元化的融资渠道和机制

文化产业投资涉及面宽泛,既有对涉及文化产业的高新技术的开发,又有对公共文化基础设施的建设;既有对文化产业人才的培养,也有对经营性文化项目的建设。因此,包括政府、企业、私人等在内的不同的利益主体,出于对投资回报率的考虑,所倾向的投资重点也有所不同。基于这一点,必须建立多元化的投融资机制。西方国家运用混合的多元化的投融资渠道,这种混合渠道除了政府直接对文化领域提供财政支持外,还积极引导配套的社会资金及产业资金。比如美国政府尤其注重通过政策杠杆、法律法规来鼓励国内企业乃至全社会对文化事业进行投资和支持。

2. 实行投融资机制市场化

花建(2002)在“中国文化产业投资战略的思考”中提到,在投融资的前期一定要有一个过程的设计,要考虑风险和回报效益。要提高投资回报的效益,就必须确立市场在整个投资结构形成中的作用。这需要有一个前提条件,那就是市场可以对投资主体产生内在的约束作用。而要做到这一点,关键是投资主体本身具有与市场相对应的性质。王为理(2007)在《从边缘走向中心——深圳文化产业研究》中认为:“深圳大部分文化产业门类是在没有任何产业基础,几乎没有国家及地方政府资金投入和政策扶持的条件下,在自由竞争环境下成长起来的,具有鲜明的市场原发性,较少受计划经济体制下资源配置的约束,市场化和产业化程度较高。”

3. 实行投融资准入区别化

在市场准入这个条件上,需要正确引导非公有资本进入文化产业。国家发展和改革委员会公布的《国务院关于非公有资本进入文化产业的若干决定》明确提出了文化产业大幅度向民间资本开放。除了正确引导非公有资本进入文化产业以外,还应该积极、合理地利用外资来发展文化产业。

第十章

海西区生态文明

海西区生态文明发展是经济发展、社会支撑、环境保护和资源利用四位一体的和谐发展。本部分利用综合评价法对海西区20个城市进行了分类评价研究,提出了以下建议:厦门、泉州等全面发展型城市应把握机遇,扬长避短,在海西区生态文明建设中发挥领头羊的作用,不断推进生态文明发展;抚州、鹰潭等经济薄弱型城市应在保持良好生态环境和有效利用资源的基础上,积极提升本地区的经济竞争力;温州、丽水等环境薄弱型城市应在保证经济稳定发展的同时,加大环境保护的力度;三明、梅州等经济优势型城市应在加快经济发展的基础上考虑资源的利用水平和环境的承载能力;资源优势型的赣州则要通过承接产业转移和推进城市化进程等积极提升经济发展水平;宁德、漳州等环境优势型城市应努力提高经济发展水平,积极发展旅游业,将环境优势转化为经济效益;汕头和揭阳这两个相对落后型城市任重道远,需要努力推进经济和生态共同发展。此外,还应推进海西区各城市之间的信息交流合作、促进区域投融资机制建立、促进跨流域治理合作机制形成等。

第一节　海西区生态文明发展概述

一、十八大以来生态文明建设的重要论述

2012 年 11 月,党的十八大报告在对过去五年的工作和十年的基本总结中,充分肯定了我国全面推进资源节约和环境保护、扎实展开生态文明建设的举措和成果,同时强调必须全面落实经济建设、政治建设、文化建设、社会建设、生态文明建设五位一体总体布局,不断开拓生态良好的文明发展道路。十八大报告针对如何发展绿色循环经济、维护生态文明建设做出以下五个方面的战略部署:

一是优化国土空间开发格局。以人口资源环境相互均衡、经济社会生态效益相互统一为原则,控制资源开发强度,调整空间结构。加快实施主体功能区战略,构建科学合理的发展布局。

二是全面促进资源节约。倡导集约型的资源利用方式,加强节约管理,降低资源消耗强度,提高利用效率。控制能源消费总量,支持节能低碳产业和新能源、可再生能源发展。加强水资源保护和土地用途管制,合理开发矿产资源。发展循环经济。

三是加大自然生态系统维护。实施重大生态修复工程,推进生态问题综合治理,扩大森林、湖泊、湿地面积,保护生物多样性。加强防灾减灾体系建设,提高自然灾害防御能力。

四是提高环境保护力度。加强环境监管和宣传教育,增强全民环保意识。坚持预防为主、综合治理,强化水、大气、土壤的污染防治。

五是加强生态文明制度建设。将资源消耗、环境损害、生态效益纳入经济社会发展评价体系,建立体现生态文明要求的目标体系、考核办法、奖惩机制,健全生态环境保护责任追究制度和环境损害赔偿制度。

2013 年 3 月,在第十二届全国人民代表大会第一次会议上,国务院的政府工作报告对生态文明建设和环境保护提出下列政策措施:

一是坚持节约资源和保护环境的基本国策,着力发展绿色、循环、低碳经济。大力推进能源资源的节约和循环利用,重点抓好工业和公共建设领域的节能减排,降低能耗、物耗和二氧化碳排放强度。

二是加快调整经济结构和布局,抓紧完善相关标准、制度和法规体系,采取合理有效的措施防治污染,转变生产方式和生活方式,着力解决大气、水、土壤

等突出的环境污染问题,改善环境质量,维护人民健康。

三是优化国土空间开发格局,合理控制开发强度,调整空间结构。加强海洋综合管理,提高海洋资源开发能力,保护海洋生态环境。

四是深入实施区域发展总体战略,充分发挥各地区的比较优势,统筹规划、分类指导,促进区域经济协调发展。

二、全国生态文明发展概况

我国从十六大之后开始进行生态文明的实践,国家环保局着手进行了生态省、生态市和生态县的建设实践,至今已有海南、吉林、黑龙江、福建、浙江、江苏、山东、安徽、河北、广西、四川、辽宁、天津、山西、河南等15个省区市开展了生态省建设。自党的十七大确立生态文明建设的战略任务以来,生态文明已经从学术层面的探讨上升到政府施政纲领和国家理念,生态文明建设开始在全国范围内蓬勃展开。

我国生态文明的实践历程自“十一五”期间开始有了一定的突破性进展,国家采取了一系列措施,通过制订节能减排综合性工作方案,提出45条政策等,改善了重点地区和城市的环境质量,遏制了生态环境恶化的趋势。“十二五”规划中,国家再次强调“坚持把建设资源节约型、环境友好型社会作为加快转变经济发展方式的重要着力点”,发展循环经济,推广低碳技术,促进经济社会发展与人口资源环境相协调。在生态文明建设方面提出如下具体目标:耕地保有量保持在18.18亿亩,单位国内生产总值建设用地下降30%。单位工业增加值用水量降低30%,农业灌溉用水有效利用系数提高到0.53,新增5 000万亩高效节水灌溉面积。非化石能源占一次能源消费比重达到11.4%。单位国内生产总值能源消耗降低16%,单位国内生产总值二氧化碳排放降低17%。主要污染物排放总量显著减少,化学需氧量、二氧化硫排放分别减少8%,氨氮、氮氧化物排放分别减少10%。工业固体废物综合利用率达到72%,资源产出率提高15%。森林覆盖率提高到21.66%,森林蓄积量增加6亿立方米。

生态文明建设这项国家战略,不仅要通过中央各职能部门来推进,更需要充分调动地方积极性,通过地方政府以及相关部门来贯彻落实。省区是我国生态文明战略区域实现的重要载体,省区生态文明建设是国家生态文明战略的重要组成部分。从各地的“十二五”规划中,我们能够看出,大部分省区都已明确提出生态文明建设的思路和重点,强调以生态文明的理念指导新型工业化、新型城镇化和农业现代化,普遍将积极加强生态建设、加强资源节约和管理、大力发展循环经济、加大环境保护力度和建立防灾减灾体系等作为“十二五”时期生态文明建设的主要内容。

在我国省区生态文明建设方面，黄勤、杨小荔（2012）基于全国31个省“十二五”规划纲要的内容和结构，综合战略（认识）和战术（行动）两个层面，将各地生态文明建设的总体战略分为五种类型（见表10-1）。① 杨志华、严耕（2012）基于各省份的年度生态文明指数（ECI）的量化评价结果以及各省份在生态文明建设中所取得的生态活力、环境质量、社会发展和协调程度状况，将我国各省份的生态文明建设状况归纳为六大类型（见表10-2）。②

表10-1 我国省区生态文明建设战略类型

战略类型	重视程度和落实情况	代表省区
第一类：战略战术双领先型	战略上高度重视生态文明建设，对其目标、内容和任务都有明确界定和部署，处于全国领先水平	海南、江西、浙江、福建、广东、广西、贵州
第二类：战略优先型	思想上高度重视生态文明建设，将其写入指导思想，但战术层面缺乏有效指导，对生态文明建设的具体任务及内容等规划不足	四川、甘肃
第三类：战略战术相对均衡型	将生态文明建设写进规划原则或目标，在任务部署上较为具体，对其重要性的认识和具体部署均处于全国平均水平	安徽、山东、北京、宁夏、陕西、江苏、辽宁、重庆、湖北、天津、新疆、云南、河南、黑龙江
第四类：战术优先型	明确表述了建设生态文明的内容和任务，但未将生态文明建设写入规划指导思想或发展原则和目标	西藏、河北、湖南
第五类：战略滞后型	规划文本对“生态文明”或“建设”完全无表述	吉林、内蒙古、青海、上海、山西

表10-2 我国各省份生态文明建设六大类型

生态文明建设类型	代表省份
均衡发展型	海南、广东、北京
社会发达型	上海、天津、浙江、江苏、福建、山东
生态优势型	四川、吉林、黑龙江、辽宁、江西
环境优势型	贵州、云南、西藏
相对均衡型	重庆、广西、湖南、湖北、内蒙古、陕西、河北
低度均衡型	青海、山西、甘肃、新疆、安徽、宁夏、河南

① 黄勤、杨小荔（2012），“我国省区生态文明建设战略比较研究”，《江西社会科学》，（1）。

② 严耕、杨志华（2012），“中国生态文明建设的六大类型及其策略”，《马克思主义与现实》，（6）。

下面我们重点阐述东、中、西部地区部分省区近期生态文明建设发展情况。

（一）东部省区

2012年，山东省财政筹集近30亿元资金，大力支持实施造林绿化、生态能源、资源修复、面源治污和乡村文明等五大工程；全省新增造林面积200万亩以上；对2046万亩国家级和省级公益林进行生态效益补偿。在25个县开展生态农业与农村新能源示范县建设，分区域推动农作物秸秆、太阳能、沼气等清洁能源的综合开发利用。治理水土流失面积共计568.5平方公里，启动小清河调水补源工程。采取“以奖代补、以奖促建”方式，扎实开展生态文明乡村建设。

江苏省全面实施节能减排、绿色增长、碧水蓝天、植树造林、生态保护与建设、生态示范创建等六大行动。省政府向南京、无锡、苏州等13个省辖市下达生态文明建设工程“五年任务书”；完善规划环评与项目环评联动机制，提高环保准入门槛，实施了2000项重点减排工程，完成了800个大气污染治理项目。

浙江省把“着力建设生态文明”作为“五个着力”之一写入指导思想，将“生态文明建设实现新突破”确立为发展目标之一。坚持按照“以生态文化为先导、以生态经济为支撑、以生态环境为保障”的三位一体思路全方位推进生态文明建设。连续开展“811”环境污染整治行动和“811”环境保护新三年行动，大幅度提升了浙江省的污染防治和环境监管能力，全省城市污水处理率达到82%，2011年全省环境违法处罚额超过4亿元。

福建省于2011年出台《福建生态省建设“十二五”规划》，并进一步提出“建设更加优美更加和谐更加幸福的福建”的目标要求，把水土流失治理作为生态省建设的突破口，把造林绿化作为生态省建设的重点任务，实施“四绿工程”，开展“大造林”活动。把环境容量和环境准入作为项目引进的重要依据，建立生态环境保护行政执法责任制，把环境保护列入各级政府绩效考核。深入实施“人往沿海走、钱往山区拨，沿海主要发展产业、山区主要保护生态，发展飞地经济、促进山海互动”的山海协作新模式，推动区域统筹协调发展。

海南省于2012年4月提出以人为本、环境友好、集约高效、开发包容、协调可持续发展的“科学发展，绿色崛起”发展战略，把建设全国生态文明示范区定位为国际旅游岛建设的战略目标。2012年9月，海南省通过《海南省绿化宝岛大行动工程建设总体规划（2011—2015年）及实施方案》。五年间海南省预计将完成造林绿化总任务150万亩，全省森林覆盖率达到62%以上。通过紧抓“文明生态村”建设，海南省文明生态村建设已超过1.2万个，覆盖率超过50%。

（二）中部省区

山西省把“绿化山西”放在建设绿化山西、气化山西、净化山西、健康山西“四个山西”的首位，确保每年完成营造林400万亩以上，截至2020年全省森林覆盖率超过26%。2012年，山西省大力实施太行山、吕梁山“两山”造林工程，水网、路网“两网”绿化工程，干果经济林、速生丰产林“两林”富民工程，城市郊区、矿区“两区”增绿工程。2013年年初，山西省政府出台了《关于加强环境保护促进生态文明建设的决定》，提出培育优势环保企业集团和产业联合体的设想，推进环境科学技术进步，构建环保产业体系。实施科技振兴环保战略，推进环保攻关和研发，激励环保科研自主创新。

河南省通过“两不牺牲三化协调”进行生态文明建设，强调不以牺牲农业和粮食为代价，不以牺牲生态和环境为代价，化解乡城转变不占用更多空间的问题，化解经济发展与环境恶化之间的矛盾，化解粮食安全与工业增长之间的矛盾。出台《河南生态省建设规划纲要》，着力构建六大体系：绿色高效的生态经济体系、可持续利用的资源支撑体系、全防全治的环境安全体系、山川秀美的自然生态体系、环境友好的生态人居体系、健康文明的生态文化体系。力争通过20年的努力，全面完成生态省规划建设任务。

为确保生态强省建设目标的实现，安徽省从区域发展、生态经济、自然生态保护、资源利用、环境保障、美好家园、生态文化等七个方面做出部署，着力构建主体功能明确的区域发展体系、高效低耗的生态经济体系、山川秀美的自然生态体系、可持续的资源支撑体系、安全稳定的环境保障体系等七大体系，提出实施重点流域水环境综合治理、面源污染防治、空气清洁、千万亩森林增长、生态安全提升、循环经济壮大、绿道建设、乡村生态环境建设、食品安全保障和绿色消费等十大工程。

江西省坚持“生态立省，绿色发展”理念，结合鄱阳湖生态经济区建设和加快赣南等地区振兴发展的实际，大力推进生态文明建设，实施“五河一湖”源头保护、“一大四小”造林绿化等生态工程。2012年年底，江西省森林覆盖率上升至63.1%，主要河流监测断面水质达标率提高到81.8%，全部11个设区市城区空气质量全部达到国家二级标准。

（三）西部省区

陕西省强调在建设生态文明中推进“三强一富一美”，继续推进生态环境建设，扩大绿色版图，增强环境承载能力。扎实推进以陕西林业生态美

“3·10”重大工程为主的各项林业建设任务，加快实现关中大地园林化、陕北高原大绿化、陕南山地森林化。加大产业结构调整力度，发展循环绿色经济。强化生态文明制度建设，把资源消耗、环境损害、生态效益纳入经济社会发展评价体系。

贵州省依托生态文明贵阳会议，全面推进生态文明建设。通过严格落实已经划定的重点开发区、优化开发区、限制开发区、禁止开发区的功能定位，实施差异化发展战略，凸显贵州山多、民多、湿地多的生态优势，加大退耕还林力度和林业重点工程支持，加强森林经营建设。围绕建设长江、珠江上游重要生态安全屏障的目标，加大坡耕地水土治理力度，遏制石漠化扩展趋势，保护与开发并举。将生态文明建设寓于旅游发展中，发扬贵州特色。

四川省把生态文明建设作为全省经济社会发展总体布局的重要组成部分，全面启动生态省的建设工作，提出“还三江清水，建生态四川”的战略目标，把生态文明建设放到更加突出的战略位置，将重点生态功能区建设、主要江河水系等生态系统保护和实施重点生态工程结合起来。在“十二五”规划纲要中，四川省首次提出了构建以长江、金沙江、大渡河、嘉陵江等主要江河水系为骨架，以山地、森林、草原、湿地等生态系统保护为重点，以点状分布的世界遗产地、自然保护区、森林公园和风景名胜区为重要组成部分的生态安全战略格局。

甘肃省是我国生态系统最脆弱、最复杂的地区之一，是西北乃至全国重要的生态安全屏障。甘肃省在努力创建国家生态安全屏障综合试验区的过程中，着力加强重要生态区位环境治理：在河西地区着力打造祁连山生态环境建设与保护区，在中部和陇东地区着力打造黄土高原水土保持综合治理区，在南部地区着力打造江河水源涵养保护与建设功能区。推进重点生态工程建设，实施生态移民工程，减轻草场载畜压力。

新疆维吾尔自治区自2012年以来，开展了目前国内规模最大、建设速度最快的“煤改气”工程，改造后乌鲁木齐的天然气供暖比重达76%。2012年全年空气质量达标天数为292天，采暖季空气质量优良天数较2011年增加了近一倍。出台了《关于大力加强生态文明建设和环境保护工作的决定》和《新疆维吾尔自治区生态环境功能区划》，构建和完善切实可行的环境管理机制。按照“优化绿洲、抚育山区、稳定荒漠”战略方针，加强生态建设和保护。

综上，我们可以看出，我国各省区均重视生态文明建设，并取得了阶段性的建设成果。生态文明建设的最终目标，是要实现各方面的全面协调发展，特别是实现经济发展与生态环境改善之间的良性循环。因此，各省区基于自身实际,发挥优势,或及时填补“短板”,确定相应的生态发展战略。

三、海西区生态文明发展概况

2011 年,国务院批准通过的《海峡西岸经济区发展规划》明确指出,要加强环境保护和生态建设,大力发展循环经济、绿色经济,推进资源节约型和环境友好型社会建设,努力建设人居环境优美、生态良性循环的可持续发展地区。2011 年以来,海西区生态文明发展概况可归为如下几个方面:

(一) 加强生态建设和保护,强化环境综合整治

泉州市着力推进绿色屏障建设,实施沿海防护林体系建设工程,重点建设以红树林为主的消浪林带、海岸基干林带和纵深防护林。温州市开展“森林进城、森林围城、进城口森林化”项目,建设主城区城市森林,大幅度增加城市绿量。漳州市拿出一块滨江地段,规划建设面积 3.3 平方公里的碧湖生态园,并在中心城区周边规划建设 22 处、面积达 100 平方公里的郊野公园。南平市在其颁布的《“十二五”环境保护与生态建设专项规划》中,强调加大生态修复力度,强化林业生态系统的保护建设,开展以绿色城市、绿色村镇、绿色通道、绿色屏障为重点的城乡绿化一体化工程。厦门市先后制定和调整了《厦门市集中式生活饮用水源保护区规划》,重点饮用水源一级保护区边界界碑设置和保护性设施建设全部完成。龙岩市全面开展水土流失治理工作,2011 年年底,全市水土流失面积降至 235 万亩,2012 年,龙岩市市委、市政府先后下发了《进一步加快水土流失治理和生态市建设》等 12 份文件,通过了《关于加快推进生态市建设的意见》,市财政安排 3 100 万元资金专项用于水土流失治理。为加强矿产资源开发和保护,促进生态文明建设,上饶市国土资源局积极推进矿山环境治理和生态恢复保证金管理制度,市级发证矿山企业全部编制了《矿山环境治理和生态恢复方案》,全市共存储矿山环境治理和生态恢复保证金 207 余万元。

(二) 突出区位优势和特色,积极发展生态产业

丽水市大力发展现代服务业,提出了具有丽水特色的“3 + 1”产业体系,其中的“1”是指从服务业中突出出来的生态休闲养生旅游业。潮州市围绕建设“国内重要的特色产业基地”和“广东重要的临港产业基地”的目标,以战略性新兴产业为先导,以临港产业为重点,以现代服务业为配套,构建布局合理、结构优化、技术先进、集约节约的具有潮州特色的现代产业体系。泉州市大力发展特色高效生态农业,推进农业标准化和安全农产品生产,重点推广“丘陵山地

综合开发”“农业有机废弃物综合利用”等循环农业模式。2012年，南平市通过《关于加快绿色发展推进生态文明建设的决议》，将发展绿色经济作为区域经济的主导，构建具有特色规模优势的绿色现代产业体系，突出发展生态农业、观光农业、精细农业，建设武夷山下有机生态绿色食品基地。

（三）开展产业改造行动，倡导清洁生产

温州市对电镀、合成革、化工、造纸、铸造、印染水洗、印刷包装冶金和建材等行业进行改造提升、整合重组，建设了一批专业化园区，形成了区域产业集聚群并着力推进工业循环经济“2211”示范工程。2012年，厦门市印发《厦门市电镀行业污染综合整治方案》，并制订《集美区涉重金属行业整治提升方案》，正式启动厦门市电镀行业污染综合整治工作。汕头市不断深化重污染行业整治工作，积极推进印染、电镀等重污染行业基地建设，以点带面、全面推进污染整治工作，加大对危险废物、严控废物、医疗废物以及重金属污染企业的监管、排查、处罚力度。

厦门市与福州市积极开展和落实强制性清洁生产审核的企业，分批确定强制性清洁生产审核企业名单。福州市环科院成立清洁生产中心，全面开展清洁生产审核评估工作。梅州市在其《环境保护与生态建设“十二五”规划》中明确指出以推行清洁生产为主线，深化工业污染防治。抚州市环境保护局严把项目审批程序，坚持“三不进”（有污染、环保达不到要求的项目不进，易燃易爆、安全不达标的项目不进，高耗能、低附加值的项目不进）原则，大力推进企业节能降耗，从源头控制“三废”的产生和排放。

（四）营造生态城镇体系，优化空间发展布局

福州市市委市政府提出2015年实现国家级生态市的目标，推动各县（市）生态创建工作。泉州市突出重点地域和重点轴带生态建设，加快推动“生态市—生态县（市）—生态乡镇—生态村”的四级生态城镇村体系建设。衢州市和温州市也提出创建“生态县（市、区）—生态乡镇（街道）—生态村（社区）”三级生态文明体系的阶段性目标。

漳州市通过明确主体功能分区，把自然保护区域划定为禁止开发区域，引导重大项目、新兴产业向沿海地带、城镇密集区和重点开发区转移，构建滨海城镇发展区。梅州市以优化空间布局为突破，实现分类指导、分区控制和管理，参照生态环境功能区划，将全市整个区域划分为“严格控制区、有限开发区和集约利用区”三个区域，实行生态分级控制管理。揭阳市提出强化功能区划调控，将主体功能区划和生态环境功能区划作为关键约束，严格执行分区控制要求，合

理引导产业发展和布局调整,优化资源配置。

第二节 海西区生态文明发展存在的问题

近些年来,随着我国经济水平和综合国力的稳步提高,国民素质和文化程度也得到了大幅提升,越来越多的人开始意识到保护自然环境、维持生态平衡的重要性。党的十八大报告中,在提到加大生态和环境保护力度时也提出要"增强生态产品生产能力"。但是不能忽视的是,我国的生态文明建设依然存在很多问题,比如环保力度不足、资源开发过度、地域性发展不均衡等。此外,部分地区、部分企业甚至地方政府依然坚持片面、粗放的经济增长模式,以牺牲生态环境为代价谋求短期利益。因此,本节将针对海西区 20 个城市的生态文明发展状况进行评价,并分析这些城市在其生态文明建设进程中存在的问题。

一、海西区生态文明发展的测度

本章将沿用《海峡西岸经济区发展报告 2012》(以下简称"2012 报告")中"生态文明发展报告"部分指标体系的构成与计算方法。之所以采用原有的指标体系和德尔菲法计算权重,主要原因在于"2012 报告"中所涉及的相关数据均为 2009—2010 年年度统计数据,与本章中所使用的 2011 年年度数据具有可比性,有利于我们对照分析海西区每个城市在生态文明建设进程中的发展情况和变化规律。

经统计分析得出的 2011 年生态文明评价结果(如表 10-3 所示)与 2009 年、2010 年有所不同(2009 年、2010 年生态文明评价得分请见"2012 报告"第 338—339 页)。其中,泉州以总分 63.91 超过厦门成为 2011 年生态文明建设程度最为完善的城市,但观察四个组成部分的分数仍然可以看出厦门在资源利用与环境保护方面付诸的行动超过其他海西区城市。此外,其他城市的综合 EPI 得分和各部分评分也都较前两年出现较大差异。

表 10-3　2011 年生态文明评价结果

城市	排名	总得分 ECI	经济发展 A_{1i}	社会支撑 A_{2i}	资源利用 A_{3i}	环境保护 A_{4i}
泉州	1	63.91	8.96	16.03	12.43	26.49
厦门	2	63.23	10.27	10.54	13.09	29.33
福州	3	63.05	9.66	13.95	12.76	26.68
莆田	4	61.49	6.41	11.97	15.67	27.44
龙岩	5	59.80	6.46	14.27	12.78	26.28
抚州	6	58.87	3.80	9.50	15.83	29.74
鹰潭	7	58.20	4.74	10.22	17.16	26.08
温州	8	55.84	9.75	12.57	13.00	20.52
宁德	9	55.38	6.28	11.44	11.53	26.14
南平	10	54.28	4.55	13.33	11.55	24.85
丽水	11	54.16	5.54	12.44	15.01	21.17
漳州	12	53.00	6.26	9.09	10.73	26.92
梅州	13	52.79	6.31	11.73	12.07	22.68
赣州	14	49.83	2.29	11.13	14.15	22.26
揭阳	15	49.80	4.53	10.36	11.62	23.29
上饶	16	49.55	2.92	11.21	6.51	28.91
三明	17	48.62	6.90	12.80	9.02	19.90
衢州	18	46.89	5.32	13.64	12.43	15.50
潮州	19	44.97	8.02	10.40	10.20	16.35
汕头	20	41.67	8.00	5.42	8.83	19.41
平均	—	54.27	6.35	11.60	12.32	24.00

资料来源:经作者分析得到。

依照“2012 报告”的分类方法,将经济基础与社会支撑两部分合为一项,共同代表生态文明建设的基础部分,资源利用和环境保护各自列为两项,我们可以依照每个城市的各部分得分是否高于总体平均值而将其分为七类:全面发展型、经济薄弱型、环境薄弱型、经济优势型、资源优势型、环境优势型和相对落后型。可以从表 10-4、表 10-5 的对比中观察到,2011 年有福州、莆田、龙岩三个城市进入了全面发展型的行列,汕头失去其在资源利用方面的优势与揭阳同列在相对落后型中。除此之外,分布在薄弱型和优势型五种类型的城市也发生了较明显的变化,值得我们的关注和思考。

表 10-4　2009—2010 年生态文明城市分类标准

类型	子系统平均值			城市
	经济社会	资源利用	环境保护	
全面发展型	大于	大于	大于	厦门、泉州
经济薄弱型	小于	大于	大于	宁德、丽水
环境薄弱型	大于	大于	小于	温州、衢州、潮州、莆田
经济优势型	大于	小于	小于	福州、龙岩
资源优势型	小于	大于	小于	鹰潭、汕头、抚州
环境优势型	小于	小于	大于	漳州、梅州、赣州、上饶、三明、南平
相对落后型	小于	小于	小于	揭阳

资料来源：洪永淼(2012)，《海峡西岸经济区发展报告 2012》，北京大学出版社。

表 10-5　2011 年生态文明城市分类标准

类型	子系统平均值			城市
	经济社会	资源利用	环境保护	
全面发展型	大于	大于	大于	泉州、厦门、福州、莆田、龙岩
经济薄弱型	小于	大于	大于	抚州、鹰潭
环境薄弱型	大于	大于	小于	温州、衢州、丽水
经济优势型	大于	小于	小于	梅州、三明、潮州
资源优势型	小于	大于	小于	赣州
环境优势型	小于	小于	大于	宁德、漳州、南平、上饶
相对落后型	小于	小于	小于	汕头、揭阳

资料来源：经作者分析得到。

二、各类型城市存在的问题

（一）全面发展型

2011 年，海西区 20 个城市中属于全面发展型的城市有泉州、厦门、福州、莆田和龙岩，这五个城市在生态文明建设发展中有着优秀的表现。主要体现在：经济社会发展水平较为突出，资源利用相对合理，环境保护情况良好等。在这五个城市中，泉州和厦门是在生态文明建设中表现最为突出的两个城市。纵观近三年的数据，泉州和厦门在生态文明建设的各个子系统中都表现出色，很好地协调了经济发展与环境保护之间的关系，因此它们也在 2010 年和 2011 年的评估中均被定位为全面发展型城市。而另外三个城市福州、莆田和龙岩，虽然在 2010 年的评估中未成为全面发展型城市，但经过两年的调整和发展均在

2011 年取得了良好的成果,实现了经济发展与保护生态的双赢,晋升成为全面发展型城市。下面分别就这五个城市的生态文明建设发展进行具体分析。

首先,厦门在 2010 年的评估中以 71.43 的高分成为海西区生态文明发展程度最高的城市,而在 2011 年被泉州以微弱优势赶超。通过分析各个子系统指标数据可以看出,厦门生态文明建设总体势头依旧强劲,故我们将其归为全面发展型。具体来说,2011 年厦门的经济发展指标以 10.27 的得分继续位列海西区第一位,人均 GDP 和城市化水平指标位于海西区城市首位。与前两年情况差别较大的是,2011 年厦门的社会支撑指标被多个城市赶超,失去了原来的优势,这也是厦门综合排名第一的位置被泉州取代的主要原因。这个问题有两个方面的原因:第一,厦门人口密度大,这给生态环境造成了极大的压力,且不利于社会各方面的进一步发展。第二,随着海西区其他城市加大科技教育投入以及社会保障支出力度,厦门在社会支撑方面的优势逐渐缩小甚至被赶超。在资源利用和环境保护方面,厦门以超过均值的分数依旧保持领先优势。其中在资源利用方面,厦门在产出能耗量和工业固体废物综合利用率等方面的优势较为明显,这得益于厦门市政府积极推动低碳城市发展,在生产中强调节能减排的理念和推行废物综合利用的措施。在环境保护方面,由于厦门在水污染以及大气污染治理问题上的重视,全市 2011 年单位 GDP 二氧化硫含量在 20 个城市中最低,同时工业废水排放达标率达到了 100%。

其次,2011 年泉州四个部分的综合得分从 2010 年的第二名上升到了第一名,继续保持为全面发展型城市。泉州在经济发展和社会支撑方面的得分分别为 8.96 和 16.03,高于平均分 6.35 和 11.60。在海西区 20 个城市中,泉州的失业率最低,科技投入占财政支出的比重最大,这些都为发展生态文明奠定了坚实的基础。在资源利用方面,泉州以 12.43 的得分几乎与平均分持平,其中三废综合利用产出率较低,建议应加强对废水、废物和废气的利用。在环境保护方面,泉州的得分高于平均分,大部分指标位列前茅。

再次,福州和龙岩从经济优势型城市转变为全面发展型城市。先是福建省省会福州,在经济社会发展方面,福州继续保持着良好的发展势头,经济发展与社会支撑指标均高于平均水平。而在资源利用方面,2010 年福州该指标得分远低于平均值,经过节能减排的大力推行和加大废物综合利用的力度,2011 年福州资源利用水平基本达到平均值以上,其中产出能耗量和工业固体废物综合利用率更是有了较大的提升。在环境保护方面,福州的得分为 26.68,高于平均分 24.00,改变了前几年环境保护相对薄弱的情况。另一个城市龙岩的情况与福州大体相同,都是在社会经济发展水平良好的前提下,通过提高资源利用效率和加强对生态环境的保护,从经济优势型城市转变为全面发展型城市。

最后,莆田由 2010 年的环境薄弱型转变为全面发展型城市。2010 年莆田除环境保护指标低于平均值外,别的指标均高于平均值。2011 年莆田实现了四个子系统指标均高于平均值。其中经济发展与社会支撑分别以 6.41 和 11.97 的分数高于 6.35 和 11.60 的平均值。资源利用的得分为 15.67,高于平均值 12.32。在原本薄弱的环境保护方面,莆田 27.44 的高分位列海西区城市第四。可以看出莆田近年在生态环境保护方面下了很大工夫,其中在提高空气质量、提升城市生活垃圾无害化处理率以及降低农药使用强度方面的表现突出。

(二) 经济薄弱型

2011 年海西区城市中属于经济薄弱型的城市有抚州和鹰潭。这个类别城市的特点是在资源利用和生态环境保护方面的表现良好,但在经济社会发展方面的表现落后于平均水平。对比 2010 年数据情况我们可以发现,这两个城市在 2010 年均为资源优势型城市,即除了在资源利用方面效率较高外,经济社会发展与生态环境保护方面得分低于均值。发生这样改变的原因在于:这些城市的工业化起步较晚,经济发展进程相对落后,在前期发展的时候并未全面考虑到环境保护问题,导致生态环境遭到一定破坏。而随着环保意识的逐渐提升,两个城市都加大了在环境保护上的力度并取得了不错的成效。由于抚州与鹰潭同是江西省的城市,且在生态文明建设方面表现出相似的特征,故以下以抚州为例具体分析一下这种类型城市的发展情况。

从综合指标得分来看,2010 年抚州以 47.32 的综合得分位列海西区 20 个城市生态文明综合指标排名第 15 位。2011 年抚州位次上升至第六位,得分为 58.87。综合来看,抚州在生态文明建设上的进步与发展是非常大的。从各个子系统指标来看,抚州在经济社会发展方面的得分仍然在平均分之下。经济发展与社会支撑得分分别为 3.80 与 9.50,与平均分 6.35 和 11.60 还有一定差距。其中人均 GDP、城市化水平、第三产业比重等指标得分较低,与平均水平相差甚远。从近几年抚州经济发展的总体态势来看,生产总值稳步增长,基本保持每年高于 10% 的增长速度。但是,作为传统的农业城市,抚州工业化起步较晚且进程相对缓慢,在工业化经济时代下,这使得抚州在经济高速发展的海西区城市中表现相对落后。在资源利用和环境保护方面,抚州的表现则可圈可点。资源利用指标得分以 15.83 名列海西区城市中的第二位。其中单位 GDP 电耗是 20 个城市中最低的,且产出能耗量与工业固体废物综合利用率较高。环境保护指标相较 2010 年低于平均水平的情况,有了很大的进步。2011 年环境保护指标得分 29.74,远高于平均分 24.00。可以看出抚州在生态环境保护这一方面做出了很大努力，这也是其从资源优势型城市转变为经济薄弱型城市的主要原因。其中，城市生活垃圾无公害化处理率达到100%，农药使用强度较低，城市空气质量良好。

（三）环境薄弱型

2011年属于环境薄弱型的城市为温州、衢州和丽水。这个类型城市的社会经济发展和资源合理利用水平超过平均值，但在环境保护方面有待提高。在这三个城市中，温州和衢州在2010年的评估中也被归类为环境薄弱型，丽水从经济薄弱型转变为环境薄弱型。这些城市追求经济发展，而忽略了对环境的保护和维持，使得生态环境遭到一定程度的污染破坏。下面就分别对这三个城市的生态文明建设发展做一个具体分析。

首先，温州在2010年和2011年的评估中均为环境薄弱型城市，各项指标情况变动不大。在经济社会发展方面，温州以其雄厚的经济实力继续排在海西区前列。在经济发展和社会支撑指标中分别获得9.75和12.57的分数，超过平均水平，其中第三产业比重与授权专利数远高于海西区城市平均值，这为生态文明建设提供了坚实的保障。在资源利用方面，温州的得分高于平均值。相比之下，温州在环境保护方面的表现就不尽如人意，该项指标得分为20，低于平均水平。其中在空气质量和城市污水集中处理率上得分较低，温州应加强对于废水的集中治理，同时严格控制工业废气以及粉尘排放量。在保持经济稳定高速发展的同时，确保环境保护措施落实到位。

其次，衢州与温州情况类似，2010年和2011年均为环境薄弱型城市。在经济社会发展上，2011年衢州得分总体上高于海西区城市平均值，其中失业率较高的问题需要得到重视和解决。而在资源利用方面，衢州以12.43的得分与平均分持平。其中单位GDP电耗在海西区城市中最高，这与衢州大量的工业耗电有关，应继续优化经济产业结构，减少能耗。在环境保护方面，衢州以15.50的得分在20个城市中垫底，其中单位GDP二氧化硫含量最高，工业废水处理排放达标率较低。严重的环境污染将会制约经济的稳定发展，因此减少工业废气排放、提高工业废水处理达标率是目前的当务之急。

最后，丽水从经济薄弱型城市转变为环境薄弱型城市。2011年经济发展和社会支撑两项得分之和达到了与平均值持平的水准，总体经济发展势头迅猛，其中第二产业和第三产业的发展尤为迅速。此外，丽水人均住房面积位列第一，同时在人口密度上也有一定优势，较小的人口压力可以给生态文明建设更大的发展空间。但在经济高速发展的同时，丽水牺牲了在环境保护方面的优势。2010年丽水在环境保护方面的得分高于平均分，在海西区城市中位列前茅。但在 2011 年丽水环境保护得分 21.17,低于 24.00 的平均分。其中人均公共绿地面积较小、城市污水集中处理率较低的问题显得尤为突出。

（四）经济优势型

这一类型的城市在经济社会层面上大于海西区 20 个城市的平均水平,但在资源利用和环境保护上却均落后于平均水平。不同于 2010 年的福州、龙岩两市,2011 年进入这一类型的城市包括梅州、三明和潮州三个城市。而 2010 年梅州、三明都属于环境优势型,潮州则属于环境薄弱型。下面对这三个城市的变化分别进行具体分析。

首先,梅州虽然从环境优势型转变为经济优势型,但其经济社会发展水平仅仅略微高于平均水平,而在资源利用和环境保护方面却低于平均水平,这表明梅州在经济社会发展上虽然有所进步,但在环境保护方面却退步了。梅州在经济发展和社会支撑的得分分别为 6.31 和 11.73,这与平均水平 6.35 和 11.60 基本没有差别。在资源利用上得分为 12.07,比平均水平 12.32 略低。但在环境保护上得分为 22.68,低于平均水平 24.00,而这也拖累了梅州生态文明的总得分,使其位于海西区 20 个城市的第 13 位。人均公共绿地面积偏低、城市污水集中处理率偏低、单位 GDP 二氧化硫排放量较高是导致梅州环境保护方面得分较低的主要原因。

其次,三明和梅州类似,都是从环境优势型转变成了经济优势型。但不同于梅州,三明的经济社会发展水平高出平均水平较多,而在资源利用和环境保护方面则大大低于平均水平。这显示出了三明 2011 年在经济社会的发展上进步非常大,但忽视了对环境的保护。三明在经济发展和社会支撑方面的得分分别为 6.90 和 12.80,高于平均水平 6.35 和 11.60。在资源利用和环境保护上的得分分别为 9.02 和 19.90,相对于平均水平 12.32 和 24.00 来说明显偏低,而这也导致三明在 20 个城市中总体排名仅名列第 17 位。在资源利用方面,产出能耗量、单位 GDP 电耗、工业固体废物综合利用率都处于下游水平。而在环境保护方面,空气质量较差和单位 GDP 的二氧化硫含量偏高。三明的环保形势由此可以看出并不乐观。

最后,潮州由环境薄弱型转变为经济优势型,保持了经济社会发展水平高于平均水平的状态,但资源利用却变成了低于平均水平,环境保护也远远低于平均水平。这体现了潮州在经济社会发展和资源利用环境保护之间的严重不平衡。在经济发展和社会支撑这两项上,潮州的得分分别为 8.02 和 10.40,相对于平均水平 6.35 和 11.60 来说,呈现出一高一低的状态,但两项加总后水平高于平均水平。而在资源利用和环境保护这两项上,潮州的得分分别为 10.20

和16.35，远远低于平均水平12.32和24.00，如此差的表现也导致其综合排名在海西区所有20个城市当中名列第19位。在社会支撑方面，潮州人口密度偏大，人均住房面积偏小，每千人拥有的病床数较少。在资源利用方面，产出能耗量和单位GDP电耗偏高。在环境保护方面，空气质量较差，人均公共绿地面积偏小，农药施用强度过大。除经济发展外，潮州在其他各个方面的表现都不尽如人意，亟待改善。

（五）资源优势型

这一类型的城市在资源利用层面高于海西区20个城市的平均水平，但在经济社会发展和环境保护上却均落后于平均水平。2011年只有赣州进入了这一类型，而2010年则包括了鹰潭、汕头、抚州三个城市。而赣州在2010年属于环境优势型。下面对赣州的变化进行分析。

赣州从环境优势型变成了资源优势型，在经济社会发展方面依然保持了低于平均水平的状态，但资源利用方面高于平均水平，环境保护方面低于平均水平。这体现了赣州经济社会发展的落后且其对环境保护的投入造成了不利影响。在经济发展和社会支撑方面，赣州的得分分别为2.29和11.13，经济发展远远低于平均水平6.35，名列20个城市的最后一位，社会支撑相对略低于平均水平11.60。在资源利用方面，赣州得分为14.15，高于平均水平12.32。在环境保护方面，赣州的得分为22.26，低于平均水平24.00。受累于经济发展水平，赣州的综合排名为第14位。赣州人均GDP最低，城乡居民可支配收入比最高，城市污水集中处理率水平低下，单位GDP二氧化硫排放量偏高，这些方面都显示出赣州面临着需要提高经济发展的水平和质量的重任。

（六）环境优势型

这一类型的城市在经济社会和资源利用层面低于海西区20个城市的平均水平，但在环境保护层面高于平均水平。属于这一类型的城市数量较多，2011年有宁德、漳州、南平、上饶等四个城市，而在2010年这一类型的城市有漳州、梅州、赣州、上饶、三明、南平等六个城市。漳州、南平和上饶在2011年类型保持不变，而宁德则由经济薄弱型变成环境优势型。下面对这四个城市分别进行分析。

宁德由经济薄弱型转变为环境优势型，不仅经济社会发展低于平均水平，资源利用水平也从高于平均水平变成低于平均水平，不过在环境保护层面保持在高于平均水平的状态。在经济发展和社会支撑层面，宁德的得分分别为6.28和11.44，均略低于平均水平6.35和11.60。在资源利用层面，宁德得分为

11.53,略低于平均水平 12.32。在环境保护层面,宁德得分为 26.14,高于平均水平 24.00。综合起来,宁德的总体评分较高,名列 20 个城市的第九位。这表明宁德在经济、社会、环境等方面呈现包容性发展的特征。宁德各种指标均处于中游水平,只是万人拥有营运载客汽车数较低、恩格尔系数较高、单位 GDP 能耗偏高。由此看来,宁德的生态文明发展态势不错,前景广阔。

漳州、南平、上饶依然处在环境优势型的状态,经济社会发展和资源利用低于平均水平,环境保护高于平均水平。不过这三个城市的具体情况又各有不同。

对漳州来说,其经济发展和社会支撑方面得分为 6.26 和 9.09,经济发展略低于平均水平 6.35,但社会支撑方面远低于平均水平 11.60。资源利用得分为 10.73,距离平均水平 12.32 也有不小的差距。环境保护得分为 26.92,远大于平均水平 24.00。漳州的综合排名也由此名列所有 20 个城市中的第 12 位。漳州城市化率偏低、每千人拥有病床数偏低、恩格尔系数过高、产出能耗量过高、人均公园绿地面积偏少、农药施用强度偏大,这些都是漳州有待加强改进的重要方面。

至于南平,其经济发展和社会支撑的得分分别为 4.55 和 13.33,经济发展远低于平均水平 6.35,社会支撑又高出平均水平 11.60 不少。资源利用方面得分为 11.55,稍低于平均水平 12.32。环境保护方面,其得分为 24.85,稍高于平均水平 24.00。加总来看,南平的综合排名正好在第 10 位。南平的主要问题在于城镇登记失业率偏高、万人拥有载客汽车数偏少、产出能耗量偏高、工业固体废物综合利用率偏低,其他指标处于中上游水平的比较多。由此来看,南平有不少方面都有很大的提升空间。

上饶的情况相比于漳州和南平差距较大。上饶的经济发展得分仅为 2.92,远低于平均水平 6.35。社会支撑方面得分为 11.21,略微低于平均水平 11.60。在资源利用上的得分也不高,只有 6.51,仅为平均水平 12.32 的一半稍多。只是在环境保护层面,上饶的得分增色不少,达到 28.91,在 20 个城市中处于上等水平。但是,总体来说,上饶的综合排名仅为第 16 位。经济发展水平严重拖后腿,人均 GDP 排在末位、城市化水平不高、第三产业比重低、万人拥有营运载客汽车数少、授权专利数少、产出能耗量高、工业固体废物综合利用率极低。因此,上饶的生态文明建设任务繁重,需要加快推进经济发展的步伐和提升发展质量。

(七)相对落后型

这一类型的城市在经济社会发展、资源利用和环境保护三个层面均落后于平均水平,2011 年主要有汕头和揭阳两个城市。汕头由之前的资源优势型转变成了相对落后型,而揭阳则是仍保持在相对落后这一类型没有变化。下面分别对这两个城市进行分析。

汕头由资源优势型转变成相对落后型，不仅经济社会发展和环境保护方面没有变化，在资源利用方面反而变得落后于平均水平。在经济发展和社会支撑方面，汕头的得分分别为8.00和5.42，虽然经济发展水平高于平均水平6.35，社会支撑方面却不到平均水平11.60的一半，位列20个城市的倒数第一。资源利用方面的得分也仅为8.83，远低于平均水平12.32。环境保护方面的表现也很差，得分仅为19.41，远低于平均水平24.00。除经济发展相对较好以外，汕头其他方面表现较弱。由此也导致汕头的综合排名位列海西地区所有20个城市中的倒数第一。人口密度大、人均住房面积小、社保及科技支出占财政支出比重低、单位GDP电耗高、森林覆盖率低、城市污水集中处理率低、城市生活垃圾无害化处理率低等都是汕头生态文明发展的软肋，因此汕头需要拓宽发展思路，进一步加强生态文明和基础建设。

至于揭阳，虽然在经济社会发展、资源利用、环境保护方面均落后于平均水平，但进步依然非常明显。虽然揭阳经济发展得分仅为4.53，相对处于较低的水平，但社会支撑、资源利用和环境保护方面的得分分别为10.36、11.62、23.29，距离平均水平11.60、12.32、24.00的差距均不大，而这也使揭阳在综合排名中名列第15位。揭阳的进步虽然值得肯定，但依然存在人均GDP偏低、第三产业比重偏小、人口密度偏大、万人拥有的载客汽车数偏少、每千人拥有的床位数偏少、城市污水集中处理率偏低、单位GDP二氧化硫含量偏高这一系列问题，面对的挑战不少。

第三节　海西区生态文明建设对策

一、海西区各类型城市生态文明建设对策

（一）全面发展型

2011年属于全面发展型的城市包括泉州、厦门、福州、莆田以及龙岩。这些城市在生态文明建设上的表现较为突出，各个方面均取得了优秀的成果。但通过分析每个城市的数据不难发现，这些城市仍然存在进一步发展的空间。特别是与其他国内及国际发达城市相比，在生态文明建设上仍然存在一定的差距。总体来说，这几个城市应该把握机遇，扬长避短，在海西区生态文明建设中发挥领头羊的作用，进一步推进生态文明发展。针对这五个城市的具体情况，提出

如下政策建议。

首先,对于泉州和厦门而言,近些年来生态文明建设进程较快,应该保持良好的生态文明建设发展势头,进一步落实生态文明建设的相关措施,包括大力发展低碳环保产业,倡导循环经济等。从近三年的数据可以看出,厦门和泉州在各个方面的表现都较为优秀。就厦门来说,缓解人口压力过大所带来的一系列与生态环境相关的问题是目前的当务之急。在这个问题上,优化岛内外交通结构,构筑“多中心”城市格局等措施都可以有效地降低岛内人口密度,缓解人口密度过大的压力,有利于维持生态平衡。此外,厦门应加大在科学和教育上的投资力度,做到用科技来支撑绿色产业的发展,为生态文明建设提供有力的保障。就泉州而言,优化“三废”的综合治理,提升三废综合利用产值将会为生态文明建设进程锦上添花。

其次,对于从经济优势型城市转变为全面发展型城市的福州和龙岩,应该继续巩固资源的有效利用,同时加强环境保护和污染治理。具体的政策建议如下:第一,在社会经济发展方面,要加强社会支撑体系的建设,为生态文明建设提供有力保障。尤其是对于龙岩来说,针对 2011 年在社会支撑子系统中的若干指标表现较弱的情况,建议应继续完善公共设施建设,加大科技研发力度,提高人民生活质量。第二,应该加强资源的回收利用,优化废气、固体废物、废水的治理和利用,形成较为完善的三废综合利用体系、龙岩近几年工业固体废物综合利用率和生活垃圾无公害化处理率变化情况如图 10-1 所示。第三,针对两个城市人均绿地面积相对较低的特点,建议应全面推进城市园林绿化工作,增加城市公共绿地面积。

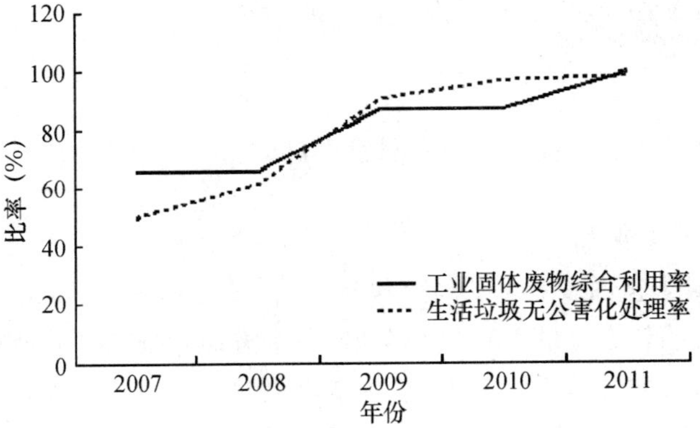

图 10-1 龙岩 2007—2011 年工业固体废物综合利用率和生活垃圾无公害化处理率变化情况

最后，根据莆田由环境薄弱型转化为全面发展型城市的情况，提出如下政策建议：第一，在经济稳定高速发展的同时，要兼顾对环境保护、资源利用的监督和控制，形成生态文明建设长效机制；第二，鉴于仙游县山区面积占全县面积的70%之多，可以利用仙游县在生态上的比较优势，将其作为莆田生态文明建设的先行试点，以先进带后进的方式进一步提高莆田全市的生态文明建设水平。

（二）经济薄弱型

2011年海西区城市中属于经济薄弱型的城市有抚州和鹰潭。由于工业化起步晚、城市化水平低等原因，两个城市的经济社会发展水平相对落后。而在环境保护和资源利用方面，两个城市在2011年都有不错的表现。针对这种情况，两个城市应该在保持良好生态环境和有效利用资源的基础上，提升本地区经济竞争力，实现可持续发展。相应的政策建议有：

首先，利用地缘优势，发展省际经贸，加强区域合作。抚州和鹰潭地处长三角、珠三角和闽东南三角区腹地，有着突出的地域优势。其中鹰潭是江西重要的交通枢纽，交通便利，各条铁路干线纵横交汇。抚州和鹰潭要充分利用这样的地域优势，积极开展区域经济合作，促进资金的流动，加强人才和技术的交流。在合作交流的过程中取长补短，推进产业经济升级转型。由于两个城市城市化水平都不高，因此要在区域合作中进一步强化改革，调整政策，提高城市化发展质量。

其次，优化产业结构，促进经济协调可持续发展。由2011年的数据可以看出，在经济结构方面，抚州和鹰潭目前均以工业为主，第三产业比重与其他海西区城市相比差距较大。应该根据城市实际情况，调整经济结构，适当提高第三产业比重，促进三次产业的协调发展。例如鹰潭，可以依托独特的旅游资源，大力发展旅游行业，打造新兴旅游城市形象，以推动第三产业的发展。而对于抚州而言，长期以农业为主导的历史使得工业化进程缓慢，建议应加强传统工业向新兴工业的转变，加大科技创新的投入，带动经济的发展。

最后，加大社会支撑的力度，促进生态产业发展。2011年两个城市在社会支撑方面的得分都不高。没有有力的后盾作为支撑，生态文明建设将会失去动力。对抚州和鹰潭而言，一方面，要加强基础设施建设和科技投资，改善在社会支撑方面落后的现状。另一方面，要做好生态产业的发展规划与统筹，特别地，应推进生态农业、生态工业和生态服务业的均衡发展。在此基础上，各城市要根据本地区的经济、自然环境特征因地制宜，制定低碳经济、绿色经济、循环经济的发展战略框架与实施措施，加快生态文明发展步伐。

（三）环境薄弱型

环境薄弱型城市如温州、衢州和丽水，在经济稳定高速发展的同时，没有很好地兼顾生态环境的保护。众所周知，生态环境的破坏会制约经济的进一步发展。这三个城市应该在保证经济稳定发展的同时，加大环境保护的力度，完善相关法律法规，推进生态文明建设的发展。结合各城市实际情况，提出政策建议如下：

首先是温州，应该利用其经济社会发展方面的优势，加强对于企业的环境监督管理，减少环境的污染和破坏。同时加大科技投入，开发新能源产业，降低生产过程中的能耗，形成资源的合理开发利用机制。目前较低的三废综合利用产值要求企业重视三废的回收利用，倡导循环经济的理念。在此基础上，严格控制重点行业粉尘和油烟的排放，加强汽车尾气检测，提高城市空气质量。优化城市污水集中处理工艺，加大在城市污水治理方面的投资，提高城市污水集中处理率。

其次是衢州，针对衢州二氧化硫排放量高和单位 GDP 电耗高的特点，应改良燃煤技术，采用原煤脱硫工艺，降低排放到空气中废气的二氧化硫含量。同时加大新型能源的开发力度，如太阳能、风能等，实现清洁生产。在降低单位 GDP 电耗方面，应完善企业的节能节电法规机制，健全政府对于降低能耗的管理职能。此外，由于 2011 年衢州的工业废水处理排放达标率在 20 个海西区城市中垫底，应加强对生产过程中污水排放与处理的监控，确保实现废水的达标排放。衢州单位 GDP 二氧化硫含量及单位 GDP 电耗与海西区 20 个城市均值的比较如图 10-2 所示。

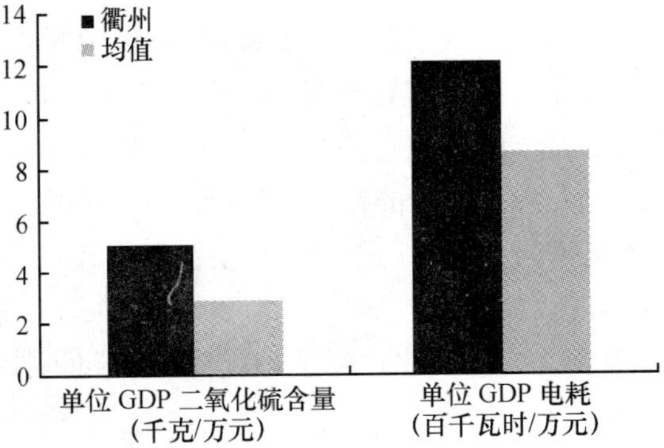

图 10-2　衢州单位 GDP 二氧化硫含量及单位 GDP 电耗与海西区 20 个城市均值比较

最后是丽水，近几年来，丽水的社会经济发展突飞猛进，但不可忽视的是，丽水的失业率在20个城市中最高，庞大的失业人群不利于社会的稳定与发展，同时也会阻碍生态文明建设的顺利进行。政府应该重视劳动力就业问题，在提升工业化和城市化的同时，合理解决丽水的劳动力问题。此外，丽水在从经济薄弱型城市发展成为环境薄弱型城市的过程中，没有很好地处理好经济发展与环境保护的协调关系，出现了人均公共绿地面积较小、城市污水集中处理率较低等问题。建议应将城市绿化建设列为重点工程，增加城市的公共绿地面积。完善城市污水处理系统，加大生活污水处理力度等举措将会提高城市污水集中处理率。

（四）经济优势型

在2011年，经济优势型城市主要有梅州、三明和潮州三市，其主要特点是在经济发展和社会支撑上处于中上水平，而资源利用和环境保护均处于较低水平。针对这一类型的城市，在经济发展的基础上必须考虑资源的利用水平和环境的承载能力，不断加强生态建设和环境保护。具体来说，有下列政策建议：

首先，针对梅州经济社会发展水平不高，资源利用和环境保护水平较低的现状，首要的任务依然是加快经济发展，提升城市化水平，提高城乡居民的收入水平。此外，产出能耗量及单位GDP电耗偏高的现状也要求梅州提高能源的使用效率，增加低碳能源的使用比例，抑制高耗能产业的扩张。梅州同时应加大在城市公共基础设施上的投资力度，加强城市绿化建设和污水处理建设，为营造良好的城市生活环境打下坚实的基础。梅州单位GDP二氧化硫排放量过高，这就要求加大对高污染产业的限制，加快对火力发电、水泥等高能耗产业的脱硫脱硝改造。减少对重工业的依赖，大力发展第三产业和生态产业。

其次，对三明而言，虽然其经济发展水平较高，但对第二产业的过度依赖致使其产出能耗量偏高，单位GDP电耗高、工业固体废物综合利用率偏低、空气质量较差和单位GDP二氧化硫含量偏高。因此，三明需要在目前经济发展水平较高的基础上大力发展第三产业，提高第三产业的比重。树立低碳发展理念，积极发展低碳型产业。促进循环产业的发展，提高资源的利用率和重复利用水平。在城市公共基础设施方面适当加大投资水平，积极打造宜居的生态三明。

最后，潮州虽然经济发展较好，但是其他方面的发展相对滞后。针对这种情况：第一，潮州需要加大在社会支撑方面的投资力度。推进生态文明建设是保障和改善民生的内在要求。在发展经济的同时，应将经济发展成果转化到环境发展、人民生活水平质量提升上来。第二，促进企业低碳转型，提高能源的使用效率。积极探索运用行政手段和经济手段，调节企业的资源能源消耗，鼓励企业对资源的重复利用。第三，加强对环境的治理，控制工业企业的污染水平。

严格控制新上高耗能、高污染、低效率、产能过剩的项目，严格环境执法监管，加强生态环境监测监控预警。对现有高污染企业积极改造，降低其污染水平和能耗水平。第四，加强城市的绿化建设以及公共卫生设施建设。提升绿化水平，提高污水、工业废水以及生活垃圾的处理能力。

（五）资源优势型

作为 2011 年唯一进入这一类型的城市，赣州的经济社会发展水平以及环境保护方面均低于平均水平，资源利用高于平均水平。赣州 2005—2011 年人均 GDP 如图 10-3 所示。针对这种情形，赣州最紧要的任务是促进经济水平的发展。积极承接珠三角以及海西区沿海区域的产业转移，加强区域间的产业合作，引进国内外先进技术、资金、人才和管理经验，充分利用本地高校的人才资源。同时，要通过推进城市化进程来缩小城乡收入差距。一方面，积极探索建立促进农民稳定增收的新机制，推进农村改革和新农村建设。另一方面，要把农民异地转移工程同城市化和中心城镇建设相结合，同工业园区建设相结合，同完善基础设施建设相结合。此外，还应充分利用赣州历史文化名城以及革命老区的声誉，积极整合本地文化旅游、红色旅游和自然旅游资源，做大做强旅游产业。最后，就是需要加大在城市公共卫生基础设施方面的投资力度，提高污水处理能力以及三废重复利用水平。

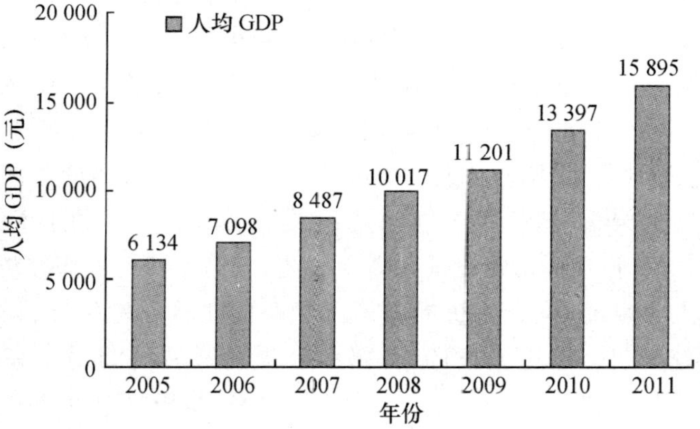

图 10-3 赣州 2005—2011 年人均 GDP

（六）环境优势型

对于宁德、漳州、南平、上饶这四个环境优势型城市来说，面对的环境保护方面的压力相对较小，主要的任务在于提高经济发展水平，提升资源利用效率，充分利用自己的环境优势资源，将之转化为良好的经济效益和人民生活水平的

提高,实现社会与自然的和谐发展。具体来说:

首先,对于综合表现良好的宁德,需要在公共交通基础设施方面加大投资力度,加强交通运输业的发展,为国民经济的良好发展提供基础性保障。同时,要充分利用当地优秀而又丰富的海洋及自然旅游资源,打造自身的城市旅游形象,逐步发展壮大旅游产业,以此为契机带动当地第三产业的发展以及城乡居民收入水平的提高。要大力发展循环经济、新兴产业,增加对高耗能产业的技术改造投入,提高资源的利用水平,降低生产过程中的能量耗费。也要加大城市公共卫生事业的投资力度,为市民的生活提供便利。

其次,对于漳州而言,提升城市化水平是当务之急,加快农民转变为市民的进程。加大对城市公共基础设施的投资力度,包括交通、卫生、教育、园林绿化、污水处理等关乎民生的各个方面,为市民提供一个方便宜居的生活环境。大力发展循环经济,加大科技研发投入,鼓励企业及相关科研机构加强科技创新,改进生产流水线,降低生产能耗。同时加强资源的循环利用,多途径提高资源利用率,增加三废综合利用产出率。积极发展生态农业,提高农业的生产效率,促进农业的现代化转变。强化与台湾的农业交流合作,充分利用台湾的资本和先进农业技术来促进农业的发展。

再次,对于南平,其面对的主要挑战是提升城镇化水平,提高第三产业的比重,创造出更多的就业机会来吸纳剩余劳动力。类似于宁德,南平在交通运输业方面也需要加大投资力度,为经济的持续发展打下坚实基础。积极发展低碳循环产业,探索资源高效利用的途径,加大对高耗能产业的技术改造和研发投入,提升三废重复利用水平。充分利用闽北地区丰富的旅游资源,以“双世遗”武夷山旅游业为龙头,加大对旅游资源的宣传力度,持续做大做强旅游产业,带动相关产业的发展,形成自身的特色产品体系。

最后,对于经济发展落后的上饶来说,从图 10-4 可知,虽然上饶人均 GDP 从 2005 年的 6 130 元提高到 2011 年的 16 813 元,呈现出明显的逐年上升走势,但人均 GDP 的绝对水平仍然十分低下。由此可见,上饶发展的关键在于提升经济发展水平,提高经济发展效益。要充分利用好长三角产业转移的机遇,积极对接长三角区域,同时根据鄱阳湖生态经济区的发展规划发展自身特色产业,充分挖掘丰富的自然旅游资源,利用独特的区位优势发展物流经济,全方位提升本地区经济实力。加快城市化进程,加大第三产业发展力度,积极创造就业机会吸纳从农村转移出来的劳动力。加大招商引资力度,引进国内外的资本、先进技术、管理经验,提高经济发展的质量。此外,还应加大对科研投入的力度,利用财政资金鼓励扶持企业进行技术改造和研究创新。增加对城市公共基础设施的投资力度，提升交通、卫生、污水处理等方面的承载能力。积极探索资源的循环利用和能源的高效利用方式，提高资源能源的利用效率。

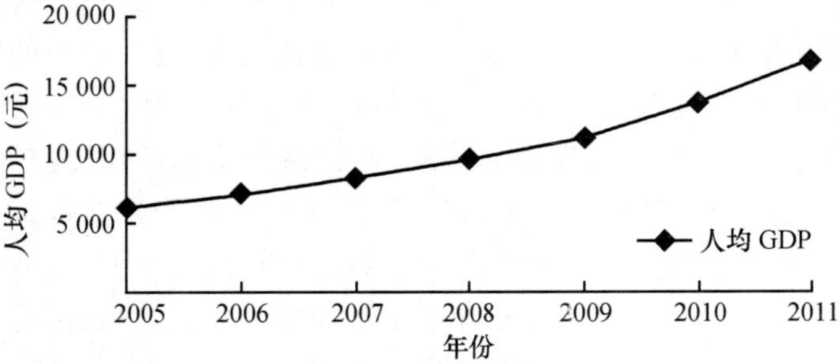

图 10-4　上饶 2005—2011 年人均 GDP 发展趋势

资料来源：2006—2012 年《江西统计年鉴》。

（七）相对落后型

作为各层面均落后于平均水平的城市，汕头和揭阳面临的问题并不完全相同，各自的政策侧重点有所差别，但总体来说面临的压力都相对较大，需要花大力气不断推进经济发展和社会自然的和谐共处。具体而言：

对汕头来说，虽然人均 GDP 不算低，但面临的人口压力过大，人均住房面积偏小，因此需要加强对空间布局的合理规划，优化调整空间结构。同时应加大对社会保障和科技研发的投入，为经济的持续发展和人民生活水平的提高打牢根基。从图 10-5 可以看出，虽然汕头的单位 GDP 电耗从 2005 年的 1 377. 5 千瓦时逐年下降至 2011 年的 1 198. 8 千瓦时，但其绝对水平仍然处于海西区 20 个城市中的较高位置。因此，汕头仍需加大推进节能减排的力度，积极鼓励企业进行技术改造，减少能源的耗费，提高能源的利用效率。加大对城市公共基础设施的投入力度，提高城市三废的处理能力和综合利用水平。积极鼓励植树造林活动，提高绿化覆盖率。

至于揭阳，因其制造业基础相对薄弱，农业和传统重工业所占比重较高，因此应该积极推进本地传统产业的转型升级，结合自身禀赋选择性推进战略性新兴产业和发展新型服务业，适当降低对资源的依赖程度。加大对传统产业的技术改造，以市场需求为导向，延伸传统产业链，强化农业产业化的发展，加大产品的深加工力度，提升产品的附加值，积极打造自身龙头品牌。以重点企业为核心，发挥出以点带面的作用，促进产业集群的形成，提高企业的集聚程度。积极发展具有优势的农业、林业和旅游业，在保护生态环境的基础上，充分利用自身的潜在资源加快经济发展。倡导循环经济，逐步建立、完善可再生资源的回

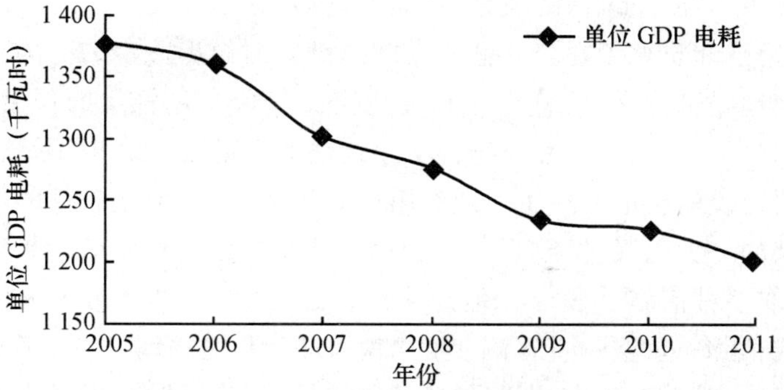

图 10-5 汕头 2005—2011 年单位 GDP 电耗变化趋势

资料来源:2006—2012 年《广东统计年鉴》。

收和综合利用体系,形成可再生资源回收—加工—再利用的产业链,下力气引进国内外的先进技术和高端人才,积极推进三废综合回收利用项目,提高资源的利用水平。

二、海西区生态文明建设区域合作建议

海西区作为我国沿海经济带的重要组成部分,是继长三角、珠三角、环渤海等以来的又一大经济合作区域,自 2004 年这一战略构想提出以来,已经产生了巨大的区域经济效应。未来的经济发展趋势预示着区域合作将不断深入,而生态文明建设进程也势必将与海西区的经济社会发展息息相关。

(一) 生态文明建设信息合作

当今社会,信息正在逐渐成为合作的主旋律。成熟的生产技术、先进的管理方式、完善的营销策略等对于企业来说是不可多得的宝贵财富。如何促进海西区区域间的信息交流,怎样为海西区各城市间的信息合作提供设施便利和制度保障,是本章接下来将要讨论的重要内容:

首先,根据海西区城市的类型划分,抚州与鹰潭作为经济薄弱型城市应该在促进经济增长方面积极进行交流。抚州与鹰潭同属江西省并且具备一定的地缘优势,其中鹰潭更是重要的交通枢纽,连接着江西省各大中心城市。此外,这两个城市的共同特点在于以工业为支柱产业,兼具一定的第三产业开发潜力和旅游资源,在资源利用和环境保护方面都卓有成效。相比之下,抚州的工业发展较为缓慢,且主导是传统工业,鹰潭可以从发展新兴工业角度为抚州提供一定的人才和技术支持,并在此过程中实现资金的流动和增值。江西省拥有 4 个国家级和 24 个省级风景名胜区,旅游资源丰富,两市可联手毗邻的福建省旅

游局开发客源市场，组织旅游线路，从而促进第三产业的蓬勃发展。

其次，南平和宁德可在公共基础设施建设方面做出一定的努力。交通运输对于促进当地经济发展、信息沟通和文化交流起着举足轻重的作用，但从生态文明调查的分类来看，南平和宁德在交通运输业上的投入力度不足，发展缓慢，对生态文明建设的推进造成了一定的阻碍。当然，自然地理条件的不便也是造成这种现象的一大因素，但政府应认识到基础设施建设对城市未来发展的重要作用，可采取多种措施手段保障信息流通快速、到位。具体可采用多样化的交通运输方式，如海运、空运甚至新型的“铁海联运”“公海联运”，充分利用福建省的港口资源，并与江西省、浙江省的陆路运输优势相结合，促进海西区信息交流与技术进步。

最后，在资源环境方面，以潮州和梅州为例，两市环保局等相关单位可构建信息一体化系统，在人才、技术等方面积极交流互动，针对存在相似环境问题的企业实施相应的惩处措施，监督彼此在资源节约、环境保护方面取得的进展。具体而言，梅州与潮州的高耗能产业较多，不注意控制能源产出比率，高污染、低效率的工业企业占了很大的比例，因此资源浪费和环境污染情况严重。考虑到两市同属广东省且存在的问题较为类似，可针对性采用的措施也十分相近，若能实现资源和环境信息的合作，必将会对两市的生态文明建设产生积极的推动作用。

（二）生态文明建设投融资机制

从近些年的资料来看，海西区区域间投融资机制已经日趋完善，各种类型的投融资正在如火如荼地开展并取得了不错的反响和效果。实践证明，闽浙赣粤四省，尤其是边界地区的经济合作交流十分成功：赣州正在加速融入海西区，其发展的重点是抓好承接福建的产业梯度转移；福建与汕头的农业合作也在顺利开展，每天从外地输入汕头的6 000多头生猪中，有2 000多头来源于福建，更有大量蔬菜、花卉等农资从漳州、龙岩、三明等地源源不断地送来；闽东与浙南往来日益频繁，企业间的相互投资极大地促进了产业链延伸与区域经济发展，而闽浙海事协作的开展亦强化了联动执法，确保了闽浙交界海上人员的安全。

但值得注意的是，生态产业的发展没有得到政府、企业等行业的足够重视。事实上，正如我们在本章伊始所提到的，在强调海西区区域间经济合作的同时，政府更应当鼓励生态农业、生态工业和生态服务业的蓬勃发展，对于这种类型的项目给予一定的资金支持或奖励，使得海西区在推进经济增长的同时改善生态环境质量。对于那些污染较为严重、生态平衡已经遭到破坏的中心城市，政府不但应加强监督高污染、高耗能的工业企业，及时采取措施控制污染源，治理已被污染的大气环境、水环境和土壤环境等，还必须主动招商引资，向全面发展型、资源优势型和环境优势型城市看齐，更换资源浪费严重的设备，采用产出率更高、能耗更低的先进技术，提高原材料循环利用率和三废综合利用率。

（三）海西区跨流域治理

区域环境污染的治理，尤其是水环境的治理，需要各地政府部门的跨区域合作。只有在相关政府部门统一规划、相互协调的前提下，相关的环境污染才能得到有效的治理，区域整体环境状况才有可能出现显著改善。以最容易出现跨地域污染的水环境为例，海西区 20 个城市不仅共享东南海域的海洋资源，还共同拥有着诸多河流和湖泊等水资源。这些水环境的污染治理需要由周围的几个城市协作共同治理。如闽江流域的环境污染需由福州、南平、三明等市共同协调解决；九龙江的污染则需厦门、漳州、龙岩等市政府通力合作。

事实上，目前已有部分海西区城市开始着手联合治污，比如，晋江和石狮于 2013 年 4 月召开了跨境流域合作治污联席会议，共同签订了跨境流域水环境污染联防联治工作协议，争取在三到五年内提高环境准入标准，完善落后和污染企业退出机制，大幅削减 COD、氨氮、重金属等水污染物，全面改善跨境水环境污染水平。又比如，发源于长汀的汀江，自北向南穿过龙岩后，进入广东省境内，流经梅州、潮州、汕头等地，在广东省地区长达 110 公里，早已是沿江 1 000 多万人赖以生存的生命之水。为了保护这条闽粤两省共同的母亲河，龙岩 2006 年出台了《关于加强汀江流域水资源保护的决定》和《关于进一步加强汀江流域水环境综合整治工作的意见》，确保了流入广东省境内的汀江水质达到国家优良标准。

针对海西区的跨流域治理问题，我们应该以这些率先实施联合治污的城市为示范区，结合它们的治理经验和成果，推进制定适用于其他水域的保护与治理机制，加强水资源的节约利用，为海西区的生态可持续发展提供可靠保障。

参考文献

[1] 国家统计局(2012),2005—2012 年《中国统计年鉴》,中国统计出版社。

[2] 何晓群等(2010),《应用多元统计分析》,中国统计出版社。

[3] 阎慈琳(1998),“关于用主成分分析做综合评价的若干问题”,《数理统计与管理》,(2)。

[4] 驰明(2008),“50 多年来中国空港布局演变及其影响因素——基于空间分析和数理统计的方法”,《经济地理》,(5)。

[5] 杜强(2009),“福建能源结构的优化与新能源的发展”,《发展研究》,(7)。

[6] 福建省铁道学会(2007),“福建铁路网建设进展报告”,《海峡科学》,(1)。

[7] 郭光照(2008),“从海峡西岸经济区综合交通网分析轨道交通规划方案”,同济大学硕士学位论文。

[8] 郭晓峰(2005),“国土系数法在公路网总里程预测中的应用”,《公路》,(2)。

[9] 李文浦、王燕武、郑建清、刘照坤(2010),“充分利用全国最优港口资源,加快发展港口经济大省研究”。

[10] 刘叶志(2006),“资源约束下的福建能源战略”,《发展研究》,(8)。

[11] 杨洪春(2007),“福建省能源生产、消费及问题分析”,《能源与环境》,(5)。

[12] 林国庆、林馨(2010),“福建能源状况与电能产业发展战略探讨”,《福建电力与电工》,(9)。

[13] 张娟敏(2010),“高速公路网规划评价指标体系研究”,《道路工程》,(7)。

[14] Ellison G. ,Glaeser E. I. (1997),“Geographic Concentration in U. S. Manufacturing Industries: A Dartboard Approach”,*Journal of Political Economy*,105(5).

[15] Krugman, P. (1991a),“Increasing Returns and Economic Geography”,*Journal of Political*

Economy,99(3).

[16] Krugman,P.(1991b),*Geography & Trade*, MIT Press.

[17] Kim,Sukko(1995),"Expansion of Markets and the Geographic Distribution of Economic Activities: The Trend in U.S. Regional Manufacturing Structure,1980—1987",*Quarterly Journal of Economics*,110.

[18] 杜能(1986),《孤立国同农业和国民经济的关系》,商务印书馆。

[19] 范剑勇(2004),"市场一体化、地区专业化与产业集聚趋势——兼谈对地区差距的影响",《中国社会科学》,(6)。

[20] 范剑勇(2008),《产业集聚与中国地区差异研究》,格致出版社。

[21] 罗勇、曹丽莉(2005),"中国制造业集聚程度变动趋势实证研究",《经济研究》,(3)。

[22] 李君华(2010),《产业集聚与布局理论——以中国制造业为例》,经济科学出版社。

[23] 马歇尔(1997),《经济学原理》,商务印书馆。

[24] 波特(2002),《国家竞争优势》,华夏出版社。

[25] 徐康宁、冯春虎(2003),"中国制造业地区性集中程度的实证研究",《东南大学学报(哲学社会科学版)》,(5)。

[26] 韦伯(1997),《工业区位论》,商务印书馆。

[27] 吴学花、杨蕙馨(2004),"中国制造业产业集聚的实证研究",《中国工业经济》,(10)。

[28] 伍世代、李婷婷(2011),"海西城市群工业空间格局与演化分析",《地理科学》,(3)。

[29] 王珺等(2012),《产业集聚与区域经济协调发展研究》,经济出版社。

[30] 吴芳、张向前(2012),"海西先进制造业基地产业集群支持体系研究",《科技管理研究》,(7)。

[31] 周文良(2010),《制造业的集聚、扩散及其政策选择——基于广东省的分析》,经济出版社。

[32] 郑薇(2012),"福建省制造业空间集聚水平测度和评价",《经济地理》,(7)。

[33] 马克思(1972),《马克思恩格斯选集(第2卷)》,人民出版社。

[34] 毕德宝(2001),《土地经济学》,中国人民大学出版社。

[35] Demsetz,Harold(1988),*Ownership, Control, and the Firm*,Basil Blackwell Inc..

[36] D. 盖尔·约翰逊(2005),《中国农村与农业改革的成效和问题》,商务印书馆。

[37] 丁国香(1995),《中国农村改革纪事:1979—1993》,山西经济出版社。

[38] 张红宇、陈良彪(1995),《中国农村土地制度建设》,人民出版社。

[39] 中共中央政策研究室、农业部农村固定观察点办公室(1992),《全国农村社会经济典型调查数据汇编(1986—1990)》,中共中央党校出版社。

[40] 杨学成,罗伊·普罗斯特曼,徐孝白(2001),"关于农村土地承包30年不变政策实施过程的评估",《中国农村经济》,(1)。

[41] 迟福林 (1999),《中国农民的期盼——长期而有保障的土地使用权》,外文出版社。

[42] 孔泾源(1993),"中国农村土地制度:变迁过程的实证分析",《经济研究》,(2)。

[43] 骆友生、张红宇(1995),“家庭承包责任制后的农地制度创新”,《经济研究》,(1)。
[44] 钱忠好(2002),“农村土地承包经营权产权残缺与市场流转困境:理论与政策分析”,《管理世界》,(6)。
[45] Wen Guanzhong James(1989),“The Current Tenure System and its Impact on Long-term Performance of the Farming System:The case of Modern China”,Ph. D. Dissertation,Department of Economics,University of Chicago.
[46] Feder,G.,Lau,L. J.,Lin,J. Y.,Xiaopeng Luo(1992),“The Determinants of Farm Investment and Residential Construction in Post-reform China”,*Economic Development and Cultural Change*,41(1).
[47] Rozelle,S., Li,G., Huang,J. K. (2000),Land Rights,Farmer Investment Incentives, and Agricultural Production in China,University of California Davis Working Paper.
[48] 何凌云、黄季焜(2001),“土地使用权的稳定性与肥料使用——广东省实证研究”,《中国农村观察》,(5)。
[49] Yao,Yang(2000),“The Development of the Land Lease Market in Rural China”,Land Economics,76(2).
[50] 邓小平(2004),《邓小平年谱(1975—1997)(下)》,中央文献出版社。
[51] 大卫·桑普斯福特,泽弗里斯·桑纳托斯(2001),《劳动经济学前沿问题》,中国税务出版社、北京腾图电子出版社。
[52] 郭敏学(1984),《台湾农会发展轨迹》,台湾商务印书馆。
[53] 丁长发(2011),“小农经济现代化之路——东亚模式的经济学分析”,尹成杰主编,《加大城乡统筹力度:协调推进工业化、城镇化与农业农村现代化》,中国农业出版社。
[54] Anselin,L.(1988),*Spatial Econometrics: Methods and Models*,Kluwer Academic Publishers.
[55] Ciccone A.,Hall R. (1996),“Productivity and the Density of Economic Activity”,*American Economic Review*,86(1).
[56] Crozet,M.,T. Mayer,J. L.,Mucchielli(2004),“How do Firms Agglomerate? A Study of FDI in France”,*Regional Science and Urban Economics*,34(1).
[57] Combes,P. (2000),“Economic Structure and Local Growth: France,1984—1993”,*Journal of Urban Economics*,47(3).
[58] Duranton G.,Puga D.(2004),“Micro-foundations of Urban Agglomeration Economics”,*Handbook of Regional and Urban Economics*,(4).
[59] Ellison G,Glaeser E. L.(1999),“The Geographic Concentration of Industry: Does Natural Advantage Explain Agglomeration?”,*American Economic Review*,89(2).
[60] Henderson V.,Kuncoro A.,Turner M.(1995),“Industrial Development in Cities”,*Journal of Political Economy*,103(5).
[61] Hjalager A. M.(2010),“A Review of Innovation Research in Tourism”,*Tourism Manage-*

ment,31(1).

[62] Hu Fen,*et al.*(2006),"Inner Mechanism and Cultivating Measure of Regional Tourism Industry eco-cluster",*World Regional Studies*,15(2).

[63] Jackson J.,Murphy P. (2006),"Clusters in Regional Tourism: An Australian Case",*Annals of Tourism Research*,33(4).

[64] Michael,P.(2003),"Tourism Micro-clusters",*Tourism Economics*,9(2).

[65] Porter M. E. (1998),"Cluster and the New Economics of Competition",*Harvard Business Review*,76(6).

[66] Sara Nordin(2003),"Tourism Clustering and Innovation:Paths to Economic Growth and Development",European Tourism Research Institute, Mid-Sweden University.

[67] S¢rensen,F.(2007),"The Geographies of Social Networks and Innovation in Tourism",*Tourism Geographies*,9(1).

[68] Yang Yong(2012),"Agglomeration Density and Tourism Development in China: An Empirical Research Based on Dynamic Panel Data Model",*Tourism Management*,33.

[69] 陈秀琼(2007),"旅游产业集群形成与竞争力评价研究",厦门大学博士学位论文。

[70] 范剑勇(2006),"产业集聚与地区间劳动生产率差异",《经济研究》,(11)。

[71] 冯卫红(2009),"旅游产业集聚的动因分析",《经济问题》,(7)。

[72] 江海旭、李悦铮(2010),"福建省入境旅游空间聚集性分析及发展研究",《河南科学》,(8)。

[73] 景秀艳(2005),"关于旅游产业集聚的思考",《闽江学院学报》,(4)。

[74] 刘春济、高静(2008),"中国旅游产业集聚程度变动趋势实证研究",《商业经济与管理》,(11)。

[75] 谭劲松、何铮(2007),"集群研究文献综述及发展趋势",《管理经济》,(12)。

[76] 杨勇(2010),"中国旅游产业区域聚集程度变动趋势的实证研究",《旅游学刊》,(10)。

[77] 杨勇(2011),"专业化、多样化与旅游业发展——基于中国当前统计数据的实证分析",《经济评论》,(2)。

[78] 杨勇(2012a),"市场潜能、聚集密度与旅游业空间聚集——基于2000—2009年省际面板数据的实证研究",《财贸经济》,(4)。

[79] 杨勇(2012b),"中国旅游业空间聚集的理论机制及实证研究——基于2000—2009年中国省域面板数据的分析",《南方经济》,(11)。

[80] 杨勇(2012c),"聚集密度、多样化与旅游业发展:基于省际动态面板数据的实证研究",《商业经济与管理》,(5)。

[81] 张永平、吴健生、黄秀兰、乔娜、刘洪萌(2011),"海峡西岸经济区旅游景区(点)空间结构分析",《资源科学》,(9)。

[82] Brian J. Aitken,E. Harrison(1999),"Do Domestic Firms Benefit from Foreign Direct Investment? Evidence from Venezuela",*American Economic Review*,89(3).

[83] E. Borensztein, J. De Gregorio, J. W. Lee (1998), "How does Foreign Direct Investment Affect Economic Growth", *Journal of International Economics*, 45 (1).

[84] Lee G. Branstetter (2001), "Are Knowledge Spillovers International or Intranational in Scope? Microeconometric Evidence from the U. S. and Japan", *Journal of International Economics*, 53 (1).

[85] Davide Castellani, AntonelloZanfei (2003), "Technology Gaps, Absorptive Capacity and the Impact of inward Investments on Productivity of European Firms", *Economics of Innovation and the New Technology*, 12 (6).

[86] Simeon Djankov, Bernard Hoekman (2002), "Foreign Investment and Productivity Growth in Czech Enterprises", World Bank Economic Papers, 14 (1).

[87] Holger Grog, Eric Strobl (2002), "Multinational Companies and Indigenous Development: An Empirical Analysis", *European Economic Review*, 46 (7).

[88] Mona Haddad, Ann Harrison (1993), "Are There Positive Spillovers From Direct Foreign Investment? Evidence from Panel Data for Morocco", *Journal of Development Economics*, 42 (1).

[89] Jonathan E. Haskel, Sonia C., Pereira, Matthew J., Slaughter (2004), "Does Inward Foreign Direct Investment Boost the Productivity of Domestic Firms?", *National Bureau of Economic Research*, 89 (3).

[90] Stephen Herbert Hymer (1960), *The International Operations of National Firms: A Study of Direct Foreign Investment*, MIT Press.

[91] Wolfgang Keller, Stephen R. Yeaple (2003), "Multinational Enterprises, International Trade, and Productivity Growth: Firm Level Evidence from the United States", NBER Working Paper, No. 9504.

[92] Wolfgang Keller (1996), "Absorptive Capacity: On the Creation and Acquisition of Technology in Development", *Journal of Development*, 49 (1).

[93] Tetsunori Koizumi, Kenneth J. Kopecky (1980), "Foreign Direct Investment, Technology Transfer and Domestic Employment Effects", *Journal of Development Economics*, 10 (1).

[94] Ari Kokko (1994), "Technology, Market Characteristic, and Spillovers", *Journal of Development Economics*, 43 (2).

[95] 刘晶(2009),《人力资本与 FDI 技术外溢效应研究》,山东大学出版社。

[96] 赵福厚(2006),《FDI 区域差异及其经济增长效应》,中国商务出版社。

[97] 唐绍祥、张云华、周新苗(2007),《FDI 技术溢出效应研究》,中国水利水电出版社。

[98] 康君、赵喜仓(2005),《中国经济发展与外商直接投资问题研究》,中国统计出版社。

[99] 包群、赖明勇、阳小晓(2006),《外商直接投资、吸收能力与经济增长》,上海三联书店。

[100] 姜瑾、朱桂龙(2007),"外商直接投资行业间技术溢出效应实证分析",《财经研究》,(1)。

[101] 魏下海、林孔团、李冠(2011),“FDI 技术溢出、人力资本与海西崛起”,《华侨大学学报》,(2)。

[102] 刘一鸣(2005),“外国直接投资的溢出效应研究”,《财经问题研究》,(6)。

[103] 祖强、梁俊伟(2005),“提高江苏利用外资整体水平及其溢出效应分析”,《南京工业大学学报》,(4)。

[104] 李淼(2010),“FDI 对本土企业自主创新效应、溢出路径及其影响因素的实证分析”,中国海洋大学硕士学位论文。

[105] 杜健(2005),“基于产业技术创新的 FDI 溢出机制研究”,浙江大学博士学位论文。

[106] 王向阳(2009),“FDI 技术溢出对高技术企业技术创新的影响研究”,吉林大学博士学位论文。

[107] 李成刚(2008),“FDI 对我国技术创新的溢出效应研究”,浙江大学博士学位论文。

[108] 杨明、李春艳(2013),“FDI 技术溢出效应研究述评”,《商业研究》,(2)。

[109] 陈茜(2011),“海峡西岸经济区对台金融合作的市场空间探析”,《福建金融》,(10)。

[110] 俞姗(2011),“海峡西岸经济区城市金融辐射力的实证研究——兼与长三角、珠三角的比较”,《综合竞争力》,(4)。

[111] 贺虹(2012),“建立地方财政与区域金融的良性关系”,《中国财政》,(5)。

[112] 张莉萍、衣长军(2007),“海峡西岸经济区金融生态环境分析”,《中国科技信息》,(2)。

[113] 刘克崮(2009),“大力发展草根金融”,《中国金融》,(7)。

[114] 朱雪琪(2013),“海峡西岸经济区中小企业融资问题研究”,《经济研究导刊》,(9)。

[115] 彭莉(2012),“台湾地区‘陆资入台’法律制度评析”,《厦门大学学报(哲学社会科学版)》,(1)。

[116] 宋靖、周禹(2012),“政府因应陆资入台风险的角色定位分析”,《海峡法学》,(6)。

[117] 周念利、张汉林(2010),“马英九当局的陆资入台政策:解读与展望”,《亚太经济》,(5)。

[118] 俞毅(2011),“大陆企业对台投资的现状、障碍和对策”,《国际经济合作》,(6)。

[119] 陈恩、王方方、谭小平(2010),“陆资入台的过程、现状、作用和障碍探析”,《产经评论》,(4)。

[120] 叶欢、蒋瑛(2009),“论大陆资金进入台湾岛内的障碍与对策”,《亚太经济》,(4)。

[121] 李巧玲(2012),“促进陆资入台的法律机制初探”,《海峡法学》,(51)。

[122] 罗琼(2011),“台湾产业结构转型与渤—台两地产业合作探析”,《理论与现代化》,(4)。

[123] 戴淑庚、廖家玲(2012),“海峡两岸商业银行竞争力比较研究——基于密切值法的实证研究”,《广东社会科学》,(4)。

[124] 戴淑庚、廖家玲(2012),“海峡两岸银行业绩效比较研究”,《国际金融研究》,(10)。

[125] 曹忠祥、任东明、王文瑞、赵明义(2005),“区域海洋经济发展的结构性演进特征分

析”,《人文地理》,(6)。

[126] 福建省发展和改革委员会政府信息公开栏,“福建海峡蓝色经济试验区发展规划”,http://www.fjdpc.gov.cn/zfshow.aspx?id=69563。

[127] 福建省人民政府,《福建省海洋环境保护规划(2011—2020)》,http://www.fujian.gov.cn/zwgk/ghxx/zxgh/201107/t20110708_372462.htm。

[128] 黄发明(2001),“福建海洋资源开发利用及其对策”,《台湾海峡》,(4)。

[129] 孔苏颜(2012),“福建海洋文化产业发展的SWOT分析及对策”,《厦门特区党校学报》,(2)。

[130] 林毅夫(2012),《新结构经济学》,北京大学出版社。

[131] 刘明、徐磊(2011),“我国海洋经济的十年回顾与2020年展望”,《宏观经济研究》,(6)。

[132] 刘春霞、朱青(2005),“信息熵在产业结构演变研究中的应用——兼论我国制造业结构演变的时空分异”,《城市发展研究》,(4)。

[133] 卢卫、雷鸣(2004),《现代经济预测》,天津社会科学出版社。

[134] 裘哲勇、吴建金(2010),“产业结构对浙江经济贡献的综合评价”,《科技创新导报》,(4)。

[135] 中华人民共和国中央人民政府,“全国海洋经济发展‘十二五’规划”,http://www.gov.cn/zwgk/2013/01/17/content_2314162.htm。

[136] Bird J.(1963),*The Major Seaports of the United Kingdom*,Hutchinson.

[137] Pawson E.(1979),“Transport and Development: Perspectives from Historical Geography”, *International Journal of Transport Economics*, 2 (6).

[138] 王维国(2000),《协调发展的理论与方法研究》,中国财政经济出版社。

[139] 张萍、严以新(2006),“港口与城市协调发展的评价模型及其应用”,《港工技术》,(12)。

[140] 王亚南(2012),《中国文化消费需求景气评价报告》,社会科学文献出版社。

[141] 胡惠林(2012),《中国经济区文化产业发展报告》,上海人民出版社。

[142] 林起(2012),《厦门文化改革发展蓝皮书》,厦门大学出版社。

[143] 祁述裕(2011),《中国文化产业发展前沿》,社会科学文献出版社。

[144] 马群杰(2011),《台湾地区文化产业与文化营销》,科学出版社。

[145] 福建省人民政府发展研究中心(2012),《海峡西岸经济区发展报告》,社会科学文献出版社。

[146] 王志标(2009),“文化产业关联效应分析”,《统计与决策》,(20)。

[147] 蔡旺春(2010),“中国文化产业关联程度与波及效应分析”,《统计与决策》,(19)。

[148] 凌江、许红峰、凌坤(2011),“福建省体育产业关联效应的投入产出分析”,《福建医科大学学报(社会科学版)》,(3)。

[149] 张超(2009),“福建省房地产业的产业关联度分析”,《现代经济信息(学术版)》,(9)。

[150] 陈宝红(2007),“房地产业关联度及波及效应分析——以北京市为例”,东北财经大学硕士学位论文。
[151] 福建省统计局(2007),“2007 年福建投入产出表”。
[152] 冯潮华(2007),“发展文化产业推进海西建设”,《福建行政学院福建经济管理干部学院学报》,(2)。
[153] 洪永淼(2012),《海峡西岸经济区发展报告 2012》,北京大学出版社。
[154] 吕清贵(2012),“试论海峡西岸经济区文化产业发展”,《台湾农业探索》,(6)。
[155] 徐信贵、陈伯礼(2010),“台湾文化创意产业营造中的政府角色与功能”,《管理现代化》,(2)。
[156] 台湾“经济部工业局”(2012),《2011 年台湾文化创意产业发展年报》。
[157] 梁若冰(2011),“台湾文化创意产业发展初探”,《台湾研究》,(3)。
[158] 刘昕(2012),“当前中国文化产业财税金融政策研究”,华东政法大学硕士学位论文。
[159] 陈莹莹(2012),“我国文化产业税收政策研究综述”,《经济研究参考》,(36)。
[160] 李秀金、吴学丽(2010),“文化产业发展与税收政策选择”,《税务研究》,(7)。
[161] 林秀琴(2011),“1980 年代以来台湾文化政策的演变”,《福建论坛(人文社会科学版)》,(8)。
[162] 台湾“文建会”网站,http://www.eea.gov.tw/business.do?method=list&id=13;中国统计年鉴网站,http://www.stats.gov.cn/tjsj/ndsj/2010/indexch.htm。
[163] 台湾“经济部”“新闻局”“文建会”(2009),《创意台湾—文化创意产业发展方案》(核定本)。
[164] 徐信贵、陈伯礼(2010),“台湾文化创意产业的政策推动与法制构造”,《亚太经济》,(5)。
[165] 孙东方(2012),“台湾地区文化创意产业发展的政策模式”,《中国党政干部论坛》,(8)。
[166] 台湾“行政院”(2010),《台湾文化创意发展法》。
[167] 王苏(2011),“文化产业国际税收竞争的态势分析与政策启示”,《涉外税务》,(2)。
[168] 李芳(2005),“加快我国文化产业发展研究”,山东师范大学硕士学位论文。
[169] 戴淑庚、曾维翰(2012),“‘海西区’两岸区域性金融中心的构建和发展策略”,《区域金融研究》,(11)。
[170] 戴淑庚(2012),《海峡西岸和其他台商投资相对集中地区的经济发展——基于两岸经济整合的视角》,北京大学出版社。
[171] 戴淑庚(2013),《海峡西岸经济区沿海产业带的构建和发展战略——基于两岸产业对接与整合的视角》,厦门大学出版社。
[172] 戴淑庚、林捷泉(2013),“经济全球化态势下两岸四地货币一体化的实证研究——基于经济冲击对称性的视角”,《福建行政学院学报》,(3)。

后　记

本课题是洪永淼教授主持的中央高校基本科研业务费项目（项目批准号：2011231042）和教育部哲学社会科学发展报告资助项目（项目批准号：11JBGP006）“海峡西岸经济区发展研究报告”2013 年的阶段性成果。2012 年的阶段性成果《海峡西岸经济区发展报告 2012》已由北京大学出版社出版。

在研究过程中，本课题得到了厦门大学社会科学研究处的大力支持，王亚南经济研究院科研秘书许有淑，课题组秘书处秘书、研究助理铉率和李秋雅也为本课题付出了辛勤的汗水，在此一并致谢。

本课题的最后统稿工作由戴淑庚教授、张兴祥副教授负责。各章内容的撰写具体分工如下：

前言（戴淑庚）

第一章，海西区发展评价指标体系及综合评价预测模型（张玉哲、郑正喜）

第二章，海西区基础设施（郑启东、张必嘉、江永基）

第三章，海西区现代制造业（林民书、颜明旭、朱俊波）

第四章，海西区农村制度与农村现代化（丁长发）

第五章，海西区旅游业发展实证研究（张传国、洪琴）

第六章，海西区贸易与投资（陈焰、郑若娟、陈晓华、李小娇、马丹丹、刘家利）

专题：《FDI 技术溢出、人力资本与经济增长——基于海西区 20 个城市的数

据(郑若娟、铉率)

第七章,海西区金融服务(郑鸣、戴淑庚、蔡伟毅、陈福生、段梅、胡逸闻、刘颜荣、曾维翰)

专题一:泉州金融改革研究(戴淑庚、胡逸闻)

专题二:福建区域性股权交易市场建设和发展对策(戴淑庚、曾维翰)

专题三:陆资入台产业分布状况及其发展趋势研究(蔡伟毅、郭锴鸣)

第八章,福建海洋经济(赖小琼、胡乾、杨龙岗)

专题:福建省港口与城市经济发展协调度评价及互动关系实证研究——以厦门、福州、泉州为例(张兴祥、谢晨炘、纪尚伯、郑晓佳)

第九章,海西区文化产业(赵建、梁菁)

专题一:福建省文化产业关联效应分析(赵建、梁菁)

专题二:海西文化产业财政支持政策研究:台湾的经验借鉴(林细细、张彩霞、陶克宇)

第十章,海西区生态文明(任力、沈洁、洪喆、吴骅)

后记(张兴祥)

课题组主要成员(以英文姓氏为序):

蔡伟毅:厦门大学经济学院金融系助理教授,经济学博士

陈　焰:厦门大学经济学院国际经济与贸易系教授,经济学博士,现任厦门大学经济学院院长助理

戴淑庚:厦门大学经济学院金融系教授、博士生导师,经济学博士、博士后,现任厦门大学金融系国际金融教研室主任,(国家级)龙岩经济技术开发区管理委员会副主任

丁长发:厦门大学经济学院经济系副教授,经济学博士

洪永淼:美国康奈尔大学 Ernest S. Liu 经济学与国际研究讲席教授,首批中央"千人计划"入选者,教育部首届人文社会科学"长江学者"讲座教授,博士生导师,美国加州大学圣地亚哥校区经济学博士,现任厦门大学经济学院、王亚南经济研究院院长

江永基:厦门大学经济学院经济系助理教授,经济学博士

赖小琼:厦门大学经济学院经济系教授、博士生导师,经济学博士,现任厦门大学王亚南经济研究院副院长

林民书:厦门大学经济学院经济系教授、博士生导师,经济学博士

林细细:厦门大学经济学院财政系副教授,经济学博士

任　力:厦门大学经济学院经济系教授,经济学博士、博士后

张传国:厦门大学经济学院经济系教授,经济学博士、博士后

张兴祥:厦门大学经济学院经济系副教授,经济学博士,现任厦门大学劳动经济研究中心副主任

张玉哲:厦门大学经济学院计划统计系助理教授,经济学博士

赵　建:厦门大学经济学院经济系副教授,经济学博士,现任厦门大学经济学院经济系主任助理

郑　鸣:厦门大学经济学院金融系教授、博士生导师,经济学博士,现任厦门大学—新加坡管理大学中国资本市场研究中心副主任

郑若娟:厦门大学经济学院经济系副教授,经济学博士,现任厦门大学企业社会责任与企业文化研究中心常务副主任